孔子文化奖学术精粹丛书

庞朴卷

杨朝明 ◎ 主编

冯建国　法　帅 ◎ 编选

《孔子文化奖学术精粹丛书》编委会

顾　问◎马平昌　梅永红

策　划◎傅明先　吴霁雯

主　任◎李大友　杨朝明

委　员◎刘续兵　田辰山　冯建国　段海宝　王　正

主　编◎杨朝明

第三届世界儒学大会暨 2010 年度孔子文化奖颁奖典礼现场

庞朴（右）、许嘉璐（左）在办公室会谈

2002年在中山大学作学术报告

查阅资料

2010年度孔子文化奖颁奖辞

中国学术文化的守护者——庞朴

他是中国著名的历史学家、哲学史家、简帛研究专家。

他具有渊博的学识,睿智的见解,更具有宽厚的长者风范。他为学善于小中见大,爱用"汉学"方法钩稽"宋学"课题。他治学严肃严谨,求实求真,倡导以中国辩证思想来解读中华文化密码。

他在学术研究上成就卓然,破解了许多学术难题。他提出"一分为三"说,揭示并发展了古代辩证法思想;提出"火历"说,发现遗佚已久的上古历法;发表关于长沙马王堆帛书《五行》篇研究的一组文章,证明子思、孟轲的五行说为"仁、义、礼、智、圣",揭开了千古之谜;他提出帛书《五行》为思孟学派的作品,推动了出土文献的研究。

他率先发出"应该注意文化史研究"的呼声,数十次发表演说撰写文章,强调文化研究的重要性,从而导引了新时期学术史上引人注目的文化史研究的勃兴,流风所及,于今不辍。他以70岁高龄筹建了"简帛研究"网站,受到海内外学人的欢迎,成为学者们论辩、交流的重要窗口。

他于古稀之年,重回故地,敦聘成立山东大学儒学研究中心,再次投入到关系中华学术薪火相传、繁荣昌盛的事业中来。

他自称中国文化的保守主义者,实则在拼命守护中华民族家园,坚守中国文化这一份财产;他执著于学术讨论,从不同的角度向人们展示着中华文化生命能量的充盈和生命力的持久与茂盛,他是中国学术文化的守护者、攻坚者。

获奖感言

尊敬的各位领导、各位嘉宾、各位朋友、女士们、先生们：

大家晚上好！

今天，我作为一名长期从事中国文化研究尤其儒学研究的工作者，荣幸地站在第二届"孔子文化奖"的颁奖台上，接受孔子文化大奖，心情尤为感动。虽然在我的人身经历中，获得许许多多、各种各样的奖项，但这个奖对我来说，有着格外的意义，因此，此奖、此地、此刻，令人难忘。

此奖是以伟大的思想家、教育家孔子的名字命名的，从而决定了这个奖项的庄重而严肃，崇高而神圣。我深深感到，获此殊荣，是我个人的光荣，更是对许许多多从事中国文化研究尤其儒学研究者的激励。

此地，东方圣城，礼仪之都，圣贤之乡。

此刻，圣诞之夜，明天就是孔子诞辰2561年。

由此，我对设立此奖的中华人民共和国文化部、山东省人民政府、济宁市人民政府、曲阜市人民政府的各级领导和人民，对参与孔子文化奖的各位评委表示由衷的感谢！

进入21世纪，人类正面临着各种挑战，生态危机、环境灾难、宗教冲突、人际关系疏离、霸权主义横行、权钱权色交易等种种假、丑、恶现象，这些现象一方面威胁着人类的和平与安全，另一方面又在不断挑战着人类的基本道德底线和拷问着人类的良知。让我们回到2500多年前的孔子那里，也许我们能够找到解决人类今天种种问题的答案和人类心灵的慰藉。我衷心期盼越来越多的国际人士关心孔子和中华文化研究并且站在今天这个领奖台上。

谢谢！

庞朴

2010年9月27日

弁 言

2013年11月26日,是中国当代文化史上值得永远记取的日子。这一天,中共中央总书记、国家主席习近平来到孔子故里,在孔子研究院召开座谈会,发出了大力弘扬传统文化的重要信息。这里,正是历届世界儒学大会的举办地。

习近平主席视察孔子研究院并作重要讲话,这是具有标志性意义的重大事件,中国由此进一步坚定而自信地立足于中华优秀传统文化,培育和弘扬社会主义核心价值观,加快了构建时代新文化的步伐。

在视察曲阜之后,习近平主席又多次就传统文化发表讲话,并站在世界文明与国际关系的高度,深刻论述了"思想"对于世界和平与发展的意义,他指出,中国传统的爱好和平的思想直到今天依然是中国处理国际关系的基本理念。习近平主席不止一次地谈到联合国教科文组织总部大楼前石碑上的那句话:"战争起源于人之思想,故务需于人之思想中筑起保卫和平之屏障。"此言正深度契合孔子儒学思想的精髓。

中国先人早就看到"人心惟危",人不能"好恶无节",要明理修身,推衍亲情,放大善性,"允执厥中"。孔子说:"凡夫之为奸邪、窃盗、靡法、妄行者,生于不足,不足生于无度。"又说:"人藏其心,不可测度,美、恶皆在其心,不见其色。"既然"有度"与"无度"全在"人之思想",那么,中华文明"以礼制中"的意义便不言而喻。

中国儒学是在继承孔子以前数千年文化传统的基础上产生的,具有突出的包容性气质与特征。春秋时期就有人说"和实生物,同则不继",孔子儒家集古代文化之大成,形成了"和而不同"的主张,虽不苟同,但相互尊重,和平共处。世界文明多姿多样,不同文明之间应当平等与相互尊重、互鉴而

相互包容，只有这样，人类文明才能不断发展和进步，也只有这样才有可能参透其他文明的奥妙，进而求同存异，互相涵摄，和谐相处，共同前行。所以，大力宣传孔子儒学，弘扬中华传统文化，不仅是中国建立民众共同价值信仰体系的需要，而且正符合世界的需要与时代主题。如果能将孔子儒学精髓更好地传承下去进而传播出去，这将是中国献给世界的最伟大礼物。

在两千多年的发展中，中国儒学可以大致分为三个阶段：一是先秦时期，即通常所谓"原始儒学阶段"，这是儒学创立时期；二是秦汉以来至近代以前，这是"帝制中国时代"，是儒学与社会历史文化密切结合的时期，可概略称为"儒学发展阶段"；三是近代以来，尤其甲午中日战争以来，这可称为"儒学反思阶段"或者"儒学反省阶段"。

对中国儒学进行这样的划分，有助于对儒学价值的认识。作为思想文化，孔子儒学的影响之大可以说罕有匹敌，而对其价值认识的分歧之大竟然也无与伦比。这已被视为中国特有的"历史文化景观"。然而，正如一位西方学者所言，因为有了孔子的学说，"伟大的中华民族比世界上别的民族更和睦和平地共同生活了几千年"，这是一个客观的历史事实。时间虽然过去两千多年，社会发生了巨大变化，而人们仍然必须立足于孔子所确立和阐述的那些价值观念。

人们之所以对儒学认识存在分歧，原因很多。近代中国社会特殊的历史变动，促使人们反思自己的民族文化。在帝制时代，孔子被尊崇到极高地位，儒学是统治学说，新文化运动的矛头自然直指孔子，借以打倒儒学和传统文化。这种"全盘性反传统主义"运动，其思维方式上存在着偏颇是显而易见的。不过，这场"思想启蒙运动"以鲜明的反传统形式出现，但仍然有人看到孔子与后儒的不同，明确指出不能完全否定孔子和传统，主张分清"真""假"孔子。如李大钊说："余掊击孔子，非掊击孔子本身，乃掊击孔子为历代君主所雕塑之偶像的权威也；非掊击孔子，乃掊击专制政治灵魂也。"

随着学术的进步，人们对儒学的变化看得更清楚了。在儒学"创立"时期，儒家思想带有明显的"德性色彩"，早期儒家强调"正名"，主张"修己安人"和"仁政""德治"；汉代以后则有不同，适应专制政治制度的需要，逐渐强调君权、父权和夫权，儒学慢慢蜕变，染上了显著的"威权色彩"，呈现出为后世所诟病的"缺乏平等意识和自由理念",也与现代社会格格不入。

了解这一点十分重要!原来,强烈"保守"传统的人多看到了原始儒学的真精神,而对孔子儒学持"激进"立场的人则更多看到了作为"专制政治灵魂"的那个"偶像的权威"。难怪"新启蒙运动时期"有学者提出要"打倒孔家店,救出孔夫子",我们确实更应该关注原始儒学,分清"真孔子"和"假孔子",澄清误解,明辨是非,正确对待我国优秀的传统文化。

我们应当感谢世界儒学大会,感谢"孔子文化奖"的设立,她对于推动孔子儒学与中国传统文化研究起到了积极作用,做出了重要贡献。自2007年举办发起国际会议以来,世界儒学大会已成功举办了六届七次。先后有27个国家和地区的近1100名专家学者参加了会议,提交论文800余篇,出版了六部学术论文集。经过八年多的建设,世界儒学大会在国内、国际上都产生了积极而广泛的影响,成为汇聚海内外儒学研究权威机构、知名学者以及各界人士的全球性儒学盛会,搭建了跨地域、跨学科、跨行业的国际儒学研究与文化交流的高端平台,并成长为中华文化走向世界的重要载体。

从2009年开始,每届世界儒学大会期间,还有一个重要的盛典,这就是颁发"孔子文化奖"。该奖项是由中华人民共和国文化部和山东省人民政府共同设立的我国儒学研究和推广领域的最高奖,旨在表彰鼓励世界各地为儒学研究和孔子文化传播做出贡献的团体、个人和非政府组织。获得"孔子文化奖"的学者和机构,2009年度为杜维明先生和孔子基金会,2010年度为庞朴先生和国际儒学联合会,2011年度为汤一介先生和汤恩佳先生,2012年度为牟钟鉴先生和韩国成均馆,2013年度为李学勤先生和安乐哲先生。

为保证"孔子文化奖"的公正性、神圣性,"孔子文化奖"组织委员会制定了科学严密的推选程序。从推选委员会的专家组成,到具体的推选实施方案;从推选委员独立匿名提名,到汇总后再次提请推选委员进行选举,都十分严谨、公正、细致,这是对"孔子文化奖"的尊重,更是对"孔子文化"的敬重。因此,每一次"孔子文化奖"颁奖,都成为人们讨论最热烈的话题,得到学术界的高度认可,受到社会的广泛赞同。

可以说,每一位"孔子文化奖"获奖学者都立足于学术前沿,深刻思考中国传统文化问题。在他们之中,有的着力阐发儒家传统的内在体验,显扬

儒学的现代生命力；有的致力于解读中华文化密码，阐发中华智慧；有的用心考察儒、释、道三家，以独到的见解丰富深化儒学认知；有的笃行儒道，胸怀天下，在弘扬孔子文化和推广儒道上不遗余力；有的探源古代文明，解读早期中华文化的高度与深度，彰显孔子思想与儒家学说形成的广阔舞台；也有毕生钟情于中国文化的西方儒者，以比较的视野阐发儒学的价值，向全世界介绍儒家学说。这些获奖学者的贡献有目共睹，他们获得孔子文化奖乃众望所归。

为了更好地展示"孔子文化奖"获奖学者的风采与成就，回顾和宣传他们的学术贡献，在孔子文化奖组织委员会的领导下，世界儒学大会秘书处组织选编了这套"孔子文化奖学术精粹丛书"，这同时也是为了让更多的人了解世界儒学大会，了解"孔子文化奖"。

本次出版的是前五届获奖学者的学术文粹。以后随着世界儒学大会的继续举行，随着新的"孔子文化奖"获奖者的产生，该"文粹"还会继续编辑下去。

世界儒学大会执行秘书长　杨朝明
中国孔子研究院院长
2015 年 8 月 5 日

序 言

刚过去的农历甲午年，多位著名学者的相继逝世引得学界唏嘘不已，而庞朴先生在岁末的离开则尤为令人痛惜。因为小小的肺炎竟成了一位学界巨匠的终结者。病魔来势汹汹，先生曾用尽全部力量来加以抵御，求生求胜。然而，意想不到的是，先生用同归于尽结束了这场生死较量，至痛无痛。不过，这种归于无的解决方式，却又给大家带来最为沉重的痛苦！

有生于无，复归于无，是人无可避免的自然法则；庞朴先生的学术人生，开启于山东大学，又终老于山东大学：其背后的哲学意蕴不正是那个"三"吗？人生即学术，学术即人生。庞朴先生的学术造诣何以如此精彩，当是对人生的把握达到了某种高深境界。看来庞朴先生念兹在兹的"三"，当真是人们看破世间、洞悉万物的第三只眼睛。作为先生的弟子，我们有幸在先生晚年常伴左右，亲聆先生的谆谆教诲，目睹其仁者风范，领略其"三分"智慧，可谓受益无穷，此生无憾矣！

庞朴先生是当代著名的哲学家、历史学家、文化史专家、简帛学研究的开拓者、海内外公认的儒学研究权威学者。他发现了遗佚已久的上古历法"火历"，引领了新时代以来中国传统文化的复兴，推动了上世纪80年代文化热的兴起和发展，是简帛学研究的开创者和"一分为三"说的提出者，等等，学术成就卓然，蜚声海内外。而今，我们有幸为先生编选此卷文集，当使先生的学术成就尽可能全面地得以呈现，以使先生的大作得飨读者诸君。当然，若有不当之处，还请方家教正。

发现遗佚已久的上古历法"火历"

庞朴先生的学术生涯最早始于山东大学。1952年，山东大学选送庞朴先

生到中国人民大学攻读研究生课程。两年后，庞朴先生毕业回到山东大学教马克思主义哲学。1956年，庞朴先生发表了《否定的否定是辩证法的一个规律》一文，成为其最早的学术成果。重返山东大学后，庞朴先生的学术研究，开始由马克思主义转向中国哲学领域，并逐渐形成了自己的研究思路。然而，这一转变却成为庞朴先生在"文革"中被批判的重要原因。1971年，庞朴先生被下放到了曲阜。这叫作接受再教育，为了炼红心。到曲阜后，庞朴先生的书都被贴上了封条，而且明令禁止不准看书。不看书，这时庞朴先生干什么呢？庞朴先生发现，曲阜的晚上，天上的星星特别多。地上没有书可念，那就念这个天书。地上有阶级斗争，天上没有阶级斗争。于是，夏天的晚上，庞朴先生就拿把椅子，在操场上看星空。没想到，庞朴先生的看星星，却直接引出了一个重要的学术发现——火历。

到了"文革"后期，庞朴先生的书给解放了，可以读书了。有一天，庞朴先生在读《左传·昭公十七年》时，注意到这么一件事：负责天文的官员预测，六月初一将要发生日食。于是，他向国君报告说，六月初一有日食，要准备救日。就是举行一种拯救太阳的仪式，以免太阳被吃掉，天下漆黑一片。他还补充说，六月初一是个特殊的日子，这天的日食特别重要，仪式也要特别隆重。当时执政的宰相提出异议，认为没必要那么隆重，只有正月初一的日食才需慎重对待。那位官员说，这个六月初一就是正月初一。

为什么六月初一就是正月初一？以前从没有人认真对待过这个问题。经过思考，庞朴先生发现，原来这是由于里面有两套历法的缘故，就像今天一个日子有阳历和阴历两种说法一样。于是，庞朴先生顺着这个线索开始梳理，结果发现在中国上古曾有一个火历的问题。就是说，在以太阳和太阴为授时星象以前，古代中国人曾有很长一段时间以大火星（心宿二）为生产和生活的纪时根据。

大火昏起东方之时，被认作一年之始；待到大火西流，则预示冬天来临。庞朴先生称这种疏阔的但却固着于生产与生活的纪时法为"火历"。为了证明"火历"，庞朴先生连续发表三篇文章，即《"火历"初探》《"火历"续探》《"火历"三探》，证实了"火历"不仅在文献中留有大量痕迹，在民俗中也保存着浓厚的风习，如华人为何尚龙，龙为何戏珠，寒食、灶神，等等；天文学史上不少费解的难题，如二十八宿的顺序何以逆反，太岁纪年法的旋转方向为何与日月五星相左，干支古代写法中为何有两个"子"字，等等，也都只能以"火历"来澄清。

庞朴先生的发现引起了天文学界的极大兴趣。天文史学界权威席泽宗就曾公开高度评价过庞朴先生的这一发现，并认为庞朴先生的这种做法，才是研究中国天文学史的正确方法。因为在他看来，现在许多研究中国天文史的学者用的都是西方的科学体系，这样中国很多天文史料都通不过被削掉了，如此一来，中国天文史的研究就没法发展了。

揭开传统文化复兴的序幕

"文化大革命"时期，"四人帮"的"评法批儒"运动，使儒学受到了前所未有的批判。这是儒学自五四运动"打倒孔家店"以来遭受的又一次猛烈冲击。在这种极左思潮的禁锢下，任何想客观看待孔子儒学的主张，都会被斥入尊孔派的队伍，而冠以一顶反动派的帽子，后果不堪设想。因此，整个儒学思想领域变得噤若寒蝉。

在"四人帮"倒台、"文化大革命"结束后，庞朴先生于1978年8月在《历史研究》上发表了《孔子思想的再评价》一文，开始对孔子思想开展全面而客观的评价工作。著名学者、中国社科院研究员余敦康对此谈道："上世纪70年代末，国门打开，外国人来观光，提出要看孔庙。可是'批林批孔'把孔子给批倒了。于是就找了李先念同志，他当时任副总理。李先念同志找到《历史研究》，让写篇文章。这个任务交给了庞朴。"文章该如何写？庞朴先生于是就去找余敦康、孔繁等同仁商量，因为在"文革"中，给孔子正名是要掉脑袋的！此时"文革"虽刚结束，但意识形态的束缚却依然如故。《孔子思想的再评价》一文的发表，是中国当代学术史上的一个重要事件，这是"文革"后第一次有学者冒着掉脑袋的危险给孔子儒学撰文平反，此文也由此成为中国传统文化复兴的一个重要转折点。

在这篇文章中，庞朴先生为了肃清"四人帮"在批孔问题上造成的混乱，运用历史唯物主义对孔子思想进行了客观的分析评价。他讲道，孔子是一位保守的思想家，他相信周王朝是社会制度的最完美形式，并以维护周天子的

一统天下和重建文武周公事业为己任。但是，孔子的政治学说既为新势力代表者所难以容许，也为旧制度把持者所不愿接受，所以他的政治主张最终成为一套空想的理论。不过，孔子的思想中也包含某些颇有价值的部分，如关于"礼"和"仁"的学说。庞朴先生还对孔子的哲学思想和教育思想等进行了分析评价。庞朴先生的这些客观评价告诉了大家一个真实的孔子，从而将"四人帮"出于某种政治需要而将孔子一贬再贬，直至成为十恶不赦的头号罪人的企图揭破。"四人帮"假批孔的真面目被识破和批判后，先声既振，孔子儒学研究开始走上正常的学术道路。

继《孔子思想的再评价》后，庞朴先生于1980年在《中国社会科学》创刊号上发表了震惊学界的《"中庸"平议》一文，在传统文化研究中引起巨大的反响。文章提出了中庸的四种形态——A而B，A而不A，亦A亦B，不A不B，以抗争于非A即B的僵化的二分法。庞朴先生之所以对中庸感兴趣，是因为他在经历了"文化大革命"后对斗争哲学有着深刻的体会和反思。"最好的老师是'文化大革命'。我从中学到的真理之一，便是'中庸之为德也，其至矣乎，民鲜久矣'！这本是孔子的一段话，'五四'以来一直遭受批判，'文化大革命'中尤甚。但也正是'文化大革命'，是那份因整个社会都陷入分裂、斗争、动乱、沉沦而引起的危机感，以及那种吾党之小子狂简，不知所以裁之的局面所造成的恐怖性，才使人真的能以懂得中庸至德之可亲可贵，并亲身感触到'民鲜久矣的可叹可悲'。于是，我有了认真看待中庸之道的酝酿。"然而，社会发展光讲斗争哲学是不行的，在夺取政权的时候，在推翻旧社会的时候，更多地强调斗争，强调矛盾双方的对立，这是很自然的。但是，到了建设一个社会，建设一个国家的时候，再片面讲斗争就不行了。这时要讲的恰恰不是斗争而是统一，讲矛盾既是对立的又是统一的，即"中庸"。对此，庞朴先生曾道："在夺取政权的时候更多的是讲斗争，建设社会的时候更多的是强调统一，这是花了几十年工夫才找到的。"文化大革命"是斗争哲学的最大的表现，把一切问题彻底暴露了，现在大家看得很清楚，统一是重要的。"庞朴先生从方法论的角度来研究儒学，还儒家中庸之道以本来面目，开辟了传统儒学研究的新局面。

发表《"中庸"平议》一文后，1984年，庞朴先生的《儒家辩证法研究》

一书出版问世，此书从辩证法的角度对儒学进行了崭新的阐释，通过严密的论证和精彩的思辨，庞朴先生打破了只有道、法两家有辩证法而儒家没有的陈见，指出儒家不仅有高深的辩证法思想，而且还是道家用弱、法家用强的辩证法的折中或综合，是它们逻辑发展的必然，再次震动整个学术界。此书一问世，便赢得了学术界的广泛好评，被奉为当代儒学研究的经典之作。书中从辩证法的角度分析了儒学中仁义、礼乐、忠恕、圣智、中庸等基本理论范畴的对立统一关系，不仅对传统的儒家思想从崭新的角度进行了阐释，而且还明确提出了"一分为三"的观念和方法，揭示了儒家学说背后蕴藏的丰富的辩证法思想，对国内外儒学研究产生了深远影响，这是庞朴先生在哲学上对于中国乃至世界思想学术所作出的杰出贡献。

诸子学说考释

在20世纪80年代以前，庞朴先生的学术成就突出体现在他对先秦学术发展史的研究、还原和梳理方面，"八十年代以前我学术研究的重点是诸子学"，并产生了许多令人瞩目的学术成果，如《论孔子的思想中心》《老子的朴素的辩证法思想》《墨经的辩证思想》等，这些篇章不仅深入阐述了诸子主要学说思想，更是特别注重各派学说思潮的辩证发展与演变，这是庞朴先生匠心独运的研究思路。

这一思路的形成，是庞朴先生偏爱辩证法研究的结果。从庞朴先生发表第一篇学术论文《否定的否定是辩证法的一个规律》，到庞朴先生后续发表的《老子的朴素的辩证法思想》《论孔子的思想中心》《墨经的辩证思想》等文，庞朴先生在其早期的学术研究中，突出地表现出了他的立基于辩证法的研究思路，及运用其辩证法思想开展学术研究的路向。而否定的否定辩证法，成为此时期庞朴先生研究中国哲学的主要工具，这也是庞朴先生后来窥得"一分为三"堂奥的最初门径。

众所周知，由胡适的《中国哲学史》开始，以哲学家为基本研究单位的写法，渐渐成为哲学史教学与研究的传统，在分科治学越来越细的情况下，非常不利于对学术思潮的梳理与把握。于是，庞朴先生"设想写出一部《中国哲学思潮史》，以抗衡'哲学家列传'统治哲学史课堂的现象，还历史以历史的面貌"。虽然最终这一构想未能完全实现,但他的《先秦名家三派之演化》《先秦五行说之嬗变》《道家辩证法论纲》《名教与自然之辨的辩证进展》等文章,已经大致实现了这一构想的初步阶段,并可足为后学者进行思潮史研究的范本。今天,我们进行中国哲学思潮史的研究,仍然需要借鉴庞朴先生的上述重要成果,尤其是他开辟的这种思潮史的研究方法,才可谓是学术史研究中的上乘功夫。

由此出发,庞朴先生更是萌生了写成一部《中国辩证思想发展史》的想法。通过对孔子的思想中心即中庸的阐释,对老子的辩证法思想的把握,以及对墨经、名家等的辩证思想的发掘,庞朴先生发现在中国古代诸子哲学思想中存在着一种主张对立统一、中和平衡的辩证思想,庞朴先生于是想完成这样一部别具特色的哲学史,以指引人们摆脱思想上二元颉颃的困境,喷洒其智慧的光芒于全球。《六迮与杂多》《对立与三分》《相马之相》《解牛之解》等名篇都是这一主题下的成果。但由于各种原因,主观的、客观的,可克服的、不可抗拒的,最终这一想法也没有得以完全实现。虽是如此,但庞朴先生雄厚的学术功力、敏锐的思想眼光以及旁人难及的哲学思维,都已向世人展现无遗。

对上世纪 80 年代"文化热"的推动

20 世纪 80 年代"文化热"的出现,与庞朴先生对文化研究的重视和推动有莫大关系。1981 年,庞朴先生受联合国教科文组织(UNESCO)之聘,担任《人类文化与科学发展史》国际编委会中国代表。出于职业的敏感性,庞朴先生发现中国当时极端缺乏文化方面的研究成果。原因自然是"文化大革命"造成的。"谁也不会想到,十年'文化大革命'的恶果之一,竟是大革了文化的命。"因此,庞朴先生开始在学界呼吁文化研究的重要性。

当然,"文化热"的兴起有其现实的社会背景,即跟四个现代化国策的提出有关。现代化的对立面是传统,所以在谈现代化的同时,很自然就有一个如何对待传统的问题。西方曾认为:要现代化就不要传统,要现代化就必须抛弃传统。现在我们国家提出现代化了,那传统怎么办?这是当年摆在国人面前的一个现实问题。1982 年,庞朴先生在《人民日报》发表了《应该注意文化史的研究》一文，率先发出重视文化史研究的时代性呼声，引起学界的强烈反响，从而掀起了80年代文化热的序幕。

文化是什么？庞朴先生首先便碰到文化的概念问题。庞朴先生为此曾去拜访文化大家钱钟书先生。钱钟书说，你不问我的时候，我知道文化是什么，你一问我，我倒糊涂了。事实上真是这样，当时谁也搞不清楚文化的形式是什么？内容是什么？怎样发展的？怎样衰败的？文化跟政治经济的关系等等，没有人能形成任何一点非常肯定的表述。因为解放以来把文化完全赶走了。1949年到1979年，30年里中国只出版过一本关于文化的书。

在整个20世纪80年代，庞朴先生曾就文化学、文化史、文化传统与现代化诸问题，数十次发表演说、撰写文章，阐述其对文化的各种思想认识，从而推动了文化研究热潮的前进。庞朴先生的一系列重要观点可归纳为一二三：一就是一个定义，什么叫文化？文化就是人化。二就是认为文化有两个属性：民族性和时代性。三就是文化有三个层面，即物质的、精神的和制度的三个层面。庞朴先生对于文化的定义、两个属性和三层结构的阐述，引起了学界的极大重视，成为探讨中华文化问题的重要理论指导。

庞朴先生特别强调文化的民族性，并认为文化是民族的根，文化的最基本属性是它的民族性；如果文化没有民族性，或者说一个民族没有自己的文化，这个民族最后就会蒸发掉。

然而，"文化热"到了1985、1986年以后，却形成了一股反传统的潮流，自由主义文化观在社会上占据了主导地位，其具体体现就是《河殇》。《河殇》中说中国是黄河文明，西方是海洋文明，提出要用蔚蓝色的海洋文明代替黄河文明。这是一种自由主义者对待传统文化的看法，即要现代化就不能要传统，把现代和传统绝对对立起来。然而，这种否定文化民族性的倾向，很快便被历史给否定了。

对庞朴先生在"文化热"中的贡献，著名学者王学典教授评价道："他的《文化结构与近代中国》的著名演讲，以隐喻的方式把当时正在兴起的文化热定位为新的'五四'运动；他提出的'文化的民族性和时代性'的命题，为传统和传统文化的存在与持续开辟了最广阔的空间，奠定了最稳固的基石；他在文化热兴起和进行的同时发表的那些评论、讲话和访谈，随时引导和推

动着文化热向纵深发展，堪称'文化热'的灵魂人物。"

对中华文化密码"一分为三"的探究

庞朴先生是中华文化研究的大家，不仅仅指其知识之渊博，见解之深刻，更是指他富有创新精神，往往能够独辟蹊径获得新解。而在诸多创见中，影响最大的，则莫若对中华文化密码"一分为三"的探究。进入1990年代后，庞朴先生开始从文化现象入手，致力于中国辩证思想的研究，以解读中华文化密码。比如说，他从黄帝的传说开始，用黄帝的故事说混沌，用"伯乐相马"来谈认识论，从"庖丁解牛"谈实践论，通过一批出土文物（纺锤）来谈"玄"，运用几个上古文字来说"无"，如此等等，最后当然都要归结到中国辩证思维。

其实，庞朴先生倡导"一分为三"，偏好方法论的研究，早在1952—1954年间就读中国人民大学时便已开始。1956年发表的《否定的否定是辩证法的一个规律》一文便是最早的成果。十年动乱期间，庞朴先生深感中庸至德之可亲可贵，并亲历了"民鲜能久矣"的可叹可悲，于是有了认真看待"中庸之道"的酝酿，在1980年的《中国社会科学》创刊号上，发表了震惊学界的《"中庸"平议》一文。1984年，《儒家辩证法研究》出版问世。书中从辩证思想角度对仁义等的解说，对儒家"一分为三"方法的揭示和分析，都以其敏锐而平实的学风，博得海内外学者赞誉。

庞朴先生在《"中庸"平议》之后深深相信，中国文化体系有个密码，就是"三"："世界在本质上是统一的，同时又是三分的；统一是三分的统一，三分是统一的三分。源远流长博大精深的中华文化，其密码也正是一个'三'字。""三"的秘密一经揭示，便成为解读传统文化的一把密钥，如燃犀烛照，具有直指人类文化本质的力量。于是，庞朴先生便用这个密码去开中国文化宝藏之锁，也用开了锁的宝藏文化来反证密码之存在。如《解牛之解》《相马之相》《黄帝与混沌》《阴阳五行探源》《六崟与杂多》等。古稀之后，庞朴开始对一分为三给出理论上的说明，于是有了《三分法论纲》《中庸与三分》《三极：中国人的智慧》《三分法：解读中国文化的密码》《关于中国古代三分法的研讨——四圣二谛与三分》等尝试。2001年9月，开始撰写《一分为三论》，2003年3月出版，给"一分为三"研究划上了圆满的句号。

在庞朴先生看来，这一辩证法不仅为儒家所独有，道家的返璞归真，佛学的不二法门，都是"三分法"的不同表述。"三分法"是庞朴先生对以儒家辩证法为代表的中国智慧所进行的最透彻、最圆融的阐发。这种中国式的思维方式，最重要的特点就是"圆融"。人类主观世界里的根本分歧，是在圆融的三分一统和僵化的二元对立两大观念之间。

对于这种一分为三的思维，其实理解起来也很简单。例如，在经济工作中有所谓"一抓就死，一放就乱"和"抓而不死，放而不乱"者，便是经济工作中运用二分法还是三分法的不同情景。

中国古书里还说尧舜都有三只眼睛。这第三只眼睛，是一只看不见的眼睛，它既看左边的情况，又看右边的情况，然后综合两边的情况，得出一个正确的判断。

庞朴先生还用中国诡辩派的"鸡三足"来解释三分法。诡辩派的"鸡三足"说，听来似乎是一种奇谈怪论，其实并不是说鸡真有三条腿。而是说，鸡有左腿，又有右腿，两个对立的腿到一起以后，它们之间一定还有一只看不见的足，在指挥着左右两个看得见的足，所以是"鸡三足"。

当前，中国正处在构建社会主义和谐社会的进程中。如何解决改革与稳定、自由和秩序、发展与公正的关系，消除分化，缩小差距，建设和谐社会，在庞朴先生看来，说到底，还是一个二分抑或三分的问题，是用斗争哲学，还是用同一来化解对立的问题。"在我看来，构建和谐社会，实际上就是'执两用中'。一个中庸的、兼顾各方利益的、采纳各种长处的社会才是和谐社会。"

而怀疑三分法说法的，则会举例说黑白之间有赤橙黄绿青蓝紫，空间分四正四维，时间有春秋冬夏等等，因此应该是多元的或多分法。其实，这些多属简单枚举，而不是严格意义的分类。其根本的盲点在于把现象当做了本质。须知任何事物的本质都是由对立统一而成。

在"三分法"的研究中，庞朴先生特别推崇明末清初的一位大思想家方以智。在庞朴先生看来，方以智的思想精华公因反因说，正是中国古代辩证法中的三分法思想。而且，他提出的时间比西方黑格尔要早很多年。1995年

春天，庞朴先生访问海德堡大学黑格尔当年讲堂，不由得想起黑格尔先生的放言高论，说中国硬是没有某种"三位一体的高卓的意识"。其实，就在他发表那场著名的哲学史讲演前164年，中国庐山脚下，一位比他大160岁的避世僧人，正在撰写一部叫做《东西均》的著作。书中所著重阐发的，正好就是后来黑格尔所常讲述的三位一体的辩证法；其思想的深度，完全可以和黑格尔比翼齐飞，毫无逊色；而且由于早出160多年，直可看成是黑格尔思想的先行。

方以智的《东西均》一书虽只有十万字，但因其用典晦涩，陈义玄奥之故，为世人所公认难读，庞朴先生也是读而又废者，凡三次。但是，庞朴先生认为，"他所抉发的宇宙奥秘，那个一分为三的道理，很是应该也很有必要广为众人周知，以利于认识世界建设世界。"于是，庞朴先生发了一个宏愿，决定着手注释方以智这一论著，以飨世人。耗时三载，终于使这部书呈现于世。今天，也只有如庞朴先生这般具有哲学头脑的人，才可以将此书解释得如此明白。

除了哲学家的思辨，庞朴先生的校释工作，还体现出了一个文献学家的精审与严谨。在做《东西均注释》时，他以中华书局1962年的点校本为底本，又亲自到安徽省博物馆根据方以智十一世孙方鸿寿所献原件逐字核校，改正了中华本中大小漏误50余处，使得《东西均》原貌可更准确地呈现于世。于是，庞朴先生成为了众所公认的方以智研究专家。

对出土简帛文献的研究和贡献

庞朴先生从小有很多玩趣，但最令其着迷和怀念的则是猜诗谜。猜诗谜，就是把一句诗中抽掉一个字，或者一个词组，然后提供几个类似的字或词组，让你去猜，测验你的文史知识。不过，猜的同时要押上货币，押对的赢钱，押错的输钱。这种似赌钱又不是的游戏，庞朴回忆，对大家的文化修养还颇有点帮助呢！并感叹，现在则很少这种寓文化学习于娱乐的活动了。

没想到，庞朴先生把这种孩时的乐趣用到了他后来的学术研究中，而且收获颇丰，《马王堆帛书解开了思孟五行说古谜》一文，就是其中重要的一个。1973年长沙马王堆出土了一批先秦文献，庞朴先生从《文物》上读到了有关马王堆的简报后，指认出其中有属于思孟五行学说的篇章，并将其整理校注命名为《五行》。文章证明，马王堆帛书所谓的仁、义、礼、智、圣五种德行，即荀子《非十二子》中指责的子思、孟轲所造作的五行，从而解决了中国学术史上的一大谜团，博得了海内外学者普遍赞誉。

不过，文章写完后当时并没有立即发表，而是放在了抽屉里，一直到"四人帮"倒台。之所以不发，是因为当时正值"批儒评法"的影射史学肆虐时期，人们对于儒学唯恐避之而不及，此刻若要发表有关儒家的思孟五行说，那简直是自找倒霉。然而这却不妨碍庞朴先生的"独立之精神，自由之思想"。"四人帮"倒台后，庞朴先生才把这篇文章交给了《文物》杂志。庞朴先生此举得到学界的一致认同，使沉寂了两千多年的思孟五行古谜，因之得以迎刃而解。

1998年，《郭店楚墓竹简》出版再一次震惊了学界。因为郭店楚简里有许多以前从未见过的东西。这重新点燃了庞朴先生20多年前爬梳马王堆汉墓帛书时的好古之情，于是对荆门郭店竹简进行逐篇研究，提出了儒家三重道德论、从心旁字看思孟学派心性说、"仁"范畴的演化等精辟见解。

庞朴先生认为，郭店楚简虽然只有一万三千多字，但是意义却相当重大。它的价值主要在于它填补了孔子和孟子之间的空白。以前谈起先秦儒家就会谈到三位代表人物——孔子、孟子、荀子，而实际上这三个人物只是三个点而已，孔子只谈"仁"，孟子谈"仁义"，那么怎样从孔子到孟子，孟子是怎样用"义"去补充"仁"的呢？实际上郭店楚简就从内外两方面回答了这个问题。从孔子的"性相近"到孟子的"性善论"，从孔子"仁"到孟子"仁义"的提出，这两个过程在郭店楚简中得到了充分的体现，可以说，郭店楚简是联系孔子和孟子的一座桥梁。

在郭店楚简里面，庞朴先生还发现了有大量带"心"的字，这个现象在以前没有发现，大家也都不知道。显然，这样一种研究"心"的潮流的形成，是为了回答如何从人道到天道的问题。具体讲，郭店楚简里有一篇《心之命处》，这篇里有一个重要的命题就是"道始于情"。以前大家一直认为儒家思想认为人心是善的，人情是恶的，现在发现了"道始于情"，如果"情"是恶的话，那么"道"也就是恶的了。所以从"道始于情"看，儒家对"情"应

该是肯定的。汉代以后一直到宋明理学实际上都是反对"情"的，而郭店楚简正好帮助解开了这个结。庞朴先生对这些千古谜团的解读，使得很多人连连惊讶不已。

为推进简帛研究的深入和发展，庞朴先生倡议成立了国际简帛研究中心，并于2000年在互联网上开通"简帛研究"网站，此举得到海内外简帛学人的大力支持和一致好评。

鉴于庞朴先生在孔子儒学研究及复兴传统文化中取得的巨大成就，2010年9月，在山东曲阜召开的第三届世界儒学大会，授予了庞朴先生当前儒学研究领域的最高奖项"孔子文化奖"，以表彰他在该领域研究中做出的突出贡献。该奖由文化部与山东省人民政府共同发起，为儒学研究的最高学术奖项、文化部最高奖项之一。庞朴先生被"孔子文化奖"推选委员会评价为：能够用本民族的思想研究本民族文化的学者。庞朴先生获此殊荣，可谓名副其实，众望所归。

冯建国　法帅

2015年3月

目 录

第一编　孔子思想评价与儒家学说研究

孔子思想的再评价 / 3

"中庸"平议 / 18

儒家辩证法研究 / 53

第二编　诸子学说考释

道家辩证法论纲 / 81

《墨经》的辩证思想 / 109

名教与自然之辨的辩证进展 / 127

第三编　简帛研究的成就与突破

马王堆帛书解开了思孟五行说古谜 / 151

孔孟之间 / 164

三重道德论 / 174

第四编　火历的发现与钩沉

"火历"初探 / 189

"火历"续探 / 201

"火历"三探 / 218

第五编 一分为三

说"参" / 233

对立与三分 / 247

相马之相 / 267

第六编 中国文化探源及思考

阴阳五行探源 / 289

黄帝与混沌 / 321

第七编 方以智研究

《东西均》的版权谜 / 345

《东西均》注释（节选）/ 349

第八编 传统文化与现代化的研究与探索

文化的民族性与时代性 / 377

继承"五四"超越"五四" / 390

文化传统与传统文化 / 401

编选引用参考文献 / 411

庞朴先生学术年谱 / 412

编选后记 / 424

第一编 孔子思想评价与儒家学说研究

孔子思想的再评价

孔子是中国历史上影响最大的思想家，其影响所及，远远越出了国界。批判地清理孔子思想及其影响，是中国无产阶级不容旁贷的革命义务。

五四新文化运动号召"打倒孔家店"，揭开了现代批孔的序幕，立下过不朽功勋。但由于那时的许多领导人物，没有历史唯物主义的批判精神，所谓坏就是绝对的坏，所谓好就是绝对的好，对于现实和历史，缺乏分析的态度，因而，批孔的任务未能真正完成。

在中国革命进一步发展过程中，毛泽东同志就思想文化的革命问题，做过一系列精辟指示，对包括孔子在内的文化思想遗产的批判继承，做出了光辉范例。毛泽东同志关于这一方面的思想，也受到了各种机会主义者的干扰和歪曲；其中，"四人帮"的破坏尤为严重。"四人帮"是毛泽东思想最阴险的敌人。他们打起假批孔的旗号，制造种种混乱，犯下重重罪行，使中国革命蒙受了一次浩劫，也给文化思想的研究工作造成了极大破坏。

打倒了"四人帮"，揭露了他们假批孔的真面目以后，我们有了完整准确地遵照毛泽东思想批判孔子的可能；广大群众也深感有这样一种必要。"四人帮"在批孔问题上的混乱和余毒，更亟待肃清。因而，如何全面地重新评价孔子的问题，就很自然地摆在了我们面前。下面，谨就孔子思想的历史作用以及后世对孔子思想的评价问题，谈一点看法，供大家讨论。

一

孔子（前551—前479），名丘，字仲尼，春秋鲁国人，宋国奴隶主贵族

后裔。早年生活贫困，靠给富贵人家相礼为生，也干过一阵管理仓库和看管牛羊的差事。五十岁前后，提任鲁国季氏政权的中都宰和司寇等职。此后"周游列国"，宣传自己的思想主张，并从事教育和整理典籍的工作。

孔子生活的春秋时代，无论是定为领主封建转变为地主封建的时期也好，还是定为奴隶社会过渡到封建社会的时期也好，总归是我国历史上一次剧烈的社会动荡时代。孔子居住的鲁国国都，又是当时公认的东方文化中心。这些条件，预示着当时当地必将有反映社会变动的思想文化人物出现。孔子本人在社会政治生活和教育文化实践中的丰富阅历，以及好学勤思等特性，使他正好适应了这个要求，成长为当时最大的思想家。

但孔子不是站在时代前列为新制度诞生而大喊大叫的思想家；相反，他是一位哀叹世风不古的保守思想家。这种情况，又有着它的客观必然性。当时，新兴势力虽在经济政治方面一再得手，但在思想文化方面还缺乏素养，一时难以产生出自己的像样喉舌来；而陈旧势力却企图凭借传统影响，用精神的办法去挽救物质的损失。孔子这样的思想家，正是这种情况的历史产物。

在政治上，孔子是保守主义者。他相信周王朝是社会制度的最完美形式，以维护周天子的一统天下和重建文武周公事业为己任。他说过："周监于二代，郁郁乎文哉！""文王既没，文不在兹乎！""如有用我者，吾其为东周乎！"（见《论语》之《八佾》《子罕》《阳货》诸篇。以下凡引《论语》，只注篇名）对于眼前发生的社会进步，诸如经济关系的新旧蜕变，政治实权的逐步下移，宗法制度的日益涣散，人民暴乱的此伏彼起，他都不以为然，认为是"礼崩乐坏""天下无道"，表示了不能容忍的愤慨。

但是，作为一个思想家，比起本阶级的其他成员来，孔子看到的更多些，想到的更远些。他探寻过夏商周三代因革损益的变迁史，知道"殷因于夏礼，所损益可知也；周因于殷礼，所损益可知也"（《为政》）的大致情况。他所以提出"为东周"，也正意味着要对"西周"来一个损益，以便在不触动根本利益的前提下，使周王朝能百世不替地延续下去。这是当时他那个阶级可能选择的最佳道路。从现有材料看，孔子所主张的损益，除了"行夏之时，乘殷之辂"（《卫灵公》），在礼帽质料的俭省上表示"从众"之类的枝节变动外，更多的内容则侧重在改善统治者和人民的关系上。他认为，对老百姓的统治不能只靠"政"和"刑"，即只用行政命令和刑罚杀戮，也要注意"德"和"礼"，即加强思想教育和行为防范（见《为政》）。他提倡"泛爱众"、"使民以时"（《学而》），"使民如承大祭"（《颜渊》），"因民之所利而利之"（《尧曰》），反对"不教而杀"（《尧曰》）和"以不教民战"（《子路》）。为此，他要求统治者必须"贤"，必须有"德"，主张通过"举贤才"（《子路》）之类的措施来改善统治者的状况，等等。

孔子的这些治国方法，无疑都是为当时的权势者设想，针对着国家机器中某些颓败现象而发的，其目的在于维护周王朝的统治；为民众的，一点也没有。他为了推行自己的主张，到处奔波，栖栖遑遑，向许多执政者提出过许多建议，也曾几次想利用政局变动中的某些势力，但都碰了钉子，没有捞到施行机会。

实践表明，孔子的"为东周"的政治方案，是一种不切实际的空想。它不仅违背新兴势力的根本利益，也不能满足腐败势力的眼前欲望。孔子本想通过这些损益，对旧制度做点修补，以缓和日趋尖锐的矛盾，使天下复归太平。无奈他所设想的损益，并不符合客观需要；它既为急欲攫取全部权力的新势力代表者所难以容许，也为对前途丧失信心的旧制度把持者所不愿接受。有人批评孔子是"知其不可而为之"（《宪问》）的蛮干家。孔子自己是否"知其不可"，还很难说；至少那时已经有人看出了，孔子的方案，是不可实行的。

从孔子的政治主张不为任一势力接受这个事实，我们似乎可以得出这样的结论：他固然不是顺应历史潮流的革新派，却也还不是冥顽不灵的顽固派。他有一套实际上是空想的理想。这个理想的实质，是保守的；但其中包含有某些从统治者的长远利益着眼的、以改善他们和人民关系为目标的办法。这些"长治久安"的办法，在当时不曾为目光短浅的统治者所了解。只有待到人民力量的重要性越发显露的后来，孔子学说的这个部分，方才被重视起来，并随着不同的历史条件，起着不同的历史作用。

孔子把他的政治主张概括为理论，提出了"礼"和"仁"的学说。"礼"和"仁"，以前也有人说过。孔子的发展在于，他把二者结合起来，并赋予它们某些新的含义。他所谓的"礼",是一种政治秩序,主要指周初所确定的一整套区别等级名分的制度典章和仪文习俗;他所谓的"仁",是最高道德规范,主要是说人们之间应该相爱。孔子认为,这二者是互相补充、互相包含、互相制约的。礼是外在的行为准则,仁是内在的精神状态。礼必须以仁为思想基础,否则就流于形式,徒具空文,所谓"人而不仁,如礼何!"(《八佾》)"礼云礼云,玉帛云乎哉!"(《阳货》)仁必须以礼为客观标准,相爱要有个节制,否则便乱了伦次,所谓"知和而和,不以礼节之,亦不可行也"(《学而》)。

这样的"礼""仁"学说,是为维护旧的制度做论证的。因为二者虽说互相制约,但现实的依据仍然是礼,即西周的社会制度,它是矛盾的主要方面。孔子所以在礼外又辅之以仁,其目的也并非要在制度上做什么根本变革,而是他误认为周礼之流于形式,日趋崩坏,不为人们尊重和遵守,原因在于人们缺乏自觉性,在于人们之间缺少相爱的思想。他认为,只要大家都去同情对方、爱护别人,周礼就能永远保持下去。这当然是一种十足的历史唯心主义。但孔子认为,这是一大发现,是灵丹妙方,因而付出很大气力来鼓吹"仁"的思想,从各种不同角度进行解说,给它下了许多定义。"仁者爱人"(《颜渊》)和"克己复礼为仁"(《颜渊》),便是其中两个最主要的规定。

"克己复礼为仁",本是"古也有之"的一个现成定义(见《左传·昭公十二年》)。孔子用它来指明仁和礼的关系,强调礼对仁的决定作用。所谓克己,是就内在的思想状态来说的;复礼,是就外在的行为标准来说的。克己复礼,就是克制自己,使得视听言动合乎周礼的规定。孔子认为,能做到这种地步,则天下人都将称之为仁者。

"仁者爱人"是说对别人要爱。它的具体规定主要是忠恕之道,即"己欲立而立人,己欲达而达人"(《雍也》)和"己所不欲,勿施于人"(《颜渊》)。孔子要求,每个人都应该把别人同自己一样看待,不能独善其身,更不能与人为恶。这里所指的"人",是一种泛称,并非确指某一阶级。因为,一切剥削阶级,为了向别人也向自己隐瞒其思想和行动的狭隘利益,总是自封为全民代表,面对着全民讲话。而他们所以能够这样做,确也有其一定的客观条件。孔子所说的"爱人",就是说的爱一切圆颅方踵的人,并不包含社会的限制性在内。当然,在阶级社会里,这种人类之爱是不可能实现的。对立阶级之间,没有什么相爱可言;对立阶级的个别成员之间,也不会无缘无故地去爱对方;剥削阶级内部不同利益的集团和成员之间,也谈不上什么真正的同情和相爱。但是,提倡人类之爱的思想却是现实存在过的,今天仍在许多地方存在着。能否实现是一回事,有无人提倡是另一回事。不能因为它不能实现,便认为不会有人去提倡。如果那样,世上便不会有宗教和唯心主义了。

当然,基于自己的利益,向别人提倡一种不能实现的东西,在实质上,是对别人的欺骗。如果他自己真诚地这样提倡,那也是自欺。现实生活是会出来修正并戳穿这种欺骗的。实际上,"克己复礼为仁"一句,已经对"仁者爱人"做了限制,给"爱"立下了框框。因为按照礼的规定,不同阶级、不同等级乃至同一阶级、同一等级内部的不同名分的人们之间,地位是很不"平等"的。各人在既定的框框里克制自己,其克制的内容和程度就大不一样。所谓"爱人""立人""达人"和"勿施于人",当然也跳不出这个框框,而是要以此为界。所以,说到底,"仁"的学说,还是为"礼"服务的。它是想用精神的办法,去修补那个由于社会发展而破碎着的物质锁链,使之免于彻底崩解;它要在缺牙脱轴、运转不灵的政治关系齿轮上,涂上情感的润滑剂,力图使之和谐。这种努力,无疑是徒劳的。

不过我们也不能忽视,孔子能提出"爱人"的口号,把它作为"仁"的一个定义,用以补充过去那个"克己复礼",这在思想发展史上说,应该算作一个进步。因为它在一定程度上反映了劳动者身份变化的事实。比起"克己复礼"来,"爱人"的定义着眼于"人",而不是着眼于"礼",着眼于人的共同性,而不是着眼于人的社会差异性。这个变化的后面,隐藏着劳动者通过不屈不挠的斗争,争取做人权利的血与泪、火与剑的历史。正由于有了这个历史上的进步,才有这个思想上的发展。而孔子首先概括了这个进步,提出了"爱人"口号,改变了把奴隶当作会说话的工具的观念,这不能不说是中国思想史上的一个成就。

二

在哲学上，孔子是唯心主义者。他相信天命，认为人的死生富贵，事的成败兴废，包括文王事业能否延续下去，都是人力无可奈何，而由天命在冥冥中决定的。他说他自己到了五十岁的时候才懂得这个道理。他把天命同"大人"、"圣人之言"并列，称为君子应有的"三畏"（《季氏》）；其实这三者都是一个东西，就是统治者的意志。孔子鼓吹天命，同他维护周礼的政治态度是一致的。

但孔子认为道德水平的高下不是天生的，而要靠修养来提高，从而对天的威力做了一个限制，对人的努力做了一定肯定。他说："有能一日用其力于仁矣乎？我未见力不足者。"（《里仁》）只是他所谓的道德修养上的"力"，并非基于实践的主观努力，而是某些主观精神的克制和扩张。这样，他限制了客观精神，却把地盘交给了主观精神。这种主观精神性的"仁"，在孔子思想体系里，被夸大成了决定社会生活的普遍原则。

孔子还相信有"生而知之"的天才和"不可使知之"的蠢材，在认识论上存在着先验论的错误。他说："生而知之者上也，学而知之者次也，困而学之又其次也。困而不学，民斯为下矣。"（《季氏》）又说："唯上智与下愚不移。"（《阳货》）在这里，孔子把民列为不学不知的下愚，那是自然而又必然的；虽然他也承认在稼穑方面不如老农与老圃，但他并不承认生产知识也是知识。这是当时剥削阶级的通病。引人注意之点是，"上智"或"生而知之"这一格，在孔子那里是虚设的。未曾见到他许谁为生而知之的天才，他只是设想可能有这样一种人，那当是出于建立体系的需要。他说："盖有不知而作之者，我无是也。"（《述而》）可能有不需要经过认识就有所创造的人，我却没有这样做过。他一再表明自己不是生而知之的天才，勇于承认某些认识上的错误并力图改正，承认别人对他的启发和教育（见《公冶长》《述而》等），从而又在一定程度上修正了他的先验论。

孔子这种在事实上否认天才的认识，应该是得力于他的教学实践。多年的教学实践使孔子相信，通过经验、运用思考、反复练习、勤于切磋，是一般人获得知识的重要途径。他提出了"多闻多见""博学审问""学思结合"

"温故知新"以及反对主观成见的"毋意、毋必、毋固、毋我"等有关认识过程的许多著名论题,它们是符合唯物主义精神的。

教学实践还使孔子懂得在教学中运用某些辩证方法。他说过:"不愤不启,不悱不发;举一隅不以三隅反,则不复也。"(《述而》)这就是所谓的启发式教学法。这种方法比之注入式,对于教师和学生来说,都是较为困难的,但它却符合授受知识的辩证途径,因而又是容易的。孔子很注意分析学生的不同性格和水平,并能根据不同对象的不同特点采取不同的教学方法,强调同一问题的不同方面,这又是有名的"因材施教"法。孔子第一个提出了"不善者"可以为师和"不知"可以算知这样机智的辩证思想。他说:"三人行,必有我师焉:择其善者而从之,其不善者而改之。"(《述而》)向善者学习,以不善者为鉴,不善者也就是老师了。又说:"知之为知之,不知为不知,是知也。"(《为政》)知道了事理,固然是一种"知";知道了自己的不知,也是一种"知",而且是进一步求知的必要开端。

孔子还反对"过",反对"不及",提出了"过犹不及"的著名论断。这句话,常常被当作折衷主义来指责,其实是不应该的。孔子有折衷主义,尤其就整个体系来说,更有这种错误。不过这一句话却不然。这句话是针对某个学生认为"过"比"不及"为好而发的,它所包含的思想是辩证的。所谓"过",就是超过了正确;所谓"不及",就是达不到正确。至于正确的标准是什么,这里没有涉及。如果追究这个标准,我们一定会发现,它是错误的,不符合历史发展规律的。但仅就"过犹不及"这个命题而言,它指出了"过"并不比"不及"更好,而是同"不及"一样;强调了超过正确,就要向对立面转化,成为不正确;就这种含义而言,这个命题是正确的。它同模棱两可、调和对立的折衷主义,不仅全无共同之点,而且正相反对。孔子以前,有过"先时"和"不及时"罪行相等的规定,孔子把这种思想上升为哲学命题,并且着重批评了以"过"为好的观点,其价值和意义,岂是可以轻易抹掉的?

孔子在教育史上的最大成就,要数打破了学在官府、开创私人讲学风气一事。这是作为教育家的孔子对于祖国文化的重大贡献。以前,学术由专司其职的种种官吏世袭,教育的对象只限于贵胄子弟,整个文化的发展异常缓慢。孔子时代，随着社会经济、政治的变动，一些有学之士沦为逸民，学术也被带到了民间，出现了"天子失官，学在四夷"（《左传·昭公十七年》）的现象。《论语》中记有好些这种人的踪迹，孔子本人也属于这个行列。在这些人当中，以聚徒讲学为业，从而扩大了教育的范围，对历史做出贡献的，首推孔子。相传他有三千弟子，容或是过甚之辞，也可想见其人数不致太少。这些弟子中，不少人颇有才干和知识，对于后来封建文化的兴盛，起过重要作用。

三千弟子的传说，说明孔子真的在实践他"有教无类"（《卫灵公》）的主张。"有教无类"是针对教育被垄断的情况提出来的一个口号。"有"字是语首助词，没有什么具体含义；"类"字指族类。周初社会制度同宗法组织密切相关，氏族或宗族上的差别，往往也是阶级或等级上的差别；当时很强调"君子以类族辨物"（《易·同人》），实际上也就是强调森严的阶级区别和等级差异。孔子以前，教育是"有类"的，即使在统治阶级内部，也还有着等级上的限制，授受教育的权力，把持在少数贵族手里。这也证明，在阶级社会里，教育是有阶级性的。这个阶级性，不仅贯彻在教学内容里，归结于教育目的上，即使在教育对象方面，也严格地表现了出来。但是，教育又具有社会性。这是因为，教育的内容，除了宣扬统治阶级意志的一套外，还包含有传授人与自然斗争的知识；教育的目的，是巩固统治阶级的专政，正因为如此，它就也要去麻醉被统治阶级，并训练他们成为更有效的生产工具；因而，在教育对象上，必然要根据各种条件，扩大到统治阶级成员以外。教育的这种社会性，随着生产的发展而逐步加大，在阶级社会的最后，可以在对象方面达到全民性。这是教育这一社会意识形式本身固有的特点。孔子时代，学术下移，庶人议政，教育对象上出现了打破原来"类"的限制的可能，具备了扩大其社会性的条件。孔子的"有教无类"口号的提出，反映了教育发展的这一趋势，从而又促进了教学的进一步发展，其意义是不能低估的。

至于孔子的教学内容，仍是很保守的。"子以四教：文行忠信。"（《述而》）他的学生只分"德行、言语、政事、文学"（《先进》）四科，他还十分轻视并摈斥生产劳动的教育。这些，无疑都是为剥削阶级培养贤才服务的，即所谓"学而优则仕"的。不过他的学生中，真正当上了大官的人物并不多见，而学术文化却由于他和学生们的活动，空前活跃了起来。这里面，客观历史条件是必要的，他们的主观努力也应予承认。

孔子教学内容里的"文"，主要指学习和整理文献典籍。据说他自己"学无常师"、"多闻多见"、"学而不厌"，知识相当丰富。相传后来被称作"六经"的《诗》《书》《礼》《乐》《易》《春秋》，都由他一手删订。这个说法不一定可靠。可能孔子曾着手整理过某些"经"，嗣由他的后学继续整理，补充定型，终于流传下来。我们现在从春秋后期人们称引古书的情况推测，当时存有的书籍远不止这六部，可是它们大多失传了。足见孔子和他的儒家的删订，对于古代典籍的保存，还是有一些作用的。在这些儒家的经书里，记录有大量文学、史学、哲学、政治、宗教、道德以至科学的材料，成为后人了解上古中国的文字根据，也是我们祖国文化宝库的重要财富。这些儒家经书，经过历代经师的注释、发挥和推崇，又对中国文化造成了相当大的影响，因而也成为了解中国文化的必要依据。

三

孔子就是作为这样的一位博学者、教育家、思想家和政治人物而死去的。据说他死前以"哲人"自称，表白自己只是一位有知识的人。可是他死了以后，由于种种原因，他的形象却越来越见高大，一直被抬到无与伦比的高度，成了妇孺皆知、举世闻名、适用于剥削阶级一切斗争需要的头号圣人。"四人帮"出于某种动机，却又将他一贬再贬，一直压到无与伦比的低度，成了十恶不赦、九死有余、适用于他们一切罪恶需要的头号罪人。这种种情况，使我们了解孔子真相遇到了重重障碍，也给批判孔子思想的工作增添了许多麻烦。

无产阶级要批判整个旧世界，包括批判像孔子这样的人物及其思想在内，否则便不能建立自己的新世界。为了批判，首先要弄清对象，分辨出哪些是孔子本来的东西，哪些是后世发生的东西，方不致无的放矢，李代桃僵。因为，一般说来，一个在历史上有过重要活动或重大贡献的人物，尤其是具有典型性的人物，总会在后世留下这样那样的影响。由于历史情况的复杂性，本人在世的作用和后世发生的影响，并不总能那样吻合，象形之于影、声之

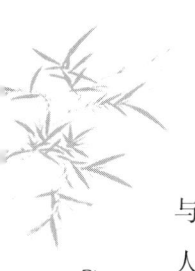

与响一样。这是我们需要注意的。另外，也由于历史情况的复杂性，后世的人们出于自己的种种需要，又会将过去的人物，尤其是有过重大贡献的人物，抬出来加以种种利用，借用他们的语言和影响，直至将他们弄得面目全非。这更是我们需要分辨的。就是说，本人的作用，后世的影响，后人的利用，这是一些既有联系又有区别的不同方面。尤其是当本人的作用具有某种矛盾性的情况下，其发生的影响，后人的利用，势必呈现出种种纷纭的现象，需要仔细分别清楚，批判工作才能有效进行。

历史唯物主义证明，社会存在决定社会意识，不同时代的思想产生于不同的历史条件。因而，一个人物在后世发生的影响和后人对他的利用，这些属于后来的思想方面的东西，主要应该到后来的客观条件中去找原因，不能简单地把账算在前人头上。当然，历史唯物主义还证明，思想一经产生，便有着自己的相对独立性，历史的发展也是连续的。因而，前人的思想并不随着肉体立即消失，而会这样那样地支配后人头脑；特别是任一思想中的真理因素，既经产生便不再失去，而加入绝对真理的长河，永远为后人汲取。这样，我们又可以通过后世的实践和影响，去评判前人思想的真伪和得失。

作为一个意识形态方面的历史人物，孔子创建了一个学派，提出了一些错误见解，也认识到了一些真理，从而留下了许多为后人由以出发并得以利用的思想资料。后人对孔子思想做过种种解释，并由之发挥出成套的新见解。对于无产阶级来说，这浩瀚繁杂的解释和见解，即使曾被公认，或属于孔子思想的必然引申，也都必须认真审查，不能轻易相信，并仔细判断它同孔子思想的真实关系。至于种种曲解和附会，以及出于种种需要而搞的对孔子的神化和鬼化，当然更应分辨清楚。必须指出，孔子学说在后世发生的影响，有消极的一面，也还有积极的一面；后人对孔子的利用，起过反动作用，也曾起过进步作用。我们不能以一个方面否定另一方面，不能拿一种作用抹杀另一作用。而所有这些方面和作用，又只有从其同孔子思想的联系和区别中评价，从历史发展的曲折和波澜中寻找说明；不能皂白不分，爱恶先定，"葫芦僧乱判葫芦案"，糊涂对糊涂，那将是什么也判不清楚的。

大家知道，孔子并不曾自诩为圣人，他说过："若圣与仁，则吾岂敢！"（《述而》）孔子活着的时候，也未见有谁尊他为圣人。孔子被法定为圣人，是汉武帝以后的事。研究孔子如何成为圣人，是一个专门课题。在这里我们只能强调指出，要想知道孔子之所以会在汉代开始被捧为圣人，与其到孔子的思想里去找根据，不如到汉代的政治中去寻原因。马克思在分析法国资产阶级召唤历史亡灵的行动时说过：他们战战兢兢地请出亡灵来，为的是不让自己看清自己斗争的资产阶级狭隘内容，以便用借来的语言和服装，演出世界历史的新场面①。中国地主阶级也是这样。他们为了向自己隐瞒自己的狭隘的阶级性，也需要到历史上去请亡灵，需要有"圣人"。汉代，起先请来的是老子，后来才请来了孔子；这一层事实足以说明，不管请的是谁，地主阶级好歹是要请圣人的。当然，事情也有另外一面，孔子之能够稳坐圣人宝座，成为"万世师表"，还有他自己的条件。不过这个条件，有时会变得无足轻重。这一点，从孔子脸谱被随时改换，孔子思想被任意引申，就是说，从历代尊孔者并不真的尊重孔子，而只是尊重他们自己利益的尊孔闹剧中，便可清楚地看出。

例如，宋代孔子的面目同汉代孔子的面目就大不一样，汉儒崇奉的经书内容同宋儒崇奉的经书内容也迥异其趣。在汉时，孔子是个形体怪异、未卜先知的半神半人式的教主；到宋代，孔子又变成了修身养性、道貌岸然的纲常礼教的化身。汉儒从孔子经书里演绎出了许多神奇怪异，宋儒欣赏的却是"人心""道心"之类的大义微言。在这两个时期里，孔子都是圣人；但这同一个圣人，的确是两种不同的孔子。这种现象，单从孔子本身是难以说明的；只有弄清楚了地主阶级在汉、宋两代的不同发展阶段性，弄清楚了它们各自面临着的不同社会问题，乃至弄清楚了文化变迁的整个趋势，方可做出圆满解释。

清末民初的尊孔活动也是例证。那时候，政治风云急剧变幻，各式人物轮流表演，孔子的圣人形象也随之光怪陆离，令人目不暇接。改良派搞维新运动，孔子成了托古改制的鼻祖；洋务派干买办勾当，孔子的"礼失而求诸野"又成了委婉说辞；革命党行共和新政，从"礼运大同"中汲取过力量；

---

① 马克思：《路易·波拿巴的雾月十八日》，载《马克思恩格斯选集》第1卷，北京：人民出版社，1972年版，第603页。

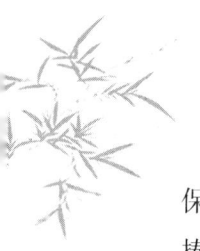

保皇党闹帝制复辟,孔教会便应运而生。甚至那些驾着炮舰闯进来的侵略者,捧着《圣经》踱进来的传教士,为了谋取他们的利益,也每每赞美几声孔子,全不计较《论语》中视夷狄如禽兽的轻蔑。这一切,当然不是由于孔子思想真的万能,足以适应各种不同的乃至对立的政治要求;只不过是这些持不同要求的派别,有着一个共同的"隐瞒内容"的要求,都需要召唤一位亡灵,找一位圣人罢了。而他们既然又都是活动在同一个中国的大地上,想征服的又都是同一个中国人民的心,所以他们很自然地便都想到了中国的传统圣人,把这位已被利用了一千次的孔子,拉出来再做第一千零一次的利用。至于他们如此不约而同地来利用孔子,那既是想到了孔子可能对自己有利,又是担心孔子在别人手里对自己的不利;既是想用孔子来给自己脸上抹点圣光,又是为的摘掉别人头上的圣冕。如此陈陈相因,便都找到了孔子。所以,尽管他们当中有些人本是赳赳武夫,也免不了要斯文一番,俎豆馨香,向着大成殿礼拜起来。

这些尊孔活动无疑都应因其所起的作用进行认真的清理和批判,甚至有甚于孔子本人之应该受批判。但是必须注意,由于他们所尊的孔子各不相同,有些甚至正相对立,因之,批判了这些尊孔活动,并不等于批判了孔子本身,也代替不了对孔子本身的批判。这是非常清楚的。"四人帮"在这方面却故意制造混乱,他们既不区分不同尊孔活动的不同实质和作用,更蓄意混淆孔子思想和尊孔活动实际存在的差别,进而把肯定孔子思想合理因素的学术研究一律谥为尊孔,继之以"凡是尊孔派都是反动派"的大棒,凶神恶煞,气焰万丈,把历史搞乱,把理论搞乱,把政治和学术关系的政策搞乱,把人们的思想搞乱。其结果是,在他们一手造成的一切工作的大破坏中,历史研究中的孔子批判工作也是荒芜一片,疮痍满目,直至形成禁区,无人敢于涉足。

无产阶级要批判整个旧世界,也不是说把旧的东西统统骂倒便算完事。仅仅由于挨骂而倒掉的旧事物是没有的,意识形态方面尤其这样。恩格斯说过:"仅仅宣布一种哲学是错误的,还制服不了这种哲学。像对民族的精神发展有过如此巨大影响的黑格尔哲学这样的伟大创作,是不能用干脆置之不理的办法加以消除的。"① 对于孔子思想,也是这样,历史已经给我们提供了足够的经验。

五四新文化运动中的某些领导人物,其抨击孔子思想的激烈程度,在历史上曾是空前的,也确实起到了振聋发聩的作用。但抨击不等于批判,辱骂并不就是战斗。他们可以把孔子视同死狗,或者比死狗还不如,但他们却不能以此制服自己的敌人。特别当他们把纲常礼教的枷锁和尊孔读经的主张等等后世的东西,同孔子思想不加分别地搅和到一起的时候,孔子的罪过表面上是加重了,实际上却被淹没了。战斗过后,除去搞掉了一些两千年来蒙上去的尘土而外,孔子思想本身几乎安然无恙。

制服孔子思想的办法,只能是像恩格斯所说的对待黑格尔哲学的办法那样:"必须从它(按:指黑格尔哲学)的本来意义上'扬弃'它,就是说,要批判地消灭它的形式,但是要救出通过这个形式获得的新内容。"② 孔子思想的成就同黑格尔哲学的贡献,也许无法类比。但是如前所述,它也有一些可供剥取的合理内容,因而也必须用"扬弃"的办法,即批判地消灭它的形式,救出那些在错误的、为时代和发展过程所不可避免的形式中获得的成果。只有这样的批判,才能推动发展的批判,才能制服得了孔子思想,完成历史赋予我们的任务。

这也就是说,批判同辱骂完全是两回事,而批判同继承在某些具体对象上却息息相通。只有把旧思想旧文化中的合理部分剥取出来,吸收下去,我们才变得更有力量和生气,它们才空剩一堆躯壳和渣滓。只有这样,才有可能否定一切旧的思想和文化,才谈得上建设无产阶级的新文化。列宁说过:"应当明确地认识到,只有确切地了解人类全部发展过程所创造的文化,只有对这种文化加以改造,才能建设无产阶级的文化,没有这样的认识,我们就不能完成这项任务。无产阶级文化并不是从天上掉下来的,也不是那些自命

---

① 恩格斯:《路德维希·费尔巴哈和德国古典哲学的终结》,北京:人民出版社,1972年版,第14页。

② 恩格斯:《路德维希·费尔巴哈和德国古典哲学的终结》,北京:人民出版社,1972年版,第14页。

为无产阶级文化专家的人杜撰出来的,如果认为是这样,那完全是胡说。"①孔子思想及其影响,无疑是中国过去文化中的重要成分,是建设无产阶级文化时不能置之不顾的历史遗产,我们必须认真领会列宁这段讲话的精神。

在这方面,毛泽东同志早就发出过明确指示,号召"学习我们的历史遗产,用马克思主义的方法给以批判的总结"。毛泽东同志指出:"中国现时的新政治新经济是从古代的旧政治旧经济发展而来的,中国现时的新文化也是从古代的旧文化发展而来。"历史是割不断的,我们也决不能割断历史,而应该尊重过去历史的发展,以推动历史的未来发展,不因历史的陈旧而无视它的价值,也不因历史的灿烂而否定今天的发展。说到孔子,毛泽东同志曾明白反对"把孔夫子的一套当作宗教教条一样强迫人民信奉",将包括孔子思想在内的旧文化列为"我们革命的对象",强调指出"社会主义比起孔夫子的'经书'来,不知道要好过多少倍"。同时,毛泽东同志也说过:"从孔夫子到孙中山,我们应当给以总结,承继这一份珍贵的遗产。这对于指导当前的伟大的运动,是有重要的帮助的。"这种把孔子既当作革命对象,又当作继承对象的态度,就是尊重历史的辩证法的发展,就是无产阶级对于那些曾经产生过巨大影响的剥削阶级思想学说的批判态度。必须看到,对待孔子思想的问题,不是消极地处理一件斑驳的古董,单纯地防范毒害的问题;更为重要的是,它还关系到"指导当前的伟大的运动",在目前来说,关系到建设无产阶级文化这样一个大问题。这一点,不因我们注意与否而顽强地存在着,并随着我们解决的正确与否而发生着促进或阻碍社会前进的作用,是不容掉以轻心的。

"四人帮"在这方面也起到了很好的反面教员作用。大家已经熟知,他们对于孔子,极尽了辱骂与打倒之能事。他们辱骂孔子,是为了发泄自己对伟大的无产阶级革命家的阶级仇恨,他们打倒孔子,是妄图打倒党内一大批革命领导人。就是说,他们同过去的许多尊孔者一样,是在利用孔子干自己的勾当。只是同尊孔者把孔子当作"敲门砖"的办法稍有不同,"四人帮"把孔子当作了"敲人砖";从而,孔子也就从过去的服务于不同政治目的的"摩登

---

① 列宁:《青年团的任务》,载《列宁选集》第4卷,北京:人民出版社,1972年版,第348页。

圣人"，沦落为他们手里的适用于不同攻击目标的"摩登罪人"。至于如何批判孔子思想以建设无产阶级文化这样一件崇高的工作，对于他们那帮自命为"无产阶级文化专家"其实是封建专制文化专家来说，是根本不存在的，他们除了制造一堆混乱，从而给无产阶级文化建设工作造成许多破坏以外，什么也干不出来。

　　妄图毁灭历史的"四人帮"，被历史彻底毁灭了。亿万胜利的人民，正迈步在新的长征大道上。清理我们的历史遗产，扫除"四人帮"的余毒，建设无产阶级文化的任务，刻不容缓地摆在我们面前。孔子问题是与之有关的一个突出问题，也是历来争议较多的一个学术问题，究应如何正确评判，还有待于大家努力。

"中庸"平议

一

提起中庸，人们通常总认为，它是一种伦理学说，一种形而上学的发展观。这样的看法是对的，但不够全面。

仔细研究一下还可发现，中庸不仅是儒家学派的伦理学说，更是他们对待整个世界的一种看法，是他们处理事物的基本原则或方法论。这样的中庸之道，固然有其整体上的形而上学痼疾，但它于探寻对立面的相互依存、相互联结方面，却留下了大量的、尚未得到足够注意的资料，在闪烁着辩证思想的光芒。它们以其特有的形式和智慧，诱导人们去深入研究对立同一的原理，去细致发掘祖国的文化宝藏。如果这样看，或许就比较全面了。

凡涉猎过中国古代文化资料的人都知道，儒家学说偏重伦理和政治。这是千真万确的。可是谁若由此引出结论，说儒家不重视哲学，或认为儒家没有自己的哲学思想，那就未免轻率了。大家知道，儒家始祖孔子，跟同时代的希腊哲人苏格拉底一样，都由于忙着谈论伦理问题而很少用心于整个世界；但他们又都不以伦理本身为限，而企图从伦理入手去探求普遍真理，并得到了自己满意的收获。孔子首倡的中庸，就既是他所认为的道德真理，又是他由此获得的处理各种社会问题的准则。在继他而起的儒家后学中，这个中庸便被顺理成章地进一步宣布为主宰自然与社会的根本法则，成了儒家学说的理论基石。

这种意义上的中庸之道（在往后的叙述中将逐步说到），其实是儒家学派关于矛盾的一种观点，是他们关于对立的同一性的一种看法。这样的观点和看法，曾被运用去处理包括道德问题在内的一切矛盾，并成了构造儒学体系的杠杆。因此，称中庸之道为儒家的矛盾观或发展观，比起称它为伦理学说来，更能抓住问题的实质。

矛盾或对立同一，是事物的本质，是事物发展的真实内容和根本动力，是支配着自然与社会的客观辩证法。一切认真的思想家，无不或多或少、这样那样地接触到它，而摆出自己的看法。即以中庸之道问世前后的中国先秦时期来说，便至少有三种影响甚大而又各不相同的矛盾观，在各自的学派里流传，在彼此的学派间謷应。因此，在深入剖析中庸之道以前，大略地比较一下它们的异同得失，以了解当时人们的认识在这方面所达到的高度，对于我们的课题，不会是无益的。

当时的各种矛盾观中，最能吸引人们注意力的，首推道家学派的矛盾观，它以侈谈转化为特色。翻开道家的代表著作《老子》五千言，触目皆是对立范畴及其无尽转化的描述。这些转化，被说成是无条件的，循环往复的，并且是莫名其妙而无可奈何的。其最为人们熟知的一段话是这样说的：

祸兮福之所倚，福兮祸之所伏，孰知其极！其（岂）无正？正复为奇，善复为妖。（《老子》第五十八章）

极，准则也。正，纯正也。求"极"而无所知，欲"正"而不可得，这便是莫名其妙和无可奈何。道家人物对于矛盾和发展的这种观点，看来是他们所代表的阶级的状况在理论上的映现。道家是没落奴隶主阶级的思想家。政治权力的易手，经济利益的沦丧，道德价值的改变，处处使他们对转化铁则有切肤之痛。而这一切的袭来，又统统是他们所无法理解的。所以，转化的"极"，即转化的准则、原因和条件，在他们眼里，便成了不可猜度的谜。

虽说如此，他们却又不甘于由强而弱的转化，不安于无法理解的命运，他们不无侥幸地在想：目前的秩序可以算得"正"么？也许明天就会变成"奇"。自己的现状的确很弱了，安知这个"弱"不是好事？于是他们自我安慰道：

反者道之动，弱者道之用。（《老子》第四十章）

如果抛开一切条件，确乎可以相信：既然向对立转化（"反"）是不可抗拒的规律，那么处在弱的地位上，岂非立于不败之地？所以他们进而宣布，这个不败的"弱"，就是他们终于找到了的"极"：

> 古之善为士者不武也，善战者不怒，善胜敌者不争，善用人者为之下。是谓不争之德，是谓用人之力，是谓配天，古之极也。（《老子》第六十八章）

其实，弱之转化为强，正像强之转化为弱一样，是需要条件的，尤其需要合乎总的发展规律，而不能只凭愿望。他们既已被社会发展淘汰出来，又筹集不到足够的条件，只能在社会风云面前愈形衰落，这倒真是他们所应该知道而不曾知道的"道之用"。在这样的规律作用之下，由弱向强转化过去的前景，在道家人物那里，从开始的充满诗意的希望，就慢慢褪色为只供自嘲的绝望。这便是《老子》到《庄子》之思想演变的实质所在。所以在庄子那里，唱的是整整低了八度的调子：

> 是亦彼也，彼亦是也。彼亦一是非，此亦一是非。果且有彼是乎哉？果且无彼是乎哉？彼是莫得其偶，谓之道枢。枢始得其环中，以应无穷：是亦一无穷，非亦一无穷也。（《庄子·齐物论》）

彼此、是非，诸如此类的对立，在老子那里，虽说都被规定在转化的洪流里，却并不否认其差别；而且唯其强调转化，更见其承认转化前后的对立。在这一点上，老子是正确的。可是迤逦以至庄子，转化上去的幻梦破灭了，竟然迁怒于对立；客观存在着的对立差别，干脆被通过绝对地相对化的办法，使之泯灭。说起来，这倒不失为一个釜底抽薪的好办法。因为一旦泯灭对立，使"彼是莫得其偶"，转化的问题便不复存在；转化的问题既不存在，转化的难题自不解而决。所以，泯灭对立，便被庄子规定为应付转化之环的枢机。这种办法，好则好矣，无奈是空中楼阁，它只能起到自我解嘲的效用，只能使运用者在精神世界里获得麻醉性的胜利。在实际生活中，客观存在着的对立，并不因为某个哲学家的不予承认，便自动消灭。相反，它将以自己的坚硬性，迫使哲学家由背向自己转为面对自己，去重新选择处境。庄子也未能逃脱这一驱使，他的选择是这样的：

> 处于材不材之间。（《庄子·山木》）
>
> 为善无（毋）近名，为恶无近刑，缘督（中脉也）以为经。可以保身，可以全生，可以养亲，可以尽年。（《庄子·养生主》）

这是一种既未能得势又不能出世而难免要活下去的混世之道，是未得泯灭对立只得泯灭自己的唯一可行的"悬解"办法。从矛盾观的角度来评价，它总算羞答答地在对立面前低下了头，虽然还想以屈尊于两者之中的手腕去神游于两者之外。

绝不怀疑对立的实在性且以夸大其绝对性为能事的思想家是法家。发明"矛盾"这一概念的光荣就是属于他们的。只是他们赋予矛盾的含义，同我们今天所理解的对立同一并不相同；他们所谓的矛盾，是非此即彼，是对立面的绝对排斥或极不同一。在自己的著作中，法家从不错过指出社会上各种对立的机会，尤善于在人们通常认为一致的地方将它指出，并使之归结为利害上的冲突，以确证对立的"势不两立"（《韩非子·人主》）；其思想和语言，往往是相当犀利的。有一段名言最足以代表他们的这种观点：

> 夫冰炭不同器而久，寒暑不兼时而至，杂反之学不两立而治。（《韩非子·显学》）

这样的夸大对立绝对性的矛盾观，同当时新兴地主阶级不妥协地夺取和巩固各项权力的无情斗争之间，存在着密切关系，是不待言的。

法家也谈对立的转化，尤善于详细分析转化的条件和步骤。例如，他们说：

> 立民之所乐，则民伤其所恶；立民之所恶，则民安其所乐。何以知其然也？夫民忧则思，思则出度；乐则淫，淫则生佚。故以刑治则民威（畏），民威则无奸，无奸则民安其所乐。以义教则民纵，民纵则乱，乱则民伤其所恶。……夫正民者，以其所恶，必终其所好；以其所好，必败其所恶。（《商君书·开塞》）

这段议论，旨在论证"刑治"优于"义教"，论证二者的不两立，却接触

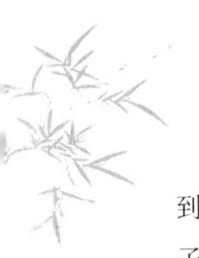

到了对立转化这样一个更普遍的真理。在另外地方,他们还专门解释过《老子》的祸福转化论题:

> 人有祸则心畏恐,心畏恐则行端直,行端直则思虑熟。思虑熟则得事理,行端直则无祸害。无祸害则尽天年,得事理则必成功。尽天年则全而寿,必成功则富与贵;全寿富贵之谓福。而福本于有祸,故曰"祸兮福之所倚"。
>
> 人有福则富贵至,富贵至则衣食美,衣食美则骄心生。骄心生则行邪僻而动弃理;行邪僻则身死夭,动弃理则无成功。夫内有死夭之难,而外无成功之名者,大祸也。而祸本生于有福,故曰"福兮祸之所伏"。(《韩非子·解老》)

这样来谈转化,比之爱谈转化而不谈条件性的《老子》高明多多,是一望而知的。二者的差别,除了时间先后的因素以外,根本的当是源于他们的不同阶级属性。老子不知或不谈转化的条件性,正因为他没有从而也说不出自己所向往的那种转化所需的条件;商韩大谈其转化的条件,则是他们充满活力的象征。没有条件,于是鼓吹用弱;充满活力,自然趋于尚强。这又是两家的一大差别。

法家描绘的好恶、祸福的这种逐步转化,用思辨的语言来说,叫作"两者的每一方当自己实现时也就创造对方,把自己当作对方创造出来"[①]。这种情况,在黑格尔辩证法里和马克思主义辩证法里,都谓之对立的同一。可是,在法家这儿,我们有充分根据可以推断,他们绝未意识到所谈的转化着的对立之间有什么同一性。因为,通观法家的整个著作,我们所能看到的是,当他们谈论对立的时候,他们强调矛之与盾,强调二者的"不同器"、"不兼时"和"不两立",到他们谈论同一的时候,他们又把墨家的"上同而下不比"发挥到极致,严禁"二心私学"(《韩非子·诡使》),反对"兼礼"、"兼听"(《韩非子·显学》),要求"独断"(《韩非子·外储说右上》)独行。这种二是二、一是一的思想方法,同对立的同一性大相径庭。

---

① 《马克思恩格斯全集》第12卷,北京:人民出版社,1962年版,第743页。

而且，就在他们为提倡"刑治"反对"义教"而说及好恶之互相转化时，他们显然陶醉于以此证明了刑义之绝不相容，而未尝自觉到他们所用的论据原是对立同一的。他们大概不曾想过，好恶既然能够互相转化，刑义为什么永远绝不相容？

因此，当他们著作中出现了对立转化的妙语时，我们只有这样来判断才能符合他们原意：这些转化的出现，在他们看来，不是别的，正是对立"不兼时而至"的表现。好恶不兼时，刑义不两立，一切对立绝无同一，这就是法家矛盾观的至理名言。

表现为中庸之道的儒家矛盾观，同侈谈转化或夸大对立的道法二家又复不同，它反对转化，为此而细密地研究了对立双方的依存和联结。在好几种儒书中，都记有如下一则故事：

> 成汤之时，有谷生于庭，昏而生，比旦而大拱。其吏请卜其故。汤退，卜者曰（按《韩诗外传·二》作"伊尹曰"）："吾闻祥者，福之先者也；见祥而为不善，则福不至。妖者，祸之先者也；见祸而为善，则祸不至。"于是早朝晏退，问疾吊丧，务镇抚百姓，三日而谷亡。
>
> 故祸兮福之所倚，福兮祸之所伏，圣人所独见，众人焉知其极。
>
> （《吕氏春秋·季夏纪·制乐》）

这则故事曾被《论衡》斥为虚妄。其为虚妄，自毋庸议；我们感兴趣的是它对祸福倚伏的解释。这个解释，既不同于被其贬为"众人"的老子，也有别于后来强作解人的韩非。照故事所说，对付祸福转化的基本原则应该是，保福免祸，早为之谋。这个被夸为他们"所独见"的解释转化的"极"，恰恰是反对转化的。非常明显，它是一种既得利益者的哲学，同前面说到的失利者或夺利者的哲学都不同。

反对转化首先要承认转化，对转化的原因做出自己的解释，然后才能提出对付的办法。儒家从他们熟知的许多安而转危、得而复丧的历史事实中，片面地总结出一个结论：安之所以转化为危，纯系出于安者安于其所安这样一个主观上的原因，所谓：

> 危者，安其位者也；亡者，保其存者也；乱者，有其治者也。（《易·

系辞下》）

这种现象，在荀子叫作"偏伤"：

> 凡人之患，偏伤之也。见其可欲也，则不虑其可恶也者；见其可利也，则不顾其可害也者。是以动则必陷，为则必辱：是偏伤之患也。（《荀子·不苟》）

所谓"偏伤"，也就是片面性，也就是只见其一，不见其他，只知执一端，不知执两端。他们认为，偏执一端，没有他端作牵制，必走向极端，而导致转化，是谓"偏伤之患"。

针对"偏伤"，儒家设计的办法是：

> 居安思危，思则有备，有备无患。（《左传·襄公十一年》引《书》曰）

> 是故君子安而不忘危，有而不忘亡，治而不忘乱，是以身安而国家可保也。（《易·系辞下》）

> 见其可欲也，则必前后虑其可恶也者；见其可利也，则必前后虑其可害也者。而兼权之，熟计之，然后定其欲恶取舍，如是则常不失陷矣。（《荀子·不苟》）

诸如此类的办法，无非是两个字："兼权"兼权与偏伤相反，它要求因一而见二，要求使他端与此端常在。据说如此则常不失陷，则无患，则可以避免向对立面转化过去。

儒家的这种矛盾观，有很大的唯心主义和形而上学色彩，是十分显然的。但它所说的兼权，即注意到一中有二这一点，无疑是正确的。而知二以保一，即处理好对立双方的互相联结，以防止转化这一点，在一些问题上和一些阶段内，也会是有效的。

这种矛盾观，较之前两家的矛盾观，有着显而易见的短处，也有它难以否认的长处。

这种矛盾观，就是中庸之道的理论实质；它隐藏在儒家赋予"中庸"一词的种种含义中，并表现为种种不同的思维形式。

二

在儒家典籍中,"中庸"一词,始见于《论语》。而中庸的"中"字,作为一种道德范畴和哲学思想,则由来久矣。《尚书》有:

> 汝分猷念以相从,各设中于乃心!乃有不吉不迪,颠越不恭,暂遇奸宄,我乃劓殄灭之,无遗育,无俾易种于兹新邑!(《盘庚中》)

这段话,顾颉刚先生将它今译为:

> 你们应当各各把自己的心放得中正,跟了我一同打算!倘有不道德的人乱作胡为,不肯恭奉上帝,以及作歹为非,劫夺行路的,我就要把他们杀戮了,绝灭了,不使得他们恶劣的种子遗留一个在这个新邑之内!(《古史辨》第二册)

这是盘庚决定迁都时的一段训词。在这里,"中"被当作一种美德,要求于奴隶。到了周公,复明确提出"中德"的观念,要求于统治者自己:

> 丕惟曰:尔克永观省,作稽中德;尔尚克羞馈祀,尔乃自介用逸。(《尚书·酒诰》)

这是周公告诫康叔的一段话,大意是说:你如能经常反省,力行中正之德,那么你将能保住权位,得到饮食醉饱。这个要求于奴隶主的"中",与上述要求于奴隶的"中",具体内容当然很不一样;但其为不偏不倚的意义,却并无二致。

"中"的要求,除行之于德,更行之于刑。《尚书·立政》记周公曰:"兹式(法)有慎,以列用中罚。"《尚书·吕刑》在谈到执法时,也反复强调一个"中"字,有"惟良折狱,罔非在中"等等。这个思想,在金器铭文中也一再出现,《叔夷钟》有"慎中其罚",《牧簋》有"不中不刑"之类,都是说用刑要恰如其罪,执法如果"不中",刑罚必将"不刑"。至于如何才能做到执法的"中",《吕刑》说:

> 民之乱(治)也,罔不中听狱之两辞,无或私家于狱之两辞。

公正地而不是徇私地听取对立的申诉，便能做到"中"。那么，这样的"中"，已经不是道德范畴，而属于认识论领域了。

这就是说，中不仅是善，而且也是真。

尚中观念作为一种哲学思想，在《易经》里表现得更为明晰。易有八卦，两两相重而得六十四卦，卦各六爻。第二、五两爻，是原八卦的中爻。中爻的爻辞，在一般情况下，多是吉利的，除非有其他因素的破坏。这便是尚中观念。

六十四卦的顺序，呈现为所谓"二二相偶，非覆即变"（孔颖达《序卦·正义》）的状态，其含有矛盾对立思想，是一望而知的。许多说《易》者早已言及这一点。我们需要指出的是，卦序不仅含有对立，更重要的还在于它突出了对立的统一。这在六十四卦首尾两组四卦的关系中，有着精心安排。

开头一组两卦是乾☰和坤☷。它表明，过程从简单的阴阳对立、奇偶对立开始。中间经过六十卦的反复变化，或者说，经历了所有可能形式的矛盾，最后以既济☲☵未济☵☲结束了整个行程。这结尾的两卦，从图像上看，正好是开头两卦的交互错综、参和统一；或者说，是乾坤两卦各以己之所有，济对方之无，各以己之所过，济对方之不及，故取名曰济。济也是成，是整个过程的终了和完成；济还是通过，是由此岸到达彼岸。故用以命名最后一组卦象。《易经》编纂者在卦序上的这一伎俩，看来是明白而又自觉的。他显然是想用卦象和卦名来表明，由对立开始的过程，必以对立的参和调济而结束①。这种参和，也正是中，是动态的中，简言之曰和。

《易经》中这种纯思辨的尚中哲理，在《诗经》中采取了不同的表现形式。它不再是玄之又玄，而变得情趣盎然：

马之刚矣，辔之柔矣！马亦不刚，辔亦不柔，志气镳镳，取予不疑。（逸诗，见《逸周书·太子晋》）

马本刚，辔本柔，有如乾之与坤。御夫的精湛技艺，表现在能使刚者不刚，柔者不柔，使刚柔结合起来，调济起来。一个贤明的统治者也应如此，

---

① 说《易》之书，可以汗九牛，不知前人已有此说否，待查。又，或谓传世本卦序为汉博士编定；马王堆帛书的出土，似乎证成了此说。按：汲冢所见之《周易》上下经，"与今正同"（《左传后序》），则今本卦序应不晚于魏襄王。至于帛书卦序，有待进一步研究。

方能"志气镰镰，取予不疑"，此所谓——

> 不竞不绒，不刚不柔，敷政优优，百禄是遒。（《商颂·长发》）

这一首诗是赞美商汤的。孟子也说过："汤执中，立贤无方。"（《孟子·离娄下》）"无方"就是不拘一格，不带框框，就是中。

中或和还是音乐的极致：

> 鞉鼓渊渊，嘒嘒管声，既和且平，依我磬声。（《诗经·商颂·那》）

音乐之外，五味可口谓之和羹，五色协和乃成文采。《左传》有曰：

> 和如羹焉，水火、醯醢、盐梅，以烹鱼肉，燀之以薪。宰夫和之，齐之以味，济其不及，以泄其过。君子食之，以平其心。……声亦如味……清浊、大小、短长、疾徐、哀乐、刚柔、迟速、高下、出入、周疏，以相济也。君子听之，以平其心，心平德和。（《昭公二十年》）

水火、盐梅的统一而有和羹，大小、清浊之相济而得和声。因此，和或中，不仅是善，不仅是真，而且也是美。这个美，不仅悦耳娱目，且可以"平心"，因而又能促进善和真。真可谓：中和之用大矣哉！

《论语》所载孔子的中庸，正是这一切中和观念的逻辑发展。其最重大的发展之处，是提出了一个"庸"字，从而使中和观念哲理化了。所谓"庸"，也有三个含义，最简明的一个为"用"，《礼记·中庸》所说"执其两端，用其中于民"的便是。郑玄注《礼记》，于《中庸》篇解题说："名曰中庸者，以其记中和之为用也。庸，用也。"（据《释文》及《正义》引）已把这个意思说得很明白。因此，中庸就是用中，它大大不同于老子的用弱和商韩的用强。这是中庸的要点之一。

不仅如此，中庸的"庸"，还有"常"义。郑玄注《礼记·中庸》"君子中庸"章说："庸，常也。用中为常道也。"二程说："不易之谓庸"，"庸者天下之定理"（《河南程氏遗书》第七）。这些解释，是符合中庸原意的。因为"庸"字固是"用"，但它是大写的"用"字，是用其所当用，不是任意而用或刚愎自用。庄子在一篇文中说：

> 凡物无成与毁，复通为一。唯达者知通为一，为是不用，而寓诸庸。

庸也者用也，用也者通也，通也者得也。……是故滑疑之耀，圣人之所图也，为是不用，而寓诸庸。(《庄子·齐物论》)

这里把"庸"字释为不用之用。按《庄子》的思想路数，不用之用正是大用，伟大的用，绝对的用。足见在庄子这里，"庸"字也有"用"和"常"的两层意思。

常是对变而言的不变，不变的也就是绝对的。儒家将用中的要求表述为中庸，想来是要以此表明，他们提倡的用中，不是他们主观设定的，而是本之于常的；因而是否用中，也就不容径情任性，而应作为常道来遵守。这是中庸的更深一层含义。

中庸的"庸"，还有平常的意思。朱熹注《中庸》，曾三次指出这一点，并且说，中庸之为德，"亦人所同得，初无难事"。朱熹的这一说法，遭到了王夫之的极力反对。王夫之说：

若夫"庸"之为义，在《说文》则云："庸，用也。"《尚书》之言"庸"者，无不与"用"义同。自朱子以前，无有将此字作"平常"解者。……道之见于事物者，日用而不穷，在常而常，在变而变，总此吾性所得之"中"以为之体，而见乎用，非但以平常无奇而言，审矣。(《读四书大全说》卷二)

王夫之自己将中庸之道悬得甚高，所以很反对当时通行的朱熹说法。其实将"庸"字作平常讲，并非自朱熹始。何晏注《论语》"中庸之为德也"章已有："庸，常也。中和可常行之德也。"所谓可常行，自有通常、平常的意思。《荀子·王制》里，更有"无恶不待教而诛，中庸不待教而化"（亦见于《韩诗外传·五》）句，不仅释"庸"字为平常，而且连同"中"字一起，都作平常无奇言。当然荀子这里所说的中庸，不是我们现在所讨论的中庸。在我们所讨论的范围内，专讲中庸的《礼记·中庸》篇里，有"极高明而道中庸"一句，谓由中庸以达高明，这个中庸，正是平常、普通的意思。我们甚至不妨认为，孔子提出中庸时候所说的"中庸之为德也，其至矣乎？民鲜久矣"(《论语·雍也》)一节，"其(岂)至矣乎"应该是反问，不是赞叹。就是说，他也是将中庸作寻常讲的，何晏后来的注释是对的。尽管人们常常据

此把中庸说成是高不可攀的至德，而孔子的原意，倒是以为民也可以常行中庸的。可证朱熹的说法，还是有根据的。

因为，从根本上说，绝对的（"常"）也就是无处不在、无时不有的，因而也就是平常的。中庸既以中和为常道，将自己高捧入云，必然要承认中和为寻常，使自己落进尘泥。这就是儒家时而赞中庸为"不能期月守"的至德，时而又说它"造端乎夫妇"（《中庸》）的奥秘所在。

这样，执两用中，用中为常道，中和可常行，这三层互相关联的意思，就是儒家典籍赋予"中庸"的全部含义。

三

"中庸"的这些含义，又表现为四种常见的思维形式。最基本的形式，是把对立两端直接结合起来，以此之过，济彼不及，以此之长，补彼所短，以追求最佳的"中"的状态。《尚书·皋陶谟》列举的"九德"，最为典型：

> 皋陶曰：宽而栗，柔而立，愿而恭，乱而敬，扰而毅，直而温，简而廉，刚而塞，强而义。彰厥有常，吉哉！

单纯宽宏的品格，不足于庄严；必得严栗以相济，使他端与此端常在，二者对立而统一，始成一德。其他八德，亦复如此。清儒焦循谈"九德"说："变易其行，则宽而栗、强而义，不执于一矣。"（《尚书补疏》）不执于一，即不"偏伤"，焦循的解释是对的。宽而栗，就是为防止偏伤于宽，而以它的对立面栗来加以牵制，以求得宽栗相参，栗宽相移易。《中庸》上有一段据说是孔子、子路论强的问对，很有助于理解这里宽而栗的含义：

> 子路问强。子曰：南方之强与？北方之强与？抑而（尔）强与？宽柔以教，不报无道，南方之强也，君子居之。衽金革，死而不厌，北方之强也，而强者居之。故君子和而不流，强哉矫！中立而不倚，强哉矫！国有道，不变塞焉，强哉矫！国无道，至死不变，强哉矫！

儒家以为，南人以含忍为强，相当于"宽"，北人以果敢为强，相当于"栗"，都是执一之偏，都有偏伤之患。《中庸》提倡的强，介乎二者之中，成

于二者之和，是一种宽而栗的矫矫之强，它不因国之有道无道而变节。只有这种强，方为常强。

这样的不满足于一端，而引他端与此端结合，使对立方面互相联结、中和的工夫，可以概括为 A 而 B 的公式，它是中庸的最基本形式。①

中庸观念认为，任一独立的德目，总是不完善的，总有它的不足之处和过激之处。A 而 B 的形式，主要在于以对立方面 B 来济 A 的不足；与之相辅的，还有一个 A 而不 A′ 的形式，它强调的是泄 A 之过，勿使 A 走向极端：

> 帝曰：夔！命汝典乐，教胄子直而温，宽而栗，刚而无虐，简而无傲。（《尚书·尧典》）

"直而温，宽而栗"，同于"九德"，是 A 而 B 的形式；"刚而无虐，简而无傲"，就是另一种形式 A 而不 A′ 了。

儒者以为，人性刚断者，不足于实塞，易失之苛虐。"九德"的"刚而塞"，着眼于其不足，以塞济之；"命夔"的"刚而无虐"，着眼于其过，以无虐泄之。人性简大者，不足于廉隅，易失之傲慢。"九德"有"简而廉"，以廉济其不足；"命夔"则有"简而无傲"，以无傲禁其过。

这种以 A 而不 A′ 形式提出的中庸观念，因其适于表达劝善规过的内容，而成为儒家道德戒条的典型形式，在儒书中普遍存在。其最足以表现中庸精神的，莫如《左传》记季札的一段话。据记载，吴公子季札聘于鲁，观周乐，颂曰：

> 至矣哉！直而不倨，曲而不屈；迩而不逼，远而不携；迁而不淫，复而不厌；哀而不愁，乐而不荒；用而不匮，广而不宣；施而不费，取而不贪；处而不底，行而不流。五声和，八风平，节有度，守有序，盛德之所同也。（《襄公二十九年》）

从音乐的和平联想到盛德，一口气举出十四项盛德的表现。这十四事，分别来看，都从泄过立说。他不说"直而温"，而说"直而不倨"，如此等等，

---

① 黑格尔说过："假如一个存在物不能够在其肯定的规定中同时袭取其否定的规定，并把这一规定保持在另一规定之中，假如它不能够在自己本身中具有矛盾，那么，它就不是一个生动的统一体，不是根据，而会以矛盾而消灭。"（见《逻辑学》（中译本）下册，北京：商务印书馆，1976 年版，第 67 页。）

当是为了追求训诫的效果。这十四事，合起来看，又复两两相对，一直一曲，一迩一远，构成七对互济不足的格局。就这样，既各自采取 A 而不 A′ 的形式，又互相形成 A 而 B 的形式，充分表示了《左传》编纂者的中庸思想。

道家也常采用 A 而不 A′ 的立论形式来表示绝对，并在 A 前冠以"大"字，将其论旨强调出来。如"大方无隅""大音希声""大器晚成"（《老子》）和"大道不称""大辩不言""大廉不嗛"（《庄子》）等等都是。可是两家的相同，只是形式而已；从内容上看，彼此存在着很大差别。儒家的 A 而不 A′，是防止 A 的过激与走向极端，道家的大 A 不 A′，是说绝对（大 A）超然于相对之外。例如"辩"，儒家要求的是"辩而不争"（《荀子·不苟》），即承认辩的必要，但不要激化到争的程度；道家追求的是"大辩不言"（《庄子·齐物论》），即认为任何有言之辩只能是相对的、低级的论辩，无法摆脱顾此失彼之弊，唯有无言方能无失，而达到辩的绝对意义。儒道二家的不同，在这里是很明显的。

法家也以 A 而不 A′ 的形式立论，也以此去追求"常"，其思想实质同儒道又互有不同。例如《韩非子》说：

> 故有智而不以虑，使万物知其处；有贤而不以行，观臣下之所因；有勇而不以怒，使群臣尽其武。……群臣守职，百官有常，因能而处之，是谓习常。（《主道》）

这里的"智而不以虑"等等，是驾驭臣下的一种权术，是为了使臣下捉摸不到君主的深浅，以收到"明君无为于上，群臣竦惧于下"、"有功则君有其贤，有过则臣任其罪"（同上）等治理效果的统治办法。它同儒家的"贤而勿伐"（《礼记·祭统》）、道家的"大知闲闲"（《庄子·齐物论》。闲闲，无是无非也）比起来，自别是一番风味。

用 A 而 B 以济不足，A 而不 A′ 以泄过，这是一个问题的两个方面，同一中庸思想的两种表现。它们的进一步逻辑推演，就出来了不 A 不 B 和亦 A 亦 B 这样的形式。

不 A 不 B，是 A 而 B 的否命题。在 A 而 B 的形式里，A 是基本的，B 的用处在于济 A 之不及；在 A 而不 A′ 的形式里，A 也是基本的，不 A′ 的提出为了泄 A 之过。到了不 A 不 B 的形式里，则要求不立足于任何一边，且把毋过毋不及的主张一次表现出来；因而最便利于显示"用中"的特点，而取得一种纯客观的姿态。《尚书·洪范》中有一段被称为"皇极经"的话，就是这种形式的典范：

> 无偏无颇，遵王之义（读如我）；无有作好，遵王之道；无有作恶，遵王之路。无偏无党，王道荡荡；无党无偏，王道平平；无反无侧，王道正直。会其有极，归其有极！

这一首诗，在先秦五家文献中被多少不等地引征过六次（《左传·襄公三年》《墨子·兼爱下》《荀子·修身》《荀子·天论》《韩非子·有度》《吕氏春秋·贵公》），仿佛已经成了绝对真理，至少也表明它是大家一致公认的公理。其原因，当在于它的纯客观姿态。从形式逻辑上说，既不偏，又不颇，当然是正确的、全面的。所以荀子就曾以之作为获得真理的方法。他说：

> 圣人知心术之患，见蔽塞之祸，故无（毋）欲无（毋）恶，无始无终，无近无远，无博无浅，无古无今：兼陈万物而中县衡焉。（《荀子·解蔽》）

这就是说，不 A 不 B 的思维方法，是求真的最好方法。在德性的修养即求善上，儒家也很重视不 A 不 B 的方法，前引的《诗经》"不刚不柔"就是例子。还有一首说得更具体些：

> 人亦有言：柔则茹之，刚则吐之。维仲山甫，柔亦不茹，刚亦不吐；不侮矜寡，不畏强御。（《诗经·大雅·烝民》）

这是歌颂宣王上卿仲山甫的诗。诗中把不刚不柔具体化为对矜寡不刚，对强御不柔；或者说，对柔者不刚（不茹），对刚者不柔（不吐）。这个原则，抽象地说，也是正确的、善的。①

---

① 正是在这个意义上，希腊哲人亚里士多德也认为，美德应该是两个极端之间的中道，而每一个极端都只能是一种罪恶。他说，在鲁莽与怯懦之间有勇敢，在羞涩与无耻之间有谦逊，在贪婪与浪费之间有慷慨，在虚荣与卑贱之间是不卑不亢，在自夸与虚伪之间存在着真理性，等等（见《尼各马科伦理学》，北京：中国社会科学出版社，1990 年版）。

问题在于：在分析阶级社会里的认识问题和道德问题时，不能停留在抽象上，必须寻根究底，弄清楚何谓偏颇，何谓欲恶，何谓柔刚。仔细想来，这些两端，原来都是后于中而出现，并非先于中而存在。某种秩序被宣布为"王道"了，然后有所谓离开王道的"偏"与"颇"；某种心情被定为正，然后有所谓"欲"与"恶"；某种行为被认为中，然后有所谓"刚"与"柔"。偏颇等等，本是相对的，相对于既定坐标而言的。在这个意义上，"中"实际上等于"度"，即事物的既定的或理想的界限。而各种人物赋予"度"的社会内容不尽相同，所以，尽管五家都拥护"皇极经"，但由于他们对王道有不同的了解，他们都可以理直气壮地指斥别人为偏颇。因而，仿佛是很客观的不A不B的思维形式，其实是相当主观的。它的长处，并不在于它的具体所指；倒是在于，它以逻辑的形式，把一件事情的两种对立倾向以极端的形式表示了出来，而这对于正确地认识和行动，是会有帮助的。

亦A亦B是不A不B的否命题，也是A而B的形式在时间和空间上的展开。如果说不A不B利于表示"中"，着重指明对立双方的互相节制；那么亦A亦B的形式，则重在指明对立双方的互相补充，最足以表示中庸的"和"的特色，并有别于以A为主的A而B的形式。

事物处在运动、变化和发展中，形成了不同阶段的所谓"时"。儒家认为"与时屈伸"，适应变化了的情况采取不同的对策，直至前后对立的对策，从而在时序上表现为亦A亦B，这也是中庸观念所允许、所要求的形式。荀子说：

> 与时屈伸，柔从若蒲苇，非慑怯也；刚强猛毅，靡所不信（伸），非骄暴也；义以应变，知当曲直故也。《诗经》曰："左之左之，君子宜之；右之右之，君子有之。"此言君子能以义屈信，变应故也。（《荀子·不苟》）

这一段话包含着一个很重要的原则，提出了一个与上述三种形式似乎相反的中庸形式。上述三种形式都追求随时随地的中，这里却允许此一时"柔从若蒲苇"，彼一时"刚强无不伸"。就是说，它允许在各个具体时段上，或柔或刚、或左或右，允许流于一偏。这样的"彼一时，此一时也"（《孟子·

公孙丑下》）的做法，在儒家看来，并不是背离了中庸之道，而是更灵活的中庸之道。因为它预期着整个发展过程上的亦柔亦刚、亦左亦右状态，就是说，从时间和过程的全体看，这也是用中。孟子说："执中无权，犹执一也。"（《孟子·尽心上》）孔子说："可与共学，未可与适道；可与适道，未可与立；可与立，未可与权。'唐棣之华，偏其反而。'"（《论语·子罕》）这种不泥于一时之执中、似乎"偏其反而"的中庸形式，正是达到了"权"的境界的中庸形式，它的适用范围相当广泛。

  天下有道则见，无道则隐。（《论语·泰伯》）

  可以仕则仕，可以止则止；可以久则久，可以速则速。（《孟子·公孙丑上》）

  国有道，其言足以兴；国无道，其默足以容。（《中庸》）

这是出处上的亦A亦B。在治国上，有所谓：

  张而不弛，文武弗能也；弛而不张，文武弗为也。一张一弛，文武之道也。（《礼记·杂记下》）

  政宽则民慢，慢则纠之以猛；猛则民残，残则施之以宽。宽以济猛，猛以济宽，政是以和。（《左传·昭公二十年》）

政之和，不一定表现在每一时间都是"布政优优"上，也可以表现为不同时间的一张一弛、一宽一猛上。在外交上，有如：

  晋郤缺言于赵宣子曰：日卫不睦，故取其地；今已睦矣，可以归之。叛而不讨，何以示威？服而不柔，何以示怀？非威非怀，何以示德！无德，何以主盟！（《左传·文公七年》）

单有威，固不成其为德；单有怀，也不成其为德。必须当威则威，当怀则怀，从而形成亦威亦怀的局面，方足以示德和称雄。

由于客观情况的复杂多样性，不仅在不同时间对同一事物容许亦A亦B，以收用中的效果；即使在同一时间内，对于不同领域的事物，亦可采取不同的直至对立的即亦A亦B的办法，展现为空间上的用中。例如：

  凡建国君民，内事文而和，外事武而义；其刑慎而杀，其政直而公。

本之以礼，动之以时，正之以度，师之以法，成之以仁，此之谓也。（《逸周书·武纪》）

内事尚文，外事尚武，在同一时间内对待不同的事物，办法可以是不同的；它们的全局，则构成为用中。当然，内事也有猛以济宽的时候，外事也有柔以示怀的时候，不可执一而固，这在上面已经说到了。但是，一般说来，不同事物有其基本的不同办法，则是"礼"所要求于人的：

季孙欲以田赋，使冉有访诸仲尼。仲尼……私于冉有曰：君子之行也。度于礼：施取其厚，事举其中，敛从其薄。（《左传·哀公十一年》）

"施"和"敛"，有予取之别，决定了它们从厚从薄的不同。施厚敛薄，事得其中，斯为仁致。

这些，便是中庸思想借以表现的几种基本形式。

四

综合起来考虑一下中庸诸形式，应该承认，中庸之道，对于对立统一规律的一个方面，即对立面的互相依存互相联结方面，所做的分析和表述，是相当详尽而又充分的。它在人类认识史上，无疑是一项可贵的成就和有益的贡献。直至今天，我们仍在有效地利用这些形式，来进行思维活动，以捕捉事物的客观法则。这样的例子，是俯拾可得的。

可是有些人不愿承认这一点。他们惯于只见中庸的形而上学一面，而横加指责。最常见的说法有：中庸的中，是折衷主义；中庸的和，是调和主义；整个中庸，则是合二而一的典型，而合二而一便是形而上学的代名。

对于这一类的指责，通过前几章的介绍，本来足以做出裁决：它们是片面的、轻率的、经不起推敲的。但是，为慎重起见，不妨结合他们的指责，再做一些分析。

何谓折衷主义？按折衷，一曰折中，始见于《管子·小匡》："决狱折中，不杀不辜，不诬无罪。"这个折中，是说判决应求准确，必使罚当其罪，同本文第二章所引《尚书·吕刑》等的说法是一致的。屈原《九章·惜诵》中有"令五帝以折中兮"，司马迁《史记·孔子世家赞》中有"言六艺者折中于夫子"，这些折中，是说以五帝、孔子为标准，也是求准取正的意思。这样意义的折衷，从前两章中可以看出，在中庸学说里是充满着的。至于折衷而成了主义，其含义便大不一样了。列宁在批评布哈林的时候说过："'又是这个，又是那个'，'一方面，又一方面'——这就是布哈林在理论上的立场。这就是折衷主义。"① 列宁在《哲学笔记》中还说过：将概念的灵活性（达到了对立面同一的灵活性）加以客观的应用，是辩证法；加以主观的应用，则是折衷主义。据此，简单说来，无原则地、主观任意地把对立的方面结合起来，才叫折衷主义，才是马克思主义所谓的折衷主义；不能把一切折中都看作是错误，也并非任何谈论"中"的学说都是折衷主义。

按这样的标准衡量，中庸的执两用中，它的亦 A 亦 B，以及它那些达到对立面同一的灵活性，都还是折中，而不是折衷主义。因为它并非简单地平列对立双方，而是要依照某种原则来或济或泄；它所提倡的对立面的各种结合方式，并不是任意的，而是有着某种根据的。这种原则和根据，就是"中"。

我们已经说过，中庸学说所谓的过和不及、刚和柔、偏和颇等等的两端，并非先于中而自在，却是因于中而存在的。中是两端对立的坐标。两端的结合，原是取正于这个中的。

这个中，又非主观任意、朝三暮四的，而是有其客观内容的。《荀子》说："曷谓中？曰：礼义是也。"（《儒效》）可见中就是礼义。《礼记》说："先王之制礼也，过之者俯而就之，不至焉者跂而及之。"（《檀弓》）可见制礼便得制中。

礼的具体内容，它的社会意义，我们在这里可以不用追究。它可以是反动的、保守的，也可以是进步的、革命的；不管怎样，对于别的社会现象来说，它总归是一个既定的原则和客观的标准。有了这一条，中庸学说在哲学上，就避免了折衷主义的危险，尽管它有许多其他毛病。

指责中庸为折衷主义的人，多数是匆匆抓住了一个"中"字，以为中庸既反对过与不及，主张执两用中，必定是将对立两端毫无原则地混合起来以

---

① 《列宁选集》第 4 卷，北京：人民出版社，1972 年版，第 449 页。

用其中，或将对立两面漫无标准地平列起来以见其中，其为折衷主义何疑。殊不知这个"中"，并不像他们所想的那样简单。他们所想象的那种"用中"者，倒也确有其人，其名曰"乡愿"：

> 孔子曰：过我门而不入我室，我不憾焉者，其惟乡愿乎！乡愿，德之贼也。（《孟子·尽心下》）

所谓乡愿，据说是这样一种人，他"同乎流俗，合乎污世"，"阉然媚于世"，"无所往而不为愿人"，"一乡皆称愿人焉"。这种人，随遇而安，毫无原则，八面玲珑，四处讨好，"非之无非也，刺之无刺也"（同上），仿佛最得中正之道。其实他的中正，不过是媚世取宠、随声附和的骗术而已。这种人的思想，才是真正的折衷主义。

孔子说过，乡愿是"似而非"的中道，是乱苗之莠、乱朱之紫（同上）。指责中庸为折衷主义，或许是受了紫莠之乱了吧！

中庸的中既不是折衷主义，中庸的和也不是调和主义。何谓调和主义？"调和"一词，本义也不坏。《说文》："调，和也。"调就是和。《荀子·臣道》："恭敬，礼也；调和，乐也。"调和是曲调和谐。《吕氏春秋·去私》："庖人调和而食之。"调和是烹调得法，五味可口。曲调和谐不能没有一个基调，五味可口也离不开一个主味，这叫作"调而不流"（《荀子·臣道》）、"和而不流"（《礼记·中庸》）。这样意义的调和，从前两章也可看出，在中庸学说里是充满着的。

从一定意义上说，调和就是对立的同一，就是承认对立本是同一个东西的两极。恩格斯在批评自然科学中的形而上学观点时候说过："大多数自然科学家还以为同一和差异是不可调和的对立，而不是同一个东西的两极"，"（辩证法除了承认'非此即彼'，）又在适当地方承认'亦此亦彼！'并且使对立调和起来"①。可见，调和不仅不是形而上学观点，而且与之正相反对。

至于调和而成了主义，其含义又大不一样了。调和主义的特征是无视矛

---

① 《马克思恩格斯全集》第20卷，北京：人民出版社，1971年版，第558、554页。这里的"调和起来"，是单行本时的译法，原文为 Vermittelt，全集本译为"互为中介"。即使是"互为中介"，在辩证法的用语里，也等于"调和"，见黑格尔《逻辑学》上册，北京：商务印书馆，1976年版，第105页。

盾双方差异和对立的绝对性，并力图泯灭这种对立，追求无差别的同一。在中国的思想史上，尚同学说可以叫作调和主义；中庸虽然主张和，却不是人们所谓的调和主义。因为，中庸主张和，是以承认对立并保持对立为前提的，和是对立的结合，不是对立的泯灭。和之为和，正因为其中充满着对立，是对立按照一定秩序互相调谐的结果。同则不然。同是排斥差异，要求溶解差异的。

《左传·昭公二十年》记晏子论和同曰："君所谓可，而有否焉；臣献其否，以成其可。君所谓否，而有可焉；臣献其可，以去其否。"这样可与否的结合，就叫作和。如果君谓可，臣亦曰可，无视其否，君谓否，臣亦曰否，无视其可，则叫作同。"同"以泯灭对立和差异为实现自己的手段，实无异于把对立和差异看成相同，迫使对立和差异成为相同。这样做，倒正是调和主义。

中庸思想反对这种同。孔子曰："君子和而不同，小人同而不和。"（《论语·子路》）这句话的社会意义，或许是保守乃至反动的；但它的哲学意义，则表明了中庸之反对泯灭对立的调和主义，是不成问题的。

至于中庸思想之否认转化的必然性与必要性，而使对立的展开限制在度的范围内，那样一种根本的缺点，我们已经一再说明了；这种缺点，并不比调和主义的名声好听，但它并非调和主义这一点，还是应该承认的。对待那些指责中庸为合二而一的议论，同对待上述两种指责的态度不同，应该欣然接受。

"合二而一"和"一分为二"，原是宋明哲学家表述对立统一规律的用语，它们概括了矛盾两个方面构成事物及其发展过程的大致情况。就其理论渊源说，"一分为二"在提出时，明确表示自己是对"太极生两仪"的通俗解说（见邵雍《皇极经世·观物外篇》及《朱子语类》卷六十七）；"合二而一"则标明是对子思（相传为《中庸》作者）学说的发明（见方以智《东西均·三征》）它们同中庸思想的关系，是十分清楚的。

"二"者对立也。所谓"合二而一"，无非是说对立的两个方面结合而成一个统一物。"一阴一阳之谓道"，"日月相推，而明生焉；寒暑相推，而岁成焉"（《易·系辞上》），"阴阳合和而万物生"（《淮南子·天文训》），以及诸如此类，都是"合二而一"的套子。本文前面谈到的中庸诸形式，尤其是表现为 A 而 B 和亦 A 亦 B 的形式，也是一望而知的"合二而一"式命题。它们从一个方面反映了事物发展的客观辩证法，是值得肯定的。

可是合二而一命题却遭到了多方责难。据说是由于它只强调了合，没有强调分，没有谈对抗，只是谈平衡，如此等等。这倒是确实的。每一个科学命题有其所反映的某一客观方面，这正是人类思维的骄傲。如果要求每一个认识成果包含一切认识对象或对象的一切方面，那无异于取消认识活动，回到混沌初开。合二而一作为一个哲学命题，主要用来表述对立面的依存和联结这样一个辩证法的方面。因为所谓矛盾或对立同一，是对立物（"二"）的统一（"一"），又是统一物中的对立。人们有时候着眼于从对立的统一中去把握对立，有时候又着眼于从统一中有对立去把握统一，这样做，都不违背客观辩证法的要求。中庸在谈论依存和联结的时候，不仅不曾排斥双方的对立或对抗，而且以之为前提和潜力；就是说，它是从统一中有对立去把握统一的，这是前面屡次见到过的了。所以说，A 而 B 等合二而一的命题，并无抹杀矛盾的意思，也不影响"分"和"对抗"的进行；它之所以没有谈论这一些，只因它的任务不在这里。这种现象，本是认识中的常事，没有什么奇怪。

可奇怪的倒是，人们为什么喜欢指责合二而一没有强调分和对抗，而不去指责一分为二只是强调分和对抗，不曾谈论合和平衡？这里面的原因，就很多了。其一当是：人们对于发展的动力和形式，存在着某种偏见，对于合和平衡在发展中的作用，缺乏应有的认识。

应该看到，矛盾双方在一个统一体中相结合以及双方处在某种平衡状态，是客观世界中经常存在的现象。任何个别运动总是趋向平衡；正是这种平衡，为事物的变化准备着必不可少的条件，带来了事物的必不可免的发展；而发展或整体的运动，又打破了个别的平衡。因而，虽说"一切平衡都只是相对的和暂时的"，但"物体相对静止的可能性，暂时的平衡状态的可能性，是物质分化的根本条件，因而也是生命的根本条件"①，这一点，却是不容忽视的。

闭着眼睛不承认平衡，或者蔽于平衡的相对性和暂时性，看不到它对发

---

① 《马克思恩格斯全集》第 20 卷，北京：人民出版社，1971 年版，第 589 页。

展的必要性，有见于动，无见于静，肯定要在事物的发展面前碰钉子。因为它忽视了发展的根本条件。同样的，夸大平衡的作用，把平衡绝对化，认为平衡是不容破坏的最佳状态，有见于静，无见于动，也肯定要在事物的发展面前被淹没。因为它阻碍了发展的飞跃行进。

中庸思想，在论证如何达到平衡、保持平衡方面，有不少精辟的见地，成为文化遗产中的珍品，值得我们细致汲取。它的根本缺点，在于把平衡的地位和作用过分夸大了，以致到了否认转化阻止转化的境地，并因此窒息了自己的合理内容，其流弊所及，就是一切生活领域中的因循保守、故步自封和阻碍变化、反对革命等现象的不时发生与普遍存在。这是它的糟粕，必须认真批判，坚决抛弃。

指责中庸为合二而一、指责合二而一为形而上学的人，并未真的抓住中庸的这个形而上学的毛病。因为他们自己在对待合与分、平衡与对抗的问题上，持有某种形而上学的观点，他们陷入了无视相对的绝对主义泥坑。

我们需要的是用辩证唯物主义和历史唯物主义的观点和方法，来分析中庸思想，指明它的成就和缺陷，认清它的作用和影响，找出产生它的原因和补正它的方法来。

五

中庸不仅是儒家世界观的一个部分，或者说，正因为它是世界观的一个部分，它还是儒家学说的方法论的一种原则。整个儒家学说的体系，仁义礼乐那一套，正是按中庸原则架设起来的；许多重要的儒学范畴，如谦、和、参、极那一些，都是中庸观念的结晶品。研究一下这个问题，对于了解中庸思想和整个儒家学说，也很有意义。

《易·说卦》有云：

> 昔者圣人之作易也，将以顺性命之理。是以立天之道曰阴与阳，立地之道曰柔与刚，立人之道曰仁与义。兼三才而两之，故易六画而成卦；分阴分阳，迭用柔刚，故易六位而成章。

"作易""成卦"云云，同我们现在所讨论的问题无大关系，可以不管；

单就它把仁义和阴阳、柔刚并列，也当成是对立方面这一点来看，《说卦》的作者确实抓住了仁与义的关系的实质，并因此提出了一个很深刻的问题。

仁之与义，既有区别又有联系。这是儒家的人和研究儒家学说的人都很注意的一点。《孟子》说："仁，人心也；义，人路也。"（《告子上》）《中庸》说："仁者，人也……；义者，宜也。"这些定义已经着眼于仁义的相同与不同了，只是尚未达到对立统一的认识。陆贾《新语》说："阳气以仁生，阴气以义降。"（《道基》）《韩诗外传》说："子为亲隐，义不得正；君诛不义，仁不得爱。"（卷四）这些说法意识到了仁义的不能两全与正相对立，但仍未指明所以对立的内容。直至董仲舒提出"仁人义我"的说法，似乎才初步回答了《说卦》所提的问题：

  仁之为言，人也；义之为言，我也。言名以别矣。……仁之法在爱人不在爱我，义之法在正我不在正人。我不自正，虽能正人，弗予为义；人不被其爱，虽厚自爱，不予为仁。……是义与仁殊：仁谓往，义谓来；仁大远，义大近；爱在人谓之仁，义在我谓之义；仁主人，义主我也。故曰仁者人也，义者我也，此之谓也。君子求仁义之别，以纪人我之间，然后辨乎内外之分，而著于顺逆之处也。（《春秋繁露·仁义法》）

董仲舒把仁义作如此解说，勉强回答了二者的对立统一关系问题。不过这种解说，明显带有汉儒那种望文生义的特色，而未能捉住仁义对立的真谛。按"义"字所从之"我"，并非人我之我，而是古"杀"字。《孟子·滕文公下》引《泰誓》"杀伐用张"一句，在传世本《泰誓》中作"我伐用张"，便是一个例证。许慎《说文》也说"我"字左半为"古杀字"。因而从我之"义"，亦有"杀"义。《礼记·经解》云："除去天地之害，谓之义。"《易·系辞下》云："理财正辞禁民为非曰义。"《荀子·强国》云："夫义者，所以限禁人之为恶与奸者也。"这几条"义"的定义里，都还隐约可以见到"杀"机。"义"字正是以这样的含义，与含义为爱的"仁"字对立统一，而成为统治者不可或缺的两手。其他各种道德性的定义，都是后起且加以各种伪装的了。不过，即使这样，只要留心读书，还是可以随处发现仁义之被看为相反相成的两手的痕迹。例如：

有大罪而大诛之，简；有小罪而赦之，匿也。……简，义之方也；匿，仁之方也。刚，义之方也；柔，仁之方也。《诗经》曰：不竞不絿，不刚不柔。……言仁义之和也。（马王堆帛书《老子》甲本卷后《五行篇》第203、205、206行《经》文及302行《说》文）

仁之与义，敬之与和，相反而皆相成也。（《汉书·艺文志》）

这种以当杀则杀为义、当爱则爱为仁的观点，比之董仲舒的仁人义我说，无疑更符合仁义的本义。而仁义之被认为是相反相成的，必须是和的，则又体现了中庸的方法论的作用。这一很有趣的发现，对于了解儒家思想，或许不无益处。

"仁近于乐，义近于礼"，作为儒家学说体系又一基本内容的礼和乐，也是按中庸原则组合起来的。上引《艺文志》所说的"敬之与和"，就是指的礼与乐。叙述礼乐之相反相成的篇章不计其数，而最为集中典型的，莫过于《礼记·乐记》。《乐记》本是谈论音乐的，由于乐须从其与礼的对立统一中去了解，所以连带谈到了礼。①《乐记》说："圣人作乐以应天，制礼以配地"；礼法"天地之别"，乐法"天地之和"；"乐统同"，"礼辨异"；"乐由中出，礼自外作"；乐为"情之不可变者"，礼为"理之不可易者"，如此等等。乐之与礼，彻里彻外地处在相反而又相成、对立而又统一的关系之中。"达于礼而不达于乐，谓之素；达于乐而不达于礼，谓之偏"（《礼记·仲尼燕居》），唯"礼乐皆得"，方得"谓之有德"之人。所谓"皆得"，正是中庸的亦A亦B的形式。

中庸思想，也体现在儒学的许多重要范畴中。最直接的，当然要数"和"。和指的是对立方面的联结、平衡、调和、渗透等等，是处于动态的"中"。正如中之被赋予神圣性一样，"和"也被尊为"太和"，即伟大的和。《易》云：

---

① 黑格尔说："既然两个对立面每一个都在自身那里包含着另一方，那么，其结果就是：这些规定，单独看来都没有真理，唯有它们的统一才有真理。这是对它们的真正的、辩证的看法，也是它们的真正的结果。"（《逻辑学》（中译本）上册，北京：商务印书馆，1976年版，第208页。）

> 乾道变化，各正性命，保合太和，乃利贞。（《乾·彖》）

这是说，人从变化着的天道那里禀受了或刚或柔的性和或贵或贱的命，必须保持"和"的状态，即以柔克刚、以刚克柔以及以贵下贱、以贱事贵等等，始能顺利生存。可见"和"之必要，是与生俱来的。

和的更多用处，是用在处理对立的人们之间的关系上，所谓"礼之用，和为贵"（《论语·学而》）便是。前已提到，虽君之与臣，也不应要求绝对赞同的关系，而该是一种和的关系，因为"上下不和，虽危必安"（《管子·形势》）；治军也在于和，"师克在和，不在众"（《左传·桓公十一年》）；治民也在于和，"众非和不聚"（《逸周书·度训》）；诸如此类，当是清醒地总结了大量政治生活经验的结果。

这种尚和弃同的经验，也来自生产实践的总结：

> 夫和实生物，同则不继。以他平他谓之和，故能丰长而物归之；若以同裨同，尽乃弃矣。（《国语·郑语》）

这里说的是动植物繁殖乃至人们的婚配问题，包含有可贵的优生学思想，它也被凝聚到"和"的范畴里了。

和的思想虽然如此重要，但在儒家学说里，也不容许予以绝对化。所谓"知和而和，不以礼节之，亦不可行也"（《论语·学而》），便是这个意思。另外，和的必要，也只是对现实社会而言，大概因为现实中充满矛盾的缘故；据说对于理想的国君，臣子必须用"同"的办法：

> 恭敬而逊，听从而敏，不敢有以私抉择也；不敢有以私取与也；以顺上为志。是事圣君之义也。（《荀子·臣道》）

理想的国君对别人，也是用"同"的办法：

> 孟子曰：子路，人告之以有过则喜；禹，闻善言则拜；大舜有（又）大焉：善与人同，舍己从人，乐取于人以为善。（《孟子·公孙丑上》）

闻过则喜、闻善则拜，都还未能摆脱人我之别；大舜无我，所以与人同。儒家的乌托邦叫作"大同"，也是比现实社会可能实现的和以至太和都还要高的境界。因为和以对立的存在为前提；对立意味着不和，所以提倡和。

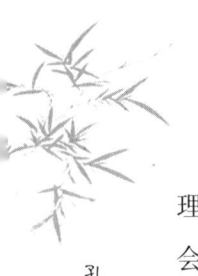

理想社会里没有了对立，所以也就没有和只有同了；不过它又不同于现实社会里的那种小人之同，所以叫大同。

同也叫作"一"或"壹"，就是不承认对立，不能容忍"二"或"贰"。中庸思想以承认对立或二为起点，但不停留在"贰"上，而要求过渡到对立的统一去。这种统一，又叫作"参"，它也是儒学的一个重要范畴。

"参"就是"三"，大写的"三"。仿"太和"的说法，"参"也可以说成是"太三"，伟大的三。三之为数，在中外古代哲学里，都被认为是第一个圆满者。"一"是数的开始，是单子、单元；"二"是殊异，是对立；而"三"是对立的统一，数的完成，是包含有对立于自身的总体，这就叫作"参"。

从动态说，"参"指的是对立双方的结合、交融或统一。《逸周书·常训》说"疑意以两，平两以参"，就是说的这一点。一个见解，一种办法，是否正确，是否可行，需要以与它正相对立的观点来怀疑，这叫"疑意以两"。有了这样正反两方面的推敲比较，然后便可生出更完满的意见和办法，把对立的见解统一起来，这叫"平两以参"。这个"参"，也就是"用中"。《逸周书·武顺解》说："人有中曰参，无中曰两。"两与参之差别，就在于有无用中。

由"参"构成的许多词，都含有这种哲理的成分。"参考""参验""参议""参观""参稽""参互""参伍"等等，都是说的考察对立的情况，以得出适当的意见或办法。例如，《荀子·解蔽》里说无蔽的办法，有曰："疏观万物而知其情，参稽治乱而通其度。""万物"众多，所以要"疏观"；"治乱"两端，所以须"参稽"，即"平两以参"之谓。

《易传》中有所谓"参伍以变，错综其数"的话，历来说《易》者都神乎其辞。"参伍"这两个字，可能有许多含义，而其基本含义，大概以《韩非子》讲得最准确：

参之以比物，伍之以合虚。（《扬权》）

参伍之道：行参以谋多，揆伍以责失。（《八经》）

物和虚，就是有和无，实和虚；多和失，就是过与不及；参之伍之，就是从这些对立中寻找正确。所以说"参"也就是"用中"。

不知道这个奥妙的人，常常把"参"理解为无关的第三者，从而将它所包含的辩证思想粗暴阉割。例如，屈原《天问》里有一问是这样问的：

  阴阳三合，何本何化？

  这个"三"，分明是"参"。因为此前的一问提出了"气"，此后的一问出现了"天"；这一问显系指的气分阴阳、阴阳参合从而化生天和万物，即《老子》的一生二、二生三、三生万物之意。可是王逸注《天问》的时候，就把这个意思给歪曲了。他说"阴阳三合"是"天地人三合成德"。这个注同《天问》的原意几乎完全不相关，关键就在于他不懂得"参"字的含义。《榖梁传·庄公三年》有"独阴不生，独阳不生，独天不生，三合然后生"一说，如果与《天问》所提的问题有关，也是一样错误的答案。后来董仲舒把《榖梁传》的说法稍事变化，说是"独阴不生，独阳不生，阴阳与天地参，然后生"（《春秋繁露·顺命》），解"三"字为动词"参"字，仍然回答不了问题。到了柳宗元对《天问》，作《天对》，说：

  合焉者三，一以统同。吁炎吹冷，交错而功。（原注："《榖梁子传》：'独阴不生，独阳不生，独天不生，三合然后生。'王逸以为天地人，非也。"）

  柳宗元在阴阳天之外，又加了个元气（"一"），让元气统率阴阳天，也还是没有对得上《天问》的难题。

  他们这些错误的原因，看来是共同的，即都把"三"仅仅当成一个普通的数目，而不曾看出它是一个哲学范畴，它结晶着中庸思想这一本质特征。

  儒家学说中的许多道德范畴，如"温良恭俭让"之类，也同中庸思想有关，是既得利益者防止对立转化而采取的持满之道。据《左传·昭公七年》载，孔子高祖正考父有鼎铭一则，云：

  一命而偻，再命而伛，三命而俯，循墙而走，亦莫余敢侮。饘于是，鬻于是，以糊余口。

  由偻而伛而俯，爵位愈高，恭谦愈甚，以至于"循墙而走"。鼎之用本以烹肉，却说要拿来熬煮稀粥以糊口。这样的事情，实际上当然不可能发生，只是在"铭"上说说而已。但这一个"铭"，颇能代表儒家的道德观念。因为

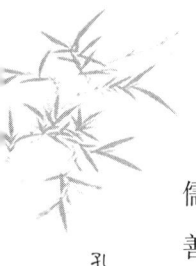

儒家思想认为，极则反，盈必毁，得利而骄，必不保其位；只有谦卑，方可善终。所谓：

> 天道亏盈而益谦，地道变盈而流谦，鬼神害盈而福谦，人道恶盈而好谦。谦尊而光，卑而不可逾，君子之终也。（《易·谦·彖》）

满盈为人神所共愤，谦卑必能光照人间。战国末年一位因得其善终而出名的孙叔敖，据说就是执行的这种道德：

> 孙叔敖遇狐丘丈人。狐丘丈人曰："仆闻之，有三利必有三患。子知之乎？"孙叔敖蹴然易容曰："小子不敏，何足以知之。敢问何谓三利，何谓三患？"狐丘丈人曰："夫爵高者人妒之，官大者主恶之，禄厚者怨归之，此之谓也。"孙叔敖曰："不然。吾爵益高，吾志益下；吾官益大，吾心益小；吾禄益厚，吾施益博：可以免于患乎？"狐丘丈人曰："善哉言乎，尧舜其犹病诸！"《诗经》曰：温温恭人，如集于木；惴惴小心，如临于谷。（《韩诗外传·卷七》）

孙叔敖对温良恭俭让的解释，是符合 A 而 B 的原则的：爵高而志下，官大而心小，禄厚而施博。这正是对立统一，是中庸之道。

中庸思想，也贯穿于儒家学说的用人原则上。"亲亲"还是"尚贤"，是用人问题上的两种对立原则，由来已经很久了。据说有这样一个故事：

> 吕太公望封于齐，周公旦封于鲁。二君者，甚相善也，相谓曰：何以治国？太公望曰：尊贤上功。周公旦曰：亲亲上恩。太公望曰：鲁自此削矣。周公旦曰：鲁虽削，有齐者亦必非吕氏也。其后齐日以大，至于霸，二十四世而田成子有齐国；鲁日以削，至于仅存，三十四世而亡。（《吕氏春秋·仲冬纪·长见》，又见于《韩诗外传》卷十）

这个故事当然是后人编出来的。编者所根据的，一是齐鲁两国的某些不同政治风尚，一是春秋战国时代的反映不同社会利益的两种用人原则。对这两种原则，编者显然都不满意，他编这个故事，正是要宣传一种思想，即在用人问题上，单纯尊贤或单纯亲亲，都有偏伤之患，都不是好办法；只有亦 A 亦 B，方可得其中庸之道。所以我们从孔孟书里，既常见到"故旧不遗"

（《论语·泰伯》）、"仕者世禄"（《孟子·梁惠王下》）这样的亲亲上恩的话；也常读到"举贤才"（《论语·子路》）、"贤者在位，能者在职"（《孟子·公孙丑上》）那样的尊贤上功的话。而且，儒家所谓的"举贤才"，既有尧举舜于渔陶、商汤举伊尹于厨庖那样的不独亲其亲的美谈和范例，更有在亲亲里面贯彻尚贤这样的更为折中的事实和办法。例如《左传·襄公九年》载楚大夫子囊谈晋国诸卿让贤说：

> 韩厥老矣，知罃禀焉以为政；范匄少于中行偃而上之，使佐中军；韩起少于栾黡，而栾黡、士鲂上之，使佐上军；魏绛多功，以赵武为贤而为之佐。君明臣忠，上让下竞，当是时也，晋不可敌。

这里的贤者知罃、范匄等人，都是晋国的世卿，他们之躐等而进，大概最为符合儒家在用人问题上的中庸之道了。

六

中庸的主要之点，大概就是上述的这一些。它们在中国延续了好几千年，给中华民族的性格和文化，留下了深深的烙印。在一定意义上可以认为，中国封建社会的缓慢脚步，同中庸的消极方面，颇有点不解之缘。作为一种学术思想来考察，需要指出的是，随着儒学的变迁，中庸思想也不断变化，并被赋予了种种不同的解释。这些解释，大别之可分两种，一是偏重于以中庸为德行，一是由德行推广而至整个世界。前者可以魏人刘劭的《人物志》为代表。

刘劭认为，人才有"偏至"，有"兼德"。偏至之人，有得有失；"兼德而至，谓之中庸"。"中庸之德，其质无名。故咸而不碱，淡而不醺，质而不缦，文而不绩；能威能怀，能辩能讷，变化无方，以达为节。"这样的中庸之德，刘劭称之为"纯粹之德"，据说只有圣人才能具备，君主也应该勉力遵行。

其实，在实际生活中，远非一切矛盾在一切条件下都可采用依存和联结的办法所能解决，所以，无往而不允执其中，必然流于"执中无权"、无是无非的乡愿一途。东汉末年有个位居三公的胡广（伯始），其为人也，饰情恭貌，达练事体，在政局极度动乱的王朝末期，能以"在公台三十余年，历事

六帝",故京师有谚曰:"万事不理问伯始,天下中庸有胡公。"(《后汉书·胡广传》)这样的中庸之德,实在是造成后来的安于现状、弱于进取之庸人传统的一大原因。鲁迅先生所以着力抨击中庸,其要点恐怕也在于此。

同这种将中庸局限于德行范围的学说并行,另一些人则扩而大之为中庸之道。据《汉书·艺文志·六艺略》载,当时已有《中庸说》二篇,属礼经。这个《中庸说》说些什么,是否即《礼记》之《中庸》篇,后人已不得而知;我们可以明白知道的是,当时人如董仲舒,他所谈的中和思想,的确已不限于德行,而且将中庸之道大大形而上学化了。

董仲舒十分推崇中和,他曾说:"德莫大于和而道莫正于中","能以中和理天下者,其德大盛;能以中和养其身者,其寿极命","天地之道,虽有不和者,必归之于和,而所为有功;虽有不中者,必止之于中,而所为不失"(《春秋繁露·循天之道》)。

可是,作为汉武帝大一统政策的理论家,董仲舒难以容忍对立并存的现象,他说:

> 天之常道,相反之物也不得两起,故谓之一。一而不二者,天之行也。(《春秋繁露·天道无二》)

> 天道大数,相反之物也不得俱出,阴阳是也。(《春秋繁露·阴阳出入上下》)

他认为,相反之物,只能一出一入,一起一伏,"阳之出常悬于前","阴之出常悬于后"(《天道无二》),二者的地位和作用是十分悬殊的。从这里,可以明显看出董仲舒接受了法家的矛盾观。他设想,在阴阳二者之间,阴处于"阳之合"的位置,"阴道无所独行,其始也不得专起,其终必不得分功,有所兼之义"(《春秋繁露·基义》),而无能兼之用,以及如此等等。看来,董仲舒的"三纲"思想的理论基础,正在这里。只是这样一来,以承认对立并存为前提的中庸原则,势必难以成立了。

所以,在董仲舒那里,中庸便成了一幅极其庸俗的图画。他说:

> 春修仁而求善,秋修义而求恶,夏修刑而致清,冬修德而致宽:此所以顺天地体阴阳。然而方求善之时,见恶而不释;方求恶之时,见善

亦立行；方致清之时，见大善亦立举之；方致宽之时，见大恶亦立去之：以效天地之方生之时有杀也，方杀之时有生也。

是故志意从天地，缓急仿阴阳，然后人事之宜行者，无所郁滞。且恕于人，顺于天，天人之道兼举：此谓执其中。（《春秋繁露·如天之为》）

董仲舒的执中，成了"天人之道兼举"，即于顺天地体阴阳之余，兼顾人事。这种宗教气息的中庸，在先秦是不多见的；再加上他那"一而不二"的硬性规定，可以认为，这位"醇儒"的教义，离开早年的儒家思想，已有相当差距了。

董仲舒以后，南朝刘宋有戴颙者，作《中庸传》二卷；梁武帝有《中庸讲疏》一卷，其臣张绾、朱异、贺琛敷衍其义而为《私记制旨中庸义》五卷。及至唐李翱据《中庸》作《复性书》，宋胡瑗作《中庸义》，周敦颐作《通书》，范仲淹以《中庸》授张载，更加上二程表彰《大学》《中庸》以与《论》《孟》并列，于是中庸作为世界观的研究，得到大大重视。

在宋明理学家中，一些人将中庸之道继续向形而上学方面发展，并吹捧为万古不变、诸圣相继的"道统"和"心传"。他们挑出了伪《尚书·大禹谟》里的"人心惟危，道心惟微，惟精惟一，允执厥中"和《中庸》里的"喜怒哀乐之未发谓之中，发而皆中节谓之和"这几段话，反复推演，得出"中"为"天命之性"（朱熹）为"天理"（王阳明）之类的结论，完全抽掉"中"的客观基础及其与对立的关系，使之成为"哑子吃苦瓜，与你说不得"（《阳明全书·传习录上》）的不可言状的意境。

对于客观存在的对立，他们则沿着董仲舒的"不得两起"的道路更跨进一步，干脆否认它的真实性。朱熹说：

阴阳只是一气，阴气流行即为阳，阳气凝聚即为阴，非直有二物相对也。此理甚明，周先生于太极图中已言之矣。（《文集》卷五十《答杨元范》）

他们认为，对立只存在于道心、人心或天理、人欲之间，前者是神圣的，后者是罪恶的，因而必须以"革尽人欲，复尽天理"（朱熹）的办法来解决。

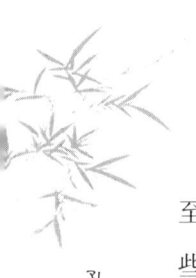

至于那些不能革尽的被统治者同统治者的真实对立，他们便宣布那不过是一些不容更易的"分别"，按"理"来说，它们原是"和"的：

> 阴阳理而后和。君君、臣臣、父父、子子、兄兄、弟弟、夫夫、妇妇，万物各得其理，然后和。（《周子通书·礼乐》）

> 物物有个分别，如君君、臣臣、父父、子子。至君得其所以为君，臣得其所以为臣，父得其所以为父，子得其所以为子，各得其理，便是和。若臣处君位，君处臣位，安得和乎？（《朱子语类》卷六十八）

可见，他们所谓的"和"，也像他们所谓的"中"一样，只是天理，即神圣化了凝固化了的封建秩序；或者说，是事物各与自己在封建秩序中的地位及含义的和合。这个结论，距离"以他平他之谓和"，岂止十万八千里，几乎一百八十度了。

在这些沉闷而僵化的说法之外，人们也能看到，宋明理学家中，关于对立同一和中庸，另有一派说法，在把辩证思想向前推进，如张载的就是。

张载针对"贱二贵一"和"阴阳一气"的说法，提出了"一物两体"的主张：

> 一物两体，气也。一故神，两故化，此天之所以参也。两不立则一不可见，一不可见则两之用息。两体者，虚实也，动静也，聚散也，清浊也，其究一而已。（《正蒙·参两篇》《正蒙·太和篇》，并见于《易说下》）

"一物两体"，也就是一分为二，它着重强调事物内部包含着矛盾。"两不立则一不可见"，也就是合二而一，它着重强调没有矛盾就没有事物。这本是一种思想的正反两种说法，总起来可以名之为关于对立同一的思想。

正因为事物是对立同一的，所以张载也如荀子一样，反对"偏滞"，要求"兼体"（《正蒙·乾称篇》），即要求掌握矛盾的同一性。不过作为一名封建地主阶级的思想家，张载的对立同一思想，仍跳不出只谈依存、不见转化的窠臼。他认识到了矛盾的客观性和普遍性，对立的必然性和尖锐性，但他并不认为对立会走向转化，而相信调和能使所有的矛盾都得到解决。他说：

> 有象斯有对，对必反其为；有反斯有仇，仇必和而解。(《正蒙·太和篇》)

这个"和"，就是中庸的和，也就是上引的"天之所以参"的参。张载还说过：

> 人之刚柔缓急，有才与不才，气之偏也。天本参和不偏。养其气，反之本，而不偏，则尽性而天矣。(《正蒙·诚明篇》)

这里把"参和不偏"的中庸状态尊为本然，而把有对的现实看成不幸的过渡，未免使他的辩证思想打了好些折扣。而这正是他作为那样时代那样阶级那样学派的思想家，所无法超脱的厄运。

直接继承了张载学说的明清之际的王夫之，在对中庸的看法中，像他对许多传统观念的看法一样，真个是别开生面、独树一帜。他认为："盈天下只是个中，更无东西南北；盈目前只是个中，更无前后左右。"(《读四书大全说》卷七)中就是"皇极"，就是"至善"。而"中"既称至善，便不可有超乎"中"的"过"的状况存在，只会失之"不及"。"尽古今人，无有能过其行者"，"成仁者，亦仅免于不及"而已。

因此，王夫之认为：

> "中庸"二字，必不可与过、不及相参立而言。……不得谓两者之外别有中庸，两者之间不前不后之为中庸也。(同上，卷六)

> （所谓过与不及）乃自己用中后见得恰好如此，非天下事理本有此三条路，一过一中一不及，却撇下两头，拿住中间做之谓。(同上，卷七)

王夫之强调中庸不与"过""不及"同在，又非"柴立其中间"，实际上是对传统的以维持现状为目标的中庸之道的某种否定。他的这种"无过有不及"的中庸，虽然还披挂着古色古香的中庸外衣，其实已饱含着要求进取的精神。他自己就表明过，他之所以弗恤与先儒小异，主张"无有可过"，盖"不欲使人谓道有止境，而偷安于苟得之域"，这确是他作为新时代之启蒙者的可贵之处。可悲的是，他不能知道，中庸之道既以防止转化为己任，正是"谓道有止境"；中庸之道主张对立只有依存与联结，也无异于"偷安于苟得

之域"。他在中庸的口号下鼓吹进取,这一理论上的不谐和与软弱状态,正好反映了当时觉醒者之微弱与革新要求的不彻底性。

随着社会转化成为当务之急,关于中庸的学说便不再能有什么新的思想出现,中庸之道的保守方面便越发显露,而成为变革的大敌。在那些急风暴雨的年代里,它被批判得一无是处,被宣布为十恶不赦,是十分自然而可以理解的。只有经过几番冲突之后,人们才有可能冷静下来,对它做一点全面的研究,发表一点公平的议论,还它以本来面目。这就是我们所面临的任务。

儒家辩证法研究

一、引论

由孔丘开创并以他为代表的儒家学派,不仅是中国先秦时期的显学,而且自被汉武帝定为国学之后,直至五四运动打倒孔家店为止,统治了中国思想界两千年之久,成为中华文化的传统精神。

一种学派能够统治一个伟大的民族达两千余年,其原因固然由于这个民族的经济政治结构没有发生什么根本的变化,另一方面,也未尝不是由于这种学派本身含有某些为人们无法否定的内容。不承认这后一点,不仅对于历史是不公正的;对于现实来说,恐怕也有碍于如何估价目前和规划未来的文化。

的确,传统是一种惰性的力量。为了跃出传统的束缚,迎接新文化的曙光,"五四"时期乃至此前此后的一些志士仁人,曾为之引吭振臂,甚至献出宝贵的生命;但是,传统又是一种不可抗拒的力量,人们只有充分承认它的合理内容,才有可能否定它或者说吸收它,进入一个新的境界。

史实证明,宣布传统是惰性的、应该摧毁的力量,并起而摧毁之,虽说需要刚健的毅力,但总还比较容易;而承认传统中有合理的内容,用吸收它的办法来否定它,由之推出一个新文化来,却不会那样轻而易举。这里不仅需要智慧,而且需要历史条件。马克思说过:

> 所谓的历史发展总是建立在这样的基础上的:最后的形式总是把过

去的形式看成是向着自己发展的各个阶段，并且因为它很少而且只是在特定条件下才能够进行自我批判——这里当然不是指作为崩溃时期出现的那样的历史时期——所以总是对过去的形式作片面的理解。基督教只有在它的自我批判在一定程度上，所谓在可能范围内准备好时，才有助于对早期神话作客观的理解。同样，资产阶级经济只有在资产阶级社会的自我批判已经开始时，才能理解封建社会、古代社会和东方社会。①

这里告诉我们，要能对过去的社会历史免去片面的理解，承认它的存在之合理性和继承其合理内容的必要性，不把它简单诅咒为历史的误会，需要自己能够进行自我批判，而这种时期是很少的，并且是在特定条件下的。尽管历史总是在发展一段以后，停下脚步来进行各种程度上的自我批判；尽管无产阶级在进行这种自我批判时，做得更为自觉和更为无私，但总得需要那个"很少"而且"特定"的条件出现时，方有可能。这是不可强求的。

中国无产阶级在自己除旧布新的伟大历史行程里，碰到过好几次这样的条件，而最近的一次，表现得尤为醒目和充分。它要求我们全面地理解过去的历史，理解民族文化，以便更有效地开创社会主义现代化建设的新局面。其中，自然也包括对曾经成为中华文化传统的儒家学说的理解在内。

儒家学说作为一种社会政治理论和伦理道德思想，是显而易见并为人公认的。如果要说儒家学说里有辩证法思想，并进而提出一个"儒家辩证法"的命题，这能否得到学术界的普遍承认，就很不乐观。因为：第一，习惯上，人们只把马克思主义辩证法和黑格尔的唯心辩证法叫作辩证法，而把古代的辩证法叫作朴素辩证法。那意思是说，古代的辩证法还不够完善，不够自觉，如未雕之大朴。它意味着，只有我们今天的这种以三大规律为主要内容的辩证法，才称得起完善，算得上自觉；古人思想中的辩证法，顶多是一些天才的猜测，零碎的片断，而且多半又受着形而上学体系的窒息，如此等等。仔细想来，这种说法，正是马克思所说的"最后的形式总是把过去的形式看成是向着自己发展的各个阶段"，是一种以我为主的、自封为绝对的、缺乏自我

---

① 《经济学手稿·导言》，《马克思恩格斯全集》第12卷，北京：人民出版社，1962年版，第756—757页；又第46卷上，第43—44页。

批判精神的独断。当然，这也难怪，它的出现，可以说是不以人们的意志为转移的，因为"历史发展总是建立在这样的基础上的"。譬诸积薪，后者居上。我们今天所达到的对于客观辩证法的认识，无疑大大高于古人；正如一切认识领域和一切实践领域里的情况一样。但是，如果由此以为只有我们的辩证法才叫辩证法，如果进而以为我们的辩证法知识已经十分完善了，如果傲然以为只有我们才是自觉者，或者只有像我们这样去认识才叫作自觉，那都只会贻笑后哲。"后之视今，亦犹今之视昔"，若干年后，人们完全有更充分的理由，把我们今天的三大规律的辩证法，按我们对待古人的办法——如果他们也不作自我批判的话——贬之为朴素辩证法的。

第二，具体到儒家身上，提出"儒家辩证法"的命题，麻烦又会更多些。在我们的学术里，仿佛习惯于只承认道家和兵家有朴素辩证法思想；至于儒家哩，除掉《易传》所包含的对立变化观念以外，一般是定为折衷主义者或形而上学者的。

这里边有一个很重要的原因，出在我们学术界流行的对于辩证法的理解上。人们通常认为，只有主张对立两极不可调和的学说才是辩证的，否则便是折中调和的形而上学；只有主张不平衡为发展唯一的形式的学说才是辩证的，否则便是平滑进化的形而上学，等等。而儒家学说正是主张调和与平衡的。其实，如果要以此为准来判定形而上学的话，那么，形而上学将不在别处而恰恰正在这种认识本身。请看恩格斯是怎样说的：

> 正是那些过去被认为是不可调和的和不能解决的两极对立，正是那些强制规定的分界线和类的区别，使现代的理论自然科学带上狭隘的形而上学的性质。这些对立和区别，虽然存在于自然界中，可是只具有相对意义，相反地，它们那些被设想的固定性和绝对意义，则不过是被我们人的反思带进自然界的。①

自然界如此，社会里和人类思维中也是一样，两极对立都只有相对意义，因为它们本是同一个东西的两极。仅此一端，就决定了对立是同一的或调和

---

① 《反杜林论》三版序言，《马克思恩格斯全集》第20卷，北京：人民出版社，1958年版，第16页。

的[①]。至于平衡，它本是事物发展的一种形式和条件。任何个别运动总是趋向平衡，正是这种平衡，既是发展的结果，又为新的发展准备着必不可少的条件，带来了事物的必不可免的发展；而发展或整体的运动，又打破了个别的平衡[②]。任何只谈对立两极不可调和、发展只是不平衡的说法，都不是客观辩证法的反映，而是人们加到客观上去的一种反思，其性质，是形而上学的。至于儒家学说，确有其形而上学之处，这一方面，以后将逐步谈到；但绝非由于它在涉及对立两极时主张调和与平衡。我们绝不能以调和与平衡的罪名，轻易把"儒家辩证法"的命题否定掉。

同我们的习惯比较起来，老黑格尔似乎要宽容得多。尽管他自视甚高，仿佛绝对精神全都装在他的荷包里；但在谈到古希腊哲学家时，他却不仅承认那主张一切都是生成的赫拉克利特的辩证法，而且承认有反对运动的埃利亚学派的辩证法，唯心主义者柏拉图的辩证法，以及"把一切确定的东西都消解了"[③]的怀疑派的辩证法。平心而论，黑格尔的这种做法大概是对的。因为"就本来的意义说，辩证法就是研究对象的本质自身中的矛盾"[④]。因而，无论是从运动的真实性看到了矛盾的赫拉克利特，还是因为矛盾而否定了运动"真实性"（区别于"可感性"）的埃利亚学派，都可以有自己的辩证法；同样，柏拉图把世界归之于"理念"，怀疑派把一切看成虚假，都不仅没有因而否定，反而以此展开了他们的矛盾观念，这又正是他们的辩证法所在。从这个意义上说，黑格尔承认古人的辩证法，就并不是出于道德上的宽容，而是基于科学上的考虑了。当然，黑格尔有一个大局限，即对于中国哲学的无知与蔑视。在他的《哲学史讲演录》里，除了对老子和《易经》勉强承认有一点哲学思辨外，至于孔子和儒家学派，则被说得一无可取。他说："孔子只是一个实际的世间学者，在他那里思辨的哲学是一点也没有的——只有一些善良的、老练的、道德的教训，从里面我们不能获得什么特殊的东西。"[⑤]而

---

① 参见《马克思恩格斯全集》第20卷，北京：人民出版社，1958年版，第554、558页。
② 参见《马克思恩格斯全集》第20卷，北京：人民出版社，1958年版，第589页。
③ 《哲学史讲演录》第3卷，北京：商务印书馆，1959年版，第106页。
④ 列宁：《哲学笔记》，北京：人民出版牡，1956年版，第256页。
⑤ 《哲学史讲演录》第1卷，北京：商务印书馆，1959年版，第119页。

儒家学派更被认为是"一个国家的宗教",其教义就是以"孔子的道德教训"为主的"国家的道德"①。

这样,我们就涉及为"儒家辩证法"命题担心的第三个原因。谁都知道,儒家学派不仅没有留下专门论述辩证法规律和范畴的经书,甚至也没写出过能与《孙子兵法》抗衡的充满对立的著作,更不用说像《道德经》那样的专门哲学著作了。儒家的经书,说的多是修身齐家治国平天下的经世致用之道,所以人们总把儒家学说当作社会政治理论和伦理道德思想来看。博雅如黑格尔者,也难免受了形式的欺骗,忘掉了他那著名的形式与内容的辩证关系,未能找到儒家的哲学,尤其是未能看到他总是瞪大了眼睛去寻找的辩证法之存在,而使《哲学史讲演录》因之逊色。

这一点,儒家自己倒是预见到了。《易·系辞上》说:

> 一阴一阳之谓道。继之者善也,成之者性也。仁者见之谓之仁,知者见之谓之知,百姓日用而不知;故君子之道鲜矣!

这里所谓的"道",就是事物变化发展之道,亦即客观辩证法。它表现于人们按道而动的善行,由人性来使之完备;可是人们往往不知道它的真谛,而以自己的偏见去称呼它,乃至根本不知道它的存在。于是乎,这个辩证法就很少为人了解了。

这一段话,是儒家学者自己的感慨之言,它倒给我们提示了一个线索:儒家所理解的一阴一阳之道,不在哪一本专门谈论辩证法的著作中,而在他们所标榜的善行中、人性中、仁中、智中,乃至常人"行之而不著焉,习矣而不察焉,终身由之而不知"(《孟子·尽心上》)的日常动作中。而凡此种种,在儒家经典中,简直是无所不在、俯拾皆是哩。

因此,我们有足够的材料来研究儒家辩证法。难点在于如何去沙里淘金,从他们的种种经世之术、道德说教、日用生活去发觉贯彻其中的"道",并整理出一个固有的脉络来,把它公诸于众。在这样做的时候,固然要别具慧眼,透过儒家经典本身的种种非哲学的表述方式;而尤为困难的是,更要拨开后

---

① 《哲学史讲演录》第1卷,北京:商务印书馆,1959年版,第119页。

人的种种见仁见智之迷雾，还儒家之"道"以庐山真貌。

一旦多少做到了这些，或更进而用同样方法去研究了诸子百家，那时候，我们将会发现，在我们漫长的历史途程里，在学术繁荣、思想活跃的先秦时期，研究过对象本质自身中矛盾的学派，绝非道家一家和《道德经》一书。文献表明，说王道、谈仁义的整个儒家学派，尊法术、尚功利的整个法家学派，出奇正、知彼己的整个兵家学派，辨名实、别同异的各个名家学派，都有自己的辩证法。他们都以自己的特有方式和术语，就自己所关注的事物和现象，反映了客观辩证法的一些规律和特征。尽管他们当中的主要几家往往攻讦不已，争以后歇为胜，"是其所非，非其所是"（《庄子·齐物论》），却无碍于他们在辩证学说方面常有相通之处，并且恰恰以此铸成了对客观辩证法进行认识的整个链条的各个环节。

在先秦时期前后杂陈的各种矛盾观或辩证学说中，最能吸引人们注意力的，当然首推道家。它的特征是以侈求转化为目标，以守柔用弱为手段，所谓"反者道之动，弱者道之用"（《道德经》）便是。翻开道家的代表著作《道德经》五千言，触目皆是对立范畴及其无尽转化的描述。这些转化，被说成是无条件的，循环往复的，并且是莫名其妙又无可奈何的。其最为人们熟知的一段话是这样说的：

> 祸兮福之所倚，福兮祸之所伏，孰知其极！其（岂）无正？正复为奇，善复为妖。（《道德经》第五十八章）

极，准则也。正，纯正也。求"极"而无可知，欲"正"而不可得，于是对于祸福奇正的转化，只有一个莫名其妙和无可奈何。道家人物对于矛盾和发展的这种观点，是他们所代表的阶级的状况在理论上的映现。道家的主要代表人物老庄都是没落奴隶主阶级的思想家。政治权力的易手，经济状况的式微，道德观念的改变，处处使他们对转化铁则有切肤之痛。这一切的袭来，既为他们所无力抗拒，又是他们所无法理解。所以，转化的"极"，即转化的准则、原因和条件，在他们眼里，便成了不可猜度的谜；当年的"正"，即他们的乐土和王道，已如流水落花随春去，而无力回天了！

可是，他们却又并不甘于目前的弱者地位，不安于无法理解的命运的支配，他们不无侥幸地想：目前的秩序可以称得起"正"么？焉知明天不再变成"奇"；自己的现状的确很弱了，今天的强者不也原是弱者变来的么？于是他们欣然确信：既然向对立转化是不可抗拒的规律，那么只有处在弱的地位上，才算立于不败之地；而强者，倒是注定要随时倒霉的。所以他们进而宣布，这个不败的"弱"，就是他们终于找到了的"极"：

> 古之善为士者不武也，善战者不怒，善胜敌者不争，善用人者为之下。是谓不争之德，是为用人之力，是为配天，古之极也。（《道德经》第六十八章）

弱是极，而且是"古之极"，即从来如此的行为准则。当他们这样说的时候，显然忘记了自己祖先以强取胜的光荣历史，反而自甘于目前的弱者地位了。从不甘于自己的弱者现实出发去寻求解脱，却制造出一套自甘于弱者现实的理论体系，这就是道家的历史悲剧。

其实，弱之转化为强，有如强之转化为弱一样，是需要种种主客观条件的，而且还要合乎总的历史发展规律，而不能只凭愿望和推理。他们既已被社会浪潮冲刷出来，又筹集不到足够的条件，只能在历史风云面前愈形衰落，直至消失。这倒真是他们所应该知道而不能知道的"道之用"。

在这样的规律作用之下，由弱向强倒转过去的前景，在道家人物那里，从开始的充满诗意的奢望，不免慢慢褪色为只供自嘲的绝望。这就是从老子到庄子的思想演变之所在。所以在庄子那里，唱的是整整降了两个八度的低调：

> 是亦彼也，彼亦是也。彼亦一是非，此亦一是非。果且有彼是乎哉？果且无彼是乎哉？彼是莫得其偶，谓之道枢。枢始得其环中，以应无穷：是亦一无穷，非亦一无穷也。（《庄子·齐物论》）

彼此，是非，以至一切两极的对立，在老子那里，虽说都被安置在转化的陶钧上，却不否认其差别；而且唯其强调转化，更见其承认转化前后的对立。在这一点上，老子是正确的。当然，在老子那种不谈条件只谈转化的学说里，确已埋下了既然随时都能转化而使对立成为无足轻重的祸根，但那总

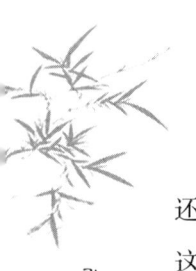

还仅仅是一种否认对立存在的可能。历史的无情发展和庄子的纵情思辨,把这种可能变成了现实。庄子想,由弱反转为强的幻梦既已由历史撕碎,再死抱住那个徒然惹起烦恼的对立更有何用?何以见得你那一套便配尊为"是",而我的一切都该贬为"非"呢?如果没有我的这个"非",你那个还算得上"是"么?所以不妨干脆来个釜底抽薪,将一切对立统统泯灭,使"彼是莫得其偶",这样一来,转化的问题便不复存在;转化的问题既不存在,转化的难题自不解而决。所以,泯灭对立,或者说将对立绝对地相对化,便被庄子规定为应付无穷转化之环的枢机。

这种办法,好则好矣,无奈是空中楼阁,心里灵台,有它无它,人们的实际地位并不会因之增高半寸。它除了曾给发明者和信仰者一丝自我解嘲的效用,在精神中攫取到某些梦幻性的胜利而外,其真正的历史意义,大概要推因其泯灭对立而激发起与之作对的夸大对立的辩证思想,即法家辩证法的出现,最值得称道了。道家学派梦寐以求的转化自己社会地位的夙愿,最后竟在转化自己理论形式的悲剧中凄凉实现,胜利者不是道家开山祖老子,而是历史辩证法老人,这是多少带点讽刺意味的。

法家辩证法一反庄子那种泯灭对立的做法,不仅绝不怀疑对立的实在性,且以夸大其绝对性为能事。发明"矛盾"这一概念的光荣,就是属于他们的。只是他们赋予矛盾的含义,同我们今天所理解的对立同一并不相同:

> 楚人有鬻楯(同盾)与矛者,誉之曰:"吾楯之坚,莫能陷也。"又誉其矛曰:"吾矛之利,于物无不陷也。"或曰:"以子之矛陷子之楯何如?"其人弗能应也。夫不可陷之楯与无不陷之矛,不可同世而立。(《韩非子·难一》。又同书《难势》篇之此文末句为:"不可陷之楯,与无不陷之矛,为名不可两立也。")

可见,法家所谓的矛盾,是非此即彼,是对立两极的绝对排斥或不可两立。在自己的著作中,法家从不放过指出社会上各种对立的机会,尤其善于在常人认为一致的地方将它指出,并使之归结于功利上的冲突,以确证对立的"势不两立"(《韩非子·人主》);其思想和语言,往往是相当犀利的。有一段名言最代表他们的这种观点:

> 夫冰炭不同器而久，寒暑不兼时而至，杂反之学不两立而治。（《韩非子·显学》）

这样的夸大对立绝对性的矛盾观，同当时新兴地主阶级不妥协地夺取和巩固各项权力的无情斗争之间，存在着认识与实践的密切关系，是一望可知的。

法家也谈对立的转化，尤其善于详细分析转化的条件和步骤。例如，他们说：

> 立民之所乐，则民伤其所恶；立民之所恶，则民安其所乐。何以知其然也？夫民忧则思，思则出度；乐则淫，淫则生佚。故以刑治则民威（畏），民威则无奸，无奸则民安其所乐。以义教则民纵，民纵则乱，乱则民伤其所恶。……夫正民者，以其所恶，必终其所好；以其所好，必败其所恶。（《商君书·开塞》）

这段议论，旨在论证"刑治"优于"义教"，论证二者的不可两立，但却接触到了对立转化这样一个更普遍的真理。在另外地方，他们还专门解释过《道德经》的祸福转化命题：

> 人有祸则心畏恐。心畏恐则行端直，行端直则思虑熟。思虑熟则得事理，行端直则无祸害。无祸害则尽天年，得事理则必成功。尽天年则全而寿，必成功则富与贵。全寿富贵之谓福，而福本于有祸，故曰："祸兮福之所倚。"
>
> 人有福则富贵至。富贵至则衣食美，衣食美则骄心生。骄心生则行邪僻而动弃理；行邪僻则身死夭，动弃理则无成功。夫内有死夭之难，而外无成功之名者，大祸也。而祸本生于有福，故曰："福兮祸之所伏。"（《韩非子·解老》）

这样来谈转化，比之爱谈转化而无视条件性的老子高明得多，自不待言。老子不知或不谈转化的条件性，正因为他没有或说不出自己所向往的那种转化所需的条件；商、韩大谈其转化的条件，则是他们自信甚强且充满活力的象征。没有条件，于是鼓吹用弱；充满活力，自然趋于尚强。

法家描绘的好恶、祸福之逐步向对方转化而去，用思辨的语言来说，叫作"两者的各一方当自己实现时也就创造对方，把自己当作对方创造出来"[①]。这种情况，在黑格尔辩证法和马克思主义辩证法里，都谓之对立的同一。可是，当法家人们如此谈论的时候，有充分根据可以推断，他们绝未意识到所谈的转化着的对立两极之间有什么同一性。因为，通观法家的所有著作，我们所能看到的是，当他们谈论对立的时候，他们强调矛之与盾，强调二者的"不同器"、"不兼时"、"不两立"，即排斥对立在时间空间中有任何同一的余地。更多的时候，法家也谈同一，只是他们所追求的是严禁"二心私学"（《韩非子·诡使》），反对"兼礼"、"兼听"（《韩非子·显学》），要求"独断"（《韩非子·外储说右上》）独行。这种同一，又排斥同一在时间空间上有任何对立的存在。这种二是二、一是一的思想方法，与对立的同一性思想正相径庭。

法家辩证法之所以如此执著转化的条件性和酷爱无对立的同一及无同一的对立，除去社会政治的原因之外，就思维发展的过程来看，它正好是道家辩证法的反动，是老子的不谈转化条件、庄子的不分对立和同一的思想之向对立面的转化。后者就预藏于前者之中。当前者在实现自己时，已经预示着后者的必然出现。这是不以人们的意志为转移的客观辩证法，虽然它们是通过人们的意志显现出来的。

同道家辩证法的用弱、法家辩证法的用强都不相同，儒家辩证法是主张用中的。它既不同于侈谈转化而无视条件性的道家，也有别于夸大对立而强求同一的法家；它小心翼翼地注视着转化的条件性，为的是防止转化的出现，它恭谨谦逊地调和对立在同一中的存在，为的是避免对立趋于极端而使旧的同一瓦解。例如，在好几种儒书中，都记有如下一则故事：

  成汤之时，有穀生于庭，昏而生，比旦而大拱。其吏请卜其故。汤退，卜者曰（《韩诗外传·二》作"伊尹曰"）："吾闻祥者，福之先者也；见祥而为不善，则福不至。妖者，祸之先者也；见祸而为善，则祸不

[①] 《马克思恩格斯全集》第12卷，北京：人民出版社，1962年版，第742页。

至。"于是早朝晏退，问疾吊丧，务镇抚百姓，三日而彗亡。

故祸兮福之所倚，福兮祸之所伏，圣人所独见，众人焉知其极！
（《吕氏春秋·季夏纪·制乐》）

这是对祸福倚伏的又一种见解，同道法二家的解释迥异其趣。照故事所说，对付祸福转化的基本原则应该是：保福防祸，早为之谋。这个被夸为他们"所独见"的对付转化的"极"，恰恰是反对转化的。再如：

君子安而不忘危，有而不忘亡，治而不忘乱，是以身安而国家可保也。（《易·系辞下》）

见其可欲也，则必前后虑其可恶也者；见其可利也，则必前后虑其可害也者。而兼权之，熟计之，然后定其欲恶取舍，如是则常不失陷矣。（《荀子·不苟》）

诸如此类的箴言很多很多，无非是要求因一而见二，要求使他端与此端常在，或者说，要求在同一中看到对立，设法让对立保持其同一，以维系身安国保、常不失陷的局面。

非常明显，这是一种既得利益者的哲学，它同失利者的道家哲学或夺利者的法家哲学，社会基础既然不同，目的便也不同，方法自亦有别。

但是，它们都抓到了客观辩证法的一个方面。从认识发展的逻辑来说，儒家的用中的辩证法，应该是道家用弱、法家用强的辩证法的折中或综合，是它们的逻辑的必然。就历史时间而论，应该以荀子和汉初的儒家作为代表。但是，从认识发展的螺旋圈来看，用弱又曾经是从前一个用中来的，虽然那个早先的用中还比较初级，其代表性的历史人物自然应推孔子。

这样，我们所要研究的儒家辩证法，其时限将主要在由孔子到荀子之间。孔子以前荀子以后，也有儒家经典，作为他们思想的源头和流脉，自应也在考察之中。至于定于一尊以后的儒学人物和著作，虽然也以"儒"字相标榜，其实已因"莫得其偶"即没有他家与之相对待，而不再成其为家了。

二、仁义

儒家学说基本上是一种政治伦理学说，儒学的范畴主要是政治学和伦理

学的范畴,历来大家都这样认为,事实也正是如此。这是没有争议的。

儒家认为,社会是一个整体,这个统一的整体由不同等级和处在不同关系中的人们所组成;而各个不同等级和不同的人与人之间的关系又是社会所必不可少的,人们之间和等级之间的界限是不可逾越的。于是,维持人与人之间和等级之间的平衡,从而达到整个社会的协调和谐,就成了社会的首要问题。

儒家还认为,人世间的一切都是遵照天的意志安排的,或者是,是符合天理或宇宙秩序的。于是,如何保持人与天的平衡与和谐,也成了人类应该关心的问题。

个人修身被儒家认为是维系这各种关系之间平衡并进而达到和谐的出发点。因为儒家所谓的修身,和某些宗教的修行不同,它不以独善其身、个人得道为限,而是要通过修身来明确自己在社会关系乃至天人关系之网中的地位。一个人、一家人、一国人、普天下人都修身了,各个等级各种关系中的人都明确了自己的地位,那时,天下太平的大和谐局面便会到来。

我们很容易看出,儒家的这一套政治伦理学说和哲学不是没有关系的;或者说,它是以某种哲学思想作为理论基础的。贯穿在这种政治伦理思想之中的一个核心的东西,就是保持平衡,取得协调,追求和谐;而构成平衡、协调与和谐的个人与人群,其地位又是互相差异直至根本对立的。这样,求和谐于对立,或者说,研究对立是怎样同一的,便成了儒家哲学的一个重要内容。

本书主要就从这个角度来探讨儒家学说,分析儒学各主要范畴的对立同一关系。

仁义是儒家学说两个最基本的范畴,它们的政治伦理方面的含义,人们已经说得够多了;现在,我们将指出它们还是一对相反相成的范畴,揭示出其辩证法方面的含义——正是这一方面,还几乎是一种拓荒的工作。

《易·说卦》说:

> 昔者圣人之作《易》也,将以顺性命之理,是以立天之道曰阴与阳,立地之道曰柔与刚,立人之道曰仁与义。兼三才而两之,故《易》六画

而成卦；分阴分阳，迭用柔刚，故《易》六位而成章。

这是解释《易》之成卦、成章的原因，说的是由于天地人的本性都具有对立两面，三二得六，所以《易》有六画、六位。这种解释能否成立，不是我们这里要讨论的课题，暂置勿论。我们感兴趣的是，《说卦》把"仁与义"称为"人之道"，说成是圣人根据人性订立出来的道理，并把它们与"阴阳"、"柔刚"这两对公认的对立关系并列，明白表示"仁义"也是对立的范畴，倒是道出了儒家的真谛。后来，《汉书·艺文志》的作者，把这个意思说得更明白：

> （诸子之学）辟犹水火，相灭亦相生也；（辟犹）仁之与义、敬之与和，相反而皆相成也。

所谓"相反相成"，也就是对立同一。儒家认为，人们之间的关系，纵有五伦、九伦之殊，概括说来，都可以归结为人我关系，所谓"世道惟人与我"（郝敬：《孟子说解》卷六）。这是儒家学说的一大进步。在殷代和周初，思想家们所看到的只是君主、臣属，或者稍稍扩大一点到整个统治者和被统治者；那时的道德观念，都是针对这种个人和人群而言的。抽象的人我关系，以及适应抽象人我关系的道德观念，只是到了儒家创立才真正形成起来。儒家认为，纵然适应于不同的人伦关系，有着不同的伦理要求，如君臣应该怎样，父子应该怎样，长幼应该怎样，朋友应该怎样等等，而最集中最概括的道德准则，却是处理人我关系上的准则，即仁与义；它对一切人伦关系都适用，对一切人都适用，是最一般的道德，因而也是通用的道德。所谓"立人之道曰仁与义"就是这个意思。

那么，什么叫作仁？

> 樊迟问仁。子曰："爱人。"（《论语·颜渊》）

仁就是我去爱别人。儒家相信，这是处理人我关系的第一准则。作为一个道德规范，仁的范畴并非自孔子始，孔子以前已有不少认为仁是美德的记载；但是把仁推广为处理人我关系的一般准则，则是孔子的发明。《论语·雍也》有一段对话说：

> 子贡曰:"如有博施于民而能济众,何如?可谓仁乎?"
>
> 子曰:"何事于仁,必也圣乎!尧舜其犹病诸。夫仁者,己欲立而立人,己欲达而达人。能近取譬,可谓仁之方也已。"

子贡以"博施于民而能济众"为仁,这不是他自我作古,而是对前人观念的转述,孔子以前的仁德,指的多是统治者对下仁慈。孔子的时候,这种观念仍有残存,如"君子而不仁者有矣夫,未有小人而仁者也"(《论语·宪问》)。但是,孔子强调的或向往的却是人人都能为仁,所谓"我欲仁,斯仁至矣"(《论语·述而》)。因为他把仁的范围从统治者下移了,扩大到一切"己"和"人"的关系中,只要"己欲立而立人,己欲达而达人",这便叫作仁。这里的"己",是一般意义上的每一个人自己,不再是统治者;这里的"人",也是一般意义上的任何一个人,不限于民众。尽管孔子的话在当时主要是说给统治者和准备参加统治行列的人听的,老百姓既听不到也不要听这些教义;但孔子在这样说的时候,确实是泛指一切人而言的。

孔子所以能够这样开明,自有他的现实的和历史的原因,这一点,本书不拟谈论;而将仁之被扩大,当作一个既定的事实来对待。值得我们注意的倒是,这种以爱人为内容的仁的原则,能否处理得了人我之间的全部关系?或者说,由我出发去对待别人,是否只需爱之一途便足,像某些宗教教条所宣传的那样?

谁都知道,在现实社会里,无论哪个人,除去有一些需要爱和值得爱的人之外,总还有那么一些需要恨和值得恨的人,以及为数更多的不需要也不值得爱和恨的人。这一情况,对于"率土之滨,莫非王臣"的君主和统治者来说,尚不清晰;因为除他和他们以外的一切人,都是剥削对象和统治对象,可以一律对待;说是一样的爱,其实是一样的恨。一旦把仁扩大为一切人都可适用的道德规范,情况立刻发生变化,这时候,仁的对象不再限于自己的臣民,而成了自己以外的一切人。其中,亲疏远近不同,好恶休戚非一,仅有爱这一个原则,便不足以应付了。

怎么办?

> 子曰:"唯仁者能好人,能恶人。"(《论语·里仁》)

> 唯仁人为能爱人，能恶人。（《礼记·大学》）

具备了仁德的人，他应该不限于知道爱，还要懂得恨。他能爱人，也能恨人；他好其所当好，恶其所当恶。那些不待好恶的人，当然也就依违其间了。不仅如此，"唯仁者"、"唯仁人"云云，还意味着，只有仁者，即只有达到了"仁"的境界的人，方能好人与恶人；而未掌握"仁"的人，既然不知道如何去爱人，也便不知道如何去恨人，他无法做到真正的"好"与"恶"。在这里，孔子虽然没有把"恶"直接作为仁的内涵，而归之于仁者的情感和行为的另一个方面；但孔子也不曾在"仁"之外另立一个表示恨的道德规范。他用"能好人，能恶人"的双举办法，把恨作为爱的补充物和对立物，统一到一个有道德的人身上，事实上，也等于是统一到这个道德观念本身中去了。

因为爱与恨、好与恶，来自同一情感源。唯其有爱，必然有恨。"仁"以"爱人"为规定，本身就隐含着并要求着"恨人"作为补充。这是生活的真实，也是生活对于道德规范的制约。当人们仅仅从王座去看"率土之滨"的时候，就是说，仅仅沿着这条由上而下的线去观察生活的时候，生活对他们并没有全部显现，因之其道德学说也就不能充实；一旦增加一个角度，所见更广的时候，便知只鼓吹一种感情，只确立一种规范，将与生活本身不相适应了。

但是孔子的确并未另立一个表示恨的规范，他寓恨于仁，这样既可满足"仁"一元化的体系上的要求，得到理论上的安定感，也能勉强应付生活的逻辑，未尝不是一种办法。当然这种办法，对于矛盾的人我关系全体来说，终难免有顾此失彼之虞。这也反映出，儒家在此时期，尚处筚路蓝缕之中，还未形成一套完整的体系。随着生活和认识的进一步发展，这种藏在仁德内部的差异，必将两极化为外部的对立。

历史事实正是这样，不过比逻辑推论丰富得多。

仁爱思想到了"学儒者之业，受孔子之术"（《淮南子·要略》）的墨子手里，基于另一些现实的要求，发展至于极端，成了"兼爱"、"非攻"；它那固有的重在宣传仁爱的弱点，一下子就充分暴露出来了。当初，"仁"在孔子手

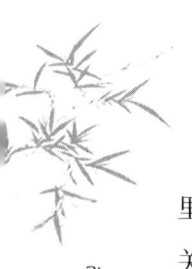

里，固然定义为"爱人"，但尚规定有"能恶人"的要求，这对于人我的全部关系，大体上还能应付；无奈这个"能恶人"是隐含在"能好人"之中的，因而极易被忽视。墨子果然无视这一点，使仁爱成了兼爱。墨子说：

> 视人之国，若视其国；视人之家，若视其家；视人之身，若视其身。是故诸侯相爱，则不野战；家主相爱，则不相篡；人与人相爱，则不相贼；君臣相爱则惠忠；父子相爱则慈孝；兄弟相爱则和调。天下之人皆相爱，强不执弱，众不劫寡，富不侮贫，贵不傲贱，诈不欺愚。凡天下祸篡怨恨可使毋起者，以相爱生也。是以仁者誉之。(《墨子·兼爱中》)

墨子的幻想能否实现，是另一回事；这种兼爱思想作为一种学说，还是有其价值的。可是这种打着"仁"字旗号的兼爱思想，却为儒家人士所不能容忍。因为儒家所谓的"爱人"，虽也泛指一切人，但儒家并不认为对于任何人的爱，都是同质同量、没有差等的。譬如子对父，应该孝；弟对兄，应该悌。这孝和悌虽然也是一种爱，甚至是"为仁之本"(《论语·学而》)，却不能简单归结为爱，因为它们比爱要更亲切更深厚，它们属于"亲亲"的范围。孟子说：

> 亲亲而仁民，仁民而爱物。(《孟子·尽心上》)

这里有三个层次：亲亲、仁民、爱物，每个层次还能细分为许多差等，它们都可统称之为爱，但却绝非等价的。这是儒家的宗法观念使然，我们在此不多论证。儒家确信在生活中，有"爱而不仁"(见《国语·楚语下》)的现象，也有"仁而不亲"的事实。现在墨子认为爱无差等，把爱人的主张绝对化，把父子、兄弟之间的爱和天下之人的相爱等量齐观，在儒家看来，这无异于否认亲子关系和兄弟关系，视父兄如路人。难怪孟子痛斥道："墨氏兼爱，是无父也"，"是禽兽也"(《孟子·滕文公下》)。

孟子破口骂人，从实质上看，是在执行思想发展摆在儒家面前的任务。这个任务是：一面要驳斥墨子对仁爱思想的滥用，恢复儒学的威信；一面要吸取仁爱可被滥用的教训，弥补儒学的弱点。这样的任务，归结到一点，就是要在"仁"之外，再行提倡一种道德规范，以使处理人我关系的"人之道"

趋于完整；或者说，就是要使隐含在"仁"之内部的对立规定外部化为对立两极，以适应于人我关系的对立状况。这就是孟子提出"义"来与"仁"并列，"仁义"双修的理论上的原因。

（齐）王子垫问曰："士何事？"孟子曰："尚志。"曰："何谓尚志？"曰："仁义而已矣！"（《孟子·尽心上》）

孟子曰："王何必曰利，亦有仁义而已矣！"（《孟子·梁惠王上》）

"仁义而已矣"，"仁"之外再加上一个"义"，便足以尽矣了；这不仅是士的事，同样也是王的事。

那么，什么叫作"义"？

这是一个已经有了若干答案的老问题，因而也就成了一个难以准确答复的新问题。

"义"之作为道德规范，不是孟子的发明，孔子已说过不止一次，虽然孔子未曾拿它与"仁"并提。但它又还不是孔子的发明，更早的时候便被用作道德评语了。经师们说，仁义的"义"字本作"宜"。《礼记·中庸》也说："义者，宜也。"何谓"宜"？《说文》说："宜，所安也。"这样说来，"义"就是"宜"，就是所安，这是久为学术界公认的"义"之确诂。出土的金器铭文中，仁义之"义"字正作"宜"，也为此说提供了物证。

只是这样一来，我们很自然地面临着这样一个难题：安宜之"义"和爱人之"仁"，何以会与"阴阳"、"柔刚"并列，而有相反相成的意思呢？或者"仁义"本非一对对立范畴，只是连绵词语，《易传》误传，《汉志》误志，本书轻信，全系庸人自扰？

为了弄清这个难题，需要稍微说远一点。

甲骨文中，有宜、宜者，释文为"宜"，其义或为祭礼。如：

癸卯，宜于义京，羌三人，卯十牛又。（《殷虚文字缀合》七一）

己未，宜于义京，羌三人，卯十牛。（《殷墟书契前编》六·二·三）

或用为动词，为杀。如：

庚戌贞，辛亥又门方寮太牢，宜太牢，兹用。（《殷墟书契后编》上

二二·七)

丙寅卜贞，尞于河北三宰，沉三宰，宜一宰。(《殷虚文字缀合》三三九)

有时"宜"旁加"刀"，成劏，杀的意思更为明白。如：

贞劏羌百……(《甲骨续存》一·三四七)

可见，"宜"或"劏"，最早只是杀俘或杀牲以祭的意思。这种仪式，礼经中仍有保留。如：

大师(指誓师)，宜于社，造于祖，设军社，类上帝。(《周礼·春官·大祝》)

天子将出，类乎上帝，宜乎社，造乎祢。诸侯将出，宜乎社，造乎祢。(《礼记·王制》)

这里的"宜"、"造"、"类"、都是祭名。"类(類)"字从米从犬从页(头也——《说文》)，其为祭，自无疑义。"造于祖"即甲金文中习见于"告于祖某"，"宜于社"有如前揭之"宜于义京"，也都是不成问题的。《书·甘誓》有"用命赏于祖，弗用命戮于社"，亦见社是举行杀祭的地方，"宜"义同于"戮"。经师们于古礼不甚了了，以"事类"释"类"，以"便宜"释"宜"(孔颖达)，望文生义，把本来简单的事情反而弄复杂了。

"宜"之为杀，也保留在"疊"字中。《诗经·时迈》歌颂武王威风时说：

薄言震之，莫不震疊。

疊，徒叶切。许慎云："扬雄说以为古理官决罪，三日得其宜，乃行之。"(《说文·晶部》)按《周礼·秋官·乡士》谓"狱讼成，士师受中，协日刑杀"，"协日"应该就是"疊日"，音近致讹或通假，即三日行刑的规定。扬雄的"得其宜"云云，是以今为古，证明他已不知宜之本义为杀了。《诗经》的"莫不震疊"，毛传云"疊，惧也"，是误"疊"为"慴"所致；其实应该解为莫不震疊于刑，即震于刑杀才是。

"宜"即"俎"。"宜"、"俎"一字之说，创自容庚教授，着实是一大发现。他在《金文编》中说："宜，象置肉于且上之形，疑与俎为一字。"并引

"俎宜同训肴"者三例为证。① 按："肴"字后起，从字形看，似为"俎"之变。"宜"、"俎"、"肴"本一字，故得互训。此后逐渐分化，"宜"专用作杀牲，"俎"为载牲之器，"肴"则为牲肉矣。"肴"一作"殽"，加"殳"以示杀，是孳乳，也是返祖。《礼记·礼运》有云：

是故夫政，必本于天殽以降命，命降于社为之殽也。

《释文》说："殽"本作"肴"。而"殽"、"肴"一字，阮元有说。社为肴地，与前引之"宜于社"、"戮于社"诸说，若合符节。"本于天肴"云云，也就是《尚书·牧誓》的"恭行天之罚"了。

这些足以说明，"宜"之本义为杀，为杀牲而祭之礼，是没有疑义的了。

现在我们想搞清楚的是，杀义的"宜"字，何以引申而为安宜的呢？

于此，容庚转引字书说："俎，肉几也"，"置肉于几，有安之谊，故引申而为训安之宜"（《金文编》第七）。按：置肉于几之为安，何如悬特于庭？容说之未安，十分显明。窃以为，"宜"之引申而为"所安"为"当"，起初当如今语云"活该"、"罪有应得"等义；继而更活用为一般的"合适"、"美"、"善"之类，变得道貌岸然，本义反而湮没，不为人们所知了。《说文》说"宜"字"从宀之下，一之上"，即屋之下，地之上，所以"宜"，有点像宋人解字方法，当然是不足为训的。

至于"安宜"的"宜"字用为道德规范，为仁义之"义"，则是战国中、后期的事。出土的中山王三器上，用为仁义之"义"的"宜"字凡七见[②]；其绝对年代约当公元前 310 年。而睡虎地秦简《为吏之道》有"申之义，以击畸"句，已经不再用"宜"了；其年代不晚于公元前 220 年。以"义"代"宜"，或是这两个年代之间的事。

"义"字，说者以为原系威仪的"仪"字，《说文》："义，己之威义也。"《周礼·春官·肆师》郑玄注引郑司农云："古者书仪但为义。"这一说法大概可信。甲骨文中，"义"字除用于地名外，有所谓"义行"者：

---

① 唐兰教授进一步从字音证明。见《殷虚文字二记》，载《古文字研究》第 1 辑，北京：中华书局，1979 年版。
② 载《文物》1979 年第 1 期。

戌，叀（唯）义行，用遘羌方，有戈。弜用义行，弗遘方。(《殷墟书契后编》下一三·五)

这个"义行"，或许正应读为"仪行"，即"我武维扬"之阵容。"义"的这种威严的含义，可以容纳得下"宜"的杀戮的意思以及合适、美善的意思，而且不带"宜"字固有的那种血腥气味；加上二字同音，便于通假，所以具有了取代"宜"字而为道德规范的最佳资格。

真正实现以"义"代"宜"，应该发生在义德受到特别强调的时代，否则便没有那种社会需要。具体进行以"义"代"宜"，当然还得通过某些有影响的人物或团体之手。这样一件工作，无论从出土器物所提示的年代来推定，还是从思想史的变化史实来判断，大概都可以设想为是由孟子及其门人弟子完成的。

早于孟子七八十年的墨子也曾大谈其"义"。今存《墨子》有《贵义》之篇，谓"万事莫贵于义"；墨子还曾自诩为"我以义粜也"（《鲁问》）；有吴虑者，又曾面刺墨子"义耳义耳，焉用言之哉"（《鲁问》），足见其言义之不休。但是墨子的"义"就是"利"他（《经上》），就是"有力以劳人，有财以分人"（《鲁问》）；或者说，就是他的"主义"。墨子曾经明白说过：

天下之人异义。是以一人一义，十人十义，百人百义。其人数兹众，其所谓义者亦兹众。是以人是其义，而非人之义，故交相非也。(《墨子·尚同中》，上、下篇略同)

所以墨子所谓的"义"，正如我们今天所说的"主义"，是他们学派的主张和行为准则，并非纯粹的道德规范。

孟子的"义"则不然。它是道德性的，是原来存于"仁"之内部的"能恶人"一面的外现，与"爱人"的"仁"处于相反相成之中：

恻隐之心，仁也；羞恶之心，义也。(《孟子·告子上》)

人皆有所不忍，达之于其所忍，仁也；人皆有所不为，达之于其所为，义也。(《孟子·尽心下》)

仁，人心也；义，人路也。(《孟子·告子上》)

> 仁，人之安宅也；义，人之正路也。（《孟子·离娄上》）

义和仁的这种种定义，表示了二者之间有一种关系，那就是《礼记·礼运》所揭橥的：义者，仁之节也；仁者，义之本也。孟子强调"义"，正是从这种对仁予以节制的意义上着眼的。荀子后来也说："君子处仁以义，然后仁也。"这是他们后于孔子而得高于孔子的地方。

孔子也谈"义"，甚至说过"君子义以为上"（《论语·阳货》）、"君子义以为质"（《论语·卫灵公》）的话。但综观《论语》中那近二十条有关义的言论，不仅没有明白的定义，而且也无确定的内涵。其观念是既与的，拉杂的，既有本义"宜"（杀）的意思（"上好义，则民莫敢不服"等），也有引申的"宜"（安）义（"见利思义"等），还有如墨子惯用的那种"主义"（"君子之仕也，行其义也"等）；唯独没有像后来儒家那样拿"义"与"仁"并举。

以"义"与"仁"并举，或者说，以"义"对"仁"加以节制，从而"立人之道"，是孟子的发明。这种节制，从思想发展的道路来说，是墨子将"仁"膨胀为"兼爱"的必然结果，是孟子对墨子的批判。

如果孔孟之间没有一位墨子，没有受孔子之术而又背叛了儒者之业的墨家学派的出现，仁学思想被推到极端的可能未必实现，对仁加以节制的要求未必产生，孟子高举"义"旗的事实也许难以形成。思想的发展，正如一切发展一样，往往不是直线进行，而是迂回前进的。

孟子强调了"义"，并未赋予"义"以新义，只是致力于拿它辅成作为儒学旗号的"仁"，使儒家学说更为体系化。而为了能做到这一点，孟子也不能不对传统的资料给予必要的改造。

以"义"代"宜"，对别人也是对自己隐瞒起"宜"（杀）的血污，这是首先要做的。孟子主要活动年代在公元前4世纪末至前3世纪初，与我们前引的出土文字中"宜"字变为"义"字的年代相符。我们设想正是孟子及其门人弟子采用"威义（仪）"之"义"代替了置肉于俎上之形的"宜"字，是十分可能的。

其次，更重要的，把"义"即"宜"从一种行为和行为的价值玄学化为人性，以渲染其道德属性，再作为他所需要的行为价值，与"仁"一同推广

出去,则是孟子所要做的主要工作。"羞恶之心"等等定义,就是这样制定出来的。

羞恶与恻隐,也就是恨与爱,或恶与好,本是人所具有的两种对立感情。孔子当年把它们统一在"仁"之中,突出强调其爱的一面。不过孔子并未明确谈过人性是仁的或不仁的,所谓"夫子之言性与天道,不可得而闻也"(《论语·公冶长》);他只是承认人性本是相近的,后天的熏习使得人人变得不同,甚至形成两极对立,这叫作"性相近也,习相远也"(《论语·阳货》)。当然我们可以从孔子的言论中做一些推论,说他既主张"性相近",又说过"有能一日用其力于仁矣乎?我未见力不足者"(《论语·里仁》),而推测孔子似乎相信人性本仁。但这不过是按照后人的思维水平和习惯而做的推论而已;其实在孔子那时,尚未发生人性的问题,否则,孔子便会提出并予以回答了。

人性问题到了孟子时代才成为讨论的中心。羞恶、恻隐等等,在孟子看来,不仅是感情的发挥而且是人性的表现;而人性,又系"天"所赋予。所谓"尽其心者,知其性也;知其性,则知天矣"(《孟子·尽心上》)。在这种天人合一、性情合一的基础上,孟子把儒家的道德学说认真地玄学化了,也大大地向前发展了。其中对"义"范畴的内容和地位的规定,最为重要。

"义"被说成是"羞恶之心"的道德表现,它同"恻隐之心"的"仁"相对,并且是对后者的一种节制。所谓"羞",如后人所解释的,是耻自己之不善;而"恶",是憎别人之不善。有了这一德目与"仁"并存,"恻隐"便不免形成一个界限,即只供使用于所谓的善人善行,而不致对一切都滥发慈悲。这就叫"义者,仁之节也"。另一方面,羞之与恶,又是为了自己之向善和与人为善,这可说是基于恻隐而起,这就叫"仁者,义之本也"。

"不忍"和"不为"亦复如此。贯彻所不忍(如牛之觳觫)于所忍(如百姓之劳苦),是恻隐之心的推广,这叫作"仁";贯彻所不为(如不愿偷盗)于所为(如以言语来谋利),是羞恶之心的扩充,这叫作"义"。两者之间,"不忍"是"不为"的基础,正因为不忍损害别人,所以不愿偷盗;另一方面,"不为"又是"不忍"的节制,就是说,对于偷盗和以言语谋利之类的思想和行动,是不能用其不忍的,即应该下狠心不干的。

至于"人心"和"人路",则是"恻隐"、"羞恶"或"不忍"、"不为"的更为形象的说法。二者之间的关系,也是对立同一的。

值得认真注意的是,仁义之"义"纵然经过孟子如此精心安排的道德洗礼,但从"羞恶"、"不为"上,我们还是隐约可见"宜"字的未施铅华的本来面目。所谓"羞恶"、"不为",都是对不善而言,是对我之不善与人之不善应持的态度,或说是对恶的态度,是恶恶;说到底,也就是宜即杀了。"大义灭亲"之不能说成大仁灭亲或大勇灭亲,道理也在于此。这一点在后来某些儒书的未遑掩饰的文句里,可以看得更为清晰:

> 能收民狱者,义也。(《逸周书·本典》)
>
> 理财正辞,禁民为非曰义。(《易·系辞下》)
>
> 夫义者,所以限禁人之为恶与奸者也。(《荀子·强国》)
>
> 有大罪而大诛之,简;有小罪而赦之,匿也。……简,义之方也;匿,仁之方也。刚,义之方也;柔,仁之方也。(帛书《五行篇》)
>
> 司寇之官以成义。(《大戴礼记·盛德》)
>
> 大夫强而君杀之,义也。(《礼记·郊特牲》)
>
> 除去天地之害,谓之义。(《礼记·经解》)

一些道家著作中,也直截了当地用了"义"的这种刑杀意义,如:

> 吾师乎,吾师乎,䪞(粉碎之)万物而不为义,泽及万世而不为仁,长于上古而不为老,覆载天地、刻雕众形而不为巧。(《庄子·大宗师》)
>
> 所谓仁者,同好者也;所谓义者,同恶者也。(《鹖冠子·学问》)

道家倡言"绝仁弃义"。他们所提到的仁义,都是儒家所主张的。由于站在反对立场,便没有义务去帮它掩饰,而直截了当了。因此,根本地说来,儒家道德学上的仁与义,也就有如它的政治学上的德与刑。或者说,这两对范畴,正是统治阶级应有的两手政策在儒家学说的两个领域中的表现。它们都是对立而又同一的。这是应该时刻把握的基本要领。离开这个要领去轻信儒家自己所做的种种虚假表白,去看待仁义关系和义的内容,都将无法了解儒学的本相。

被誉为醇儒的董仲舒,在这一点上,恰恰闹了一个大笑话。他在解释仁义及其关系时说：

> 春秋之所治，人与我也。所以治人与我者，仁与义也。以人安人，以义正我。故仁之为言，人也；义之为言，我也。言名以别矣。……是故春秋为仁义法。仁之法在爱人，不在爱我；义之法在正我，不在正人。我不自正，虽能正人，弗予为义；人不被其爱，虽厚自爱，不予为仁。（《春秋繁露·仁义法》）

对于"义在正我"，他有更详细的解说：

> 夫我无之求诸人，我有之而诽诸人，人之所不能受也。其理逆矣，何可谓义？

> 义者谓宜在我者，宜在我者而后可以称义。故言义者，合"我"与"宜"以为一言。以此操之，义之为言我也。

> 故曰有为而得义者，谓之自得，有为而失义者，谓之自失；人好义者谓之自好，人不好义者谓之不自好。以此参之，义我明矣。（《春秋繁露·仁义法》）

董仲舒从人的各种关系都可最后抽象为"人与我"这一思辨的原则出发，相信仁与义的提出正是为了处理这种关系，这一看法是符合儒家原义的。此外的"仁人义我"等等，就都只好算作他自己的哲学，是汉代经师特有的望文生义、闻音生训的训诂之学，而远非仁义的真义了。

不过，董仲舒所闹的这个笑话，只是在训诂学的意义上来说，是一个笑话。从儒家思想的演变上来说，则带有其必然性。因为孟子当年以"义"代"宜"，原是为的用道德来掩盖血污，但"义"本"仪"字，亦有威严肃杀的含义。儒学的进一步发展，必然有从道德上更加净化的要求，而发生对"义"的字义另作解释的事情。董仲舒的出现，不过做了这一历史使命的执行人而已。

恩格斯有一句名言："在经济学的形式上是错误的东西，在世界历史上却可以是正确的。"[①] 董仲舒对"义"的解释和发挥，正是这样。在训诂学的形

---

① 《卡·马克思〈哲学的贫困〉一书德文第一版序言》。

式上，它是错误的；但是，它却是当时地主阶级意识的象征，它以自己的更为普遍的形式，取代了前一个剥削阶级的不那么普遍的形式，支配了中国思想整整一个历史时代。直到这个社会形态的末期，地主阶级全面进行自我批判的时候，王引之才有勇气出来指明"古者俄义同声"、"《说文》曰：俄，行顷也"、"袤也"，指责"《传》于义字，皆训为仁义之义"，为"不可通"（见《经义述闻》四《义民》），比较接近地再现了"义"字的真面目。而王引之所以能够做出这一成绩，与其说是由于他的个人才智，不如看成整个历史的功劳，倒要能抓住事情的本质一些。

我们今天得以更为鲜明地看出"仁义"作为对立同一范畴，透过它们的道德油彩来分析其辩证内容，主要也是受惠于历史的前进，亦是毋庸置疑而不必沾沾自喜的。

第二编

诸子学说考释

道家辩证法论纲

一、"無"

道家以无为本。无,既被想象为宇宙之源,又被论证成万物之体;他们的认识路线、政治策略、人生态度、伦理准则、审美观点,亦莫不由此推衍而生。无,就是道家的道,是他们的信仰,也是他们的方法。

"無"字被选定为道家的哲学范畴,有其深远的思想渊源。在甲骨文中,"無"字是一个舞蹈者的形象,作众森等形,像人执牛尾或茅草而舞。"無"和"舞"本是一个字。舞蹈为原始人生活的一个必要部分,它的作用,本不在于娱乐,而是狩猎、采植和战斗等谋生行为的内容之一。据调查,近代印第安人在出发狩猎以前,常模仿动物的动作和声音,跳舞唱歌,以讨好于动物的神灵;猎获既成,也要举行类似的仪式,以安抚牺牲者,恢复猎者所在的集体和死兽所属的群体之间的正常关系①。就是说,舞蹈本非为了娱乐,而是侍奉神灵的一种动作。而神灵——无论是熊神、鹿神、果树之神、谷物之神,乃至战神、祖宗神和万物之神——是看不到摸不着的,无从得其形象和与之晤谈的,人们通常在舞蹈时想象其存在,并只有利用舞蹈的模拟动作或者叫舞蹈语言去与之交谈。因之,象征舞蹈动作的这个图形文字——無,就有了两层意思,既用以表示舞蹈的可见动作本身,也用以表示动作的那个不

---

① 据列维·布留尔《原始思维》引凯塔林《北美印第安人》,北京:商务印书馆,1981年版,第220页。

可见的对象。这个所谓两层意思,是以后来的认识习惯分别的。在原始人的思维中,二者原是混沌一体;无所谓主体,无所谓对象;无所谓真实,无所谓虚幻;甚至跳舞的人和受舞的神,都是互相渗透着的。

　　社会往前进展,以舞事神的工作,慢慢由全民从事而分工到一些专门家身上,他们是一些所谓"精爽不携贰者,而又能齐肃衷正;其智能上下比义,其圣能光远宣朗,其明能光照之,其聪能听彻之"(《国语·楚语下》)的巫。这些"能事无形以舞降神"(《说文》)的"巫",在原始人看来,他们与事神的"舞"以及舞所事的"无",也是混沌一体的,于是也以那同一个图形来表示。《桓子孟姜壶》的大段铭文中,曾提到过"大巫"、"宴舞"和"万年无疆",其"巫"、"舞"、"无"三个字,都作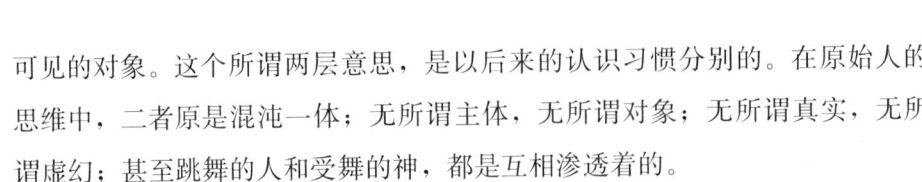①,便是那个远古时代人们的生活和认识的遗迹。当然这个金文 字,笔画相当复杂,已不足证巫与舞、无的关系了;而甲骨文,就方便得多。陈梦家说:"卜辞舞作 或 ,像人两袖舞形,即'無'字。巫祝之巫乃'無'字所演变。"② 这个说法是有根据的。甲骨和铜器中常见的 字,便是由 (無)衍变而成的"巫"字。这是从字形上便可大体猜到的。唐兰说:" 字在甲骨和铜器里常见,向来没有人认得,假如我们去读《诅楚文》,就可知道是巫咸的巫字。"③

　　舞、无、巫的三位一体,向我们透露了一段十分重要的思想史秘密。当年班固说:"道家者流,盖出于史官。"(《汉书·艺文志》)史官出于谁?就是那些能事无形的以舞降神的巫。我们读《左传》《国语》,看到那些太史、内史、外史、蔡史、祝史、瞽史,多是一些料事如神而又博学多闻的人,他们"知天道"、"能相人",工于卜筮,预见吉凶;就是说,他们的本事正在于知"无",是一些能够同"无"打交道的人。闻一多曾说过:"我常疑心这哲学或玄学的道家思想必有一个前身,而这个前身很可能是某种富有神秘思想的原始宗教,或更具体点讲,一种巫教。"④ 巫教的教术十分驳杂,但其要仍不出"能事无形"。一位青年对我说,新中国成立前的湖南乡间窑师于点火烧窑时,

---

① 《两周金文辞大系》,北京:科学出版社,1957年版,第213页。
② 《殷虚卜辞综述》,北京:科学出版社,1956年版,第600页。
③ 唐兰:《古文字学导论》。
④ 闻一多:《道教的精神》,载《神话与诗》,北京:中华书局,1956年版,第143页。

常以鸡血淋地作"無"字，便仍保留有巫教的遗风。

巫在事無时，并不怀疑那种种"無"的存在。而其中的某些"無"，如日月运行的规律，风雨生灭的原因，招致疾病的根由等等，在我们今天看来，也的确是真实存在的。巫术与科学，本无什么分野，都掌握在巫——原始知识分子——的手里。他们心目中的無，不仅不是虚空或没有，而是主宰万物、支配一切的大有，神圣的有。这样的無，正是后来道家哲学的思想源头。

道家哲学的最高范畴是"道"。这个道，不可感知，不可名状，因而可以把它当成通常意义上的無。但是，道又是天地万物的创生者和主宰者，一切都因它而存在，而生长，而变化，而消亡，到处都有它的踪迹，因此，又不能简单地把道当成無，毋宁说它是有。

说它是有，它却没有颜色而"视之不见"，没有声响而"听之不闻"，没有形体而"搏之不得"。因为从逻辑上说，它根本不可能像通常的有那样；如果它是白的，黑色的东西由谁生成？如果它发宫声，商声的主宰又将是谁？如果它是圆形，方形的物体从何而来？因此它虽有，却不同于具体的各形各色的有，可以名之为"常有"。这样的有，说来像無，却又不同于通常意义上的無，因而不妨叫它"常無"①。

既是常有，又是常無，这就是道的二重根本属性。从其常無去看，可以悟出道在主宰一切的奥妙；从其常有去看，则可看出道之化生万物的端倪。这便是所谓的"故常無，欲以观其妙；常有，欲以观其徼"（《老子》第一章）。

但是，话虽如此，人们却又不能对常無、常有二者过分执着，视为两橛；必须相信它们都是从同一个道里分析出来的，它们的名字虽有不同，实际所指却只是一个。所以《老子》在上两句话后紧接着又补上一句："两者同出，异名同谓。"（据帛书本）

中国道家老子的这个思想，同德国黑格尔在两千年后谈到的一些话几乎

---

① 黑格尔："这种'無'，并不是人们通常所说的无或无物，而乃是被认作远离一切观念、一切对象——也就是单纯的、自身同一的、无规定的、抽象的统一。因此这'無'同时也是肯定的；这就是我们所叫作的本质。"（《哲学史讲演录·东方哲学》第1卷，北京：三联书店，1956年版，第131页。）

完全一样。黑格尔说:"开端包含有与无两者,是有与无的统一","开始的东西,既是已经有,但又同样还是没有。所以有与无这两个对立物就在开端中合而为一了;或者说,开始是两者无区别的统一"①。黑格尔谈的是逻辑的开端,老子谈的是宇宙的发生。历史的也就是逻辑的。既然追究开始,万有就不能从有开始,因为有已经有了;但又不能从无开始,因为无如何跳越自己呢?所以,如果一定要追究开始,开始的东西就只能被设想成有而无、无而有的状态,有与无在那里达到直接同一。在老子,这个东西就叫作道。

道是有与无的统一。但既然分成有无了,对有无二者,还可以追究一下谁者在先、谁者为主的问题。这时候,作为柱下史的老子,显然继承了巫的传统,把自己的感情更偏向于无。他说:"天下万物生于有,有生于无。"(《老子》第四十章)天下万物生于有,这个有,当然是那个"常有",或绝对的有;这是从有到有,没有什么困难。至于有生于无,无是如何跳出自己的呢?

老子用了一个"用"字,他说:

　　三十辐,共一毂;当其无,有车之用。埏埴以为器,当其无,有器之用。凿户牖以为室,当其无,有室之用。故有之以为利,无之以为用。(《老子》第十一章)

这是说,万有带给人们的种种可见之利,只是那个主宰万有的无所作用。无发挥自己的用,无便生了有。车如此,器如此,室也如此,推而广之,万物从无到有,莫不如此。所以他又说:"道冲,而用之或不盈,渊兮似万物之宗。"(《老子》第四章)冲是虚无,不盈是不尽。道的虚无,发挥它的不尽的作用,便创生了万物。"谷神不死,是谓玄牝。玄牝之门,是谓天地根。绵绵若存,用之不勤。"(《老子》第六章)谷是虚空,不勤是不穷。那个仿佛存在着的神妙的无,其孕育天地万物的作用是永无穷尽的。

"用"字在老子体系中,还没有上升为一个哲学范畴,他还没有体和用的观念。老子所关心的,只是宇宙发生论的问题,他是为了解决发生上的从无

---

① 黑格尔:《逻辑学》上卷第1编,北京:商务印书馆,1977年版,第59页。

到有，才引进了"用"字的。后来王弼注《老子》说："万物虽贵以无为用，不能舍无以为体也；舍无以为体，则失其为大矣！"（《老子》第三十八章注，据楼宇烈《王弼集校释》）是从本体论上来说无的。老子时代的哲学还未深入到体用一问题。但是王弼的注文倒向人们透露出，他之所以能提出体用的说法，显然是有《老子》的影响在起作用。

庄子也以有无来论证宇宙发生的问题，但比起老子更向前进了。他说：

> 出无本，入无窍。有实而无乎处，有长而无乎本剽。有所出而无窍者有实。有实而无乎处者宇也，有长而无本剽者宙也。有乎生，有乎死，有乎出，有乎入，入出而无见其形，是谓天门。天门者，无有也，万物出乎无有。有不能以有为有，必出乎无有；而无有一无有，圣人藏乎是。（《庄子·庚桑楚》）

这里说到了四种东西：天门、宇、宙、万物。天门司万物之生死出入，它"有所出而无窍"，"有实"但"无见其形"；它是无本之本，无窍之窍，简单点说，它是"无有"。这个无有不同于有，如果是有，它便不能生万有了；无有也不同于无，它"有乎"万物的生死出入；无有也不能固执其无有，如果那样，它便成为一种普通的有了，所以要"无有——无有"。这样的无有，有点像《老子》第一章中说的"常无""常有"，但是有一点不同，那便是老子只说到常无常有便为止了；庄子却更跨进一步，说出了无有一无有。

这是一个很大的不同！

在老子的体系中，无、有相比，无是主要方面，二者统一于无。"众人皆有余，而我独若遗。"因为他相信：能无始能有，所谓"无为而无不为"，"以其无私便能成其私"；无是最好的有，所谓"善行无辙迹"，"善数不用筹策"，如此等等。

庄子并不以此为满足。他认为，众人滞于有，老子进于无，确实是高出许多；但达到无，并非难事，难的是无其无。庄子曾设光耀问于无有的一段问对，说：

> 光耀问乎无有曰："夫子有乎，其无有乎？"
> 光耀不得问，而熟视其状貌，窅然空然，终日视之而不见，听之而

不闻,搏之而不得也。光耀曰:"至矣,其孰能至此乎?予能有'无'矣,而未能无'无'也。及为无有矣,何从至此哉?"(《庄子·知北游》)

无有一无有,无其无,仿佛是比无还无,其实逃无必入有,它又回复到了有。只不过这次的有,已非众人所陷溺的那个有,而是含无于自身之中的有,即无之有。

这样,庄子就站到了本体论的门口,所以他能说出"道在屎溺"那样的名言。在老子那里,则完全没有这种思想;因为老子还停留在有"无"的阶段,而未能无"无"。未能无"无",便不能即有见无。

当然庄子也未能认真地从本体论上提出问题。他们都超不出自己的时代。庄子从无无再进到有,只不过是从玄思又回到了现实,从天门外又回到了人间。这大概也是中国文化之重视人世使然;虽汪洋恣肆如庄生者,仍挣不脱传统的羁绊。

庄子从无无回复到有,这时候的有,包含自己的身体、生命、处境和天地万物,便都成了不是自己可以有其有的东西了,它们之加于己,对于自己来说,都是种种"不得已"和"不可奈何"。人而有生,既已"无所逃于天地之间",那就只得视这一切为天理固然,"知其不可奈何而安之若命"。庄子认为,这便是认识的最高境界,处世的最妙准则,养生的最好法宝。

解牛故事里的庖丁说:"始臣之解牛之时,所见无非牛者。"这相当于众人的只见于有的阶段;"三年之后,未尝见全牛也",这时已进到无的阶段了;"方今之时,臣以神遇,而不以目视,官知止而神欲行,依乎天理……因其固然……以无厚入有间……",这便从无无而又回到了有,这个"有",已经是被发现其天理之固然的有。"文惠君曰:善哉!吾闻庖丁之言,得养生焉。"为什么?只因为养生之道,就在于因其固然,随间而游刃,"乘物以游心,托不得已以养中,至矣!"(《庄子·人间世》)所谓"乘物"、"托不得已",就是与世沉浮,不离万有;所谓"游心"、"养中",正是完善自我,得其真无。

这是庄子的人生态度,也是他的有无辩证法。很多人讲《逍遥游》,都认为庄子追求的是无待。大鹏和列子能御风而行,但无风则不行,因而算不得逍遥;斥鷃和宋荣子自矜而未能忘己,也是一种不能游于无,等等。这种以游于无为无待的思想，可以说是道家思想的一个部分，却不是庄之为庄之所在。

庄子更关心的是如何能够虽游于有，却是真无待。这就是他所说的"若夫乘天地之正，而御六气之辨，以游无穷者，彼且恶乎待哉！"这里的"天地之正，六气之辨"，并不是无，而是有，是已经被透彻了解了的万事万物，是人所无法摆脱的天理固然，任何人都只有在这个环境中浮游。所谓逍遥游，就是要乘此万有，以游无穷，在这个有中得到真无。因此，如果有人说庄子并未止于无待，而是从无待又进于有待，那也是正确的。

方以智的《药地炮庄》中说："人知息为无待，而不知游为无待。人知游于无者为无待，而不知游于有者为真无待。乘物以游心者，无无者也。有即是无，非有之外更拈出无边。"《药地炮庄》虽多以禅理炮药，但这一节，似乎还是说着了庄子的真义的。

二、"一"

创生天地万物的道，就其"惟恍惟惚"而万物可闻可见来说，道可以名之为无，万物则相对为有；若就其卓然独立而万物纷然杂陈来说，道可以名之为一，万物则相对为万。

道生万物。万物可闻可见，道却"惟恍惟惚"；万物如果谓之有，道则相对而谓无。万物纷然杂陈，道却卓然独立；万物如果号之万，道则相对而号一。老子说："道生一，一生二，二生三，三生万物。"（《老子》第四十二章）这个"道生一"，不是时间上的顺序，而是认识上的角度。庄子说："泰初有无，无有无名；一之所起。有一而未形，物得以生谓之德。"（《庄子·天地》）这个起于无而未形的一，和老子的道所生的一一样，也并非后于道而生成的他物，而正是道的别名。

道家选用"一"这个数词作为道的别名，当然是因为它具有数的起始意义，可以用来表征道的创生作用。道既创生了万物，却不离开万物而他去，而恰寓于万物之中；这又正如一组成了各个整数，各个整数中都含有一一样。因之，各个整数都得到了一，用道家的思想来说，万物都得到了道，或者说，得到了一，这就叫"得一"。老子说："天得一以清，地得一以宁，神得一以

灵，谷得一以盈，万物得一以生，侯王得一以为天下贞。其致之：天无以清将恐裂，地无以宁将恐灭，侯王无以贞将恐蹶。"（《老子》第三十九章）可见，这个一不是别的，而正是天之所以为天、地之所以为地、万物之所以为万物的共同本质。因此，它又不同于数中所含的一，不是普普通通的一，而是伟大的一，或者叫"太一"、"大一"。《庄子·天下》篇中说关尹、老聃"建之以常无有，主之以太一"。常无有，就是上一节说的常无、常有；太一，就是本节要讨论的与万物相对的一。

既然谓之一，就意味着它是不可分的。不可分的一，存在于千差万别的万物之中，它就不会是万分其自身去分别存在，而是整个地存在着。这样，同一个一，存在于不同的万物之中，并构成了它们的本质。它将如何存在呢？又怎样会决定出万物之不同呢？这就是本体论所讨论的问题。

老子没有这样提出问题，说明他还没有意识到这个问题的已经存在。过分地注视人世的中国学术传统，使他过早地把目光转向内圣外王的要求，研究起作为一个人，应该如何守住内在于人身的一的问题来。用他的术语来说，这叫作"抱一"。他说：

> 载营魄抱一，能无离乎？（《老子》第十章）
> 卫生之经，能抱一乎！能勿失乎！（《庄子·庚桑楚》）
> 曲则全，枉则直，洼则盈，敝则新，少则得，多则惑。是以圣人抱一为天下式。（《老子》第二十二章）

"营魄"就是魂魄。"载营魄抱一"而勿离，是道家的卫生之经。这里的一，是生之所以为生者；用庄子的话来说，是所要养的生之主。固不是形骸，也还不是魂魄。

至于圣人抱之以为天下式的一，则又成了圣之所以成圣者，也就是所谓的"以濡弱谦下为表，以空虚不毁万物为实"（《庄子·天下》）。

生之所以为生者，圣之所以成圣者，虽说都是人世间的事，其绝不会相同，应是无疑的。现在老子既用同一个一来表示它们，其逻辑的结论，必然要承认万物为一。老子又还没有这个勇气，或者是还未能意识到这个问题。

因为老子对万物并没有多少兴趣，所以当他说"道生一，一生二，二生三，三生万物"的时候，他并不是带着生机盎然的情绪来说的。尽管他还没有灰心到像佛学那样认为万物都是不真，但他确然也说出了"朴散则为器"（《老子》第二十八章）这样的话来，认为万物（器）是大朴之残毁。他的兴趣在"常善救物"（《老子》第二十七章）、"万物并作，吾以观复"（《老子》第十六章）。他认为万物都是过眼云烟，虽然它们也都得一以生，但终究是不常的，最终要归根复命，回到太一。

就这样，一是"万物恃之以为生"者，"衣被万物者"，也是"万物归焉"（《老子》第三十四章）之所在。一生万，一在万中，万复归一；在全部循环中，这个至高无上的一，没有减少什么，也没有增加什么，我就是我。仿佛是一位逢场作戏的丑角，登台串演了各式角色以后，卸装一看，依然故我。这就是老子的一与多的辩证法。

在此基础上，庄子把老子的思想又向前推进。他看到，既然万物都是生于一，而且含着一，那么万物固然为万，也应为一。所谓"自其异者视之，肝胆楚越也；自其同者视之，万物皆一也"（《庄子·德充符》）。只是世间的凡夫肉眼，只见万物之为万，不识万物之为一，因而沾沾于一己之新得，自贵而相贱，自是而相非，"与接为构，日以心斗"，终身役役，不知所归。及至圣智者出，知天下为一，但不能因其固然，为一而一，更生出许多枝节来：

> 黄帝之治天下，使民心一。民有其亲死不哭，而民不非也。……名曰治之，而乱莫甚焉。（《庄子·天运》）

黄帝治民使其心一，达到不独亲其亲、知死生为一的程度，而且能使舆论一律，可谓治矣。但在庄子看来，这是违反了自然，因为"子之爱亲，命也，不可解于心"（《庄子·人间世》）。虽通达如庄子者，妻死之始，尚有"我独何能无慨然"（《庄子·至乐》）之情，况亲死之始乎？所以庄子说，这种治而使一，实在是乱莫甚焉。

颜回将使卫，"端而虚，勉而一"（《庄子·人间世》）；惠施合异以为同，逐万物而不反，都只处于"劳神明为一"的水平。在庄子眼里，他们这些足以"载之末年"的智者，和不辨朝三暮四与朝四暮三之相同的猴子的智力水平，没有任何差别。

很显然，庄子指责黄帝、颜回和惠施，并不在于他们知道万物皆一，而是由于他们劳神明为一。知万物皆一，有一个逻辑的前提，是必先承认万物为万。如果万物不能确然为万，也就无从亦无须论证其为一。而劳神明为一，则意味着以万为恶，视万为假，必欲使之为一而后快。前者的一，因万而起；后者的一，灭万而成。前者是对立的统一，后者是对立的排除，在思维方法上，二者是截然不同的。

在《老子》中，一和万物的对立统一，似乎是不言而喻的，因为老子相信一生成万，万归于一，这是自然而无须人为的。"既得其母，以知其子；既知其子，复守其母"，便可以"没身不殆"（第五十二章），何用劳神明于万物？后来智者们自恃其智，一反俗人之只知有万，沦自己于只知有一，于是走到了辩证法的反面。庄子驾乎俗见与智者之上，并万、一而统之，得出了自己的看法。

庄子继承了老子的传统，以道为一，道生万物，"万物皆种也，以不同形相禅"（《庄子·寓言》），"皆出于机，皆入于机"（《庄子·至乐》）。机就是一。万物在入于机以前，能以不同形相禅，因为万物皆种也，而不只是受生的消极物，这是庄子发展了老子的地方。

老庄对于万物的不同估价，在二人思想体系的不同中，起了决定性的作用。

老子对于万物本身很少谈论。大概他认为道之生物，就像夏娃吃了伊甸园的果子那样糟糕。庄子则不然，他不否定现实，因为天地万物之如此这般，都是自然的，"天不得不高，地不得不广，日月不得不行，万物不得不昌"（《庄子·知北游》）；人们不必追究为什么，但必须承认它们是什么。"大块噫气，其名为风；是唯无作，作则万窍怒号……泠风则小和，飘风则大和，厉风济，则众窍为虚。"（《庄子·齐物论》）大块好比一，万窍好比万物。没有大块之噫气，便没有万窍之怒号；没有万窍之怒号，亦无从见大块之噫气。至于万窍发声之所以不同，那是不必追究的。"夫吹万不同而使其自已也，咸其自取，怒者其谁邪？"（《庄子·齐物论》）这叫作"天籁"，天然的声调，不再有原因。人们固应知万窍怒号之源于大块噫气而信其为一，又应知叱者叫者之吹万不同而认其为万；而且，更要紧的是应该知道，万籁固为万，但无一不是天籁。就其都是天籁来说，它们是一；就其都是天籁来说，它们同发动者大块一样，又都是道，或者叫作一。

这最后一步，是庄之为庄的真谛。它不待劳神明于万物以为一，行仁义撄民心以使一，而是"道通为一"（《庄子·齐物论》），"磅礴万物以为一"（《庄子·逍遥游》），或从时间的角度来说，叫作"参万岁而一成纯"（《庄子·齐物论》）。这种"通""参""磅礴"的功夫，立足于万，归结为一；万既是万，又复是一，一既是一，又复是万。对于一和万，概"不以觭见之"（《庄子·天下》），因而既能"兼怀万物"，"无一而行"（《庄子·秋水》），又知"万物一也"而"贵一"（《庄子·知北游》）。这同"识其一不知其二"的老子学说是颇为参差的。

"识其一不知其二"见于《庄子·天地篇》汉阴丈人拒用机械的寓言。故事本身是人们耳熟能详的；但是许多人对它所寓之意的解释，却未必尽合原意。故事结尾说：

> 彼假修浑沌氏之术者也，识其一不知其二，治其内而不治其外。
> 夫明白入素，无为复朴，体性抱神，以游世俗之间者，汝将固惊邪！

治其内不治其外，不是庄子的思想。庄子是主张"形莫若就，心莫若和"（《庄子·人间世》）、外与物化而内一不化的（《庄子·知北游》《庄子·则阳》），就是说，是既治其内又治其外的。《达生》篇里还专门讲了只知治内的单豹与只知治外的张毅不得养生的故事。识其一不知其二也如此。二在这里，就是与内相对的外，与心相对的形，就是万物，就是世俗之间。汉阴丈人"以本为精，以物为粗，以有积为不足，澹然独与神明居"（《庄子·天下》），正是奉行了老子的主张。这同既能"独与天地精神往来"，又能"不敖倪于万物，不遣是非以与世俗处"的庄子是两样的，特别是与他的即万物与世俗以见天地精神的即二是一奥义，是大异其趣了。

识一知二，又叫作"两行"。《庄子·齐物论》曰："圣人和之以是非而休乎天钧，是之谓两行。"是非，二也；天钧，一也。由天钧看是非，则是非通为一；虽通为一，仍不失其二。这就叫作"两行"。两行的否定提法，叫"两忘"；"与其誉尧而非桀，不如两忘而化其道"（《庄子·大宗师》，《外物》篇

作"不如两忘而闭其所誉")。两行或两忘,是以正相对立的事论为例而言的;推而广之,万事万物,无不类此,则可万行或万忘矣。万行万忘,则将与物俱化,而入于寥天一。

三、"玄"

道家的道,从其生成万有而自己却无可闻见来说,是无;从万有纷然杂陈而自己却卓然独立来说,是一;从万有之变化不已而自己却寂然不动来说,是静。有生于无,万生于一。同样,动源于静。

天地万物的运动,按照道家的说法,不是勇往直前的,而是迂回曲折的,向对立面转化的,以至循环无端的。这种形态,叫作"反","反者道之动"(《老子》第四十章)。

认识到事物运动的非直线性,并非自老子始。但是从哲学上给以系统说明的,老子应是第一人。

《老子》在第一章论述了道体以后,第二章即系统地谈了道之动:

> 天下皆知美之为美,斯恶已;皆知善之为善,斯不善已。
>
> 故有无相生,难易相成,长短相形,高下相盈,音声相和,前后相随。
>
> 是以圣人处无为之事,行不言之教。万物作焉而不辞,生而不有,为而不恃,功成而弗居。夫唯不居,是以不去。

这里提出了事物在对立中运动的所有情景,是我们了解老子的对立统一思想的关键一章。"有无相生"一段,说的是对立双方互为条件、互相依存。没有难,便无所谓易;离开了高,也不存在下;如此等等。一切实在的事事物物,无不有自己的对立方面,无不同对立方面相伴随而存在。就是说,一切都不是自我满足、自我完成的绝对,而是相对于对方始得完成;对立适成为对待,相反正所以相成。这是我们常说的对立同一或矛盾同一性的第一个方面。

对立同一还表现为另一种情形,即对立双方的互相转化,这就是"圣人处无为之事"一段所要表达的思想。圣人为什么要无为?因为"天下神器,不可为也，为者败之"(《老子》第二十九章)；"道常无为而无不为"(《老子》第三十七章)。为什么行不言之教？因为"其政闷闷，其民淳淳；其政察察，其民缺缺"(《老子》第五十八章)。所以要提倡"功成而弗居"，则成了"夫唯弗居，是以不去"。一切发展都是向对立面的转化，众人有为，结果反而无为；圣人无为，结果倒是无不为。

基于这种认识而提出来的欲取姑予的行为方法，多年来一直被斥为阴谋权术，为正人君子所不齿。其文曰：

> 将欲歙之，必固张之；将欲弱之，必固强之；将欲废之，必固兴之；将欲取之，必固予之：是谓微明。(《老子》第三十六章)

这一套，同"夫唯弗居，是以不去"没有本质上的差别，不同处只在于"将欲……必固……"，表现为目的与手段，"夫唯……是以……"表现为原因与结果。结果的出现，有时是不期而然的；目的则出于预谋。预谋的目的和实现的手段相反，于是被指为阴谋；实现的手段和预设的目的相反，于是被目为权术。其实这种相反，绝非老子心怀叵测的表现，而是事物运动本身的辩证法。人们常奉"甚爱必大费，多藏必厚亡"(《老子》第四十四章)、"轻诺必寡信，多易必多难"(《老子》第六十三章)、"曲则全，枉则直，洼则盈，敝则新，少则得，多则惑"(《老子》第二十二章)等等为箴言，殊不知它们与"阴谋权术"的欲取固与之类，所反映的都是同一个"道之动"。

对立同一的第三种情形为彼此相即，这就是"天下皆知美之为美，斯恶已"所含的真理。《老子》第二十章说："美之与恶，相去何若？"意思是美与恶并无多少差别，美就是恶，恶就是美。第二章里，给出了美恶彼此相即的条件：天下皆知。按老子的思想，在混沌大朴的时代，人们没有价值观念，不知区分美恶，人间本是一座伊甸园。后来吃了善恶树上的果子，天下皆知美之为美，争端四起；这件事本身便是恶，所以说"斯恶已"。

这种对立双方彼此相即的思想，在《老子》一书中有许多提法。

> 明道若昧，进道若退……(第四十一章)
> 大方无隅，大器晚成……(第四十一章)

物或损之而益，或益之而损。（第四十二章）

知者不言，言者不知。（第五十六章）

祸兮福之所倚，福兮祸之所伏。（第五十八章）

这些，都是说的对立双方的直接同一。"明道若昧"的"若"，意味着既是而又不是。大道明如皓日，众人视而不见，明成了昧，所以"下士闻道大笑之"；但明又不是昧，被认为是昧，更见其彻体通明①。所以说："不笑不足以为道。"其他几种提法，都可作如是观。"大方无隅"就是大方若圆，"知者不言"就是大智若愚，等等。

对立同一的这三种情形，在西方直到近代方始得到明确的表述。列宁在读黑格尔《逻辑学》时记道：

不仅是（1）一切概念和判断的联系、不可分割的联系，而且是（2）一个东西向另一个东西的转化，并且不仅是转化，而且是（3）对立面的同一——这就是黑格尔的主要的东西。②

黑格尔的这些主要的东西，在中国，在老子那里，已经完全具备了，虽然没有经过严格的逻辑论证。而没有经过严格的逻辑论证，并不是什么了不起的弱点，毋宁说它是中国思维方式的特点所在；而在老子的诗意般的哲学中，不是更增添了某种朦胧之美么？

就这样，道之动呈现出反的状态。反而又反，便回到出发点，成了返了。这也是老子"反者道之动"所含的意思。

有物混成，先天地生。寂兮寥兮，独立而不改，周行而不殆，可以为天下母。吾不知其名，字之曰道，强为名之曰大。大曰逝，逝曰远，远曰反。（《老子》第二十五章）

这个周行不殆的"反"就是"返"，也就是"复"或"归根"：

致虚极，守静笃。万物并作，吾以观复。夫物芸芸，各复归其根；

---

① 黑格尔说："纯粹的光明和纯粹的黑暗，是两个空的东西，两者是同一的。"（黑格尔：《逻辑学》第一章，北京：商务印书馆，1977年版，第83页。）

② 《列宁全集》第38卷，北京：人民出版社，1986年版，第188页。

归根曰静,是谓复命。复命曰常,知常曰明。不知常,妄作,凶。(《老子》第十六章)

万物受道之命而生而作,最后又回到出发点,有如复命,这是常态,是人们行动所必须依据的准则。

人生亦复如此。人生的旅途由婴儿开始,其圆满的结局,应该是"复归于婴儿"(《老子》第二十八章)。因此,为人之道,就在于自觉地"比于赤子"(《老子》第五十五章),"如婴儿之未孩"(《老子》第二十章),使婴儿的纯朴本质在自己身上再现,从精神上回到天真的境界。

这亦谓之玄,是道家哲学特有的范畴。历来都以黝黑、幽昧、深远释玄。以此来解释玄德、玄牝等等,最多能对道之为物有一个静态的了解,而难以捉住它那周行不殆的本性,恐非道家本义。

查"玄"字于甲骨文作&,像钻之旋转,为"镟"之初文。郭沫若说:"镟主旋运,眩晕之病亦以旋运为其特征。眩晕则头昏目黑,故玄转为昏黑之意。转义固定而初义遂失。然玄犹存镟之形,实无疑问。"[①] 战国时,人们犹有以"玄"作"眩"者,如《荀子》有"上周密则下疑玄矣"(《正论》)、"水动而景摇,人不以定美恶;水势玄也"(《解蔽》)句。老子的"玄之又玄",十分可能比"眩"的用法更为原始,是旋转的意思,而不应释为微妙和神奇。例如,老子说:

> 常知稽式,是谓玄德。玄德深矣远矣,与物反矣,然后乃至大顺。

(《老子》第六十五章)

稽式就是法则、规律,它表现为深、远、反和至于大顺,这正是"旋"的过程,所以谓之玄德。第六章说"谷神不死,是谓玄牝","绵绵若存,用之不勤",不死、绵绵、不勤(不穷竭),都是动而不止的意思,因之不是一般的牝,而是"周行而不殆,可以为天下母"的旋牝。

玄德的思想,在《庄子·天地》篇中,有一个系统的表述。它说:

> 泰初有无,无有无名;一之所起。有一而未形,物得以生谓之德;

---

① 见杨向奎《绎史斋学术文集》,上海:上海人民出版社,1983年版,第519页。

> 未形者有分，且然无间谓之命。留动而生物，物成生理谓之形。形体保神，各有仪则谓之性。性修反德，德至同于初。同乃虚，虚乃大，合喙鸣，喙鸣合，与天地为合，其合缗缗，若愚若昏，是谓玄德，同乎大顺。

这是老子的道生万物、万物归根思想的综合描述，也与黑格尔的绝对精神在人的思维中得到自我认识的提法有某种相似。这样一个大圆圈，就叫作"玄德"。

只是庄子没有停留在这种只是咀嚼老子思想的水平上，在"玄"的方面，他也开辟了自己的新领域。《庄子·秋水》篇有一段话这样说：

> 以道观之，何贵何贱？是谓反衍。无拘而（尔）志，与道大蹇。何少何多？是谓谢施。无一而（尔）行，与道参差。严严乎若国之有君，其无私德；繇繇乎若祭之有社，其无私福；泛泛乎若四方之无穷，其无所畛域；兼怀万物，其孰承翼？是谓无方。万物一齐，孰短孰长？道无终始，物有死生，不恃其成；一虚一满，不位乎其形。年不可举，时不可止，消息盈虚，终则有始。是所以语大义之方，论万物之理也。物之生也，若骤若驰，无动而不变，无时而不移。何为乎？何不为乎？夫固将自化。

这是庄子对出处语默、辞受趋舍的态度，谈的是主观取向，根据却是客观法则。在这里，他提出了四个概念：反衍、谢施、无方、自化。所谓反衍，即对立相生；所谓谢施，指对立转化；无方的态度，系鉴于万物一齐，当然包括对立双方的彼此即是在内。"夫无方之传（转），应物而不穷者也。"（《庄子·天运》）无方就是圆，从动态来说就是旋转，由于这一切，得出一个总的态度，就是安时处顺，听其自化，这是庄子与老子的最大不同所在。老子要求从纷纭万有回复到出发点；庄子则更进一步，主张在认识到万物一齐即混沌无别亦即从精神上回到出发点以后，重新投入尘世，随遇而安。老子的玄德是一个完整的圆圈，庄子则是一圈有半。

最足以代表庄子这一思想特色的，是他齐是非的那一段名言：

> 物无非彼，物无非是。自彼则不见，自是则知之。故曰：彼出于是，是亦因彼。彼是方生之说也。
>
> 虽然，方生方死，方死方生；方可方不可，方不可方可；因是因非，因非因是。是以圣人不由，而照之于天，亦因是也。
>
> 是亦彼也，彼亦是也；彼亦一是非，此亦一是非。果且有彼是乎哉?! 果且无彼是乎哉?! 彼是莫得其偶，谓之道枢。枢始得其环中，以应无穷。是亦一无穷，非亦一无穷也。故曰：莫若以明。（《庄子·齐物论》）

任何事物无不相对于他物而作为"彼"，亦无不以自身存在而作为"是（此）"。这可以说是常识范围里的观念。如果进一步推究，将会发现，彼与此本相生、相因而有，二者处于"反衍"的关系中。同时，一切对立，又不断转化，方生方死，方死方生，使人难以把握，这就是《秋水》所谓的"谢施"。尤有甚者，对立双方不仅互相依存、互相转化，而且它们也可说互相即是，此亦彼也，彼亦此也，这就是所谓的"无方"。因此，人们可以提出"果且有彼是乎哉"的疑问，怀疑彼此乃至一切对立乃至万有之不同都只是主观的设定；同样，人们也可以提出"果且无彼是乎哉"的疑问，怀疑彼此乃至一切对立乃至万有之不同并不是主观的设定，而有其客观的依据。这是庄子的二律背反。老子走到"无方"亦即无分别的恍兮惚兮状态，便止步了；庄子却不然，他似乎现实得多，清醒得多，他并不总是站在姑射山上俯视人间，倒是宁愿混迹世中，当然是带着"天地与我并生"的姿态降临的，因而他可以超脱一切对立，包括他自己设定的二律背反。那么，出路何在呢？在于依违二者之间，这叫作"道枢"。这样便得其环中，以应无穷了。

庄子并不追求绝对恬静，不以应付无穷的变幻为苦；相反，他认为，无穷的是非交替，不尽的成毁兴亡，本是自然如此，是一种自然的旋转，这叫作"天钧"。人们无法逃避这种旋转，也不必以之为苦；而是要适应它，驾驭它，在旋转中得到休息，这叫作"休乎天钧"（《庄子·齐物论》）。

四、"明"

"休乎天钧"的意思不是跟着是非乃至一切对立的变化去旋转，而是因任

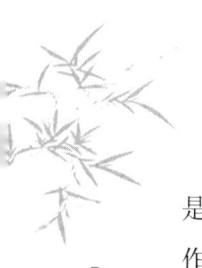

是非在旋转，自己却不谴是非，得其环中，是亦一无穷，非亦一无穷，这叫作"两行"；达到这种认识境界，就叫作"明"。

"明"是道家认识论的最高范畴，是指达到了对道的认识的一种精神境界。但在怎样才能达到对道的认识、怎样才算达到了对道的认识上，道家内部各派的理解，却浅深不同。

老子说："知常曰明。"（《老子》第十六章、五十五章）常就是道，尤其指道的绝对性。老子认为，从相对的事物中，认知了主宰它、创生它的绝对，便是知常，便是明了。譬如生物中，牝常"以静胜牡"，所以老子要"知其雄，守其雌"，这就是知常，就是明。器物中"有之以为利，无之以为用"，不知常的人"皆取实"，知常的人"独取虚"。社会中"福兮祸之所倚"，不知常的人"皆求福"，知常者"独曲全"，等等。老子还认为，对于绝对的道的认识方法，不同于对于相对事物的认识。他说过："不出户，知天下；不窥牖，见天道。其出弥远，其知弥少。"（《老子》第四十七章）出户窥牖，所知所见的只能是天下的一隅又一隅，天空的一方又一方，而天下和天道的整体，并不是它的各个部分的相加，并不是知见可以获得的。愈是试图用认识相对事物的办法去认识绝对，则离开绝对愈加遥远，所以说"其出弥远，其知弥少"。

道家中的彭蒙、田骈、慎到一派着重发挥了这后一点。他们认为绝对的道是不可知的；如果强求认知，必将为知所迫而伤害自己。这就是所谓的"知不知，将薄知而后邻伤之者也"（《庄子·天下》）。所以他们提倡"弃知去己"，"若无知之物而已"。而无知到像土块一样，恰恰便知道、得道了。于是他们"笑天下之尚贤"，"非天下之大圣"，主张"舍是与非"，"至于莫之是莫之非而已矣"。

庄子一派也认为道是不可以通过通常的认知途径去获得的。不同的是，他进一步强调，甚至连这种不可认知也不必知；因为如果知其不知，那便不是纯粹的不知了。《知北游》里有一段谈到，知问无为谓，如何可以知道、安道、得道，"三问而无为谓不答"；又问狂屈，狂屈"欲言而忘其所欲言"；及问之于黄帝，黄帝答以如何如何。评语以黄帝的口吻说："彼无为谓真是也。狂屈似之。我与汝终不近也。""无为"不谓知其不知，相当于上述的"无无",其精神状态和道的状态完全吻合,所以是真知道。狂屈知其不知,相当于上述的"有无",也就是彭蒙一派之自觉地使自己若无知之物,老子的"塞其兑,闭其门"(《老子》第五十六章),这与无为谓之浑然无知者,相距一个境界,所以只是"似之"。等而下之至于黄帝,确知应该如何如何,那便相当于有有,是认识相对事物的方法,所以离道更远,"终不近也"。

庄子提出的知其不知和不知其不知的区别,同他的整个思想体系一样,是沿着老子的思路又往前走了一步。老子规定道是没有任何规定性的绝对,所谓"道常无名",因而是不可感知、不可思议的,因而不能用知的办法去认识它。老子说:"众人昭昭,我独昏昏。"昭昭的知,只能认识相对事物;昏昏的不知,倒能认识绝对的道。彭蒙一派重复老子的思想,也谈"弃知"和"不师知虑"。庄子以其特有的思辨的本领,把不知再分为两层,正像儒家把仁义的实践细分为"行仁义"和"由仁义行"一样。行仁义者,仁义对于人还是外在的规范;由仁义行时,仁义已经成为人的本质自身了。同样,塞兑闭门,弃知去己,知彼不知之有用于得道,这不仅预定着道在人外,作为人的追求目标,而且连不知也非人所有,需要求来。而不知其不知,则如天生的一个混沌,根本无所谓知与不知的分别,本身就与道同体,这就是《知北游》篇所谓的"体道"。

体道不仅是知道的方法,而且是得道的表现。老子以为,知常或认识到绝对,就是得道了。《老子》第十六章说:"知常容,容乃公,公乃王,王乃天,天乃道,道乃久,没身不殆。"《天下》篇也说,老子"常宽容于物,不削于人,可谓至极"。一旦认识到绝对之濡弱空虚,自己也便会对世间的一切抱着宽容态度,于是在精神上可以包涵天下,一辈子都不会有什么危殆发生,这是老子设想的得道。与老子的"不削于人"不同,彭蒙一派的得道却表现为"常反人,不见观","非生人之行,而至死人之理"(《庄子·天下》),就是说,达到一种骇世惊俗的程度。究其实,也是由于他们以为达到了对于绝对的了解,舍弃世间的是是非非,便是得道了。

在这方面,庄子也比他们多走了一步。《天下》篇说庄子"不以觭见之","不傲倪于万物,不谴是非,以与世俗处"。所谓"不以觭见之",就是不持一端之见,这话仿佛是比较于老子而言的。老子知雄守雌,弃先取后,自以为

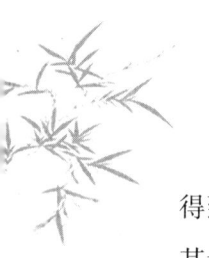

得到了道之绝对；但在庄子看来，这却是犄见。因为道本无处不在，老子以其无为无形而类似于濡弱空虚，其实道却并不只在"雌"中而不在"雄"中，只在"后"中而不在"先"中。雌雄、先后等等相对的分别，不是"以道观之"的结果，而是"以物观之"、"以俗观之"的成见。因此，一个得道的人，就不会像老子那样，刻意于人弃我取；也不会像彭蒙等人那样，傲倪万物，舍是与非，不食人间烟火。一个得道的人，应该不止于从相对事物中悟出绝对，而且还要从绝对再回到相对，回到现实中来，"应于化而解于物"，"以与世俗处"，这样才是真正的"明"。

所以，庄子在谈"明"的时候，总是伴随着一个"因"字（《庄子·齐物论》）。因的意思，就是因其固然，不谴是非，因以曼衍，日与物化；也就是"两行"，就是因任事事物物在其相对状态的存在，不以自己之得到绝对而傲然睨之。这才是庄子的知道与得道。

这种相对—绝对—相对的程序，从认识论的意义上来看，包含着深刻的辩证思想在内。一个完整的认识过程，就其纯粹的形式来说，总是从实在和具体开始，从直观和表象开始，"在分析中达到越来越简单的概念，从表象中的具体达到越来越稀薄的抽象"①，直到达到一些最简单的规定。然后再从这里回到实在与具体，或者说从抽象上升到具体，用思维而不是用直观和表象来把握具体，把它当作一个精神上的具体再现出来。这时方能达到对实在和具体的理解和认识。道家讨论的是对道的认识。道是他们所设定的绝对抽象物，但又体现于具体的相对事物中。老子、彭蒙走完了认识过程的具体—抽象或相对—绝对阶段，就此止步了。从人类的认识历史来说，这也是必然的，受时代所限定的；但它也以此为后来的认识准备了条件。庄子由此继续前进，走完了抽象—具体或绝对—相对阶段，从而完成了整个认识过程。庄子自己是相当明白他的作用以及他和前人的差异的。《则阳》篇中有一节这样说：

> 冉成氏得其环中以随成，与物无始无终，无几无时。日与物化者，

---

① 《马克思恩格斯选集》第2卷，北京：人民出版社，1972年版，第103页。

一不化者也,阖尝舍之。

夫师天而不得师天,与物皆殉,其以为事也,若之何?

夫圣人未始有天,未始有人,未始有始,未始有物,与世偕行而不替,所行之备而不洫,其合之也,若之何!

一、三两段指的是庄子自己,他既达到"无始无极",又反复而与"世偕行";既能洞悉万物而与物俱化,又不物于物而内心不化,有点像儒家所追求的"极高明而道中庸"一样,已经不仅是超凡入圣,而且更超圣入凡了。第二段所说的"师天而不得师天"的处境,可以看作是对老子等人的形容。他们有心于师天,止于天而后已,不曾再返回人世;其结果恰恰是不得师天,没有得到真道,并不免受制于人世,而与物皆殉。

庄子的两行,从主体的精神状态来说,也称作"两忘"。《大宗师》说:"与其誉尧而非桀,不如两忘而化其道。"《外物》说:"与其誉尧而非桀,不如两忘而闭其所誉。"忘尧忘桀,是非两忘,故而能不遣是非,这同慎到的逃避是非而"舍是与非"的境界颇不一样。"舍"者是由有至无,无固无矣,却不离于有。如形与影竞,终不得息。心中耿耿于有是有非者,才会提出舍是与非的问题。而"忘"则是安适的表现。《达生》篇说:"忘足,履之适也;忘腰,带之适也;知忘是非,心之适也;不内变,不外从,事会之适也。始乎适而未尝不适者,忘适之适也。"可见"忘"与虽无却受制于有的"舍"不同,它是虽有却形同于无。舍者有其无,忘者无其有;而忘适之适,或忘其所忘,便达到无无,而与道同体了。

老子说的"为道日损",同慎到的"舍是与非"的办法相似,是要损掉主体中一切比道多出来的东西。舍是与非的终极是无知,为道日损的终极是无为。无知无为,用老子的话来说,叫作"孔德之容"(《老子》第三十一章),即是得道的表现。据说它是"惟道是从",即根据于道的样子而来的。庄子虽也不时重复无知无为的话,但他似乎更强调"忘"办法。《外物》篇说:

荃者所以在鱼,得鱼而忘荃。蹄者所以在兔,得兔而忘蹄。言者所以在意,得意而忘言。吾安得忘言之人而与之言哉!

就是说,要想知道与得道,必得通过言,但又不能执着于言。因为"道

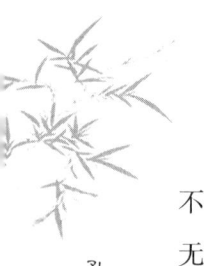

不可有,有(又)不可无"。如果道而可有,用言语便足以描述,如果道而可无,用沉默则足以表示,但是道者非有非无,所以"道物之数,言默不足以载"(《庄子·则阳》)。唯一的办法,只得是兼言默而用之,超言默而上之,这就是忘。"无不忘也,无不有也"(《庄子·刻意》),忘却自己,也就有了一切,而与天地万物同在,也就是知道并得道了。

五、"天人"

天人问题,是古代中国一切学术问题的最高依据,也是各家见解分歧最大的问题。司马迁说他写书的目的是"究天人之际,通古今之变,成一家之言",实际上各派学者都在究天人之际,成一家之言。所谓天,或以为神灵之主宰,或以为义理之本原,或以为物质之大气,或以为自然之存在。所谓人,则常包括人性、人为、人事、人世种种含义。而人性,又或限于人的社会属性,以其自然属性为无异于禽兽,如儒家;或限于人的自然属性,以其社会属性为非人的桎梏,如道家。由于对人性的规定不同,从而对人为、人事、人世,也有了肯定与否定的对立理解,并由此派生出他们各自赋予"天"的不同定义。因之,各家多是主张"天人合一"的,因为他们的"天"本是根据于他们的"人"而规定出来的;只是其天人合一的内容,往往不同乃至相反罢了。

《庄子·应帝王》中有一段话说:

> 有虞氏不及泰氏。有虞氏其犹藏仁以要人;亦得人矣,而未始出于非人。泰氏其卧徐徐,其觉于于,一以己为马,一以己为牛,其知情信,其德甚真,而未始入于非人。

有虞氏代表儒家,他们以仁义约束人,因为他们相信仁义来自人的天性,来自天。庄子却认为仁义违背人性,"天下莫不奔命于仁义,是非以仁义易其性与"(《庄子·骈拇》),所以指责他们虽也赢得一些人,却使人沦于"非人",发生异化。泰氏代表道家,他们相信人和牛马一样,人性在于它的自然性,因而主张任其自然,不施羁络,"牛马四足之谓天"(《庄子·秋水》),这将使人不入于非人,得以含其天。

其实人之为人，既有它的自然性，也有它的社会性。人是社会的动物。没有社会性，人便不能生存；没有自然性，人也不能延续。人性只是人的自然性与社会性在各种不同程度上的具体统一。要能认识这种统一，认识人类自身，需要漫长的历史过程。儒道两家各自捉住了一个方面，使之膨胀起来，不免于走入极端；但也正如此，却为后人的正确认识，准备下了有益的经验和教训。

以道家而论。道家主张，在混沌时代，本无任何分别，因而也无所谓天，无所谓人，一切都还浑然一体。一旦混沌凿开，有了万物，有了人，有了人的认识和行为，一切麻烦便从此开始。一些人自得于其成为人，"一犯人之形，而曰'人耳，人耳！'"（《庄子·大宗师》）自命为天地之心，万物之灵，与物相刃相靡，莫之能止，而有了种种人事或人世的种种。

道家认为，一切人为的人事或人世的一切人为，都是背离人的常性，背天离道的；在这个意义上，天人是对立的。老子说："天之道损有余而补不足，人之道则不然，损不足以奉有余。"（《老子》第七十七章）庄子说："天之小人，人之君子；天之君子，人之小人也"（《庄子·大宗师》），"古之人，天而不人"（《庄子·列御寇》）。这些与天对言的"人"，指的是人事或人世，而不是人性，所以有时又叫作"非人"。

道家学派诅咒天人对立，诅咒种种人之非人的状态，要求恢复人之自然。只是在何谓人之自然的理解上，道家内部却不尽相同。一派以为人之自然就是生命，因而以养生为务；一派以为人之自然就是人欲，因而以享乐为务。他们在理论方面，都不求建树。我们知道得较多的是老子和庄子。老子提倡返璞归真，以婴儿为人之自然状态，以濡弱谦下为人之行为准则；并且认为，天道也是如此的。例如，老子说：

> 善为士者不武，善战者不怒，善胜敌者不与，善用人者为之下。是谓不争之德，是谓用人之力，是谓配天，古之极也。（《老子》第六十八章）

老子认为，人而做到无为不争，虚静柔弱，那就是回复到人的自然状态，并且同天道相配，克服了天人对立了。可以看出，老子似乎还不曾达到"人

性是什么"这样的认识,正如孔子一样。老子只是提出了为人应该怎样符合天道的问题,并给出了自己的规定。用庄子的话来说,这叫作"知天之所为,知人之所为者";而庄子是不满足于这种认识的。庄子说:

> 知天之所为,知人之所为者,至矣。知天之所为者,天而生也;知人之所为者,以其知之所知,以养其知所不知,终其天年,而不中道夭者,是知之盛也。

> 虽然,有患:夫知有所待而后当,其所知者,特未定也。庸诎知吾所谓天之非人乎?所谓人之非天乎?且有真人而后有真知。(《庄子·大宗师》)

庄子认为,像老子这样根据天道如何如何,得出人道怎样怎样的天人合一的办法,只能算是"至知",还够不上"真知"。因为知识总要有一个确定的对象以后才谈得上正确,像老子那样分别出来的天人,本身还是不确定的:怎么能知道他所谓的天就不是人呢?所谓的人就不是天呢?

庄子的正面意思是说,老子所谓的天道,实际上还是一种人道;所谓的濡弱谦下,实际上并不是人性,即不是人的自然,而是某种社会规范。老子只不过是用一些社会性代替了别一些社会性,并誉之为天道而已,这叫作"以人入天"(《庄子·徐无鬼》)。老子并没有达到真正人性的了解,没有了解人,也没有了解天。

庄子认为,人性就是自然,或者叫本然,本来是什么就是什么,没有任何外加的成分;而这种状态,又叫作天。所以,人也就是天。同样的,一切物性也无不是自然,无不是天。从天地万物无不是自然而然的这一角度来说,一切都是齐一的,所以庄子说:"天地与我并生而万物与我为一。"(《庄子·齐物论》)"为一"意味着本来就是一体,而不是以人合天或以天合人的"合一"。

庄子说,这才是天人问题上的真知。天人之如此为一,你喜欢它也是这样,不喜欢它也是这样;承认它,它也为一,不承认它,它也为一。只不过承认者便与天为伍,不承认者同于流俗罢了。这就是《大宗师》所谓的——

> 故其好之也一,其弗好之也一;其一也一,其不一也一。其一与天为徒,其不一与人为徒。天与人不相胜也。是之谓真人。

所以在一些篇章中，庄子主张不必分别天人：

全人恶天？恶人之天？而况吾天乎人乎？（《庄子·庚桑楚》）

夫圣人未始有天，未始有人，未始有始，未始有物。（《庄子·则阳》）

这样，庄子便在精神上达到了混沌的境界，达到了泯灭一切对立的绝对，完成了道家所要求的消灭天人对立的任务，当然只是在思辨的范围内。

就道家的宗旨并限于思辨的范围内来看，庄子确然比老子高过一等。老子以人配天，天人仍不免于两橛，更不用说他"以人入天"了；庄子"以天待人"（《庄子·徐无鬼》），使人天为一，天人为一，这样才进入了绝对。

值得特别指出的是，在《庄子》的某些篇中，不仅以人性为天，甚至认为人事与人世无一不是"不得已"的，或者说是"天"的。例如，《人间世》中说：

天下有大戒二：其一命也，其一义也。子之爱亲，命也，不可解于心；臣之事君，义也，无适而非君也，无所逃于天地之间。是之谓大戒。是以夫事其亲者，不择地而安之，孝之至也；夫事其君者，不择事而安之，忠之盛也。自事其心者，哀乐不易施乎前，知其不可奈何而安之若命，德之至也。为人臣子者，固有所不得已。

事亲与事君，属于人世的人事。庄子说它是不得已的，不可解于心的，无所逃于天地之间的。那也就是说，它是自然如此的。又如：

以刑为体，以礼为翼，以知为时，以德为循。以刑为体者，绰乎其杀也；以礼为翼者，所以行于世也；以知为时者，不得已于事也；以德为循者，言其与有足者至于丘也，而人真以为勤行者也。（《庄子·人间世》）

这一段话，前人或以与庄子思想不类而删除，其实从"所以行于世也"和"不得已于事也"的解释来看，它们正和庄子的思想相类。不仅如此，庄子甚至认为：

轩冕在身，非性命也，物之傥来寄者也。寄之，其来不可圉，其去

不可止。故不为轩冕肆志，不为穷约趋俗，其乐彼与此同，故无忧而已矣。（《庄子·缮性》）

可见，庄子不仅以礼智等社会行为为不得已的世事，甚至以轩冕之傥来寄我，也是不可奈何的命运，未必安贫方是乐道。轩冕既来寄我，我亦乐得寄彼，如散木之寄于社，"不为社者，且几有翦乎！……以义誉之，不亦远乎？"（《庄子·人间世》）

就是说，庄子主张人事和人世也是"天"，这在道家中是独具特色的，不能以一般的常理来评论（所谓"以义誉之，不亦远乎"）。道家一般认为，人的人事和人世部分，是违背人性的，与天对立的；庄子却在别人只见对立的地方，看到了同一。因为从变化的观点说，人事和人世的出现，固是混沌的破坏，却乃是天钧之必然；就其破坏了混沌观之，它是与天对立的，就其为变化之必然观之，它又是天的表现。

这样，庄子就在理论上使道家的天人为一观念得到彻底完成。但在实践上，却使自己丧失了道家那种与现实不合作的软弱的抗争，成为凡是现实的都是合理的理论的倡导者，开启了混世哲学的先河。

不过庄子自己绝不是一位浑浑噩噩的混世主义者。他"不谴是非以与世俗处"，扎根于他之"独与天地精神往来"；他是由绝对又回到了相对，知天而后知人；不同于众人之蹒跚于世俗之中。用庄子自己的话来说，他的人生态度叫作"游世"。

一些研究者常引《养生主》《山木》首段文字，证明庄子为混世主义者，其实那是似是而非的。《养生主》说：

> 为善无近名，为恶无近刑，缘督以为经。可以保身，可以全生，可以养亲，可以尽年。

缘督就是执中。庄子说这样可以养生，而不是文题所示的养"生主"，即不是养心或养天，不是"乘物以游心，托不得已以养中"（《庄子·人间世》）。《山木》篇说：

> 庄子笑曰："周将处乎材与不材之间。材与不材之间，似之而非也，

故未免乎累。若夫乘道德而浮游则不然：无誉无訾，一龙一蛇，与时俱化，而无肯专为；一上一下，以和为量，浮游乎万物之祖，物物而不物于物，则胡可得而累邪？此黄帝神农之法则也。"

材不材间过一生，只是一句幽默话，庄子明说这是似之而非也。庄子追求的是乘道德而浮游，"虚己以游世"（《庄子·山木》）。

混世与游世，如紫之与朱，似是而实非。似在它们都是既不避世，又不用世，更不傲世，安时处顺，以游世俗之间。非在混世者游其身，游世者游其心。混世者养其形，游世者养其神。混世者不知天，不知人，只知不惹是非以全生；游世者则"天在内，人在外，德在乎天。知天人之行，本乎天，位乎德，蹢躅而屈伸"（《庄子·秋水》）。二者相似，只在形式上；而在精神境界上，则有着根本差异。

庄子的游世态度，据《外物》篇所说，还是对当时士人中避世与用世两种人生观的超越，是驾乎二者之上的一种态度：

庄子曰："人有能游，且得不游乎？人而不能游，且得游乎？

"夫流遁之志，决绝之行。噫！其非至知厚德之任与！覆坠而不反，火驰而不顾。虽相与为君臣，时也；易世而无以相贱。故曰：至人不留行焉。

"夫尊古而卑今，学者之流也。且以狶韦氏之流，观今之世，夫孰能不波。唯至人乃能游于世而不僻，顺人而不失己。彼教不学，承意不彼。"

"流遁之志，决绝之行"，是毅然隐逸的避世态度，乃老子那样"至知厚德"的人所提倡，虽然难能可贵，却为至人所不取。"覆坠而不反，火驰而不顾"，是栖栖遑遑的用世态度，为儒家所奉行。二者皆流于一偏，使无数士人进退维谷。屈原在《卜居》中提出的那一连串"不知去从"，正是这两种人生态度在决斗：

宁超然高举以保真乎？将呢訾栗斯、喔咿嚅唲，以事妇人乎！宁廉洁正直以自清乎？将突梯滑稽，如脂如韦，以絜楹乎！宁昂昂若千里之驹乎？将泛泛若水中之凫乎，与波上下，偷以全吾躯乎！宁与骐骥亢轭乎？将随驽马之迹乎！宁与黄鹄比翼乎？将与鸡鹜争食乎？此孰吉孰凶，

何去何从？

屈原提问的倾向性是明显的，他已决定弃世而去了，所以高扬避世之高洁，贬斥用世之污浊。但是这些不可两立、不可两全的问题，在反省过人生价值、洞悉于人性与人世的知识阶层中，恐怕还是普遍存在的，而且随着时势之变易，它们又常"相与为君臣"。藏在这些问题背后的根本问题，实际上是自然与社会的矛盾，人的自然性与人的社会性的矛盾。避世的态度，基于保全人的自然性；用世的态度，为的发挥人的社会性。某个人采取了某一态度，总是同他在社会中的地位、机遇、信念、境界息息相关。庄子是一位穷困潦倒而相信社会生活为"非人"生活、生活在社会中犹如倒悬的人；但他却不主张避世。因为社会既是非人的，它对于真正的人来说，便是外在的；而且社会虽是非人的，它对于一切人来说，又都是不得已的。避世隐遁，不仅不能由此得到解脱，相反倒是受制于外物、不得"尽其所受于天"（《庄子·应帝王》）的表现。"绝迹易，无行地难"（《庄子·人间世》），避世不难做到，难办的是"不在山林，其德隐矣"（《庄子·缮性》）。庄子相信，一旦在精神上彻底领悟了社会的"非人"性及其必然性，那时便能身在尘俗，心存天国，在人间世找到灵魂的慰藉与哲理的安息，乘物以游心，入世即出世，超乎避世与用世的人们之上了。

马克思在批评黑格尔时说过："理性在作为非理性的非理性中也就是在自己身边。一个认识到自己在法、政治等等中过着外化生活的人，就是在这种外化生活本身中过着自己的真正的、人的生活。"[①] 马克思说，这是思辨的幻想。可以看出，庄子的幻想也正是如此。他以为认识到"非人"的生活，便是在非人生活中过着"真人"生活。但这种幻想的思辨性，却包含着一个辩证法的真理：否定之否定。

---

① 《马克思恩格斯全集》第42卷，北京：人民出版社，1979版，第172页。

《墨经》的辩证思想

战国末叶，封建地主经济日益取得支配地位，政治统一局面逐渐形成，在学术思想上，地主阶级的思想家也以总结者的资格，批判地整理百家之言，以建立一个与政治经济相适应的理论局面。

我们现在看起来，这种"总结"工作因思想家的理论素养和现实要求不同，实在有两种形式：一种是"兼儒墨，合名法，知国体之有此，见王治之无不贯"（《汉书·艺文志》）的"杂家"式的总结，《吕氏春秋》就是一例；一种是侧重某个方面的专题总结，如荀子之着重总结儒家，韩非之着重总结法家，《墨经》之着重总结名家。

就后一种情况说，荀子之所以注重礼乐，韩非之所以注重刑名，《墨经》之所以大量反映生产知识，更根本的，又与他们各自所代表的不同阶层的客观地位密切有关。我们知道，战国时期地主阶级至少有三个不同来源：一个是由贵族转化过来的；他们在政治、经济上都已失去了过去的特权，但在思想和文化上，却仍保留有传统的力量，倡礼乐，说仁义，一副缙绅先生风度。荀子就是这个阶层的代表人物。另一部分地主是由工商业者转化来的，另是一种豪强模样；他们盛气凌人，菲薄尧舜，崇尚法术，唯利是论。韩非就是这个阶层的代表。第三种来源是社会底层。当时自耕农和个体手工业者普遍存在，由于军功等原因而爬上地主阶级的当不乏其人；他们还比较熟悉生产知识，自己也并不完全脱离劳动，其中的一些人较有条件接触并掌握文化知识。《墨经》的作者们很可能属于这样一个阶层。

《墨经》，是我国先秦著作中的一个几乎不可索解的谜。直到现在为止，

我们还不能确切知道它的作者是谁,写于什么年代,某些话说的是什么意思;也许将来竟永远弄不清楚了。但尽管这样,我们还是可以说,《墨经》称得上是无愧于它的时代的一部伟大作品。

人们习惯于把《墨子》中的《经上》《经说上》《经下》《经说下》《大取》《小取》六篇看成一组,称为《墨辩》,这样做,是有道理的。但如果细分起来,前四篇与后二篇不仅在体裁上有所不同,在年代与所讨论的问题上,也显见差异。许多迹象表明,前四篇是紧接惠施、公孙龙而来的,后二篇特别是最后一篇,当出在荀子以后。因此,六篇实非一时一人之作。至于前四篇,过去也有过年代与作者上的争论,后来似乎看法接近了,即认为是战国末年墨家辩者的作品,四篇有一个完整的计划。单称前四篇,谓之《墨经》,连称后二篇,谓之《墨辩》。

在《墨经》中,洋溢着重实际、尚功利的新兴阶级气息,也保存有法后王、主进化的片断思想;特别是,它总结了当时的许多自然科学知识,相当精辟地论证了唯物主义的认识论和逻辑学的许多基本原理,从而保存了当时思想斗争的一个方面(反诡辩学派)的宝贵资料。

从《墨经》之反诡辩学派来看,它完成了思想史上的一个历史性工作。诡辩学派的主要代表者惠施和公孙龙,以"合同异"和"离坚白"前后詟应。所谓"合同异",就是把事物的相对性加以绝对化,达到相对主义;所谓"离坚白",就是把事物相对性完全排除,达到绝对主义。二者各走了一个极端,虽也在某些点上推进了人们的思维方法,但总的说来,它们都是反辩证法的形而上学。形而上学的典型错误既已由这两派相互暴露并相互揭穿,在理论的进展上,也就出现了一种扬弃二者错误建立辩证法权威的可能。这个可能,由面向实际并代表着新兴势力的《墨经》作者们实现了。

一

《墨经》上、下篇,近二百条,虽说包含有多种自然科学以及伦理学、逻辑学和哲学的问题,但其基本内容,仍然是明确的。大家都认为,它是一部以特有形式研究逻辑学和认识论的书。所谓"特有形式",是指它以简单定义和略加例解的办法,来辩说非常复杂的哲学问题。一条与一条之间,似乎没有太多的联系；而通观全书，它却有一个中心，那就是逻辑学和认识论的问题，用当时的话来说，就是名辩问题。

名辩问题，是当时理论斗争的一个重要方面，也是当时社会政治斗争的一种特殊反映。因为，战国时期，社会经济政治制度发生剧烈变动，许多根本的新兴事实和旧有的名目都不符合，出现了"名实之相怨"（《管子·宙合》）的情况。这种情况，本是社会激变时代的必然现象；但它对于社会秩序的统一和安定，却总显得不协调。所以许多思想家在提出社会政治主张的同时，也往往表示自己对于"名实"问题的观点。某些被后来称为"名家"的思想家，更以谈论"名实"问题为专业。其中，代表保守和反动利益的思想家，总想用旧的"名"来钳制新的"实"，玩弄许多概念游戏；而要求社会进步的思想家，则强调从现实出发，制定新的"名"和发展旧的"名"，使"名"来副"实"。前者因而不免表现为抹杀矛盾否认发展的诡辩论，后者则容易具有承认矛盾肯定发展的辩证思想。惠施和公孙龙是前者的代表，后者的代表人物则推《墨经》作者。

《墨经》作者反对各色形而上学学派，在思维形式和思维规律研究的新领域内，树立了辩证法的大旗；使我国的辩证法传统，从《老子》《易传》等对自然和社会中的客观辩证法的发现，推广到思维中的主观辩证法的研究，从而具备了完整的面貌。这实在是一个了不起的创造！

所谓思维中的辩证法问题，也就是我们现在所说的辩证逻辑问题。《墨经》作者并没有提出什么辩证逻辑的理论，而是在自己关于思维形式的研究中，粗略地贯彻着这种实践。

《墨经》上篇全都是对一些概念的定义。从它给概念下定义的方式中，我们可以看到，作者对概念的客观性和辩证性，是理解得相当深刻的。"客观性"的问题，许多研究《墨经》的文章中谈得很多，本文的任务又不在此，不去多谈。现在单谈"辩证性"。

《经下》说："物之所以然，与所以知之……不必同。"至于为什么不必同，作者没有说。我们今天当然知道得很清楚，那是因为客观事物的性质无限复杂，而主观认识受到各种限制，所以人们只能"有条件地近似地把握着

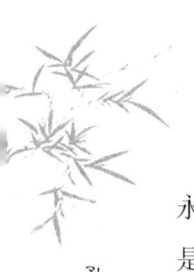

永恒运动着的和发展着的普遍规律性"[①]。《墨经》作者不能知道这一点,但是,他能提出"不必同"的问题,并且通过要求认识的全面性和灵活性,来缩短这种"不必同"的差距,确实是一大进步。

对于认识的全面性的要求,《墨经》作者虽未能明白论证,但他在给概念下定义的方式中,却这样实践着。这主要表现在,尽可能从一切方面、一切联系中来把握概念,把握概念所代表的事物和现象。譬如,对于"知"这个概念,作者前后一共给它下了四个定义:

(1) 知,材也。

知也者,所以知也,而必知,若明。(上行为《经》,下行为《说》,下同)

(2) 知,接也。

知也者,以其知过物而能貌之,若见。

(3) 知,明也。

知也者,以其知论物,而其知之也著,若明。

(4) 知:闻、说、亲、名、实、合、为。

传受之,闻也;方不㢓,说也;身观焉,亲也;所以谓,名也;所谓,实也;名实耦,合也;志行,为也。

这四个定义中,第一个谈的是主观认识能力的"知",第二个谈的是感性认识活动的"知",第三个谈的是理性认识活动的"知",第四个谈的是认识活动成果的"知"。这四种不同含义的"知",我们今天已能分别用一些不同的概念去表述它,而在当时,它们却都只包括在一个概念中。用一个"知"的概念,去把握认识活动的无限丰富内容,自然要发生"物之所以然,与所以知之不必同"的情况。《墨经》作者把"知"的含义按其所反映的方面加以分别,引导人们的认识趋向全面,这就在事实上回答了"不必同"的原因并在着手解决"不必同"所带来的困难。列宁说:"要真正地认识事物,就必须掌握、研究它的一切方面,一切联系和'中介'。我们决不可能完全地做到这

[①] 《列宁全集》第38卷,北京:人民出版社,1986年版,第194页。

一点，但是，全面性的要求可以使我们防止错误和防止僵化。"①《墨经》作者当然达不到这样高度的认识，他只是仿佛感觉到了这个问题；所以总是去做"全面性"，而不能说出为什么。在对"已""使""谓""闻""见""合""同""异"等概念的定义中，也都反映了这一点。

譬如对于当时争论得比较多的"同异"问题，他就运用全面下定义的方法，来纠正诡辩学者的错误和僵化。他说：

同：重、体、合、类。

二名一实，重同也；不外于兼，体同也；俱处于室，合同也；有以同，类同也。

异：二、不体、不合、不类。

二必异，二也；不连属，不体也；不同所，不合也；不有同，不类也。同异交得，放（仿）有无。

于福家良，恕有无也……处室子子母，长少也……身处志往，存亡也。……（文多讹误，难以通读，故略）

当时有所谓"合同异"与"别同异"之争，争得不可开交。其方法论上的毛病之一，是双方各抓住"同""异"概念的某一点，去排斥另一点，不能做全面的了解。《墨经》作者则归纳出四种"同"和"异"的情况，并指出有所谓"同异交得"的情况，这就在相当程度上排除了诡辩派的绝对化错误。

所谓"重同"，是两个名字都指一个东西，如"北京"和"中国首都"；所谓"体同"，指二者都是某一物的部分，如"手""足"同为身体的一部分；所谓"合同"，指同在一处的同，如"牛""羊"同栏；所谓"类同"，指同类的东西，如"牛""羊"同为家畜。"异"也有这四种。对"同""异"各做这样的分别，就使得"同异"之争，不致成为概念上的游戏，也不致由于混淆不同种类的"同"或"异"，导致推论上的错误。比如，不能因为"犬""羊"有"类同"，而得出"犬可以为羊"这种"重同"的诡辩结论，等等。

---

① 《列宁全集》第32卷，北京：人民出版社，1985版，第83页。

特别重要的是,《墨经》作者不仅对"同"、"异"各做如此比较全面的了解和规定,且更指出同中有异和异中有同的所谓"同异交得"的情况,对"同"、"异"的辩证关系做了阐明。可惜那条解说没法通读了,以致不能知道他所理解的"同异交得"曾否区分为几种类型。现在只拣几条来大体解释一下:"于福家良,恕有无也。"据高亨先生校,应为"于福(富)家皂,知有无也",就是说,皂隶和富家主人,虽有同处一室的"合同",却有或有或无(财富)的"异",这是同中有异。"处室子子母,长少也",是说"处女"和"母"虽迥异,却是同一人的"少"和"长",这是异中有同。"身处志往,存亡也。"比如《三国演义》中的关云长,身在曹营心在汉,这同一个人,就其身在曹营来说,是"存",就其心不在曹营来说,是"亡";对同时同地的同一个人,由于所指不同,却具有或存或亡之"异"。

对"同"、"异"概念做如此全面性的规定,实际上已经涉及概念的灵活性问题了。

概念的灵活性,达到了对立面同一的灵活性,是客观世界的矛盾在主观认识中的必然反映;也是全面性要求中的关键问题,是认识中辩证法问题的核心。列宁说:"概念的全面的、普遍的灵活性,达到了对立面同一的灵活性——这就是问题的实质所在。"[1]《墨经》作者不能做出这样理论上的论述,可是他在给概念下定义时,倒常常掌握到了这样的灵活性。比如:

> 同,异而俱于之(此)一也。
> 二人而俱见是楹也,若事君。

"同"和"异",是一对对立的概念。我们知道,概念的对立,不过是事物矛盾的反映;因此概念的对立,就正如事物的对立一样,不会是外在的,而是存在于自身之中的。在每一个概念的内容中,必然包含有自己的对方;没有对方,也就没有自身。"同"这个概念,是就不同(异)的东西而言的,只因为不同(异)的东西里有着某种相同,才用得着"同"的概念;没有"异",也就无所谓"同"了。"合同异"派混灭同异,无视"异"的存在,一

---

[1] 《列宁全集》第38卷,北京:人民出版社,1986年版,第112页。

味谈"同",仿佛在抬高"同",其实正是否定了"同"。因为如果一切相同,也就无所谓"同"了。"别同异"派割裂同异,认为莫不相异,全无共同,仿佛在抬高"异",其实正是否定了"异",因为如果一切殊异,也就无所谓"异"了。《墨经》作者扬弃了这两种极端,把对立的统一起来,提出"同"是"异而俱于此一"的说法,在"同"的定义中包括了对立概念"异",并做了浅近的解说(二人同见一楹,群臣同事一君),就从根本上击溃了诡辩学派,显示出明确的辩证观点。

《墨经》的这种"同异"观,可以称为"明同异"派。《墨子·小取》篇说:"夫辩者,将以……明同异之处。"这种"明同异",既有别于惠施的混灭同异的"合同异",也不同于公孙龙的割裂同异的"别同异",而是对二者的扬弃:抛弃了它们的片面性错误,吸取了它们的正确性因素,在唯物主义的基础上,正确解决了同异的辩证关系。

《墨经》在"同异"问题上有这样明确的辩证观点,就使我们可以放心地相信,它在别处所表现出来的辩证思想,绝不会是偶然的。黑格尔曾说过:"我们首先必须特别注意,勿把同一单纯认作抽象的同一,认作排斥一切'异'的'同'。这是使得一切坏的哲学有别于那唯一值得称为哲学的哲学之关键。"[①] 黑格尔认为对"同异"的理解是区别辩证哲学和非辩证哲学的"关键",是颇有见地的。因为"同异"问题,是一切其他具体对立关系的理论概括。说一句"同,异而俱于之一也",比说一句"福兮祸之所倚"(《老子》),在理论上的价值,就好像说一句"能量转化"比说一句"摩擦生热"那样,一个只是"实在的判断",另一个已是"概念的判断"了。[②] 所以《墨经》这一句话在辩证思想史上的价值,不仅抵得上《老子》全书中那若干句有关对立统一的话的价值,而且大大超过了。当然,《墨经》的这个成就,是《老子》中那些辩证法成就的继续,甚至是在"合同异"、"别同异"的谬论推动下得来的;没有《老子》的辩证法传统,没有诡辩派的形而上学反动,也不会有《墨经》的辩证法成就。因此它的价值,又只是历史地创成的。

---

① 黑格尔:《小逻辑》,北京:三联书店,1954年版,第258页。
② 参阅恩格斯《自然辩证法·关于判断的分类》。

"同异"而外，还有两个值得提出的范畴：

（1）体，分于兼也。

体，若二之一、尺之端也。

（2）实，荣也。

实，其志气之见也，使人知（原作"如"）己，不若金声玉服。

第一条，"体兼"问题，也就是"分"与"全"的问题，或部分与整体的问题，公孙龙曾用"一"和"二"来谈论过。他说的"二无一"的一个意思，就是排斥整体与部分有内在联系。《墨经》作者则从与整体的联系中来给部分下定义，说"部分"（体）是"整体"（兼）的部分，离开了"整体"，"部分"也就无所谓"部分"，就好像没有杆子（"尺"），也就无两头（"端"）一样。这种从对立中来下定义的见解，是相当深刻的。

第二条所说的"实"和"荣"的问题，也就是"内"和"外"的问题，或本质与现象的问题。这个问题，以前似乎没有人提过，《墨经》作者能提出它，并且正确地加以规定，其在哲学历史上的意义，是非常大的。他说："实，荣也。"本质就是现象，这个定义虽有不够精确的缺点，但其思想的深刻性，实足以惊人。在解说中，这个不精确的毛病，已被消除，问题的真义得到了进一步的发挥。所谓"其志气之见（现）也，使人知己"，是从正面肯定了对"实"的认识，只有通过它的表现；"不若金声玉服"一句，似乎在区别本质的现象和不是此一本质的表现的其他现象。大意是说，对一个人的本质，应该通过他的语言行为来了解，而不能从他的服饰来断定。

《墨经》作者对"同异""体兼""实荣"关系的正确处理，足以表示他对概念的灵活性的了解，已达到了对立同一的程度；而这些概念，都是上升到了哲学范畴的概念。因此，比起《老子》《易传》中对许多自然和社会现象的对立同一的描述来，是深刻得多了。

不过，作者对于当时已经发现的范畴，并未能都从对立同一中去理解，因而显示了辩证观点的不足。譬如，"动"和"止"，虽说在叙述时前后比连（据孙诒让旁行句读及《经说》），表示出某种联系，但这种联系只是外在的，因为在内容的规定上，彼此并没有关系：

(1) 动，或徙也。

偏、际徙，若户枢、它蚕。（据孙校改）

(2) 止，以久也。

无久之不止，当牛非马，若矢过楹；有久之不止，当马非马，若人过梁。

"动"就是动，有"偏动"、"际动"之分，与"止"没有关系；"止"也与"动"没有关系，虽被用"久"（时间）和"不止"来说明，已经接近用"动"来下定义了，可惜还不是。

再如"故"，即原因，只被当作充分条件和必要条件来说，还没有构成"果"的概念。"必"（必然性）的概念，被定义为"不已也"，还没有发现"偶然性"。

特别值得一提的是普遍性、特殊性和个别性这三个范畴。《墨经》作者指出：

名：达、类、私。

就是说，概念有普遍的、特殊的和个别的之分。这种区分是科学的；不过在《墨经》中，却是平静的，彼此之间的联系和转化没有被表达出来，不能不说是美中不足，这种不足，应说是被历史发展的不足决定的。

尽管有这些缺点，但总的看来，《墨经》在《经上》中给概念下定义时所表现出来的概念论的观点，依然是全面的和灵活的，也就是说，是辩证的。

二

《经下》篇是以对思维的另一种形式——判断进行解说而展开的。被解说的判断，多半与当时辩者们的"命题"有关；通过解说，表现了作者对判断的许多方法论观点。

判断在当时叫作"辞"。《小取》篇中有"以辞抒意"的话；《荀子·正名》篇说："辞也者，兼异实之名以论一意也。"《墨经》中虽没有直接谈起过"辞"，但整个《经下》篇都是以各种形式的判断做研究对象的，因而倒能更具体地反映出它的不自觉的判断论。

作者表示,判断必须是对客观事物的本质关系的反映,或以对这种关系的理解为根据,才具有真实性;否则就叫作"狂举":

> 狂举不可以知异,说在有不可。
>
> 牛与马虽异,以牛有齿马有尾,说牛之非马也,不可。是俱有,不偏有偏无有。曰:"牛与马不类,用牛有角马无角,是类不同也。"若举牛有角马无角,以是为类之不同也,是狂举也,犹牛有齿马有尾。

"牛与马不类",这个判断,在结构形式上是正确的,内容也是真实的。但《墨经》作者进一步指出,如果这个判断并非以客观事物的本质关系为依据,也可能是不真实的。比如,如果以为牛马之不类是由于牛有齿马有尾,就不真实;因为马更有齿,牛也有"无毛尾"。如果以为"不类"是由于牛有角马无角,也同样不真实,因为小牛或某些牛也无角,而这个判断以全称形式出现,所以也是"狂举"(公孙龙曾以"羊牛有角、马无角,马有尾、羊牛无尾"为"羊合牛非马"的根据,正是狂举)。至于怎样的理解就不是"狂举",作者没有明说,也许他已达到奇蹄偶蹄、反刍不反刍之类的理解了?至少可以看出,他以齿尾角的有无,为非本质关系,则是可以肯定的,他要求在判断中反映本质关系,也是可以想见的。

《墨经》对判断的另一个要求是具体性。作者似乎已觉察到,客观事物永远是具体的;因此,对事物的判断也应该是具体的,判断的正确性要求考虑事物所处的时间、地点和条件。他说:

> (1) 尧善治,自今在(训"察")诸古也;自古在之今,则尧不能治也。
>
> (2) 五行毋常胜,说在多。
>
> 金水土火木,离。燃火铄金,火多也;金靡炭,金多也;金之府水,火离(丽)木,若识麋与鱼之数,惟所利。

第一条说"尧善治"这个判断,对古时而言,是正确的;对今时而言,就不正确了。第二条说五行之相胜,也不是绝对的,而是有条件的:火多固能铄金,金多也能灭火。至于五行之相生,也没有什么神秘意义,金生于水,火附于木，正如麋栖于山、鱼藏于水一样，都是"惟所利"而然。这两条意见，大体上是正确的。《墨经》作者所以能达到这种正确，只因他坚持了具体性的要求；同时，这两条还特别显示出，这种正确更是由进步的政治方向决定的。第一条表示了历史进化观，第二条反对了邹衍的历史宿命论，在当时现实的政治斗争中，这些都曾是迫切的理论问题和政治问题。

关于判断的具体性的要求，在《墨经》中谈得非常多，这大概和反对公孙龙派的绝对主义有关。譬如公孙龙有"知此之非此也，知此之不在此也，则不谓也"的说法，《墨经》却说：

> 知是之非此也，有（又）知是之不在此也，然而谓此南北，过而以已为然。始也谓此南方，故今也谓此南方。

这是说，在某些事物的称谓上，可以排斥公孙龙的绝对化的规定，地域方位的称谓就如此。例如住在北京的人，称上海为南方；后来到了上海，上海已非南方了，南方已不在上海了，但仍谓上海为南方，这种"过而以已为然"的习惯称谓法，是允许的。

这里，似乎《墨经》倒在诡辩，公孙龙倒是正确。其实不然。关键在"谓"字上。"谓"和"名"不同，前者只是一种权宜的称呼，后者应是如"实"的反映；譬如对我养的一条狗，我可以叫它作"虎"，这叫"谓"之为"虎"；但狗不是虎，它的"名"仍然是"狗"。只要我不拿我的所"谓"来排斥公认的"名"，则知是（狗）之非此（虎）也，然而谓之为此，是可以因种种情况而允许的。所以《墨经》说：

> 惟吾谓非名也，则不可，说在假。
> 谓是霍（据孙诒让校作"虎"），可；而犹（狗也）之非夫霍也，谓彼（指狗）是是（指虎）也，不可。

"谓"和"名"与事物的关系不尽相同。对事物的称谓，可以因种种关系而不同（子谓之为父，孙谓之为爷）；事物的名，只有被公认的那一个。只要不"惟吾谓"而去"非名"，是无不可的；"惟吾谓"而"非名"，就不可了。这"惟吾谓非名也"，是针对公孙龙来的。公孙龙说过："谓彼，而彼不唯乎彼，则彼谓不行；谓此，而此不唯乎此，则此谓不行。"这是一种绝对主义的主张①。《墨经》区别开"名"和"谓"，倒是注意了判断的具体性要求。

在强调判断的具体性以反对公孙龙派的绝对主义的时候，《墨经》有时不免陷入相对主义的新错误，在相当程度上重蹈了惠施派的覆辙。譬如：

一少于二，而多于五，说在进位（原作"建住"，据孙诒让校改）。

五有一焉，一有五焉；十，二焉。

一比二少，但"一"进位成"十"，则二倍于五了。这是混可能性为现实的相对主义，与惠施派的许多论题（如"卵有毛"）差不多；在《墨经》作者，也许是强调"一"在不同条件下的变化，以反对绝对化，不料竟走到了另一个极端。

有时候，具体性的要求离开了客观性，因而未能抵制掉公孙龙派的诡辩，反而跟着他们转圈。譬如：

无不必待有，说在所谓。

若无马，则有之而后无；无天陷，则无之而无。

从"无天陷"这一个虚构的判断中，竟推论出"无不必待有"的结论。作者也许以为，"无必待有"也是有条件的，不能绝对化，以致提出"无不必待有"的设想。其实，"无必待有"正是无条件的、绝对的，因为对立面的排斥都是无条件的和绝对的。而"无天陷"这一论据，因双重错误而不能成立：一重是，它是虚构的"本无"；一重是，"无天陷"是从"有地陷"比较得来的，所以也是"有之而后无"。"无不必待有"的说法，是把"有"和"无"绝对对立了，想象有不依靠"有"的"无"，正是公孙龙式的思路，也是《墨经》自己在概念论中所反对的。

"无不必待有"不能和"无必待有"共存，并不意味着任何相互对立的判断都没有共同存在的权利。相反，如果这种对立反映着客观事物的矛盾关系，那么它们不仅能够共存，而且是客观真理得以完整地表现的必要条件。

《墨经》作者关于判断的辩证观点中，正似若有知地包括有这样的对立统

---

① 公孙龙这种主张的错误，非三言两语可以说明，当另文专做解释。

一观点。譬如：

> 所知而弗能指，说在春也、逃臣、狗犬、遗者。
>
> 春也，其势固不可指也；逃臣，不知其处；狗犬，不知其名也；遗者，巧弗能两也。

紧接这条上面的一条，叫"有指于二，而不可逃"（"二"指"坚白"言），说的是"所知能指"的事；现在则肯定了它的对立判断"所知而弗能指"，也同样正确。例如春到人间，很难指明春在哪里，这是"固不可指"的事；逃亡的奴隶因"不知其处"而弗能指；狗（小犬曰狗）在变成犬的过程中，不知道给它一个什么名字好，所以也是一种不能指（此采杜国庠说）；遗失了的东西，虽有巧匠，不能复作，永远无从指了。这四种"所知而弗能指"的情况，和通常的许多"所知而能指"的情况一样，都是正确的，都是"知"和"指"的关系的反映。二者虽然是对立的，但应该是统一的。

《墨经》作者把这两条判断安排成前后相连，足见他意识到了其中所包含的真理，并且也是特意来与公孙龙派的"非此即彼"说抗争的。当时的公孙龙派形而上学观点，正如恩格斯所说的那样："他们在绝对不相容的对立中思维；他们的说法是：'是就是，不是就不是；除此以外，都是鬼话。'"① 他们说："彼彼止于彼，此此止于此，可；彼此而彼且此，此彼而此且彼，不可。"（《公孙龙子·名实论》）《墨经》作者从辩证观点出发，则说：

> 彼彼此此与彼此同，说在异。
>
> 正名者彼此。彼此可：彼彼止于彼，此此止于此。彼此不可：彼且此也。彼此亦可：彼此止于彼此；若是而彼此也，则彼亦且此此也。

"彼彼"即谓彼为彼，"此此"即谓此为此，"彼此"即谓此为彼。《经》文的意思是说：谓彼为彼或谓此为此，有时和谓此为彼同样正确，因为条件有所不同；《说》文中的第三点即指出了可以有"亦此亦彼"的情况，和前两点的"非此即彼"并列。可惜作者缺乏分析和例证，使读者不能详知他的观点，但大体上可以测知，这种观点是不承认"什么无条件的普遍有效的'非

---

① 《反杜林论·引论》，载《马克思恩格斯选集》第3卷，北京：人民出版社，1972年版，第61页。

此即彼',它使固定的形而上学的差异互相过渡,除了'非此即彼',又在适当的地方承认'亦此亦彼',并且使对立互为中介"①。这种观点,正是辩证观点。

有几条《经》文可以看作是这种观点的例证。譬如"坚白"盈离辩的那几条就是:

(1) 坚白,说在因。

无坚得白,必相盈也。

(2) 于一,有知焉有不知焉,说在存。

石,一也;坚白,二也,而在石。故有知焉,有不知焉,可。

当时持"离坚白"的公孙龙说,对于一块坚白石,以视得白,以抚得坚,得白时无坚(即"无坚得白"),得坚时无白,这叫有知有不知,所以客观的坚白也是不相盈的。《墨经》这里说,从感知("过物而能貌之")的意义上,可以承认知白时无坚,知坚时无白,即坚白相离;但就坚白之不依我人感知而客观存在说,则是彼此相因的,所以虽然"无坚得白",但二者"必相盈也"。

许多解释《墨经》的同志,没能看出《墨经》判断论的辩证观点,总以为这种并存的对立判断,是不相容的。因而或以为《墨经》自身相訾,是两派意见的杂混,或奋笔臆改,转是成非,以致使原来颇为光辉的见解,一变而为平庸的浅说,实在是一大憾事。

其实这种"把对立的东西调和起来"的做法,在《墨经》中比比皆是。再如:

(1) "牛马"之非牛,与可之同,说在兼。

(2) 可无也;有之而不可去,说在尝然。(这里的"有而不可无",和上述的"无不必待有",在理论上的正误迥异。)

(3) 狗,犬也;然狗非犬也(据成玄英《庄子疏》校改),可。说

---

① 恩格斯:《自然辩证法·辩证法》,载《马克思恩格斯选集》第3卷,北京:人民出版社,1972年版,第535页。

在重。

这些互相对立的判断,也是互相辅成的,因为它们是客观事物矛盾关系的反映。当时的诡辩家们否认矛盾,抓住对立判断中的一个,去反对和它不能分离的另一个,制造了许多混乱。《墨经》中这些"把对立的东西调和起来"的做法,都是对他们而发的。"牛马之非牛"条,是反对公孙龙的"二无一"的。公孙龙为反对对立("二")统一("一"),举出了牛和马不能合成一个东西的例子;并且反过来说,如果合成一个东西("牛马"),就不再具有它的对立因素("牛"或"马")了,所以说"牛马"非"牛"。《墨经》作者反对道,"牛马"非"牛"这个判断,和"牛马"可"牛"的判断有同等价值,因为"牛马"中既包括有"非牛"(马),也包括有"牛";两个判断统一起来,就完整了。

"可无也"一条,是针对诡辩家的"孤犊未尝有母"立说的。诡辩家否认发展,说既然孤犊现在无母,过去也就算它无母。《墨经》作者尊重发展的事实,说现在的无母,不仅不排斥过去的有母,而且正是从有母发展来的;因此,有而可无(发展后的现实)和有而不可无(发展的历史)这两个判断,是统一的。这一条论争的背后,特别明显地站立着阶级要求;一个是失去社会地位的没落者的叹息(无而未尝有),一个是夺得统治权的胜利者的凯歌(有而可无)。它们都是阶级的声音,而不是文字游戏。

"狗犬也"一条,是批评诡辩家的"狗非犬"和"白马非马"的。诡辩家把特殊和一般绝对割裂开来,说特殊只是特殊,不是一般的担当者。《墨经》作者肯定认为"狗是犬",这是基本的;但同时指出,也可以说"狗非犬",当我们谓某物为"狗"时,就不必再谓它为"犬",否则就重复了。所以他认为,在一定意义上,这两个判断是统一的。

《墨经》维护这些矛盾的判断,只因为《墨经》重视现实。至于那些绝无客观根据的思维自身的矛盾,它则坚决反对:

(1) 以言为尽悖,悖。说在其言。

(2) 学之无益也,说在诽者。

(3) 非诽者悖,说在弗非。

被反对的这三个命题，错误都一样；用以反对它们的理由和方法，也都一样。比如"以言为尽悖"一条的《说》文是："悖，不可也。之人之言可，是不悖，则是有可也；之人之言不可，以当，必不审。"大意是说，如果持此说的人的说法是对的，那么天下至少有一条言不悖，所以"尽悖"是不对的；如果持说者认为自己的言也悖，以完成"言尽悖"的要求，那么对他的悖言我们就不必相信了。这种二难法的反驳方法，是揭露自相矛盾的论题的犀利武器；《墨经》作者很纯熟地运用着这种方法，把判断的逻辑上的矛盾和矛盾判断的合乎逻辑（辩证逻辑）明白地加以区分，是做得相当出色的。

整个一部《墨经》，可以说都是用类似这样的精神和方法建筑起来的，认真研究《墨经》，对丰富辩证逻辑理论、发掘我国的辩证法传统，都有相当大的意义。

当然，也应该注意到，在《墨经》中还夹杂有形而上学观点，如我们前面所指出的，它在反对绝对主义的时候，有时不免流于相对主义；而它的辩证观点的发挥，又多带着"实践"的外貌，缺乏（由于体裁的限制，它也不能进行）理论的论述，若不精心剔发，往往会视而不见。因此，我们对待这一部具有特有形式的哲学和科学的著作，就需要付出特有的耐心，捉住贯穿全书的基本思想，而不能任意肢解，无故厚非。

遗憾的是，不少研究《墨经》的著作似乎并没有付出足够的耐心。远的不说，就拿冯友兰先生最近出版的《中国哲学史新编》（第一册）的一个例子来看，就足以使人甚为《墨经》作者不平。

冯友兰先生说："《墨经》的'非半弗䦉，则不动，说在端'"一条，是驳当时辩者"一尺之棰，日取其半，万世不竭"的说法的。辩者的"这个辩论猜测到物质是有限和无限的统一，这是一种辩证的思想"，而"墨家的这条辩论不承认物质是可以无限分割的，关于这一点，墨家的论点是错误的"[①]。

《墨经》的这一条和"辩者"的那一条有关，这是许多人都承认的。什么关系呢？有人说是互相发明的关系，有人说是互相抵牾的关系。在主张互相

---

① 参见冯友兰《中国哲学史新编》第1册，北京：人民出版社，1962年版，第346页、429—430页。

抵牾的说法里，有人说《墨经》对、"辩者"错；冯友兰先生现在则说"辩者"是辩证观点，而《墨经》是形而上学。

我以为冯先生全弄错了。

"一尺之棰"这个论题，是一种纯思辨的形而上学论题，是黑格尔所谓的"恶无限性"的典型。它肯定了有限（"一尺"）空间中的无穷（"万世"）进程，肯定了有限事物可以用同一尺度来无限分割，而这是一种不折不扣的诡辩！它和希腊的名诡辩家芝诺用以否认运动的"两断法"论题是一票货色。《墨经》的"非半弗斮"，正是驳斥这种诡辩的。它说：

半，进前取也（耶）？前，则中无为半，犹端也。前后取？则端中也。斮必半，毋与非半，不可斮也。

这是说，斮半只有两种可能方式，"进前取"（竖剖）与"前后取"（横断）。竖剖到极细时，只如一点之端，再不能中分为二；横断到极微时，也只剩下一点以为中心，乃不能再断。斮既必半，不能成半便不可再斮了（此采郭沫若说）。看起来，《墨经》的说法是以现实生活的常识为根据的，经得起实践检验的。

问题是，这个讨论是否符合现代科学知识水平呢？或者说，用现代自然科学成就去衡量它们，究竟谁是谁非呢？我们知道，现代物理学证明，物质是可以无限分割的，列宁说，电子像原子一样，也是不可穷尽的。这样说来，倒真好像"辩者"猜到了物质是有限和无限的统一，而《墨经》却否认物质可以无限分割。其实不然。即使是最新科学成就来评价，"辩者"仍然是错误的。因为，物理学认为物质可以无限分割，并不是说可以用同一尺度或同样方法（日取其半）来进行无限分割。要想使宏观物体的化学性质不变，人们只能将它为分子或原子，就"不可斮也"了。如果想将原子"分割"为电子和原子核，再将原子核"分割"为质子和中子等等，都要运用现代物理学的方法，而且每一次分割都是一种质变。这种"分割"方法，和"日取其半"的抽象二分法是完全不同的。如果前提规定了是"日取前半""非半弗斮"，那就必然要达到一个限度而"不动"。这个限度，《墨经》叫它"端"，即同一性质的最小质点。这个限度，是那个前提所给予的，包含在前提里面的必然结论。因此,即使用最新科学水平权衡,"辩者"仍然是诡辩者。

何况,这种无限分割的可能,只是我们时代的问题,生活在两千多年前的"辩者",有什么现实的基础可以"猜到"呢?"猜到"这个术语,经典作家在分析某些思想家的时候也常用到,但那是充分估计了现实根据而后使用的。如果我们不考虑客观条件,一味夸大主观作用,"猜到"这一正确确定主观能动性的用语,就会变成主观唯心主义的辩护士了。

这"非半弗斱"的评价,不过是一个例子,以指明《墨经》研究的一斑;更糟糕的例子,还有很多,我们就不举了。通过这个例子也可看出,正确评价《墨经》的功过,还有许多工作应该做哩。我这篇小文,算是我自己研究《墨经》的一个起点,愿得到大家指正。

名教与自然之辨的辩证进展

名教与自然之辨，是魏晋玄学的核心。

名教的观念和自然的观念，不是魏晋时代开始提出的；"圣人（孔子）贵名教，老庄明自然"，由来尚矣。时至汉代，尤其是东汉时代，这两种思想都有了新的发挥，反映着不同的阶级或集团利益，展开了激烈争辩。魏晋玄学家的历史使命，在于以精巧光滑的形式，把名教和自然这两种互相对立的思想，这样那样地结合起来，给门阀世族提供世界观的根据。

追踪名教与自然之辨的发展进程，不仅对于了解魏晋玄学，而且对于了解思想发展的一般规律，都是相当有意义的一件工作。

一

孔子强调正名，老子提倡无为，拉开了名教与自然之辨的序幕。儒家和道家，理论上的分歧曾经是很大的。可是在整个战国时期，它们在实际政治生活中，都并未能发生多大影响。

秦始皇"以法为教，以吏为师"，使自己统治的阶级属性和集权方式，采取了明白无误的形式。这是新兴的地主阶级充分相信自己力量的表现，也是幼稚的地主阶级相当缺乏统治经验的表现，甚至是他们因胜利的迅速到来而头脑发昏的结果。秦始皇失败了，原因之一，正在于"以法为教"。孔子早就在总结历代统治经验的基础上发出过警告："道之以政，齐之以刑，民免而无耻！""无耻"就要为非，就要犯上作乱，就要使阶级矛盾和社会矛盾迅速激化。这是毫无问题的。

鉴于秦的二世而亡，也基于民生的凋敝，汉初几代采取着与民休息的政策，在经过现实修订了的程度内实现了"为无为，事无事"、"百姓皆谓我自然"的主张。

从统治思想的发展变化来看，由"以法为教"到"无为而治"，刚好是从一个极端到了另一极端。这种转变，是历史的事实，也是逻辑的必然。"无为而治"，本是老子鼓吹的没落奴隶主阶级的一种乌托邦思想，它同正当生气勃勃时期的地主阶级，本应格格不入。汉初统治者所以择取这种指导思想，很大一个原因是秦统治时期的"天下多事"（《史记·秦始皇本纪》）。秦亡汉兴，秦代统治者既已被整个社会公认为罪恶的化身，那么，导致它恶化的思想和政策，它的"以法为教"，势必被指为罪恶渊源，予以摒弃；而不去理会这种思想对于地主阶级以至一切剥削阶级，都是不可或缺的"一手"，当时还远远没有走完历史的旅程。动极思静。那个鼓吹了多时而一直未能为当权者接受的"无为而治"的思想，这时却枯木生华，作为"天下多事"的直接对立物，被看成它的天然解毒剂，看成可以解救罪恶的福星。当然，"无为而治"思想之得以在汉初奉立，更有着自己的物质根据；但它的直接理论前提，倒的确就存在于它的对立观点，即"天下多事"或"以法为教"之中。

"无为而治"给整个社会带来喘息。可是，"无为"毕竟与封建大帝国的统治需要不能长久适应，待到人给家足以后，它便成了束缚统治者手脚的镣铐，从而给自己招致来死亡之神。董仲舒的春秋公羊学之被汉武帝提倡，标志着"无为"时期的全面结束。地主阶级的统治思想在前进的摇摆中，终于找到了自己的重心。

董仲舒学说是诸子学说的融合体。从秦始皇以后，它刚好处在统治思想发展小圆圈的终点。这个终点，同时又是一个新起点；由此开始，地主阶级确立了"以名为教"的思想统治，在统治术上渐趋成熟起来。

二

所谓"以名为教"，就是把符合封建统治利益的政治观念、道德规范等等立为名分，定为名目，号为名节，制为功名，以之来进行"教化"，即以之来辅助政治统治和实施思想统治。它极力使人相信，决定人们行为和思想的终极原因，仿佛不是某种现实的关系，而只是一些"名"，一些观念，一些由地主阶级自己为自己编造出来的幻想。袁宏在《后汉纪》里谈到名教的时候说：

> 夫称至治者，非贵其无乱，贵万物得所而不失其情也；言善教者，非贵其无害也，贵性命不伤、性命咸遂也。故治之兴，所以道通群心，在乎万物之生也。古之圣人，知其如此，故作为名教，平章天下。（卷二十三）

可见，所谓名教，就是维护封建秩序（"万物得所"）并使被统治者安于封建秩序（"性命咸遂"）的一种精神麻醉剂（"道通群心"）；而为能发挥这种作用，它并不拒绝采取精神以外的手段（"非贵其无害"、"非贵其无乱"），以求达到巩固封建统治的目的（"平章天下"）。

这种"以名为教"的办法，是汉武帝的理论家董仲舒系统提出来的。他在元光元年对策中说：

> 今汉继秦之后，如朽木粪墙矣。虽欲善治之，无可奈何。法出而奸生，令下而诈起，如以汤止沸，抱薪救火，愈甚亡益也。窃譬之琴瑟不调，甚者必解而更张之，乃可鼓也；为政而不行，甚者必变而更化之，乃可理也。当更张而不更张，虽有良工不能善调也；当更化而不更化，虽有大贤不能善治也。故汉得天下以来，常欲善治而至今不可善治者，失之于当更化而不更化也。（《汉书·董仲舒传》）

董仲舒认为对秦的"以法为教"的一套，必须来一个彻底更化，以完成"汉得天下以来"当做而未做的大业。他这样说的时候，显然是把自己和汉武帝的作用过分夸大了。其实汉得天下以后，未曾一日或忘进行它当做和能做的事，包括转变思想统治的方式在内。只是在高祖以来六十年的工作基础上，董仲舒才有可能提出他的天人对策，结束一个由"多事"而"无为"的时期，开辟一个以"名教"代替"法教"的时代。关于这种代替，董仲舒是这样看的：

> 王者承天意以从事，故任德教不任刑。刑者不可任以治世，犹阴之不可任以成岁也。为政而任刑，不顺于天，故先王莫之肯为也。今废先

王德教之官,而独任执法之吏治民,毋乃任刑之意与?孔子曰:"不教而诛谓之虐。"虐政用于下,而欲德教之被四海,故难成也。(《汉书·董仲舒传》)

他以为汉武帝应该实行的思想统治术的转变,是顺于天意;他自己之提倡德教,是循天之道。他这样看,可能是真诚的,可能是在自觉地"寻求"真理,并未自觉到在为一个阶级制造舆论。但是,正如精神之离不开躯壳一样,董仲舒的思想离不开他的时代和阶级,它正是当时已经到来的大一统局面的反映,并且是前此的统治思想发展的结果。而董仲舒所谓的"天意",不过是皇天化了的当时地主阶级的"人意"。他自以为是在"正谊"、"明道",高尚得很;其实一点也未曾离开过为统治者"谋利"、"计功"的世俗之途。我们今天了解这一点,比董仲舒当年了解他自己要更为清楚。

董仲舒所说的"德教""教化",他所设计的治国办法,首要的就是"正名",或者叫"以名为教"。他说:

治国之端在正名。(《春秋繁露·玉英》)

治天下之端,在审辨大;辨大之端,在深察名号。名者,大理之首章也。(《春秋繁露·深察名号》)

"名"的作用为什么能这样大?且看他所举的例子便可知道:

受命之君,天意之所予也。故号为天子者,宜视天如父,事天以孝道也。号为诸侯者,宜谨视所候奉之天子也。号为大夫者,宜厚其忠信,敦其礼义,使善大于匹夫之义,足以化也。士者,事也。民者,瞑也。(《春秋繁露·深察名号》)

这就是说,每一等人在社会上应该如何动作,都由他的"名"规定好了。天子应该对"天"负责;诸侯的"侯",音近"候",所以应该妥善地"候奉"天子;大夫"大"于匹"夫",可以去化匹夫;士是干"事"的;至于民,是一群睁眼瞎,"瞑"也,只可使由之,不可使知之。每一等人各按其名之所宜去行事(任一事也都有其名之所宜),那就将如袁宏所说的,"性命咸遂","万物得所",天下太平了。这便是名教的妙用。

这种牵强附会的说法，我们今天看来有点近于儿戏，当年董仲舒却奉之为神圣。他以为，名号来自神和圣，因而按名之所宜行事，也是神圣不可侵犯的。他说：

> 天不言，使人发其意；弗为，使人行其中。名则圣人所发天意，不可不深观也。（《春秋繁露·深察名号》）

> 名生于真，非其真弗以为名。名者，圣人之所以真物也。事各顺于名，名各顺于天。天人之际，合而为一。（《春秋繁露·深察名号》）

这样系统装饰起来的、以神秘主义和唯心主义为基本特征的名教观念，从西汉董仲舒开始，伴随了往后的地主阶级全部统治时期。

三

西汉亡于王莽的篡位。王莽篡位时，绝大多数的公卿大夫并不曾遵照"天意"的名教行事。他们看重纱帽和帽子下面的脑袋，远远超过了看重名教和名教上面的天意。当时，颂德献符、俯首称臣的诸侯王公列侯宗室，争先恐后，不绝于途。东汉头一个皇帝光武帝刘秀，从这里边看到了危险，于是特别提倡名节。凡不事二姓和隐逸山林者，在东汉开国不久，多一一受到召见、表彰和赏赐。"德行高妙，志节清白"，被列为四科取士的头一科，完全改变了西汉元帝的"敦厚、逊让"的取士标准。不久，汉章帝更召集了一个规模盛大的白虎观会议，重新强调董仲舒的那一套体系，把纲常名教用国家法典形式予以钦定。就这样，名教观念在帝王之命和利禄之途的威怀下，于东汉一代达到了登峰造极的地步。

在这种情况下，出现了一批为地主阶级代表人物认可的名教标兵，即所谓的"名士"。名士是一种社会声誉，也是做官的阶梯。名士中，有些是按名教的要求修养起来的，也有许多是通过各种盗名的手段骗取得来的。例如有一个叫赵宣的，"葬亲而不闭埏隧，因居其中行服二十余年，乡邑称孝，州郡数礼请之"，于是成了名士。高官厚禄，唾手可得。谁知当郡里把他荐给太守后，发现他这二十余年竟在埏隧里生了五个儿子。这就不仅违犯了行服守孝之名教的基本要求，而且犯下了"诳时惑众，诬污鬼神"的大罪，刹时声名

狼藉,前"功"尽弃(见《后汉书·陈蕃传》)。这一类"窃名伪服"、"纯盗虚声"的现象,在东汉后期是相当普遍的。

除了这种弄虚作假的办法外,还有不少士人"好违时绝俗,为激诡之行"(《后汉书·范冉传》),干出许多不近情理的所谓"独行"来,以博取高名。例如有一个叫戴封的,"诣太学师事东海申君。申君卒,送丧到东海,道当经其家,父母豫为娶妻。封暂过拜亲,不宿而去"。"后遇贼,财物悉被略夺,唯余缣七匹。贼不知处,卦乃追以与之",因此获名,被举为"贤良方正直言之士有至行能消灾伏异者","拜议郎,迁西华令"。"其年大旱,封祷请无获,乃积薪坐其上,以自焚","于是远近叹服","诏书策美焉"(见《后汉书·戴封传》)。这种"刻情修容"、"好为苟难"的现象,在东汉后期也是相当普遍的,以至《后汉书》为立《独行传》,专收这帮以"卓特之行"沽名钓誉的人。

这两种人,是名教政策的合理产物;他们的出现,又标志着名教危机的到来。名教本是"神圣"的,它的推行,却导致出卑污。这种种卑污,对于名教来说,并不是偶然的、外在的,而是固有的对立方面,是名教观念的神秘主义、唯心主义和剥削属性的恶性表现。

最足以说明名教危机并具有讽刺意义的事例,是在这两种名士之外出现的一种背叛名教的"名士"。例如戴良:

> 少诞节,母喜驴鸣,良尝学之以娱乐焉。及母卒,兄伯鸾居庐啜粥,非礼不行;良独食肉饮酒,哀至乃哭。而二人俱有毁容。或问良曰:"子之居丧,礼乎?"良曰:"然。礼所以制情佚也。情苟不佚,何礼之论?夫食旨不甘,故致毁容之实;若味不存口,食之可也。"论者不能夺之。良才既高达,而论议尚奇,多骇流俗。同乡谢季孝问曰:"子视天下,孰可为比?"良曰:"我若仲尼长东鲁,大禹出西羌,独步天下,谁与为偶!"举孝廉,不就。再辟司空府,弥年不到,州郡迫之,乃……逃入江夏山中,优游不仕,以寿终。(《后汉书·戴良传》)

守孝尽礼,是名教中头等重要的大事;先圣先王,是名教教义中的皇天上帝,戴良对之一概采取游戏态度。但戴良正因此而成名,一举再辟三敦请,成了名教的宠儿。这岂非咄咄怪事？细读戴良的"礼论"，方知事有不然。

戴良认为，他的行为，不仅于礼无悖，而且正是礼的本义。他是以情守礼，情与礼融而为一，不同于常人的以行守礼，情与礼分为两橛。因此，他相信，他并未背弃真正的名教，而是背弃着世俗的失却名教真谛的名教；他抛弃了名教的躯壳，却因而抓住了名教的灵魂。这一点，我们从"论者不能夺之"的记述中，是应该可以推论出来的。

这样，我们就看到了三种"名士"。有赵宣那样的伪名士，有戴封那样的矫名士，还有戴良那样的逆名士。他们各因自己的行为，以一种方式拆穿了名教的虚伪性格。名教的提出，本是企图导使老百姓"有耻且格"的，所谓"道之以德，齐之以礼，有耻且格"。而名教实施的结果，却必然激起求名的狂热，从而必然出现"纯盗虚声"的伪名士和"好为苟难"的矫名士，又因而激起游戏名教的逆名士。老百姓"有耻"与否，暂且勿论；这帮被指认为名教标兵的诸名士，倒大多是一些无耻之尤！最后，终于达到这样一种境地：对名教的背叛与否定，像戴良那样，反而倒是对名教的皈依和肯定。物极必反。名教的生命力，仅仅由于它自身的发展，已变得不可挽回地枯竭了。

四

何况，在名教之旁，还始终伴随着一种不占统治地位的异端思想，在向它发起攻击哩！这种异端思想，就是自然观念。

前面说过，名教观念并不直接泄露自己的统治性质，像"以法为教"那样。相反，它用神圣的光环把自己伪装起来，以天人感应的说教，把名教说成是圣人发自天意，则天行化的永恒真理。这也就决定了和它相对立的异端思想，首先把力量集中在攻击这个有意志有目的的老天爷身上。所谓自然观念，主要就是"天道自然"的思想，它主张自然之天，反对意志之天。这种思想，当汉武帝和董仲舒推行名教政策的同时，就以发挥老庄、纵论自然的形式出现了。淮南王刘安主编的《淮南子》，就是那时的主要代表。书中说：

> 天致其高，地致其厚，月照其夜，日照其昼，列星朗，阴阳化，非有为焉：正其道而物自然。（《泰族训》）

> 天有明，不忧民之晦也；百姓穿户凿牖，自取照焉。地有财，不忧民之贫也；百姓伐木芟草，自取富焉。（《诠言训》）

这里说，天地运转，万物生化，都是自然而然的，它们没有意志，也不是为了加惠于人；人类只是随天地自然，才取得衣食之资，赖以生存。这种天道自然思想的矛头所向，在于从根本上动摇"名则圣人所发天意"的名教观念，否定它的神圣性。"万物固以自然，圣人又何事焉！"（《原道训》）圣人是追随自然的，只有俗人才妄生名教：

> 是故圣人之学也，欲以返性于初而游心于虚也。达人之学也，欲以通性于辽廓而觉于寂漠也。若夫俗世之学也则不然：擢德攓性，内愁五藏，外劳耳目，乃始招蛢振缱物之毫芒，摇消掉捎仁义礼乐，暴行越智于天下，以招号名声于世。此我所羞而不为也！（《俶真训》）

刘安如此激烈地攻击名教，基于他反对汉武帝的集权主义。作为一个侯王，他不甘于"谨视所候奉之天子"，不安于名教给他规定的地位；他要"修文学，流货赂"，"怵于邪说，而造篡弑"（《汉书·武帝纪》）。他所修的"文学"，主要内容就是自然观念。这种观念，作为哲学思想来看，比之名教观念，要正确得多，它基本上是唯物主义的，而名教观念则是唯心主义的。但是二者的社会政治作用，却同它们的真理价值正好相反：名教观念适应于当时历史的大一统趋势，因而是进步的；而自然观念阻碍这种大一统的实现，从而是反动的。这一复杂的历史现象，告诉我们一个真理：历史不是按照某种公式拼凑而成的，它是活生生的客体；而任何历史公式都不过是一般地、近似地概括人类生活，因而当运用之于具体情况时，必须考虑到各种特殊条件。在认识汉武帝时代名教观念与自然观念的哲学性质及其社会作用时，我们就不能拘于唯物主义多是进步的说法，而应该承认在某些特定的历史条件下，顺应历史发展趋势的哲学思想，恰好是某种唯心主义。如果有谁鉴于刘安的政治活动阻挠社会进步，而判定他的天道自然哲学必定是唯心主义的，或见到董仲舒的深察名号哲学是唯心主义，而推论他的政治活动必定反动，那就不仅违背了历史真实，而且也远离了马克思主义的活的灵魂——对具体问题做具体分析，其结论的价值便可想而知了。

在东汉时代高举义旗反对正宗思想的神秘主义的,是战斗唯物主义者王充。他所选择的思想武器,也是自然观念。他说:

> 自然无为,天之道也。(《论衡·初禀》)

> 或说以为天生五谷以食人,生丝麻以衣人。此谓天为人,作农夫桑女之徒也,不合自然。故其义疑,未可从也。(《论衡·自然》)

> 天动不欲以生物,而物自生,此则自然也;施气不欲为物,而物自生,此则无为也。(《论衡·自然》)

天没有目的,没有意志,自然无为。另一方面,人对天也无能为力:

> 春温夏暑,秋凉冬寒,人君无事,四时自然。(《论衡·寒温》)

> 仲舒之言雩祭可以应天,土龙可以致雨,颇难晓也。(《论衡·案书篇》)

王充的天道自然观念,比起刘安来,是处在困难得多的条件下提出来的。刘安的时代,董仲舒的以"天人感应"神化着的名教观念,才刚刚开始提出,汉初的无为而治的统治时期,还刚刚结束不久;而王充时代,这种正宗思想,经过西汉末年农民战争风暴的磨炼,和白虎观会议的加固,几乎是颠扑不破了。另外,刘安是淮南王,他可以"招致诸儒方士,讲论道德,总统仁义";而王充是"细族孤门","宗祖无淑懿之基,文墨无篇籍之遗",以这种身份立说,本身就是一种"妖变",更何况所论为"以讥世俗"的战斗篇章?所以,王充的条件是相当困难的。但是,也唯其如此,王充的自然观念,比起刘安来,具有更为深刻的内容和更为锐利的锋芒。特别是,由于时代不同了,由于体现名教观念的社会力量已是阻碍社会发展的士族豪强集团,因而,反对名教的王充的自然观念,在政治上便起着进步作用。这是他同刘安的根本不同之处。

在自己的著作中,王充将矛头直指名教思想的礼义观及其偶像圣人和贤人。他认为礼义的有无并不是治乱的最后原因,礼义本身也是派生的。他说:民弃礼义,"由谷食乏绝,不能忍饥寒","让生于有余,争起于不足。谷足食多,礼义之心生"(《论衡·治期》)。治乱的根源既已被归于谷食,那些

"四体不勤，五谷不分"的圣贤，也就黯然失色了：

> 故世治非圣贤之功，衰乱非无道之致。国当衰乱，圣贤不能盛；时当治，恶人不能乱。世之治乱，在时不在政；国之安危，在数不在教。（《论衡·治期》）

在这里，圣贤的作用，教化的作用，被公然否定了，代替它们的是时和数。王充的意思，是想把社会的治乱兴衰归之于"自然"，其实他找到的却是某种命定论。命定论是王充学说的最大弱点，也是他所代表的下层地主阶级无力掌握自己命运的可悲表现。

在两汉时期给名教观念连同刘氏王朝以毁灭性打击的，是东汉末年的革命农民。农民革命是"武器的批判"运动，但它也不曾放弃"批判的武器"。

东汉末年农民革命利用太平道和五斗米道作为号召的旗帜和组织的手段。这种原始道教，其思想成分是相当庞杂的，有阴阳五行，有神仙方术，有"老子五千文"，更有反剥削反压迫的原始平等观念。其理论上的特色，是利用道家的自然观念来给农民的平等要求做论证，从而充分发挥了自然观念所可能包含的革命内容：

> 天生人，幸使其人人自有筋力，可以自衣食者。（《太平经》卷六七）
> 天地均化得施，尊卑大小皆如一，乃无争讼者，故可为人君父母也。
> 夫人为道德仁者，当法此，乃得天意，不可自轻易而妄行也。（《太平经》卷一一九）。

作为一种宗教，它并不否定天意，这是它的致命弱点。不过这个"天意"，不仅已不是董仲舒的那个天意，而且正相反对，它是农民的天意，可以说也就是"民意"。这种"天意"规定：人人"自衣食"，没有剥削和被剥削；"尊卑大小皆如一"，没有等级和压迫。这是一个多么美妙的理想乐园。这种乐园，正是农民所了解所向往的社会"自然"状态。

革命农民最切身的问题是解脱压迫和剥削，是改变社会的政治和经济生活方式。他们相信，没有地主和官吏，社会完全可以存在下去，甚至存在得更好；正是地主和官吏，破坏了社会的宁静和本来面貌。这就是他们更多地

在社会的意义上利用道家自然观念的原因所在。如果有机会,他们还会着手将这种自然的社会付诸实践:

> 其来学道者,初皆名"鬼卒"。受术道已信,号"祭酒"。……皆教以诚信不欺诈,有病自首其过。……诸祭酒皆作义舍……又置义米肉,悬于义舍,行路者量腹取足。……犯法者,三原然后乃行刑。不置长吏,皆以祭酒为治。民夷便乐之。(《三国志·魏志·张鲁传》)

"民夷便乐之"一句,充分说明了在这个既无阶级剥削、又无官吏压迫的"自然"社会里,汉族人民和少数民族人民,都过着安居乐业的生活。比起那个"以名为教"的封建地主社会来,不禁令人生天渊之感。

以上,我们列举了两汉时期作为异端思想同名教观念抗衡的三大代表者。他们从宗室贵族到边地农民,社会地位不同,政治目的不同,理论修养的程度也不同。但是,他们却不约而同地先后举起了"自然"的旗帜。这一历史现象,向我们提示了这样一个问题:为了对抗同一个正宗思想,各个居于不占统治地位以至处于被统治地位的阶层和阶级,可以共用同一个异端思想,而不再发明什么别的东西,如果这种异端思想确系异端的话。这样,在不同阶层以至阶级之间,就不仅有着思想上的继承性,而且有着某些思想方面的共同性;尽管然它们是在差别性的基础上发生的,却值得我们注意和说明。

五

名教与自然两种观念,在曹操夺取政权的过程中,都遭到了严重打击。

曹操是所谓"赘阉遗丑",被目为"奸雄",为名教所不齿,他因而要反对名教。曹操意图"窃执天衡","觊觎神器",为名教所不容,他当然要反对名教。曹操所代表的庶族地主阶层,为名教所压抑,他必须要反对名教。

曹操反对名教,所用的理论武器不是汉人常用的自然观念。相反,这种自然观念,由于在东汉末年已成为革命农民的思想,成为反剥削反压迫的政治主张的理论根据,所以也为曹操不能容。随着太平道的黄巾军和五斗米道的张鲁军之被剿灭和被瓦解,指导他们思想的自然观念,也遭到了严禁。曹

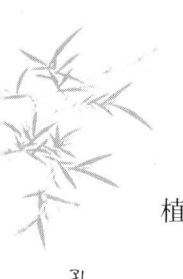

植《辨道论》说：

> 世有方士，吾王（指曹操）悉所招致……本所以集之于魏国者，诚恐斯人之徒，挟奸宄以欺众，行妖隐以惑民，故聚而禁之也。

被曹植指名的是一批"善辟谷""晓房中""能导引"的"方士"，他没有谈到农民道教的理论家和宗教家们的下场。这后一种人，如果不是被杀害，必然也在"聚而禁之"之列，因为他们多半也是方士；至少从局外人看来，他们也属于方士之流。

曹操集团用以反对名教和自然的理论武器，是当时通称为"名理"或"刑（形）名"的思想。傅玄说："魏武好法术，而天下贵刑名。"（《晋书·傅玄传》）刘勰说："魏之初霸，术兼名法；傅嘏、王粲，校练名理。"（《文心雕龙·论说》）名理学是曹操打击豪强、杀戮名士、禁绝朋党、整饬浮华、唯才是举、严明赏罚政策的理论基础。我们读建安七子之一徐幹的《中论》，便会明显感觉到这一点。他那种驾才智于德行之上的人物标准，张大君权、必行赏罚的法治精神，反对浮华交游、痛斥惑世盗名的考伪态度，无一不与曹操政策息息相关。而这些思想上升到哲学上，就归结为他那个唯物主义的名实观：

> 名者所以名实也。实立而名从之，非名立而实从之也。故长形立而名之曰长，短形立而名之曰短；非长短之名先立，而长短之形从之也。（《中论·考伪》）

徐幹的这种名论，既不同于孔子的正名主义，也不同于老子的无名思想，当然更不同于董仲舒的"事各顺于名，名各顺于天"的名教观念，跟"返性于初"、"游心于虚"而羞为名声的自然观念也不一样。它是东汉末年务名背实、号不称典的社会政治风气的直接对立物。

这种名理学思想，在东汉末年一些人物的循名责实的政治主张中，已经开其端。王符在他的《潜夫论》中就曾大声疾呼：

> 贤愚在心，不在贵贱；信欺在世，不在亲疏。……苟得其人，不患贫贱；苟得其材，不嫌名迹。（《本政》）

  是故选贤贡士，必考核其清素，据实而言。其有小疵，勿强衣饰，以壮虚声。(《实贡》)

  是故有号者必称典，名理者必效于实；则官无废职，位无非人。(《考绩》)

  王符这种重实效、放虚声、尚功能、抑世族的理论，在他自己的时代里，只能是"潜夫"之论，因为当时还没有形成一个实践这种理论的实际力量。待到曹操握取汉家大权，这种理论便被付诸实施，且得到大大发展。

  正是在名理学的思想指导下，曹操所代表的庶族地主阶层夺得了军事上、政治上、经济上以至思想上的胜利，建立了曹魏王朝。在曹丕、曹睿先后执政的年代里，社会秩序相对安定，新生贵族冠盖相望。这时候，曹操所规划的"有事赏功能"的阶段即将结束，"治平尚德行"的阶段正在开始。所以，在曹丕时期，一面有"魏文慕通达，天下贱守节"(《晋书·傅玄传》)的遗风，一面又有"礼乐废弛，大行(指曹丕)张之；仁义陆沉，大行扬之"(见《三国志·魏志·文帝纪》注引曹植语)的新貌。在曹睿那里，一面说"名如画地作饼，不可啖也"(《三国志·魏志·卢毓传》)，以反对名教；一面又说"尊儒贵学，王教之本也"(《三国志·魏志·明帝纪》)，以复兴名教。这种矛盾的政策，正是曹魏政权从庶族地主代表者向士族地主代表者蜕变过程中的矛盾性格的表现，也是名理学已完成自己的历史使命、一种新的统治思想尚未酝酿成熟的实际状况的反映。

  当时，"实立而名从"的名理学，对于正在成为门阀士族的曹氏集团来说，显然已经诸多掣肘，令他们深感不便；而有汉一代用以统治的名教观念，在自然观念的不断攻击中和曹操"尚功能"政策的排斥下，又复千疮百孔，蹶而不振；至于自然观念，固因东汉末年的农民革命而烜赫一时，但以之维护地主阶级的集权统治，却显然不能适用。

  思想进一步发展的事实是，地主阶级被迫接过了农民的旗子，并磨去自然观念引申出来的革命芒刺，塞以名教的内容，形成了所谓玄学，以此开辟了思想发展史上的又一时代。

六

这个夺过"自然"的旗子,以恢复"名教"的使命,是由曹氏集团门阀士族的理论家夏侯玄、何晏和王弼着手进行的。他们的主要工作,是对"自然"做出一种新的不同于汉人的解释,以使之就范。在汉人那里,"自然"或被当作万物之初的元气(刘安、王充),或被释为人人自食其力、无尊卑大小的理想社会(《太平经》),其目的都在于否定名教。现在,摆在玄学家们面前的任务却是:设法使反对名教的自然,同它的老冤家名教结合起来。

何晏在自己的《无名论》中引征夏侯玄说:"天地以自然运,圣人以自然用"(张湛:《列子·仲尼》注引),便是这种努力中的一句名言。

所谓"天地以自然运",是说"自然"是本体;"圣人以自然用",是说圣人所设立的"名教",是本体之用。自然和名教的关系,被说成是体和用的关系。这一点,从晋人袁宏《三国名臣颂》对夏侯玄的一段赞辞里,也可隐约看到:

君亲自然,匪由名教。爱敬既同,情理兼到。

这是说,在夏侯玄看来,君臣关系,亲子关系,这类通常被视为名教所系的关系,原本出于"自然",并非"名教"自身所致。所以这种说法,可以同样收到敬君爱亲的效果,且更兼顾到情理两个方面。

袁宏所以提出"情理兼到"的问题,是由于东汉末年出现的那种苦节的办法,已被普遍指责为矫情了。幸得夏侯玄将君亲之理归于圣人对自然之用,便兼顾到情和理,解决了统治思想的一大难题。

乍一看去,夏侯玄的理论,仿佛是高抬了自然,贬低以至否定了名教。其实相反,它恰恰是以名教去俘虏了自然。因为它把名教降为自然之用,把自然奉为名教之体,也就给名教找到了一个新的理论根据,使生命力濒于枯竭的名教观念得以回春,同时却将富于战斗力的自然观念解除了武装。何晏推崇夏侯玄为"唯深也,故能通天下之志"(《三国志·魏志·何晏传》注引《魏氏春秋》),是深得夏侯之心的。

夏侯玄的这种主张,经过何晏的鼓吹,到了王弼手里,发展得更为系统。

王弼的思想，可以一言蔽之为"举本统末"（《论语释疑》）。他认为，名教的社会已经失去社会之"真"，入于末流：

> 真散则百行出，殊类生。……圣人因其分散，故为之立官长，以善为师，不善为资，移风易俗，使复归于一也。（《老子注》）

> 夫敦朴之德不著，而名行之美显尚，则修其所尚而望其誉，修其所道而冀其利。望誉冀利以勤其行，名弥美而诚愈外，利愈重而心愈竞。父子兄弟，怀情失直，孝不任诚，慈不任实，盖显名行之所招也。患俗薄而兴名行、崇仁义，愈致斯伪，况术之贱此者乎？（《老子指略》）

在"敦朴之德"未失的"真"社会里，秩序是这样的：

> 不私其子而君其臣，凶者自罚，善者自功，功成而不立其誉，罚加而不任其刑，百姓日用而不知其所以然。（《论语释疑》）

"不知其所以然"，也就是"自然"而然。在这种自然社会里，不仅有亲子关系，而且有君臣关系，从而也有凶和善，有罚和功。不同的是，功而无誉，罚而无刑而已。而这就是所谓"敦朴之德"。

我们可以看出，王弼所设计的自然社会，根本不同于"人人自有筋力"的那样一种自然社会；尽管从思维路数来看，二者有许多共同之点，而且王弼显然是继承了前人的东西。只是由于作为门阀士族的代言人，王弼不能想象没有治人和治于人的情景，所以他的"自然"状态，原来是一种自然而治的状态：

> 天地任自然，无为无造，万物自相治理。（《老子注》）

这种自相治理的状态，是自然，是本，是母，但是它不可捉摸："自然，其端兆不可得而见也，其意趣不可得而睹也。"（《老子注》）它在现实的社会中，也久已不复存在。现实的任务是，依据圣人所立的名教，移风易俗，使复归于一。这种名教，虽然是末，是子，却不容忽视，不可或缺。因此，正确的办法是：

> 守母以存其子，崇本以举其末，则形名俱有而邪不生，大美配天而华不作。（《老子注》）

这也就是说,应该用自然去统率名教,以求得使名教复归于自然。说到这里,我们不禁发现,名教观念在自己饱经风霜的行程中经历了三百多年以后,重新又回到了董仲舒那里;只不过董仲舒的"天意",此时被换成了"自然"而已。其实无论"天意"还是"自然",都只是统治秩序和统治者意志的代词。当然,这三百多年路程也并没有白白走过,原先曾是名教之敌的自然,此时竟成了名教之母,其实是名教之俘了。从此以后,名教与自然之辨,便从两种社会力量之间的思想争论,变成了同一思想体系内部的地位安排问题了。

七

正当王弼夺过"自然"这面反"名教"的旗子,使"自然"服务于"名教",从而为门阀士族建立起世界观根据的时候,门阀士族的两大集团——司马氏与曹氏集团之间,发生了激烈的争夺权力的斗争。司马氏集团用"名教"作为理论武器,诛除异己,窥伺神器;曹氏集团也用"名教"作为理论武器,全力反扑,图保一尊。于是,刚刚在"自然"基础上找到立脚点的"名教"观念,由于可以运用于正相对立的政治争斗,又一次发生了声誉的危机。

用理论的形式反映了这个危机的,是正当其时的嵇康和阮籍。

嵇康和阮籍,在政治上都是曹氏集团的人物。他们,尤其是阮籍,曾按照王弼的名教本于自然的理论,对名教做过一些维护的工作。例如,他们说过:

宗长归仁,自然之情。(嵇康:《太师箴》)

圣人明于天人之理,达于自然之分,通于治乱之体,审于大慎之刑。(阮籍:《通老论》)

但是,等到他们发现名教不仅挽救不了曹氏集团的崩溃,反而也成了对方手里的武器,并朝着自己头上砍来的时候,他们于是转而采取批判名教的态度,并把自然从名教的俘获下解救出来,提出了"越名教而任自然"的口号:

六经以抑引为主,人性以从欲为欢。抑引则违其愿,从欲则得自然。

然则自然之得，不由抑引之六经；全性之本，不须犯情之礼律。因知仁义务于理伪，非养真之要求；廉让生于争夺，非自然之所出也。（嵇康：《难自然好学论》）

汝君子之礼法，诚天下残贼乱危死亡之术耳！而乃目以为美行不易之道，不亦过乎？今吾乃飘飘于天地之外，与造化为友，朝餐汤谷，夕饮西海，将变化迁易，与道周始。此之于万物，岂不厚哉。（阮籍：《大人先生传》）

政局纷纭如转蓬，不仅名教的威信又一次扫地，甚至社会的自然状态为何，也不再引起人们的探索勇气和兴趣。这就是嵇康唾弃礼法、诉诸"人性"、把自然归结为人之本性的社会原因。《世说新语》和《李康家诫》均载，晋文王司马昭曾许阮籍为至慎："每与之言，言及玄远，亦未尝评论时事，臧否人物"（《世说新语·德行》并注）。可见，他们之谈玄远，说自然，不过是苟全性命于乱世的一种处世术而已，同汉人之高唱自然迥异其趣，本质上仍然是门阀士族的阶级性格的表现。

作为封建地主阶级的腐朽阶层，门阀士族有着它特有的两重性格：一方面，它要求"礼法"，即要求严格的等级制度，不仅是政治地位上的尊卑高下，而且是社会地位上的华素清浊。不如此，它就不能保持自己的生存。另一方面，它又要求"任达"，即要求延年养性或纵欲娱情，前者是延伸生命的长度，后者是增大生命的密度，总之是怕死贪生。不如此，它又认为是失去了生存的价值。这两个方面，都是门阀士族的"自然"，即它的阶级性。这两个方面，会由于政治斗争条件的不同，时而突出某一方面。当着"礼法"这个"自然"突出的时候，就会出现王弼那种名教本于自然的理论；当着"任达"这个"自然"突出的时候，就会有嵇康、阮籍的"越名教而任自然"的理论出现。虽说如此，这两个方面中，"礼法"那一方面，终究经常起着主导作用；"任达"的要求，不容许长期离开"礼法"的轨道。所以嵇康谆谆以名教诫子（见《家诫》），阮籍不准侄儿参加竹林之游（见《世说新语·任诞》）。鲁迅先生说："魏晋的破坏礼教者，实在是相信礼教到固执之极的。"（《魏晋风度及文章与药及酒之关系》）这话是深得阮籍以酒浇胸中块垒之意的。

所以，嵇康、阮籍的"越名教而任自然"，并不是超越一般的名教，而是鄙视司马氏集团所耍弄的那一套名教；至于"任自然"，好像是摒弃礼法而放任人欲，其实还是服务于"越名教"那个政治要求。

待到司马氏终于取得政权，特别是晋武帝太康以后，"天下无事"，"人咸安其业而乐其事"（《晋书·食货志》），各种名分已定，嵇、阮提出"越名教"的历史条件不复存在，而"任自然"的物质条件却大大丰富。继嵇、阮而起的贵游子弟，对前人的心境已不甚了了，社会生活也不再向他们提出那样要求，他们乐得从皮毛上接过"越名教而任自然"的口号，纵情享乐起来：

> 魏末阮籍嗜酒荒放，露头散发，裸袒箕踞。其后贵游子弟阮瞻、王澄、谢鲲、胡母辅之之徒，皆祖述于籍，谓得大道之本。故去巾帻，脱衣服，露丑恶，同禽兽，甚者名之为通，次者名之为达也。（王隐：《晋书》，据《世说新语·德行》注引）

> 自咸宁、太康之后，男宠大兴，甚于女色，士大夫莫不尚之，天下相仿效。（《晋书·五行志》）

> 惠帝元康中，贵游子弟，相与为散发裸身之饮，对弄婢妾。逆之者伤好，非之者负讥。（《晋书·五行志》）

> 蓬发乱鬓，横挟不带。或亵衣以接人，或裸袒而箕踞。朋友之集，类味之游，莫切切进德，闾闾修业，攻过弼德，讲道精义。其相见也，不复叙离阔，问安否；宾则入门而呼奴，主则望客而唤狗。其或不尔，不成亲至，而弃之不与为党。及好会，则狐蹲牛饮，争食竞割，掣拨淼折，无复廉耻。以同此者为泰，以不尔者为劣。终日无及义之言，彻夜无箴规之益。诬引老庄，贵于率任，大行不顾细礼，至人不拘检括，啸傲纵逸，谓之体道。呜呼惜乎，岂不哀哉。（《抱朴子·疾谬》）

如此种种，不一而足。"任达"之风的恶性膨胀，特别是在贵游子弟即门阀士族接班人中的广泛滋长，势必威胁到阶级本身的生存前途。于是，一些所谓的有识之士，应运而起，振臂疾呼："名教中自有乐地，何为乃尔也！"（《世说新语·德行》载乐广语，并见《晋书·乐广传》）

乐广的这个警告，原是提醒门阀子弟们注意"名教"的重要，名教不存，万事俱无；但同时它也提出了一个否定嵇、阮思想的理论问题。嵇康、阮籍要求"越名教而任自然"，在理论形式上把名教与自然对立起来而高扬"自然"。它的发展结果，势必危及名教本身，危及这个地主阶级赖以安身立命的观念的制度，在某种意义上重复汉末曾经发生过的理论危机。所不同的是，在汉末，革命农民用"自然"去打倒地主，发生的是一场否定"名教"的悲壮史剧；而现在，贵游子弟用"自然"来腐蚀自己，扮演的是一出超越"名教"的庸俗丑剧。地主阶级既已表现了不能容忍否定名教的革命于前，自也绝不愿眼看着不肖子孙在"自然"中毁灭。乐广的"名教中自有乐地"的警号，意味着把名教与自然重新统一起来的理论工作，亟待开始。

八

完成名教与自然重新统一工作的，是被誉为"王弼之亚"的郭象。郭象同嵇、阮之汲汲终日的情况不同，他"任职当权，熏灼内外"，政治生活十分得意。因而，在他眼里，一切现实的都是合理的。这一点，正符合了当时司马氏政权暂时稳定而重整名教的要求，也适应了名教与自然之辨发展进程中出现的二者重新统一起来的必然。

郭象认为，万事万物，都是本来如此，不可或缺，各各独立，自我满足的，它们自生、自尔、自为、自得；而这就是"自然"，就是"性"，就是"天"：

> 自然即物之自尔耳。（《庄子·知北游》注）
>
> 凡所谓天，皆明不为而自然。言自然则自然矣，人安能故有此自然哉？自然耳，故曰性。（《庄子·山木》注）

郭象笔下的"自然"，既不是汉人那个万物之初的元气自然，也不是王弼那个万物之理的本体自然，又不是嵇、阮那个礼法之外的人性自然。"言自然则自然矣"，自然就是自然。万物现存的状态，正是它应有的状态；一切现实的，都是合理的。这就叫"自然"。

用那种自然观来观察名教，名教也是自然的：

> 夫仁义是人之情性，但当任之耳。恐仁义非人情而忧之者，真可谓

多忧也。(《庄子·骈拇》注)

> 夫时之所贤者为君,才不应世者为臣,若天之自高,地之自卑,首自在上,足自居下,岂有递哉!虽无错(措)于当而必自当也。(《庄子·齐物论》注)

> 臣妾之才,而不安臣妾之任,则失矣。故知君臣上下,手足内外,乃天理自然,岂真人之所为哉。(《庄子·齐物论》注)

> 若夫任自然而居当,则贤愚袭情,而贵贱履位,君臣上下,莫匪尔极,而天下无患矣?(《庄子·在宥》注)

这就是说,凡君臣上下,尊卑贵贱,仁义礼法,一切现存的政治制度和道德规范,都是理应如此的自然状态,是"无措于当"的"自当",不应恐其非人情而多忧,而应任其为自然以居之,如此方能和衷共济,"天下无患"!

郭象在这里也说到了"任自然"。不过他的这个"任自然",大不同于嵇、阮的"任自然",因为它并不要求"越名教";相反,它在实际上却是"任名教",因为名教已被规定为自然。对于自己与嵇、阮的这个巨大差别,郭象是特别强调着的:

> 夫善御者,将以尽其能也。尽能在于自任。而乃走作驰步,求其过能之用,故有不堪而多死焉。若乃任驽骥之力,适迟疾之分,虽则足迹接乎八荒之表,而众马之性全矣。而惑者闻任马之性,乃谓放而不乘;闻无为之风,遂云行不如卧,何其往而不返哉!(《庄子·马蹄》注)

这里以御马为例,区别了对待"自然"的三种不同态度:一是"求其过能之用",一是"适迟疾之分",一是"放而不乘"。郭象以为,嵇、阮之流的"任自然",属于第三种即"惑者"一类,他们误解了任马之性的真义,是"往而不返"的过激派。他自己主张第二种态度,"任自然"即"任驽骥之力"。在他看来,马之分为驽骥,正是马之"自然";而且无论驽骥,生来正是供人乘骑的,这也是马之"自然"(郭注《庄子·秋水》有"人之生也,可不服牛乘马乎"句)。善御者善在尽马之能,尽马之能尽在使马"自任"其自然,即由它自觉发挥其或驽或骥之力。可以明显看出,郭象的这种"任自然"的观点,其实也就是"任名教"。它不仅要求统治者善于治人,还要求被统治者自觉地治于人，这当然是"名教"。但它又宣称，如此去治人，便是"无为"，如此的治于人，便是"自任"，这却又成了"自然"。自然即名教，名教即自然，这就是"语如悬河泻水"的郭象的思想精髓，也是门阀士族终于找到了的最好的统治理论，和名教与自然之辨发展进程中的最后一言。

追踪名教与自然之辨的变化发展过程，在我们面前呈现出一幅婀娜多姿的辩证法图画。这里有思想内在的对立倾向，有对立面的斗争和展开，它们向自己对立方面的转化，以至仿佛向旧东西的复归，在高级阶段上重复低级阶段的某些特征，如此等等。当然我们一刻也不曾忘记，思想的历史除了证明精神的生产随着物质生产的变化而变化以外，不能证明别的什么。但是我们也不能不看到，既然物质生活在辩证地发展着，那么精神生活也应该如此发展，这本是思维和存在的联系；这也就是说，"存在着具有客观意义的概念的辩证法和认识的辩证法"[①]。用思想史的具体发展过程来证明这个真理，对于训练我们的思维能力，无疑大有裨益；而以这一真理为指导去研究思想的历史，对于促进学术文化的繁荣，也将不无意义。

---

① 列宁：《黑格尔〈哲学史讲演录〉一书摘要》。

简帛研究的成就与突破

第三编

马王堆帛书解开了思孟五行说古谜

——帛书《老子》甲本卷后古佚书之一的初步研究

一

荀况在《非十二子》篇批判子思、孟轲学派说：

> 略法先王而不知其统，犹然而材剧志大，闻见杂博。案往旧造说，谓之五行。甚僻违而无类，幽隐而无说，闭约而无解。案饰其辞而祗敬之曰："此真先君子之言也。"子思唱之，孟轲和之；世俗之沟犹瞀儒，嚾嚾然不知其所非也，遂受而传之，以为仲尼、子游为兹厚于后世。是则子思、孟轲之罪也。

荀况这一段话的词句很激烈，可是所批评的五行说究竟有些什么内容，却只字未提。或许在他当时，因为思孟的原书具在，"受而传之"的"俗儒"又不少，并无说明的必要吧？他决不会料到，时过境迁，人言言殊，莫衷一是；尤其是所指的思孟五行说，对于后人，竟一直是个谜。

头一个出来解谜的，是一千有零年以后的唐人杨倞。他注《荀子》"谓之五行"句说："五行——五常，仁、义、礼、智、信是也。"他是根据什么断定这个"五行"就是"五常"的，也只字未提。或许在他那个时候，也无说明的必要吧？因为自从董仲舒以"仁、智、信、义、礼"配五行"木、火、土、金、水"（见《春秋繁露·五行相生》）、班固又宣布前者为"五常"（见

《白虎通·情性》）以后，这"五行"和"五常"，在注疏家手里，就常被根据解经的需要而交互使用，不必多做任何说明了①。例如，郑玄注《乐记》"道五常之行"句说："五常，五行也。"成玄英注《庄子·天运》"天有六极五常"句也说："五常，谓五行。"既然有人用"五行"来解释"五常"于前，杨倞当然可以用"五常"来解释"五行"于后了。何况，郑玄在注释早被指认为子思所作的《中庸》时，开宗明义头一章，就用了"木神则仁，金神则义，火神则礼，水神则信，土神则智"的话来暗示子思的五行说，这已是众所周知的常识了。所以，杨倞只是简单地宣布一下"五行——五常"，既不说明根据，又不进行论证；也不见有谁出来表示怀疑。这种情况，在当时的社会里，是自然而又必然的。因为，所谓"五常"，不过是被上升为绝对律令了的统治阶级的道德教条；而所谓"五行"，则又是被神秘化了的宇宙构成图画。使道德观服从宇宙观，或用宇宙观来范围道德观，本是任何一元论哲学的理论要求。从董仲舒那个时候起，中国封建地主阶级已经基本上完成了这个工作，构筑了一个统辖一切的庞大而又神秘的哲学体系。此后，剩下的理论工作，只是使一切新发生和新发现的问题去适应这个体系，并用这个体系去解释此前直至开天辟地时候的一切问题，而不必怀疑有无足够的根据和进行必要的论证。因为这个体系，已经被"证明"为"天经地义"了，正如这个阶级相信自己的统治是"天经地义"一样。只是这样一来，在荀况那里曾有过的对思孟学派的几分批判精神，到此已完全蜕变为顶礼膜拜；而关于思孟的五行说，并没有给人提供出正确的答案。这样又过了一千有零年。

到了近代，随着资产阶级崭露头角，章太炎重新提起这个问题。他认为，思孟的五行说，还不简单地就是"五常"，而且更有"以水火土比父母于子"这样的"五伦"内容；它上承"古者《洪范》九畴举五行傅人事"的未彰之义，下启"燕齐怪迂之士""耀世诬人"的神奇之说，"宜哉荀卿以为讥也"（见《子思孟轲五行说》，载《章氏丛书》）。

同章太炎说法差不多的有梁启超。他认为，思孟的五行说，或者是指君臣、父子等"五伦"，因为《中庸》里面以之为"天下之达道"，而"'道'有

---

① 此说出自《孝经说》，见《礼记·王制》孔疏，与董仲舒的配置有异。

'行'义";或者是指仁义等"五常",因为子思"或《中庸》外尚有著述",而"孟子则恒言仁、义、礼、智"。总之,"决非如后世之五行说,则可断言耳"①。

章、梁的说法代表了他们这些人中的一种倾向。其另一倾向为怀疑一切、否定一切;在这个问题上发了言的代表人物有刘节和顾颉刚。他们不约而同地先后提出了一个大胆的假设,从根本上否定了思孟与五行说的关系,认为:宣传五行说的本是邹衍,不是孟轲;由于邹、孟都是邹人,学说都流行于齐鲁之间,甚至有部分类同(他们认为邹衍也是儒家),因而在"传说中误合为一人",以至荀况错把邹衍的五行当作孟轲的学说来批了。又因孟轲受业于子思的门人,从而连累及子思。他们的结论是:这实在是一桩历史性的大误会②。

这几位学者不以封建经师无论据的说法为满足,另辟蹊径寻求新解,给了人们以一定的启发;也反映了过去的"天经地义"已经失效,资产阶级要建立自己的乐园的社会动向。可惜的是,他们或者由于同过去联系太深,一时跳不出旧的窠臼;或者对过去不知分析,全盘给予否定,无端加以怀疑。因而,他们并不能真正破掉旧的体系,也不能真正建立自己的体系。在思孟五行说的问题上,也未给人们留下什么积极的东西。

一潭死水被如此搅动了两下,除了岸边留下些许湿痕外,慢慢又回复到老样子。

一些力图用唯物史观指导思想的学者崛起了。他们驰骋于五千年间,也接触到了我们这里所讨论的问题。

范文澜认为,五行家的本领在"推气运"以及"懂得科学的历法和迷信的占星"。他引《孟子》上谈论"五百年必有王者兴"的两段(《公孙丑下》、《尽心下》),证明从"《孟子》七篇,很看到些气运终始的痕迹";又引"千岁之日至,可坐而致也"(《离娄下》)及"天时不如地利"(《公孙丑下》)两段,说明孟轲也懂历法和占星术。结论是:"原始的五行说,经孟子推阐之下,已

---

① 见《阴阳五行说之来历》,载《东方杂志》第20卷第10号。
② 见刘节《洪范疏证》、顾颉刚《五德终始说下的政治和历史》,均载《古史辨》第五册。

是栩栩欲活;接着邹衍大鼓吹起来,成了正式的神化五行。"①

郭沫若则另创新解,认为思孟所造的五行说是"仁、义、礼、智、诚"。他引《孟子》的"仁之于父子也,义之于君臣也,礼之于宾主也,智之于贤者也,圣人之于天道也"以后说:"'天道'是什么呢?就是'诚'。""其在《中庸》,则是说:'诚者天之道也。'"他提请读者注意:思孟书中除大谈"仁、义、礼、智"外,"更把'诚'当成了万物的本体,其所以然的原故不就是因为诚信是位于五行之中极的吗?"于是他结论曰:"故而在思孟书中虽然没有金、木、水、火、土的五行字面,而五行系统的演化确实是存在着的。"②

范、郭二老的见解,把问题推入一个新的阶段。在这里,不是扪烛扣盘,而是力图从思孟思想的全体着眼,不再泥于旧辙,而是要重新审查五行说和思孟书的全部历史材料。这样做去,纵然一时所得的具体结论不尽符合历史真实,而方法既然对了,迷宫的出口当不会很远。

大家在向前探索着,并期待着新的发现。

二

1973 年 12 月,长沙马王堆第三号汉墓出土了一批帛书。其中有两卷帛上分别抄着两部《老子》,现在叫作甲本和乙本。甲本的卷后和乙本的卷前,各抄有四篇佚书③。前两年,一些同志对其中的某几篇做了一定研究,获得不少成绩。唯甲本卷后的第一篇(以及第四篇)佚书,给解开已有两千多年不得其解的思孟五行说之谜,带来了一把钥匙。

《老子》甲本卷后古佚书之一,无篇题,共 181 行(自第 170 行至第 350 行),原分 17 段,约 5 400 字,字近篆体。从文中不避"邦"字(第 341 行有"邦人之厕")推测,抄写年代当在汉高祖刘邦卒年(前 195 年)以前④;而从字体及其儒家思想的内容来看,又应是抄写于秦亡(前 207 年)之后,这个

---

① 见《与颉刚论五行说的起源》,载《燕京大学史学年报》第 3 期,1931 年。
② 见《儒家八派的批判》,载《十批判书》。
③ 见《马王堆汉墓帛书(壹)》,北京:文物出版社,1974 年版。
④ 古人"卒哭乃讳"(《礼记·曲礼》,并见《檀弓》、《杂记》),生者不相避名。至汉景帝时,始有生讳之例。

抄写的年代，是大致可以确定的。

至于它的写作年代以及作者和篇名，尚无从确指。帛书出土时已有脱烂，加之内容上辞义重复，因而乍一读去，几乎无法理出一个头绪来。可是耐心细读几遍以后，将会发现，这篇佚书原由两个部分组成：自第 170 行至第 214 行，即原第一大段，为第一部分；自第 215 行的提行另段开始，直至末尾第 350 行，为第二部分。第一部分提出了若干命题和基本原理，第二部分则对这些命题和原理进行了解说。这是战国时期的一种文章格局。《管子》《墨子》《韩非子》等书中，都有这种篇章。照当时的习惯说法，这第一部分叫"经"，或有一个切合内容的题目某某；第二部分叫《说》，或者叫《某某解》。

按照这种格局去读这篇佚书，更将发现，现存的第一部分即"经"的部分，内容是完好无缺的，首尾一贯的；而第二部分的前面，则应该有阙文。因为现存的第二部分即《说》的部分，以"圣之思也轻"开头，而这是从中途开始对第 183 行经文的解说；此后的 31 行经文，在说中逐句有解；而此前的 12 行并非独立的经文，却缺少应有的解说。这就是说，在现有的第二部分之前和第一部分之后，即第 215 行和 214 行之间，显然缺少了 50 行左右（按现有比例推算）的解说文。这是一个无可奈何的损失。尽管是这样，由于这篇佚书有经有说，两大部分互相校补以后，全书竟然可以基本读通。

通读全书，便会进一步发现，全书的主旋律，是咏叹"德"和它的"刑"（形）及"行"；这个"德"，是"天道"在人心中的显现。书中没有谈论具体的经济主张和政治原则，是一篇探讨道德哲学以研究如何成为"君子"而达到更有效的统治的论文（同卷中的佚书之四，内容与"之一"差不多，惟脱烂过多，无法卒读，姑作"之一"附录对待）。

可以当作全书脊梁来看的一段话，是这样说的：

  闻君子道，恩（聪）也。闻而知之，圣也；圣人知天道。知而行之，圣〈义〉① 也。行〔之而 198 时，德也。见贤人，明也。〕② 见而知之，知

---

① 据 281 行《说》文校改。
② 据 281—282 行《说》文校改。

（智）也。知而安之，仁也。安而敬之，礼也。〔仁义 199，礼乐所由生也。〕① 〔五行之所和，和〕② 则乐，乐则有德，有德则国家与（兴）。□□□200□□诗曰："文〔王在上，于昭〕于天"，〔此之谓也。〕③ 见而知之，知（智）也。知而〔安〕之，〔仁也。安而行〕④ 201 之，义也。行而敬之，礼也。仁义，礼知（智）之所由生也。四行之所和，和则同，同则善。202

这是经文。第 279—294 行，是这段《经》的《说》。根据《说》文，可以把这段话里的四十多个阙字大体补齐，基本上恢复旧观。

这段《经》文里，提出了"聪""圣""义""明""智""仁""礼""乐"八个道德规范，构造了这八个规范之间的关系，对分别达到这些规范的不同境界给了"德"或"善"的品评，并用"五行""四行"对这些规范予以概括，这是一份相当集中而整齐的儒家伦理学的德目单。

关于这些德目的唯心主义实质和剥削阶级属性，我们留待将来慢慢清算；现在首先要做的，是查清它们在思想史中的派系，以便确定它们同哪一些经济主张和政治原则结合在一起，从而推断它们是为什么样的经济基础和阶级要求服务的。

翻阅帛书写定前后的一些现存书籍，我们可以查出，《庄子·在宥》篇里有一段话，正好是对着这种道德学说开火的。那里说：

> 而且说（悦，下同）明邪？是淫于色也；说聪邪？是淫于声也；说仁邪？是乱于德也；说义邪？是悖于理也；说礼邪？是相（助也）于技也；说乐邪？是相于淫也；说圣邪？是相于艺也；说知（智）邪？是相于疵也。天下将安其性命之情，之八者，存可也，亡可也；天下将不安其性命之情，之八者，乃始脔卷㺅囊而乱天下也。而天下乃始尊之惜之，甚矣天下之惑也！岂直过也而去之邪！乃斋戒以言之，跪坐以进之，鼓

---

① 据285行《说》文校补。
② 据173、451行文义及202行句法以意补。
③ 据288行《说》文校补。
④ 据289、290行《说》文校补。

歌以僛之，吾若是何哉！

《在宥》篇的确切写作年代，我们也已无法搞清；但有一点可以确信无疑的是，它所着力攻击的"之八者"，一个不差地正是佚书论证的那八德。另外还有一点可以看出来的是，这一段话中的末几句，同《非十二子》那一段话中的末几句，意思是一样的，都是批评当时的某些儒者对所指责的学说在盲目崇拜和扩大宣传。这样，我们很自然地会产生一个问题：如果时间上的差距不大的话，《在宥》所批评的"八者"，有无可能正是《非十二子》所批评的"五行"呢？

要求马上对这个问题做出肯定或否定的答复，还嫌为时过早；我们且到别的地方再查查看。

《贾谊新书》有个《六术》篇，那里说：

> 阴阳各有六月之节，而天地有六合之事；人亦有仁、义、礼、智、圣之行，行和则乐，与乐则六：此之谓"六行"。

《六术》篇是否出自贾谊之手，我们难以断定；从它崇"六"的情况来看，它的写作年代同贾谊的年代上下不致太大。我们知道，自从秦始皇宣布秦得水德、"数以六为纪"以后，"六"这个数，不仅取得了神圣的属性，而且还带有法律的威力，以致渐渐成了计数的框框，立论的套语。所谓"六则备矣"，"数度之道，以六为法"（《贾谊新书·六术》），就是明证。大概直到汉武帝太初改历，确认汉应土德后，"六"的这种地位，才由"五"来取代。

明白了这样一个历史背景，我们便不难看出，《六术》篇所记的"行"于人的那"六行"，明显地带有凑数的痕迹。它先说了"仁、义、礼、智、圣"这五个"行"，然后说"行和则乐"，"与乐则六"。这样凑起来的一个序列，与我们所研究的这篇佚书以至思孟五行说，有无源流关系呢？

另外，我们还注意到，贾谊曾于文帝时期在长沙做过四年多的王太傅。这批帛书是长沙王相利苍儿子的殉葬品。因此，设想贾谊曾经见过这篇佚书，或者作《六术》的人见过这种佚书并受其影响，而立"六行"之说，更托名于贾谊，当不致太无根据吧？

这些蛛丝马迹，我们从佚书中可以得到进一步的肯定。前面说过，佚书

列了八个道德规范,并构造八者之间的关系。它所构造的关系中,对于我们现在所讨论的问题来说,有两点值得特别注意。第一,它把"聪"和"明"放在次列或前列的位置,作为达到"圣"和"智"的一个阶段或一种手段,与其他六者的地位不一样:

> 嘤(聪)也者,圣之藏于耳者也;〔明也〕① 242 者,知(智)之藏于目者〔也〕。嘤(聪),圣之始也;明,知(智)之始也。故曰:不嘤(聪)明则不圣知(智)。圣知(智)必□243嘤(聪)明。

所以,八个道德规范实际上只剩下六个:仁、义、礼、智、圣、乐。这六个,正好就是《六术》篇所谓的那"六行"。

不仅此也。第二,这六个道德规范之间还有一种关系,就是"乐"与其他五者分开,五者之和为乐。这一点,前引的第 200 行经文中已见过了。不过那一行脱烂太多,所补的文字,虽自信有足够的根据,仍难保不错;为此,另引两段如下:

> 闻〔道〕② 而乐,有德者也。214
>
> "闻道而乐,有悳(德)者也。"道也者,天道也。言好悳(德)者之闻君子349道而以夫五也为一也,〔故〕能乐,乐〔也〕③ 者和,和者悳(德)也。350

这里的《经》和《说》都是谈"乐"的。怎样才能乐呢?"以夫五也为一"则乐。"夫五"是什么?从全书内容看,正是仁、义、礼、智、圣。"为一",就是"和"了。如此排列起来的"仁、义、礼、智、圣"同"乐"的关系,也正好就是《六术》篇所列的那样关系。

据此,我们不妨这样推定:《六术》篇中所谓的"行"之于人的"六行",是汉代初年的儒生对佚书思想的一种概括和改造;《在宥》篇中所谓的"八者",则是战国后期的道士对佚书所论范畴的轻蔑复述。

---

① 据 282 行文句及上句句法校补。
② 据 349 行说文校补。
③ 此行阙文据 346—349 行句法校补。

而在佚书本身,是既不用"六行"这样的术语,也不简单地单列"八者",却谓之"五行"和"四行"。而这一点,正是我们所要寻找的思孟五行说的谜底。

三

探索思孟的五行说,最可靠的根据当然还是他们自己的著作。司马迁说:"子思作《中庸》"(《史记·孔子世家》),"孟子……与万章之徒……作《孟子》七篇"(《史记·孟子荀卿列传》)。《汉书·艺文志》里却说:"子思二十三篇","孟子十一篇"。思孟的著作情况究竟怎样,两千年来也是众口不一。为慎重起见,我们且以公认可以作为思孟学派资料看的《孟子》七篇作根据,看看佚书同《孟子》有无思想上的源流关系,佚书的五行说是否来自《孟子》,从而能否由此推定思孟五行说的大致情景。

孟轲道性善,说"仁、义、礼、智"是"根于心"的君子本性。这是大家熟知的。

佚书则称"仁、义、礼、智"为"四行",并举为"善"的表征:

四行和,胃(谓)之善。173

四行之所和则同,同则善。202

四行成,善心起。451

称"仁、义、礼、智"为"四行",这大概是佚书的造说,还没有见谁把"四行"同孟轲联系起来过。佚书的这一发明,应该说,是深得孟轲学说之心得。孟轲的五行说都有哪些,我们暂时还不知道;但我们知道,他谈得最多并成为学说核心的,正是这四个"行",所谓"性善",也正是这"四行"的根于一心。在这一点上,佚书之与《孟子》,正如子孙之与父祖,是一眼便可认得出的。

比较麻烦的是五行说。佚书以"仁、义、礼、智、圣"为"五行",还说"五行"和则"乐"。粗粗想来,《孟子》七篇中仿佛没有这样说过。其实不然。

仔细读佚书,可以发现,它所谈的"圣",也是脱胎于《孟子》。仔细读

《孟子》，又可发现，它在"仁、义、礼、智"外，也正谈过"圣"和"乐"。《孟子》中有云：

> 集大成也者，金声而玉振之也。金声也者，始条理也；玉振之也者，终条理也。始条理者，智之事也；终条理者，圣之事也。（《万章下》）

佚书中则有：

> 1. 君子杂（集）泰（大）成，能进之为君子，不能进，客（各）止于其〔里〕①。206
>
> 2. 〔"君子集大成"〕者，犹造之也，犹具之也。大成也者，金声玉振之也。唯金声〔而玉〕303〔振之〕，然后忌（己）仁而以人仁，忌（己）义而以人义。大成至矣！神耳矣！人以为弗可为□304□由至焉耳而□然。"能进之为君子，弗能进，各止于其里"：能进端，能终端，305则为君子耳矣！弗〔能〕进，各止于其里。不庄（藏）尤（欲）割（害）人，仁之理也②；不受许（吁）差（嗟）者，306义之理也。弗能进也，则各止于其里耳矣。终其不庄（藏）尤（欲）割（害）人之心，而仁覆四海；307终其不受许（吁）差（嗟）之心，而义襄天下。仁覆四海义襄天下，而成（诚）由其中心行〔之〕，308亦君子已！
>
> 3. 金声而玉振之，有德者也。金声，善也；玉言〈振〉，圣也。善，人道也；德，187〔天〕③道〔也。唯〕有德者然笱（后）能金声而玉振之。④

对照这两处引文，自会发现，佚书同《孟子》，在这里不仅思想相同，而且连语言也一样，几乎无须多加说明。有差别的只是，在佚书里面，"君子"是最高的人格，是"有德者"，在《孟子》里则叫作"圣人"，如此而已。佚书中的"能进端"、"能终端"之"端"，大概就是《孟子》中的"四端"了；如果当作"始条理"、"终条理"看，也不失为一种看法。

---

① 据《经》《说》互校补，下同。
② 《孟子·尽心下》有："人能充无欲害人之心，而仁不可胜用也。""尤割"二字据此释。
③ 据173行校补。
④ 所引的1、2两段为一《经》一《说》；3为经，其《说》在229—232行，脱烂过多，未引。

据此，可以说，佚书中的"圣"，原是脱胎于《孟子》的。

最为关键性的证据是：《孟子》也曾将"仁、义、礼、智、圣"并列，来谈论人性和天命的关系；只是由于它同汉儒的"五性之常"不合，被窜进了衍文，而不为人们所熟知了。《尽心下》篇说：

> 孟子曰："口之于味也，目之于色也，耳之于声也，鼻之于臭也，四肢之于安佚也，性也，有命焉，君子不谓性也。仁之于父子也，义之于君臣也，礼之于宾主也，智之于贤者也，圣人之于天道也，命也，有性焉，君子不谓命也。"

这一段话，大意很明确，句法也很整齐，应该没有歧义，可是由于"圣人之于天道也"一句与其他句子不类，颇产生过不少麻烦，以至促成了对思孟五行说不得其解的大困难。

据说宋人吴必大"尝疑此句比上文义例似于倒置"，请问过朱熹。朱熹说，没错（见《朱子大全·答吴伯丰》）。这种答复是必然的。因为《孟子》中的这一段话，是宋儒妄分气质之性、义理之性的重大经典根据，为理学家安身立命之所在，朱熹当然不敢随便同意其中有什么"倒置"之处。可是，这一句话又确实有点别扭，所以朱熹在他的《四书集注》中悄悄注了一笔："或曰：'人'，衍字。"[①] 照这样说，这一句就应该是"圣之于天道也"了。可是，由于朱熹这个注加得理不直，气不壮，很少引起人的理会。自那时以来，一些人有用"倒置"法把这句话读为"天道之于圣人也"（如《十批判书》），以求得同前几句一律的；更多的人则固守经典，曲为之说，总是说不妥帖。

现在有了马王堆帛书，我们可以而且应该理直气壮地宣布："圣人之于天道也"一句中的"人"字，是衍文，应予削去；原句本为"圣之于天道也"。孟轲在这里所谈的，正是"仁、义、礼、智、圣"这"五行"。

"圣"字的本始意义是"渊博通达"，以表示人的知识高度。《诗经》里将"圣"和"哲"并举（《小雅·小旻》）、"圣人"和"愚人"对举（《大雅·桑柔》），《尚书》里认为"圣"同"狂"可以转化（《多方》），以"圣"同"彦"

---

① 据此，朱熹又以为"智之于贤者也"的"者"当作否。

连称（《泰誓》），都是在这种意义上使用的。后来"圣"慢慢被赋予了道德的属性，更夸大成未卜先知（《老子》指责的"前识者"），一直到成为"超人"，原义反而被湮没了。孟轲以"圣"同"仁、义、礼、智"并列，原是在道德的意义上、未卜先知的意义上来使用它的，看他下面说"君子不谓命也"便可知道，他这个"圣"字是"君子"品德范围以内的事①，而不是超人即圣人的意思；因为"君子"是没有资格代"圣人"考虑应该怎么办的。当然，孟轲的时候，"圣"字已经有了超人的意思，他也曾用过（如《尽心下》的"大而化之之谓圣"）；但"圣之于天道也"的"圣"字，却是"案往旧"而来。二者的含义是有差别的。后儒无见于此，只知道"仁、义、礼、智、信"，不知道"仁、义、礼、智、圣"，奋笔臆改，所以才出来了"圣人之于天道也"这样一个错误。

"仁、义、礼、智、圣"之外，《孟子》也谈"乐"。《离娄上》篇就说：

> 仁之实，事亲是也；义之实，从兄是也；智之实，知斯二者弗去是也；礼之实，节文斯二者是也；乐之实，乐斯二者，乐则生矣。

这里谈的是"仁、义、礼、智、乐"及其关系，"仁义"被归结为"孝悌"，并列为诸德之核心，这又是孟轲"案往旧"之处，我们暂且不管它。现在需要注意的是，"乐"在这里被作为一种品德（而不是作为制度）和其他诸德联系来谈。这种观点，不能说同佚书的"和则乐"没有源流关系。

综观这一切，我们应该可以得出这样一个结论：马王堆帛书《老子》甲本卷后古佚书之一，是"孟氏之儒"或"乐正氏之儒"的作品，也许竟是赵岐删掉了的《孟子外书》四篇中的某一篇。这篇佚书的发现，解开了思孟五行说的古谜，是学术史上的一件大事，值得认真研究。我这篇小文，只能算作提出问题的一个引子。至于思孟五行说的一些更具体的问题，诸如"案往旧"的情况，与"金、木、水、火、土"的五行有无瓜葛，"俗儒"如何"受而传之"直至演变为"六行"、"五常"等等，它们同帛书关系不大，就不多谈了。

---

① 此点与佚书同。

马王堆帛书是1973年底出土的，《老子》甲乙本及其所附的古佚书，是1974年9月校释出版的。几年来，关于这些帛书，发表过一些介绍和研究的文章，但是由于"四人帮"垄断论坛，影响了科学研究工作的开展，许多问题还没有深入探讨。打倒了"四人帮"，我们才有可能全面而认真地研究马王堆帛书，并进而研究它所反映的汉初社会思想状况；这也是对"四人帮"及其吹鼓手的有关胡言乱语进行彻底清算的一件很有意义的工作。

第三编 简帛研究的成就与突破

孔孟之间

——郭店楚简中的儒家心性说

大思想家之所以为大，不仅在于他提出的问题异常深刻，思人之所不敢思，发人之所未曾发，而且往往也由于他涉及的问题异常广泛，触及人类知识的方方面面。他所达到的思想上的深度与广度，标志着那个时代所可能达到的深度与广度，非一般人之力所能及。所以，一位大思想家一旦故去，他的弟子们，纵以恪守师说为务，其实所能做到的，往往是各守一说、各执一端，举一隅而不以三隅反，像粉碎了的玉璧一样，分崩离析而去。历史越是靠前，情况越是如此。

一位战国末年思想家说过的"儒分为八，墨离为三"，便是发生在中国的典型事例。

不过韩非此言多有夸张，我们不必过于认真，真的以为孔子以后，儒学便八瓣开荷花了；其实并没有那么多，逻辑地说来，也不可能有那么多。事实大概是，"自孔子卒后，七十子之徒，散游诸侯，大者为师傅卿相，小者友教士大夫，或隐而不见"（《史记·儒林列传》）。真正能"遵夫子之业而润色之，以学显于当世"者，只有"威、宣之际"的"孟子、荀卿之列"（《史记·儒林列传》）而已。

这一历史叙述倒是合理的。我们知道，孔子学说主要是强调仁和礼两个方面，仁者内部性情的流露，礼者外部行为的规范。仁不能离开礼，所谓

"克己复礼为仁"；礼不能离开仁，所谓"人而不仁如礼何"（《论语·颜渊》《论语·八佾》）。仁和礼的相互为体相互作用，是孔子思想的最大特色最大贡献。二者之中，礼是传统既有的，仁是孔子的发明；为什么人间需要礼，早已为大家所熟知，至于为什么人性会是仁，这样一个新问题，孔子自己也没有来得及做出完满的回答。

孔子以后，弟子中致力于夫子之业而润色之者，在解释为什么人的性情会是仁的这样一个根本性问题上，大体上分为向内求索与向外探寻两种致思的路数。向内求索的，抓住"人之所以异于禽兽者几希"处，明心见性；向外探寻的，则从宇宙本体到社会功利，推天及人。向内求索的，由子思而孟子而《中庸》；向外探寻的，由《易传》而《大学》而荀子；后来则兼容并包于《礼记》，并消失在儒术独尊的光环中而不知所终。

儒家学说早期发展的主要脉络大抵如此。但是我们一直缺乏足够的资料来描绘它的细部。一些传世的文献，由于年代不能敲定，也不敢贸然使用。于是，一个重要学说的重要阶段，多年来始终若明若暗，令人徒唤奈何。

谁也不会料到，事情竟在今天出现了转机。

1993年10月，湖北省荆门市沙洋区四方乡郭店村一号楚墓中，出土了一批竹简，据说曾数经盗扰，可是仍幸存八百余枚，凡一万三千余字。墓主姓名、身份及下葬年月因无文字记载，已无从确知。考古学家根据墓葬规格、器物型样推断，墓主当属士级贵族，且很有可能便如殉葬耳杯铭文所示，乃"东宫之师"，即楚国太子的老师；入土年代在公元前300年上下[①]。这批竹简全部为学术著作，经整理编定为十六篇，其中除《老子》《五行》两篇与1973年湖南长沙马王堆出土的帛书同名篇章大体相似，《缁衣》一篇与传世文献基本相同外，其他十二篇儒家类的书籍和一篇道家类的书籍，皆为今人所未之或闻[②]。初步阅读后可以认定，这十四篇儒家经典，正是由孔子向孟子过渡时

---

① 参见湖北省荆门市博物馆《荆门郭店一号楚墓》，载《文物》1997年第7期；崔仁义《荆门楚墓出土的竹简〈老子〉初探》，载《荆门社会科学》1997年第5期。
② 《郭店楚墓竹简》，北京：文物出版社，1998年版。以下引用此书只注篇名或页码。

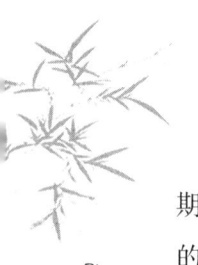

期的学术史料,儒家早期心性说的轮廓,便隐约显现其中,实在是一份天赐的珍宝。

二十四年前,马王堆汉墓帛书部分资料面世,有一篇被称为"《老子》甲本卷后古佚书之一"的书,因其儒家面孔,当时备受冷落,以致能够轮到我来发现,它的思想属于"孟子之列",是子思、孟轲五行说的重要佚著,可以帮助解决儒家学说史乃至整个学术史上的许多难题,于是为文推荐,施以注释,并取名为《五行》篇。现在这同一篇著作又以简明形式在郭店楚简中出现,且自名"五行",抄写时间较帛书上提约百年,与其他十多篇"孟子之列"的竹书同在。根据这些新的情况,我猜想,这些见于竹帛的儒家经典,属于同一思孟体系,以文体互有差异,故非一人一时之作①;其成书年代,应与子思(前483?—前402年?)、孟子(前380?—前300年?)的年代相当,至少也在《孟子》成书之前。《汉书·艺文志》儒家者流有"子思子二十三篇",《孔丛子》又说子思"撰《中庸》之书四十九篇",这些书籍虽已失传,我们仍可想象得出,它们当像与之同时的《庄子》那样,也是一部论文集,由孔子向孟子过渡学派的论文集;现在郭店楚简儒家部分的一些篇章,很有可能便曾厕身其中。

一

上面提到孔子以后有向内求索和向外探寻两大路向,郭店楚简属于向内派,其向内面目,在在都有表现,即使当它处理天地这些最大外在对象时,仍然毫不含糊。

现在被名为《语丛一》的诸简中,有十几片论道的短语,它们这样说:

> 有天有命,有物有名
> 有命有序有名,而后有鯀
> 有地有形有□,而后有厚
> 有生有智而后好恶生

---

① 十四篇儒书体裁各异:《五行》篇自我标名;《缁衣》篇不断"子曰""诗云",且有章数统计;《鲁穆公问子思》为语录体;《语丛》各篇则堆积警句名言。

> 有物有䌛而后䜁生
>
> 有天有命，有地有形，有物有容，有家有名
>
> 有美有善，有仁有智，有义有礼，有圣有善

读着这些哲理诗，首先会感到奇怪的是，它在谈天说地时，居然没有来一句"有阴有阳"这样顺理成章的话，当然也就没有由之推演开去，构造出一幅宇宙生成图和人间浮世绘来，像人们在《易传》之类著作中通常总能看到的那样。其中奥妙所在，就在于不同的路向。

在《易传》里，我们随时能够读到"一阴一阳之谓道，继之者善也，成之者性也"，"天尊地卑，乾坤定矣；卑高以陈，贵贱位矣"这类由天到人、以天准人的高论，它设想，人的善性，乃继阴阳之道而成；人间社会的尊卑贵贱，完全脱胎于天地效法于天地。这便是孔子以后儒家向外探寻的典型论断。

郭店楚简代表的是另一路向。它也谈天，甚至很有可能也是从天开始构筑自己体系的。但它着眼之点不是天道，而是天命；不是天以其外在于人的姿态为人立则，向人示范，而是天进入人心形成人性，直接给人以命令和命运。所以它一则说"有天有命，有地有形"，再则说"有天有命，有物有名"。在它看来，天之有命，正如地之有形、物之有名那样正常和简单，而且，仿佛是，天之主要的（唯一的？）属性、作用，就在于这个"有命"。命者命令，命令固化了，便是命运；听令受命的，当然是人，只能是人。天命是人性得以形成的直接原因。

这也就是楚简另一篇中所谓的"性自命出，命自天降"① 的意思。天降命，命出性。性又怎样？性出情②。情呢？情动心（参第 180 页中段）。有了情之流露、心之活动，是为有生。所以在《语丛三》里，我们竟然三次读到"有性有生"的话。本来性就是生，生就是性，当时一般大概都是如此理解的；《孟子》中就有记载（见《孟子·告子上》"告子曰：生之谓性"）。但是对于一个向内索求人性之所以的学派来说，简单地在人性和人生之间画个等

---

① 《性自命出》，第179页。

② 第179、203页：情生于性。

号,就远远不够了。正如我们在这批楚简所见,它已被展开为性与命、性与情、性与心这样三个方面的问题,并做了充分的论证。

二

有关性与命关系的最经典的论说,大概要数《中庸》开篇的那句话:"天命之谓性。"楚简中,同样的思想也已有了,只是表述上还不洗练,一句话被说成了三句:有天有命;性自命出,命自天降。

天到底是什么,命又是什么?天是如何降命的,命又是如何出性的?这样的致命的问题,是只有我们这些远离神权时代阴影的人,才能提得出来的风凉的问题。当时,它在人们心目中,是并不存在的,因为它不成其为问题。

虽说如此,我们还是能从楚简的相关话题中,寻出一些蛛丝马迹来。譬如《穷达以时》篇说:

> 有天有人,天人有分。察天人之分,而知所行矣。有其人,无其世,虽贤弗行矣。苟有其世,何难之有哉?
>
> ……遇不遇,天也。(第145页)

这里有个"天人之分",绝非荀子那个"天人之分",这是需要首先辨明的。因为这个天,不是荀子那个"不为尧存,不为桀亡"的自然之天,而是如文中所说的那样,是或有或无的"世",不可强求的"遇",穷达以之的"时"。

世、遇、时是什么?它不是穹庐的苍苍,也不是人格的天王,或者义理的原则、无为的天成;而是运气,是人们所无从预知也不能控制而不得不受其支配的超人力量,是或忽然来去或周期出没的机会,是得之则兴失之则衰却无可挥招的条件,是人们战战兢兢俯仰其中赖以生息的环境。因而当时被尊之曰天,一种特定意义的天。这种意义的天,用我们现在的概念来说,其实就是社会环境、社会条件、社会机遇,或者简称曰社会力。这个社会力,有时会比自然力量厉害多多,也诡诈多多。从人这方面看来,它是藏身冥冥之中、对之莫可奈何、多半只得臣服之的绝对命令,所以也叫作天命。所谓"命自天降",所谓"有天有命",就是这个意思。

人是不能离开社会而存在的。于是人就必得遵从社会的力量和命令而生活，不知不识，顺帝之则，在社会中完成自己，造就出所以异于禽兽的那点灵魂，形成为人的本质，是为人性。所谓"性自命出"，就是这样"出"来的。

楚简中未见正面解释为什么以及怎么样"性自命出"的事，但是有这样的提法：

> 知己所以知人，知人所以知命，知命而后知道，知道而后知行。
> 有知己而不知命者，亡知命而不知己者。①

知己知人所以能够知命，成为知命的条件，无非由于知己知人则能知所以异于禽兽的那点人性，知性然后方能知其所自出之命。至于知命而后知道知行，则是上述过程的逆转，道和行者，动态之性的动向和准则也。如果一个人仅仅知道自己，不知道别人，不知道人性一般，自然无从知命，这叫作"有知己而不知命者"。反过来看，只要知命，知道人性之所从出，自然不会不知己了，这就是"无知命而不知己者"。

三

这批楚简的儒书中，未见有讨论性善性不善的事；看来这个后来成为儒家必谈的大题目，当时也还没有成为问题。关于人性是什么，它只是这样说：

> 喜怒哀悲之气，性也。及其见于外，则物取之也。
> 好恶，性也。
> 四海之内，其性一也。②
> 凡有血气者，皆有喜有怒，有慎有□。③

就是说，它所谓的性，既非食色自然之性，亦非善恶道德之性，而是种种存于中、未及见于外的气，一些可以姑且名之曰"情气"的气。这样的气，无所谓善不善的问题，顶多是一些可以为善可以为不善的素材，一些待发的

---

① 《尊德义》，第173页。
② 《性自命出》，第179页。
③ 《语丛一》，第195页。

力。所以简中又说：人之有性（情气），犹如"金石之有声"，"弗取不出"①。

这些待发的动力一旦引发出来，或者叫取出来，遂释放而为情。《语丛二》里说：

爱生于性，亲生于爱，忠生于亲。

欲生于性，虑生于欲，悟生于虑，静生于悟，尚生于静。

智生于性，卯生于智……

子生于性，易生于子……

恶生于性，怒生于恶……

喜生于性，乐生于喜，悲生于乐。

愠生于性，忧生于愠，哀生于忧。

惧生于性，监生于惧，望生于监。

强生于性，立生于强，断生于立。

弱生于性，疑生于弱，背生于疑。

这里生于性的那些词，都是人情之种种②。它们次生、再生下去，则逐步由真情实感向行为规范过渡，而成为道，例如第一条最后生出了"忠"那样。这也就是《性自命出》中所说的：

性自命出，命自天降。道始于情，情生于性。始者近情，终者近义。知情者能出之，知义者能纳之。

在这个天—命—性—情—道的程式中，性是居中的核心；命和情，是性之所自出与所出；天，前面已说过，不是外在的自然或上帝，而是社会力；至于道，需要特别强调指出的是，它也不是天道，而是人道：这是此一学派的很重要的特色。在这批楚简的儒书中，除《五行》篇外，一律不谈天道，并且一再说，道有好多，"唯人道为可道也"，"是以君子，人道之取先"。这一特色，当然和这个学派的致思路向有关，是它向内求索的明显标志。

这种以情释性、指性为情的说法，在《大戴礼记·文王官人》或《逸周

---

① 《性自命出》，第179页。
② 《语丛二》第180页上说，人之诸情属于爱类者七、智类者五、恶类者三、所为道者四。

书·官人》中，也有一些痕迹。那里说："民有五气：喜、怒、欲、惧、忧……五气诚于中，发形于外，民情不可隐也。"（此据《逸周书·官人》，《大戴礼记·文王官人》略同）气诚于中，形发于外，性和情，只有未发已发的分别，没有后儒常说的性善情恶的差异，在道理上，显然更顺通些。《大戴礼》《逸周书》和楚简的这一一致性，对于我们了解楚简的身份，也许会有一些帮助。

由于释性为情，关于性，便没有多少话好说了；而情，则受到绝大的重视。《性自命出》中这样说：

> 凡人情为可兑（悦？）也：苟以其情，虽过不恶；不以其情，虽难不贵。苟有其情，虽未之为，斯人信之矣。未言而信，有美情者也。未教而民恒，性善者也。未赏而民劝，含福者也。未刑而民畏，有心畏者也。贱而民贵之，有德者也。贫而民聚焉，有道者也。（第181页）

情的价值得到如此高扬，情的领域达到如此宽广，都是别处很少见到的。特别是，有德与有道，在这里竟也都被拉来当作有情，当作有情的某种境界，这种唯情主义的味道，提醒我们注意：真情流露是儒家精神的重要内容。真情流露就是率性。"率性之谓道"，后来《中庸》开篇的这第二句话，大概是应该以楚简的思想来解释，方才可以捉住要领。

四

由天命而出性，因率性而生情以至于道。可是这个居于核心地位的性，这个由天命生出来的性，作为情与道之底蕴的性，还得需要"心"来帮助，方才能够成其为真实的性：

> 金石之有声，□□□□□；□□虽有性，心弗取不出。

此简有残，但意思大体还能猜得出。它是在说，金石之有声，棰弗击不鸣；凡人虽有性，心弗取不出。由此可见，性对人固然很重要，但如果没有心去取它出来，也不过是人体的一种潜在可能性而已。唯有心，才是人身上的积极力量；心不取，性不出，情更无由生，人还成其为人么？

那么心是什么？它是从哪儿来的？现存的简文中未见交代，但有一处指出了心的一个值得注意的重要特点：

> 凡人虽有性，心无奠志；待物而后作，待悦而后行，待习而后奠。

人有性，有心；性是某种潜能，心是激活之的动力。双方配合得很。可是"心无奠志"，也就是说，没有既定的方向，好比一辆没有轨道的火车头。潜在的性和无定向的心的这种关系，不禁使我们想起《孟子》引述的告子的一段话："告子曰：性犹湍水也，决诸东方则东流，决诸西方则西流。人性之无分善不善也，犹水之无分于东西也。"（《孟子·告子上》）楚简未必便是告子的作品，但告子的"水"和"决"的比喻，倒确实与楚简的性和心的关系类似。告子着眼于水，结论是"人性之无分善不善"。楚简以无奠志的心去取性，着眼于决，其结果则应该是：可以为善，可以为不善。

这是相当重要的结果！这就回答了"均是人也，或为大人，或为小人，何也"（《孟子·告子上》）的问题，那是一个困惑着所有心性学说的难题。从后来的《孟子》书中，我们读到过性善论者对这一难题的直接回答，也读到了性善论者所转述的性无善恶论者的间接回答；现在从楚简里，我们终于看到了第一手的可以为善恶论者的答案，是一桩很值得兴奋的事。

当然还有一个必须回答的问题是：心无奠志，何也？简文是这样答复的：

> 四海之内，其性一也。其用心各异，教使然也。①

人性是同一的，因为它受命于同一个天；人心是各异的，因为它受教于不同的人。这是一个典型的儒家式的答案。本来是从天谈起的，天命为性；性又有赖于心，心弗取不出；心哩，还得受教的塑造。于是，天命成了虚悬的一格，真实起作用的倒是人教。

儒家所谓的教，主要指德教。"教，所以生德于中者也"（第179页），生德于中也就是生德于心，其目的在于使心有定志，人心一如。但由于受教的不同，现实状况是人心不同，各如其面，从而又增加了教育的迫切性。在楚简中，可以读到教人如何以心取性由性生情的谆谆叮咛：

---

① 《性自命出》，第179页。

凡忧患之事欲任，乐事欲后。身欲静而毋□，虑欲渊而毋伪，行欲勇而必至，貌欲壮而毋拔，欲柔齐而泊，喜欲智而亡末，乐欲亲而有志，忧欲俭而毋昏，怒欲盈而毋□，进欲逊而毋巧，退欲□而毋轻，欲皆□而毋伪。君子执志必有夫□□之心，出言必有夫柬柬之信，宾客之礼必有夫斋斋之容，祭祀之礼必有夫斋斋之敬，居丧必有夫恋恋之哀。君子身以为主心。①

这里有些字还认不出，有些心态还说不清，但总的倾向是明白的，可以用《中庸》开篇的第三句话来概括，那叫作："修道之谓教。"

---

① 《性自命出》，第181页。

三重道德论

> 君子之道，造端乎夫妇；及其至也，察乎天地。
>
> ——《礼记·中庸》

20世纪之尾，郭店出土了竹简《五行》，回应了20年前马王堆帛书《五行》所引起的学术震撼，坐实了思孟五行说，在中国学术史上，是一件非同小可的大事。

只是，我们的研究工作似乎还没能跟上。我们多半还沉浸在思孟五行学说终于被发现了的喜悦中，而很少解答《五行》篇本身提出的一些新问题。譬如说，《五行》谈五行而又有所谓四行，五行和四行的关系如何，便是其中首屈一指的大问题。如果再考虑到，与讲道德、说仁义的竹简《五行》同时出土的，另有一篇也是谈道德的《六德》；这四行、五行和六德之间，又是如何分合的，它们在儒学体系中各占何种地位，后来的变化发展状况怎样，更是我们所无法回避的课题。

这些都是过去儒学研究中所不曾遇到过的新情况。只要谁个肯于直面这些问题，那么他便必将意外地发现一片尚未垦殖的新天地，那儿陈列着儒学的三重道德规范，它们组成了完整的儒家道德学说体系。那就是：人之作为家庭成员所应有的人伦道德（六德），作为社会成员所应有的社会道德（四行），以及作为天地之子所应有的天地道德（五行）。这三重道德，由近及远，逐一上升，营造了三重浅深不同而又互相关联的境界，为人们的德行生活，为人们的快乐与幸福，开拓出了广阔无垠的空间。

一、六德

人必群居而后得以生存繁衍。群居形成所谓社会。社会性于是遂与自然性并列而成了人的根本属性。虽激烈反对社会、尖刻讥诮人世的庄周，对此也无可奈何而慨然有叹曰："子之爱亲，命也，不可解于心；臣之事君，义也，无适而非君也，无所逃于天地之间。"（《庄子·人间世》）唯其不可解于心和无所逃其身，于是便有了人伦，有了人人都应该践行的伦理规范和准则，作为最初一级的普泛道德，维系着人类的基础组织——家庭的安定。它就是楚简《六德》篇所讨论的内容。

《六德》说："生民斯必有夫妇、父子、君臣。"所谓"生民"，是天生烝民的意思，凡我人类的意思；所谓"斯必"，是说无论何人，不计尊卑，都必得在夫妇、父子、君臣这三伦中各占一个位置。"夫妇"不用说，男大当婚女大当嫁；"父子"是广义的，母女以至翁婿婆媳都也包括其中；"君臣"一伦，在宗法社会里，本是父子关系的延伸。这三种关系，是自然的，也是社会的基础；是每个个体生命所不可逃脱的，也是整个人类生存所必须具有的。后来有所谓五伦之说者，于三伦以外，更加兄弟、朋友二伦，似乎更加全面完整了，其实迹近枝指蛇足，盖生民未必皆有兄弟朋友也。至于五伦的顺序以君臣为首，较之这里三伦的让夫妇居先，其自然的分量更少，人为的分量更多，离开源头也显得更远了。

《六德》篇称此"生民斯必有"的三种人伦关系为"六位"。其所谓的"位"，当不止于空间意义上之处所的意思；《公孙龙子·名实论》上有定义道："实以实其所实而不旷焉，位也。"可见当时已认识到物之位和物之实间，还有着内在的亲密关系。此外，我们大都知道"位"在《易经》中的重要作用，在天文历法中的巨大意义，以及在数学中，如果没有"位"的观念，任何运算都将无法进行；正是这些场合，又一层层地给"位"的概念刷上了许多神圣油彩。因此，对于《六德》篇的所谓"六位"，我们也不可等闲视之，不能简单地理解之为处所；而必须注意到"位"所要求的"实其所实"，注意到它之作为社会细胞的本根意义。

既然六位是生民所必有的自然状态、所必居的社会位置，那么与之相适

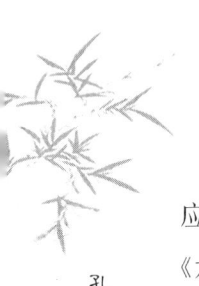

应,便会有各位生民在此状态与位置中的天职或使命,用"以实其所实"。在《六德》篇中,它们被称为"六职":"有率人者,有从人者;有使人者,有事人者;有教者,有受者。此六职也"。六职和六位相对应,其分配状况是:率人者夫,从人者妇;使人者君,事人者臣;教者父,受者子。

这六种职责,显然过于高度概括了(看来是论说的方便使然;下面我们再引述其具体内容)。有了职责,必然会有彰扬职责的规范或标准,那便是所谓的"六德":"圣智也,仁义也,忠信也。"六位、六职和六德的整体配合,据说是这样的:

……父兄任者,子弟大材艺者大官,小材艺者小官,因而施禄焉,使之足以生,足以死,谓之君,以义使人多。义者,君德也。非我血气之亲,畜我如其子弟,故曰:苟济夫人之善也,劳其藏腑之力弗敢惮也,危其死弗敢爱也,谓之臣,以忠事人多。忠者,臣德也。知可为者,知不可为者,知行者,知不行者,谓之夫,以智率人多。智也者,夫德也。能与之齐,终身弗改之矣。是故夫死有主,终身不变,谓之妇,以信从人多也。信也者,妇德也。既生畜之,或从而教诲之,谓之圣。圣也者,父德也。子也者,会×长材以事上,谓之义,上共下之义,以×××,谓之孝,故人则为□□□□仁。仁者,子德也。故夫夫、妇妇、父父、子子、君君、臣臣,六者各行其职而谗陷无由作也。

君使人以义,臣事人以忠;夫率人以智,妇从人以信;父教人以圣,子效人以仁。位、职、德的如此搭配,颇有点筚路蓝缕的架势,显得不那么通顺。于是我们难免要问:像父慈子孝这样的德目,夫唱妇随这样的说法,当时并非没有;为什么《六德》篇偏要舍近求远,生搬硬套一些更显赫更空泛的德目,来敷衍成章呢?莫非其中另有图谋?这是一桩饶有趣味的考问,让我们细细道来。

在这批楚简的另篇文章《成之闻之》中,我们曾读到过这样的语句:

天降大常,以理人伦。制为君臣之义,著为父子之亲,分为夫妇之辨。是故小人乱天常以逆大道,君子治人伦以顺天德。(《成之闻之》,第31—32简)

唯君子道可近求而可远措也。昔者君子有言曰："圣人天德。"何？言慎求之于己，而可以至顺天常矣。……是故君子慎六位以祀天常。（《成之闻之》，第37—40简）

君子应该"顺天德""顺天常"和"祀天常"，这对当时的各家各派来说，都是不成问题的共识。问题是，天德天常什么样儿，又在哪里？各家的说法便有了分歧。重视实践理性的儒家认为，它远在天边，近在眼前。"子曰：道不远人。人之为道而远人，不可以为道。"（《礼记·中庸》）君子只要"慎求之于己"，便"可以至顺天常"，这叫作"唯君子道可近求而可远措也"。

需要说明的是，儒家这里所谓的天德天常，以及他们在许多别的地方谈到的天道天行，每每不是本体论的，也常常不是认识论的，而往往是伦理学的。所谓"君子之道，费而隐。夫妇之愚，可以与知焉，及其至也，虽圣人亦有所不知焉；夫妇之不肖，可以能行焉，及其至也，虽圣人亦有所不能焉"（《礼记·中庸》）。他们认为，平平庸庸的日用伦理，便是赫赫明明的天道流行；而神秘莫测的天常，必定要从天降来治理人伦。"是故君子慎六位以祀天常"，只要慎于自己所处的人伦地位，便是答谢上苍的最佳手段。

因此，六位六职所应遵循的六德，便不能也不会只是特殊性的，只适用于家庭范围内的琐德细行；而必定会是更一般的，是天道的直接延伸和显现，如圣、智、仁、义之类。这就是六德之所以不取孝慈而高唱圣仁的奥秘所在。

这样做的目的和结果，有利于六位之德不胶着于社会细胞的基础层次，而得往来于天地之间，与高层领域里的德行认同；从而鼓舞六职下的全体生民，不以家庭为限，生发"人皆可以为尧舜"的设想，矢志攀升更高境界。当然，不胶着便难免疏离，使普泛的基础道德沦于虚空，空谈圣仁而不着家庭这一社会细胞的边际。所以，《六德》篇于高唱圣仁的同时，又将"六德"凝缩为所谓的"立身大法三"，以紧密切合六位，统领三伦，其文曰：

男女辨生言，父子亲生言，君臣义生言。……男女不辨，父子不亲；父子不亲，君臣无义。（《六德》，第33—34、39简）

凡君子所以立身大法三，其绎之也六，其衍十又二。三者通，言行皆通；三者不通，非言行也。三者皆通，然后是也。三者，君子所生与

之立,死与之敝也。(《六德》,第44—46简,采李零释文)

现在尚不清楚"生言"何义。至于"男女辨""父子亲""君臣义",以及"男女不辨"则"父子不亲""父子不亲"则"君臣无义"等等,含义则是一清二楚的。只有它们,才是"以理人伦"的真正切实的道德要求,"以顺天德"的真正可行的行为规范。《六德》篇不说它们是什么"天降"之"天常",而给了它们一个更实际的名字,叫作"君子所以立身大法",强调了人的主体性,倒是非常现实主义的。

不过《六德》篇又不画地为牢,而主张演绎开去,说这三个立身大法"其绎之也六","其衍十又二"。所谓"绎之也六",那应该就是"父圣、子仁、夫智、妇信、君义、臣忠",以及"圣生仁,智率信,义使忠"了(《六德》,第34—35简)。至于"其衍十又二",则当是"夫夫、妇妇、父父、子子、君君、臣臣,此六者各行其职"之谓(《六德》,第35简),也就是孔子所说的那个"正名",即夫应行夫之职,实夫之位,如此等等。

《六德》篇强调,这三大法和六绎、十二衍三者,应该相通。"三者通,言行皆通;三者不通,非言行也。三者皆通,然后是也。"所谓"三者通",大概是说,对于人伦道德,不能只理解为圣、仁、智、信、义、忠那六种天降的天常,也不能只局限为辨、亲、义那三种立身的大法,或者是六对十二个名实的两两相应;而应该打通了来理解,即既见其为天常,又奉之作大法,也实其所当实。只有这样,才不致流为空泛,或拘于琐细,而且既便于言,又利于行,达到所谓的"言行皆通"。后世思想家将三大法僵化为三纲,变双向成单向,既不能"绎之也六",也无法"衍十又二",则是"三者不通"的典型,这里就不细说了。

二、四行

家庭结合而有社会,人伦道德之上乃有社会道德。在楚简中,社会道德谓之"善",其《五行》篇中有关"四行"的种种论述,便是儒家(主要是思孟学派)的社会道德学说。

《五行》篇的开宗明义第一章中这样说:

仁形于内，谓之德之行；不形于内，谓之行。义形于内，谓之德之行；不形于内，谓之行。礼形于内，谓之德之行；不形于内，谓之行。智形于内，谓之德之行；不形于内，谓之行。圣形于内，谓之德之行；不形于内，谓之德之行。

德之行五，和谓之德，四行和，谓之善。善，人道也；德，天道也。

这里所谓的"形于内"和"不形于内"，乃就天道而言。他们认为，天道外于人而在，无声无臭，无色无形，虽细分为仁、义、礼、智、圣诸道，亦无从得其朕兆。勉强形容一下它的形状，可以谓之为"形而上"即有形以前的模样。这些形而上的天道，只有被人觉悟，方得成形于人心之内，是为"形于内"；此时的某天道，便谓之某"德之行"（如：仁道形于内，谓之仁德之行，等等）。倘或并未被人觉悟，没能在人心中成形，只是被仿效于行为，便谓之某"行"（如：仁道不形于内，谓之仁行，等等）。仁、义、礼、智诸道，莫不如此，只有圣道例外。盖圣之为道，只能形于内而成圣德，不能不形于内而有圣行。所以，形于内的德之行共有五种，简称五行，即仁、义、礼、智、圣，其和谓之德。不形于内的善之行共有四种，简称四行，即仁、义、礼、智，其和谓之善。善是社会人的行为准则或规范，是"人道"即为人之道，或者叫社会道德；德是觉悟人之所以与天地参，是"天道"之现于人心，或者叫天地道德。

有关四行与五行、人道与天道、社会道德与天地道德的这一段总论，思路和文路都是相当清楚的。唯一有点麻烦的是"圣形于内，谓之德之行；不形于内，谓之德之行"那一节。这一节在马王堆帛书中，作"圣形于内，谓之德之行；不形于内，谓之行"。从形式上看，帛书的句子似乎更好些，竹简的句子似乎有衍误。但从内容上推敲，却又似乎不然，因为圣和仁、义、礼、智有别，它高于一切善行，不是行为方式，不与具体对象对应，无从不形于内而竟落实为行。这一点，《孟子·尽心下》的一段话，也许可以引作佐证：

仁之于父子也，义之于君臣也，礼之于宾主也，智之于贤者也，圣（人）之于天道也，命也；有性焉，君子不谓命也。

孟子这段话，自身本也有点麻烦，那就是"圣人"的"人"字。其为衍

文,已经证明①。现在我们从楚简《五行》中圣与仁、义、礼、智有别的角度来看,《孟子》这里的圣,也不与具体的人群打交道,而只与天道相往还;这岂不是说,《孟子》的这个圣,也不是人际的行为方式,不能"谓之行",而只是对天道的觉悟,只能"谓之德之行"吗?

圣和仁、义、礼、智的这一区别,这一不得谓之行和可以谓之行的不同,划出了五行和四行的界限,德和善的界限,天地道德和社会道德的界限,是需要认真注意的。

五行、四行和六德之间,当然也有界限问题。《五行》篇中,有一节专门描述此三者的基本标帜和主要差别,过去很少受到人们注意,那就是〔经6〕所说的:

> 仁之思也清,清则察,察则安,安则温,温则悦,悦则戚,戚则亲,亲则爱,爱则玉色,玉色则形,形则仁。
>
> 智之思也长,长则得,得则不忘,不忘则明,明则见贤人,见贤人则玉色,玉色则形,形则智。
>
> 圣之思也轻,轻则形,形则不忘,不忘则聪,聪则闻君子道,闻君子道则玉音,玉音则形,形则圣。(按,君子道即天道,见帛书《五行》〔说6〕)

这里的三种思和三种形,各自代表着人间的一种道德。其第二种和第三种即智和圣,正如马王堆帛书《德圣》篇之"知人道曰智,知天道曰圣"所言,分别代表着对人道和天道的认识(所谓的"见贤人"和"闻君子道");也如《五行》之〔经19〕和〔经18〕所示,由智之思而生四行与善,由圣之思则生五行和德;就是说,这两段所表示的是社会道德和天地道德的特征。至于表现为温悦亲爱等等的仁之思和仁之形,即第一段,则是血缘亲情的流露和提升,其所指示的,是宗法关系内的人伦道德。这仁、智、圣三者之间,似乎存有某种递进的关系,其中仁所反映的是人之作为感情的自然存在,智所反映的是人之作为理性的社会存在,圣则是二者的结合和超越,反映的是

---

① 朱熹《四书集注》:"或曰:'人'衍字。"俞樾《群经平议》:"《集注》曰或云人衍字,其说是也。"参拙著《帛书五行篇研究》(代序),济南:齐鲁书社,1988年版。

人所可能达到的极致。子贡某次称颂孔子道"仁且智,夫子既圣矣"(《孟子·公孙丑上》),正可借来理解《五行》篇的这段经文,理解儒家三重道德之间的关系。

当我们说儒家三重道德之间有着递进关系时,必须补充一句的是,社会道德即所谓的四行或善,不仅不足以统辖人伦道德即六德,而且,在儒家看来,它也不能移用于家庭人伦之间。用孟子的话来说,这叫作"父子之间不责善"。他说:

> 古者易子而教之,父子之间不责善。责善则离,离则不祥莫大焉。(《孟子·离娄上》)

> 责善,朋友之道也。父子责善,贼恩之大者。(《孟子·离娄下》)

所谓责善,是以仁、义、礼、智来克制自己和要求对方。孟子认为,责善乃朋友之道,不可施诸至亲之间;父子之间倘若互相责善,那将是最大的贼恩行为,势必导致分离和不祥。这也就是说,以智为基础的尊尊的理性的社会道德,是不可搬用于以仁为基础的父子之间或家庭内部的,那儿需要的是亲亲的感情的人伦道德。

说到这里,很容易想起一桩著名的"攘羊"公案,好多思想大家都曾对之发表过高见:

> 叶公语孔子曰:"吾党有直躬者,其父攘羊而子证之。"孔子曰:"吾党之直者异于是,父为子隐,子为父隐,直在其中矣。"(《论语·子路》)

直躬的案例,又见于《庄子·盗跖》《韩非子·五蠹》《吕氏春秋·当务》《淮南子·泛论训》等篇,细节和评价各各不一。最突出的当推《韩非子》的记载,在那里,作证的儿子竟以"直于君而曲于父"的罪名被冤杀了。按"直"是一种善行,属于"义"的范围、社会道德的范围。知道有人偷羊而挺身作证,乃社会秩序所要求的义举,本是一种社会公德。但按照儒家标准或揆诸社会习俗,如果是儿子出面来证实父亲,那便成了"曲于父"的贼恩举动,因为父子之间,是不能责善的,他们另有一套亲亲的道德守则。按照那套守则,父子相隐,便是"义"、便是"直",至少也是"直在其中矣"。是非

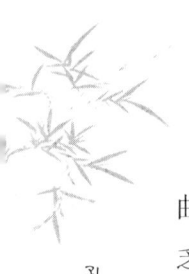

曲直之如此认定，看来并不止于儒者一家而已，上列各家的攘羊评论中，不乏同意之例（直至现代，各国法律仍多有亲属回避制度，作为对父子相隐的预防和躲避）。

在楚简中，这叫作"为父绝君，不为君绝父"（《六德》，第29简）。这种"忠孝不能两全"的难题，后来一直困扰着中国的社会和家庭，并成为恒久的悲剧题材。楚简他篇中所开始出现的"仁"、"义"并举现象，或许正是试图从理论上来弥合这种社会道德和人伦道德之矛盾的举措，如"爱亲忘贤，仁而未义也；尊贤遗亲，义而未仁也。……爱亲尊贤，虞舜其人也"（《唐虞之道》，第8—10简）等等。及至孟子，"仁"、"义"连用成为定式，社会善德更被归根于人的善性，人的社会性于是得到进一步加固，自然性受到进一步欺凌。后来在荀子那里，干脆宣称"从义不从父"为"人之大行"（《荀子·子道》），社会道德的威严，乃越发不可一世了。

三、五行

五行和四行虽然只有一字之差，只是"仁、义、礼、智、圣"与"仁、义、礼、智"之别，彼此却有着根本的不同。如前所引，五行是天道形于内的德行，是天道，四行是天道不形于内的善行，是人道；二者的内涵和境界大不一样，尽管其具体德目多所相同。而这个差别，根本地来源于人的不同存在。

我们知道，人首先是一个感性的自然存在，然后或同时是一个理性的社会存在，更后或同时还是一个悟性的精神存在。在儒家看来，作为自然存在，人应该有六德；作为社会存在，应该有四行；而作为精神存在，人还应该修习天道之五行，以求达到"赞天地之化育"、"与天地参"的境界（《礼记·中庸》）。这三种存在，是任何人所必居的三个位置，每个人都是这样的三位一体或一体三位。其中，自然存在不用说，那是与生俱来的基础；社会存在亦如影之随形，无可逃于天地之间，尽管彼此差别之大，常常判若天渊；精神存在则是人类独有的骄傲和标帜，并因各人觉悟与否而有参差。

作为社会存在，人必须使自己的存在容纳于社会、协和于社会、服务于社会、有利于社会，就是说，他的行为应该是善的，哪怕因此而承受痛苦、做出牺牲，也在所不惜、义无反顾。因为这是人道，是为人之道或社会道德，是人性之内的职分，这是四行范围里的事。而作为精神存在，人却可以了悟其所在社会不过是天地间的一点和一瞬，洞悉社会所谓的善行不过是天道之见诸一地与一时，觉解自己虽一粟于天地，却可备万物于我心，因而遂能超出其所在的社会乃至一切社会，超出其自己的社会存在乃至自然存在，而"与天地合其德，与日月合其明，与四时合其序，与鬼神合其吉凶"（《易·乾·文言》），"独与天地精神往来"（《庄子·天下》），这便是五行范围里的事。

《五行》之〔经19〕所说的"四行之所和，和则同，同则善"，以及〔经18〕所说的"五行之所和，和则乐，乐则有德"，便是对这两种境界两种道德的高度概括。其所谓四行之和则同的"同"，据帛书〔说〕文解释，是"与心若一也"，"四者同于善心也"。就是说，四行或社会道德，是与人心相一致的，是人性之内的事，守四行即所以尽性。而五行之和则乐的"乐"，据〔说〕文解释，指的是"流体也，机然无塞也"，"德之至也"。就是说，五行或天地道德，是天道之畅流人体，是德之至极，行五行是最大的快乐。

按，道德与快乐或幸福的关系问题，本是西方伦理学说中一直纠缠不清的老问题。一般说来，其唯物主义者多从人的自然性个体性出发，认趋乐避苦为人的本能，视修德求福乃同一行为，相信德行是快乐和幸福的源泉，幸福与快乐是德行的动力。唯心主义者则重视人的社会性总体性，认为人类不同于屈服自然欲求的动物，其道德行为不是为了快乐或幸福，而是基于某种理念，所以能够以自觉地牺牲幸福忍受痛苦为代价。如此等等。这两种观点的偏颇之处在于，它们都只强调了人之为人的一个方面，而且是与快乐或幸福无大相关的方面；唯物主义强调的是人的自然存在，唯心主义强调的是人的社会存在。而快乐和幸福，本是情感和精神方面的感受和体验，忽视了人之作为精神的存在，忽视了作为精神存在规范的德行，是说不清楚道德与快乐或幸福的关系的。《五行》篇在这点上，似乎便找到了真正的关键所在。它在谈论四行即人之作为社会存在所应奉行的社会道德时，没有涉及快乐或幸福的话题，而只说到"同"和"善"，意味着人同此心，心同此善而已。只是在谈论五行即人之作为精神存在所应奉行的天地道德时，才提出了"乐"，且多次强调"不乐则无德"，将"乐"扎根于天道之中，落实为得道者的精神

状态。

作为例证,我们不妨回忆一下颜回的故事:

子曰:"贤哉,回也!一箪食,一瓢饮,在陋巷,人不堪其忧,回也不改其乐。贤哉,回也!"(《论语·雍也》)

箪食,瓢饮,陋巷,是作为自然存在之人的起码存在条件。一般人"不堪其忧",说明一般人的乐趣在于酒醉饭饱和高门大屋。"回也不改其乐",不是说颜回乐此贫困,而是说此贫困改变不了他所已得之乐,因为他的乐不在此物质范围之中,而另有其精神性的乐处,所谓的"孔颜乐处"。

还有一个例证,虽是假设的,却是合理的——当然是儒家之理。文曰:

桃应问曰:"舜为天子,皋陶为士,瞽瞍杀人,则如之何?"

孟子曰:"执之而已矣。"

"然则舜不禁欤?"

曰:"夫舜恶得而禁之?夫有所受之也。"

"然则舜如之何?"

曰:"舜视弃天下犹弃敝屣也。窃负而逃,遵海滨而处,终身欣然,乐而忘天下。"①

舜不以位居天子为乐,却因保全父亲而乐其天伦之乐,并且"乐而忘天下",忘掉了一切社会存在。一望可知,舜的行为是违背社会道德的,但它成全了人伦道德,这是一个大矛盾。孟子所想告诉我们的,恐怕尚不止于这一点忠孝矛盾而已,应该更有深意在焉。他大概是想说,这一弃位窃负的全部行为,既出自一位大圣人之手,自无违于圣之所以为圣,也昭示了乐之所以为乐。就是说,儒家所追求的乐,只在两个领域里存在:一个是家庭人伦之中,一个是我心之中的天地。类似的意思,孟子还说过:

孟子曰:"君子有三乐,而王天下不与存焉。父母俱存,兄弟无故,一乐也;仰不愧于天,俯不怍于人,二乐也;得天下英才而教育之,三

---

① 桃应:孟子弟子。士:大法官。瞽瞍:舜父。有所受之:谓皋陶奉命执法。(《孟子·尽心上》)

乐也。君子有三乐，而王天下不与存焉。"（《孟子·尽心上》）

一乐是人伦之乐，相当于舜的窃负而逃；二乐是天地境界之乐，相当于舜的终身欣然；三乐乐在后继有人，自己的哲理得以不坠。至于王天下之"乐"，即人之作为社会存在的至乐，是不包括在君子之乐之中的，它只不过是一只破草鞋，弃之不顾可也。

由此数例可见，儒家（主要是思孟学派）所谓的乐，全无任何物质分子、利害关系在内，它仅仅是一种感情，一种精神，从而与人伦道德特别是天地道德密切相关。西方伦理学家譬如康德虽也能将快乐同利益隔开，却又认为快乐与道德也毫不相干；那是因为他们只注意了社会道德，只看重了人的社会存在。要知道，人还是一个自然存在与精神存在，还有人伦道德与天地道德；感情与精神的幸福与快乐，正是建筑在它们的基础之上。

天地道德作为人之精神存在的皈依，其内容主要在于安顿人与天地的关系，人与人类的关系，以及人与自我即身与心的关系。孟子将它形象地称为"浩然之气"。据说这种道德或这样的气，是可以慢慢培养起来的，也只能慢慢地培养起来；用孟子的话来说，叫作"是集义所在者，非义袭而取之也"（《孟子·公孙丑上》）。在《五行》篇中，则叫作"积"；"舜有仁，我亦有仁，而不如舜之仁，不积也。舜有义，我亦有义，而不如舜之义，不积也"（《五行》〔说24〕）。所谓积或集义，就是集合一件件的义举，也就是一步步地为善，做四行的事。据说集义到了一定程度，便会发生一个突变，由善而圣，出来浩然之气，进入天地道德境界。其具体步骤，孟子曾经这样说过：

可欲之谓善，有诸己之谓信，充实之谓美，充实而有光辉之谓大，大而化之之谓圣，圣而不可知之之谓神。（《孟子·尽心下》）

善是可欲的，即可以追求和修习的。经过追求修习而具备善德，谓之信，即确实存在的意思。继续充实已有的善德，是为美。由于善德充实而有光辉，谓之大。如此不断前进，经过一次"化之"即质变，然后遂可抵达圣和神，具备浩然之气和天地道德了。这六层阶梯，前两层是四行的善，后两层是五行的德，中间两层是由前到后的转进，四行由此遂超升成了五行。因此，四行作为行为的善，是有止境的，它将升华为德；而五行作为精神的德，则永无止境。这就是〔经8〕所说的：

> 君子之为善也，有与始也，有与终也。君子之为德也，有与始也，无与终也。

必须补充的是，正如父子之间不能责善、社会道德不可移用于家庭一样，社会人之间也不能责德或责圣，天地道德也不可移用于社会。这不仅因为道德是自律的，还因为求全与责备，也有悖于儒家的方法论。儒家只鼓励"涂之人可以为禹"，绝不用禹的标准去要求涂之人；只提倡"人皆可以为尧舜"，并不拿尧舜的境界来责难每个人。人的一切行为都由于自己，天地道德，更是要由自己来一步步攀登的。

六德、四行、五行，构成了儒家的完整道德体系。这个体系，始于对人的自然亲情的确认、尊重和人文化，所谓的"男女辨"、"父子亲"、"君臣义"；然后乃由"亲亲而仁民"，提升为以尊尊为标帜、以善行为指归的理性的社会道德；更后再由"仁民而爱物"，超越具体的社会历史情景，复归于大自然怀抱，民胞物与，参赞化育。《中庸》曰"君子之道，造端乎夫妇；及其至也，察乎天地"，此之谓也。

第四编 火历的发现与钩沉

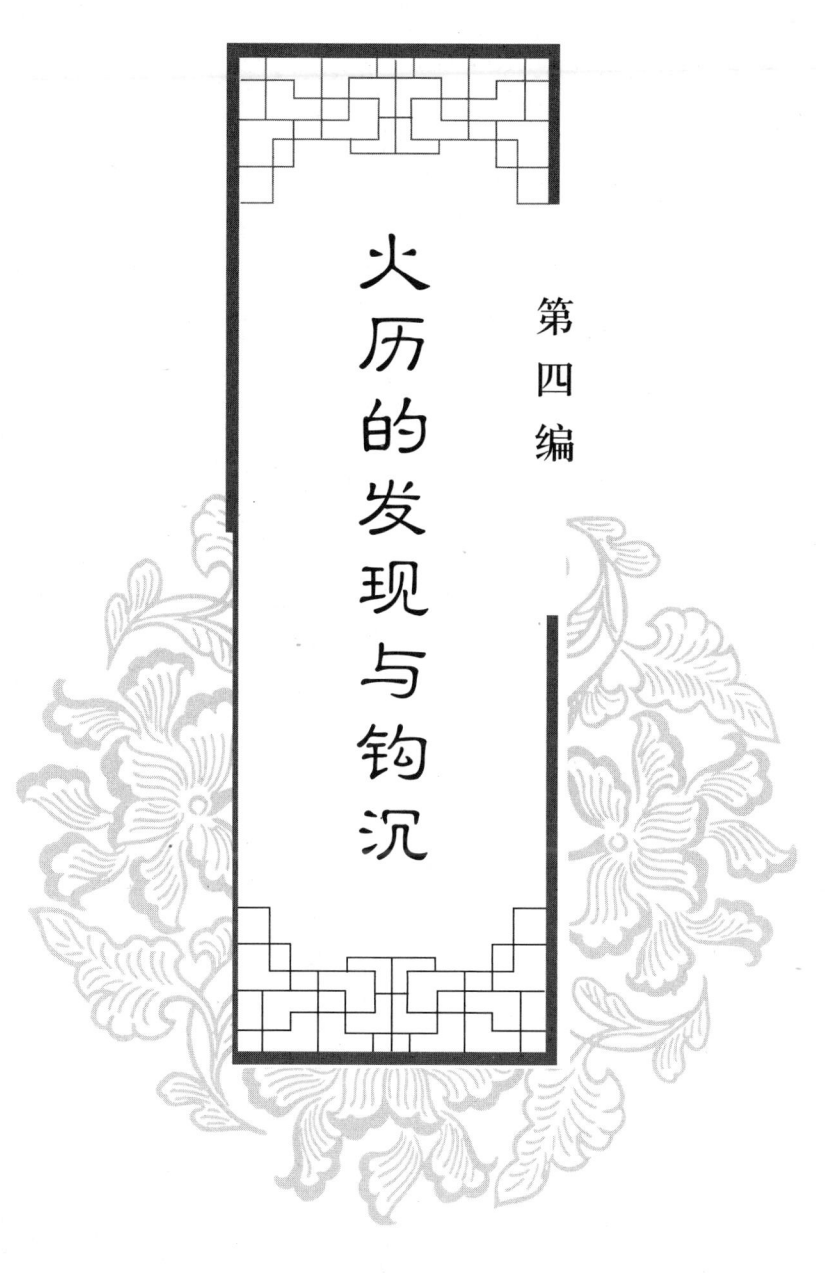

"火历"初探

春秋鲁昭公十七年，预测六月甲戌朔将发生日食①，祝史请准备"救日"仪式。执政季平子反对道："止也！唯正月朔，慝②未作，日有食之，于是乎有伐鼓用币，礼也。其余则否。"太史解释说：您所谓的正月，亦"在此月也，日过分（按指春分）而未至（按指夏至）"；您所谓的正月朔，也是"此月朔之谓也，当夏四月，是谓孟夏"（均见《左传·昭公十七年》）。

这段对话提出了一个有关中国古代历法的大问题：正月，何以也在周六月或夏四月？或者说，周六月或夏四月，何以也可称为正月？

这是一个千古不解之谜！

汉唐经师注疏《左传》时，做出了一种解法。他们说，四月里"纯阳用事"，或者叫"以乾用事"，是"正阳之月"，所以"谓之正月"。对这种解释，两千年来很少有人提出异议③。

其实这个解释，显然难符《左传》原意。首先，"正阳之月"并不等于"正月"。正月指任一历法的岁首之月；而"正阳"的"正"是纯正之正，它不是也不足以说明"正月"的"正"，这是很明白的。其次，"纯阳"、"正阳"

---

① 这次日食预测有误。是年五月丁丑朔及九月癸酉朔有食（据吴守一《春秋日食质疑》等），当公元前525年2月27日及8月21日。

② 《尚书大传》："朔而月见东方谓之仄慝。"郑玄注：仄慝，犹缩懦也，行迟貌也。

③ 宋人苏辙、沈括、叶适、朱熹、王应麟等曾对"正阳之月"究系专指四月抑或也包括十月，提出过不同看法，其承认"正阳"之说，则与汉唐人同。在宋儒支持下，宋仁宗竟因皇祐六年四月朔（公元1054年5月10日）将有日食，改元至和元年，以四月一日为始（见《宋史·仁宗本纪》、欧阳修《归田录》）。

之类的说法,最早见于董仲舒的《雨雹对》,是阴阳消息的套子;而"以乾用事"等等用卦象搭配月份的办法,则是孟氏《易》的发明。汉以前,这些想法还不曾发生,自然不宜也不足以解释《左传》上的道理。

要想说清楚《左传》上正月也在四月的道理,真可谓说来话长了,且试探于下。

一

以前谈中国古历的人,多承认在所谓夏、商、周三正以前,还有颛顼历和黄帝历,甚至"黄帝《调历》以前有上元太初历等"(司马贞:《史记·历书·索隐》)。这些说法透露了人类认识天象的历史。只是那些远古历法究竟是个什么样子,前人囿于自己的正统,其说常不足信。

我们现在倒是比较可以接近真实地指出,渔猎时代特别是有了农业以后的人群,为了定季节的需要,已慢慢具备了自己的天文和历法知识。这个时代,在中国大约相当于传说中的伏羲氏和神农氏时代。天文和历法的科学虽说是一切科学中的第一个骄子,但当时的天文学和历法,毕竟只能是相当疏阔的,而且是紧密固着在生产实践之上的。正是这个"疏阔"和"紧密固着于生产实践",是我们探索远古历法时必须时刻注意的两个要点。

那位提出黄帝以前有上元太初历等的《史记索隐》作者司马贞认为,颛顼历建寅为正,黄帝历建子为正[①]。这种说法,如果不是误以后代历法家的推算为远古的真正历法,就无异主张,人们早就知道一年有十二个月,并且分为四季。这就很不疏阔了。而且以建寅、建子为岁首,在原始农业生产上,也缺乏必要的根据。因而是不足信的。

依据能够收集到的资料和上述两个要点,我们初步的结论是:远古历法同后来历法的重大差别是,它并不以冬至的建子或雨水的建寅为岁首,而是以大火(心宿,天蝎 σ·α·τ)昏见为一个新的农事周期的开始,用后来的历法术语说,也就是以此时为"岁首"。这种以大火为授时星象的自然历,我们

---

① 《古今治平略·帝王历法》更有云:黄帝《调历》以"七百二十气为一纪,六十岁千四百四十四气为一周","积余分以置闰,配甲子而作蔀"。

可以名之曰"火历"。

　　大家知道，火在人类早期发展中的作用，是异乎寻常的。周口店第十三和十五地点的灰烬向我们证明，猿人已经知道用火。火使猿人逐渐确定了"人性"。这时的火，当然还是天然的。后来，大约在旧石器晚期，人工取火发明了，它"第一次使人类支配了一种自然力，从而最终把人同动物界分开"（恩格斯：《反杜林论》），成了人类史上的一大转折点。这就是传说中的燧人氏时代。及至火被运用于农业生产，开始了"刀耕火种"的生活，人类又进一步掌握了大自然的秘密，进入了所谓的炎帝神农氏时代。农业生产需要尽可能精确的季节变化知识，以确定播种和收获的时机，所谓"物其有矣，维其时矣"（《诗·小雅·鱼丽》），"时"对于"物"的有无，在农业生产中，关系是十分重大的。经过了若干年的"仰观于天，俯察于地"的观察和试验，经历了若干次的失败和成功，我们的祖先终于发现，每当心宿于黄昏时分在东方晴空升起之日，便是新的一轮农事开始的最好之时。这个神奇的星座对于农事的指示作用，有如火之对于原始农业一样重要。《尸子》上说："燧人上观辰星（按即心宿），下察五木以为火也。"（《太平御览》卷八六九）把火的发明归之于对心宿的观察，当然是错了；但它透露了心宿与火的关系，则是有根据的。所以我们的祖先，便用"火"来给心宿命名，尊之为"大火"（伟大的火），视之为"农祥"（农事的征兆），规定为农事活动中必须注意的星标（所谓"后稷是相"，见《国语·晋语》）。从此慢慢开始了"火纪时焉"（《左传·襄公九年》）的历法时期。其实际年代，应该当心宿处于秋分点时，即公元前 2800 年左右。

　　以火纪时的详细情况，当时并没有文字记载，今天自无法尽知。但由于它同生产实践密切相关，行使的时间很长，口传手授，成了习俗，以致直到它被日月纪时的历法代替了很久以后，先秦的一些文献中还是留下了它的痕迹，从而为我们埋藏下探寻的依据。

　　依据现有材料和发展的一般规律，可以推知，火历不仅没有后来历法的那些故意虚设的历元、上元之类的问题；大概连气、朔、闰这样的问题也是不存在的。它的特点是疏阔和固着于生产，因而除了"火纪时焉"以外，还辅之以各种物候和规定出各样生产活动，可能像《夏小正》那样，不过要更火历的最大特色是以大火昏见之时为"岁首"。《左传·昭公十八年》"火始昏见"的记录，正是这种历法的孑遗。火出以后的重要一项农事活动就是"出火"，即放火烧荒，着手播种①。《周礼·夏官》："司爟掌行火之法令……季春出火，民咸从之；季秋内（即'入'字或'纳'字）火，民亦如之。"《左传·襄公九年》说："古之火正，或食于心，或食于咮，以出内火。"《尸子》说："遂（燧）人察辰心而出火。"（《路史·前纪五》注引，亦见《中论》）都是说的这一点。可惜经师们不懂出火内火的意思，在注疏中反反复复说不清楚。其实《礼记·郊特牲》中记得很明白："季春出火，为焚也。"这个"焚"，本来就是烧荒种地；后来生产技术进步，"焚"在先进地区不复用于农业生产，而是作为一种礼仪保留在农事祭祀中，成了"社田"，即祭社时的田猎活动。《郊特牲》中又说："唯为社田，国人毕作。"国人毕作正是"民咸从之"，就是大家都要参加。这个场面，又明显保留着上古时期全民出动从事春耕的景象。直到新中国成立前，农村每于二月二日"龙抬头"时祭祀土地神②，也还是古老的"出火"活动的变形。只是一来由于岁差的原因，大火昏见的时间越来越晚，二来由于生产技术的进步，农事活动越来越早，所以这时的出火活动，等不到火出之际，而改以心宿为其心脏的苍龙七宿"抬头"，即角宿初见的时候了。

这种以火出为时"候"的办法，后来仍在许多领域里被采用。《左传·昭公四年》记藏冰之法云："大夫命妇丧浴用冰……火出而毕赋（赋，赐予也）。"这是宫廷以火出为颁冰的时"候"。《左传·昭公十七年》记申须、梓慎关于彗星的谈话，预言宋、卫、陈、郑四国将于火出时发生火灾，《左传·昭公六年》记士文伯议论铸刑鼎事，说"火见，郑其火乎？"则是占星术以火出为时"候"的典型。至于本文开头所引关于日食的议论，更与火出有关，而且是远古存有以火出为岁首之历法的有力证明。

那一段议论发生在鲁昭公十七年六月甲戌朔，当公元前525年4月24

---

① 直到晚近时期，某些少数兄弟民族地区还用这种方式来开始一年的农业生产。
② 《礼记·月令》"其神后土"，郑玄注："后土，亦颛顼氏之子，曰黎，兼为土官。"

日，儒略日1529781。这一天虽因推算有误而并无日食，但当时却正是大火昏见的日子，当火历正月。所以太史说：正月在此月也。这位太史虽未进一步说明这个六月也是正月的道理，但他那坚信的语气足以表明，他是具有大火昏见为岁首这样的传统知识的。至于大火当时正是昏见，他作为太史，当然是准确知道的。同这一记载成为有趣对照的，是庄公二十五年六月辛未朔的日食记事。那一次也是六月朔，并且真的发生日食了，伐鼓用牲了，可是《左传》却又批评说："非常也！唯正月之朔，慝未作，日有食之，于是乎用币于社，伐鼓于朝。"这就是说，这个月并非正月，不该伐鼓用牲。我们看得出，《左传》在这里否定此次仪式的用语，正是本文开头所引的季平子那段被否定了的话。而在那里，同一《左传》是肯定应该举行仪式的。于是，对于同是六月日食，究竟应否举行仪式的事，两次议论完全相反，理由却又完全相同。这种扑朔迷离的现象，曾引起过后来许多人的大惑不解。其实，《左传》的否定和《左传》的肯定都是对的。因为这一次日食发生于公元前669年5月27日，儒略日1477218（据朱文鑫《历代日食考》），从天象说，已是火见以后的第二个月，不当火历正月了。这两件记事从正反两个方面强调证明，的确有过那么一种历法，以火出之月为正月；而这种历法，到春秋时代，已为许多人（包括执政季平子）所不了解了。

春秋人不了解火出之月为岁首，还有一个故事。《礼记·明堂位》说，鲁以周公故，得以天子之礼乐于周正正月即冬至月"祀帝于郊"，于周正六月即夏四月"以禘礼祀周公于太庙"。在这个规定里，鲁国将祀帝的日子定在冬月岁首，那是当然的；而禘周公的日子定在六月，则由于周人以帝喾为始祖，帝喾时行火历，火历岁首当周六月。不过这个原委，春秋时人多已不甚了了。有个执政孟献子，竟将禘日改到七月，说什么"正月日至（按指冬至），可以有事于上帝；七月日至（按指夏至），可以有事于祖"（《礼记·杂记下》）。这位孟献子数典忘祖，只知道正、七月是二至之月，却不知正、六月都是正月，难怪后来的季平子要反对在六月朔救日厌灾了。

除以火见之时为岁首外，火历还以大火中天来纪时行事。《夏小正》有"初昏，大火中，种黍菽"的字样。《夏小正》成书较晚，所记星象物候较多，远比火历精密。其关于大火的三条记载，当是采自民间习俗，不会同火历

无关。

大火中天还被视为寒暑变化的标志，有所谓"火中寒暑乃退"（《左传·昭公三年》）的说法。服虔曰："季冬十二月平旦正中在南方，大寒退；季夏六月黄昏火星中，大暑退；是火为寒暑之候事也。"（《诗·豳风·七月》孔疏引）服虔的解释是对的。大火晨昏中天正是冬至和夏至的星象。从这一条授时记录中，我们还可以发现某种物极则反的朴素辩证思想，它虽然还是直观的，但却是饶有趣味的。

中天以后二三个节气，大火西斜，谓之"流火"。"七月流火"的诗句是脍炙人口的。诗人从七月来开始自己那描述农夫全年辛劳生活的诗篇，显然为了突出生活的苦难性。因为大火西流、寒来暑往，生活便一天天更加艰难起来了。这种思想，当然不会只是出于诗人的灵感，而应包含有以火纪时的多年生活经验的结晶在内。

"流火"至于日躔心宿，大火在晨昏都不再可见，叫作"伏"。"火伏而蛰者毕"（《左传·哀公十二年》）。害虫蛰伏与否对农事十分有关，甚至涉及生命安危；而以火的位置来标示这个现象，把虫蛰与火伏联起来，正是火历之固着于生产实践的特点。

火伏之际有一种"内火"的活动，与春天火出之际的"出火"活动遥相呼应，前面引到的两条材料便是。可惜文献仍然不足，前人的解释复多不得要领，以致无从知其详情。想来"内火"当与收获有关，或者意味着田野农事到此时止，便告结束了①。

待到大火再现于早晨东方，那便是寒天将至的警号，所谓"火见而清风戒寒"（《国语·周语》），就是这个意思。这时应该"亟其乘屋"（《诗·豳风·七月》），作好御寒过冬的准备了。《左传·昭公二十九年》说："凡土功，火见而致用。"这个"见"即指晨见，亦称"朝觌"；"致用"是说准备好筑作的用具。《国语·周语》里说："火之初见，期于司里。"老百姓要在大火开始晨见之时，自带工具到里宰那儿去报到集合，听候调遣，"修城郭宫室"。这

---

① 《礼经会元·火禁》："季秋内火，非令民内火也。火星昏伏，司爟乃以礼而内之，犹和叔寅饯纳日也。"

也就是《七月》中哀叹的"上入执宫功"了。老百姓是终年劳累不得休息的。

火历的最后一个纪时标志是"农祥晨正",即大火晨中①。前已提到,晨中被视为寒退的开始。是时适当冬至,此说是有道理的。《国语》里还说,"农祥晨正"的时候"土气震发",应该翻土泄气,否则"谷乃不殖",因而正是天子籍田监农的时节(《周语》)。它这里说的是日躔营室、气当立春的时分,属于较晚时期的天象,与火历的大火晨正当冬至气节不同;而且它所要求的农事,是生产技术较为进步以后的事情。在火历时代,大概只会注意到寒气始退,以待大火昏见,春暖花开,重新开始对大自然的新一轮斗争。

上列各项从大火昏见到大火晨中的历事,应该可以证明,当心宿处于秋分点左近的年代里,的确存在过一种以火见为岁首并"火纪时焉"的历法。大火且曾以此获得了"辰"或"大辰"这样一个名字(见《左传·昭公元年》《国语·周语》《公羊传·昭公十七年》等)。"辰"是"时"的同义语,并且是"农"(農)的字根,这已是众所周知的常识;我们只愿提醒一句,别忘了由此去想到辰的纪时劝农作用,想到有那样一种古老的历法,就足够了。

作为旁证,我们还可以指出,巴比伦人也是以春分为岁首的,虽然他们以五车二(御夫α)晨见为指示星;但"在耶雷米亚斯的巴比伦恒星天图(公元前3200年)中,昴星团和天蝎座α(即大火)遥遥相对,清晰可见。在其他文明古国也有令人惊奇的类似情况,例如,印度人以阿耆尼(Agni)②为一年之始,墨西哥阿芝特克人以休脱库特里(Xiuhtecutli)为一年之始,这两者都是代表火神的星"③。我们的祖先以心宿昏见为岁首,并名之曰大火,同古印度人以昴宿晨见为岁首并尊之为火神一样,从人类认识发展史的角度来说,是十分自然而又必然的。在兄弟民族西藏地区,直到文成公主入藏以前,仍实行"以麦熟为岁首"(《新唐书·吐蕃传》)和"候草木记岁"(《新唐书·党项传》)的历法,蒙古地区在成吉思汗以前仍以"草青则为一年"(《黑鞑事

---

① 汉人因不知岁差,在"中"和"正"的方位上做了许多牵强的解释,都不足为训。
② 承金克木教授告知:Agni 于梵语为火及火神,以指星辰则为昴宿星团。此宿本名 Krittika,为战神,火神常居之,故梵书中一称之为"火宿"(Agni-nakshatra),原为印度古代二十七宿之首。
③ 李约瑟:《中国科学技术史·天学》中文版第4卷,第177页。

略》)、夏四月"祀天子旧桓州西北郊"(王恽:《中堂事记》)①,也可说明历法在早期总是固着于生产,不必以冬至或立春为岁首的。待到以冬至或立春为岁首的历法能以成立之日,那已是人类迈入文明大门很长一段路程以后的事了。而在最早时期,人类对火是有着特殊感情的。

二

既然以火纪时,自有专人注意观察火的运行。顾炎武说"三代以上人人皆知天文"(《日知录》),固属可信;但在观象方面富有经验具有才能的人,当然又会特别受人尊重,而专司"钦若昊天,敬授民时"(《尚书·尧典》)的神圣职务。古籍中屡见的"火正"一职,就是同火历有关的官员。

《国语》说,颛顼"命南正重司天以属神,命火正黎司地以属民"(《楚语》,参见《尚书·吕刑》),"黎为高辛氏火正","能昭显天地之光明,以生柔嘉材","其功大矣"(《郑语》)。这位与重并提的黎,是我们可知的最早一位火正。但也有说重黎为一个人的(《史记·楚世家》),或说少皞氏有叔曰重,颛顼氏有子曰犁的(见《左传·昭公二十九年》);其人其名很不确定的情况,正说明故事流传的年代已经很久了。

这些故事里,值得我们注意讨论的是火正的职务以及他同南正的关系两件事。

火正的职称,表明其任务是观察大火。而"司地"就是"司土",也就是后来的"司徒",起先是同农事和民事密切相关的差事,所以"其功大矣"。大就大在"生柔嘉材",保证了食用。所以生柔嘉材之道,又在于他"能昭显天地之光明"。所谓天的光明,无疑是指大火星;地的光明,应该就是火在农业生产中的运用。这几点,正是我们前面说到的火为岁首、火出而出火等论点的最好印证。

南正一职比较麻烦。"南正",顾名思义,应是以观察某种天象的南中为任务的官员。《尚书·尧典》里面完整记录着的四仲中星,《左传》里面两次提到了的"日南至",以及诸如此类,应该都是南正的成绩。可是进一步推敲

---

① 西藏、蒙古两条,承王尧同志、周良霄同志告知。

便会发现，据四星的南中来定四季①，以日之南至来定冬至和岁实，这样完备的办法，在年代上应比以火出为岁首的疏阔办法晚得多；也就是说，南正不可能同火正并肩出现，尤其不应列在火正前面。因而，应该设想，古籍中以南正与火正并提，且位于火正之前，当不是基于年代上的考虑，而系另由某种因素所决定。

我们知道，历法史上常有所谓"大历"、"小历"即官历、民历的问题。大历是朝廷正朔，小历是民间农书，大历带有政治色彩，小历饱含泥土气息，二者常常是同时并存的。南正和火正的相提并论这件事，也正是如此。它表明，当着人们对于天文的知识发展到了不再仅据大火、而是由"历象日月星辰"（《尧典》）来纪时的时代，到了能够划分四季、知道冬至日短并以之为岁首的时代，群众习用已久的以火纪时的火历，仍在同时使用。前者比较能够准确确定天象，利于论证"君权神授"，所以说"司天以属神"，后者利于农事，在民间有其生命史和习惯力，所以说"司地以属民"；前者是正朔，是大历，后者是火时，是小历。有一位绛县老人说："臣小人也，不知纪年。"（《左传·襄公三十年》）这个故事最能说明，民间对于统治者的正朔，原是很不恭敬的；它同孔子之不惜告朔饩羊的态度，真是大相径庭。老百姓自有其不易取代的纪时办法。南正与火正的先后并列，正是这类现象的反映。

关于南正的情况，除上述两条材料外，就不再见了。这绝非由于南正不如火正重要，实在因为南正就是羲和；而谈论羲和的地方是很多的。羲和之所以又名为南正，大概只是为了同先他而存在的火正对举，并压倒之。这就有点像因火正的存在而造出了木正、金正、水正、土正所谓的"五行之官"（见《左传·昭公二十九年》等）一样，实际上后四官是并不存在的。

火正则不然，它确有其官，而且代有其人。"第一任"火正就是黎。据《山海经》说，颛顼生老童，老童生重及黎，黎生噎（见《大荒西经》），"噎鸣生十有二岁"（《海内经》）。这位能生出"十有二岁"的噎鸣，应该就是噎，

---

① 对于《尧典》四仲中星观察年代的推算，说者众口不一。尤因昴同鸟火虚之不能同年四季昏中，更导致了对《尧典》的种种怀疑。我们不妨以为，《尧典》当成于二十八宿体系确立以后，四星之不能同年昏中，盖由于《尧典》作者满足于以四陆为中星所致，非实测之结果。因而，不能只从天文学上，而必须也从哲学上去研究四仲中星的安排，估计《尧典》的价值。

也应该就是"作占岁"的后益(见《吕氏春秋·勿躬》及《玉篇·卜部》"占"字注引《世本》);所谓"作占岁"或"生十有二岁",当然是指发明岁星纪年法。此法后于火历。《山海经》上说黎生噎,虽非史实,却符合历史顺序。

火正黎后来死于非命。《史记·楚世家》上说,黎因平共工氏之乱不力,被诛于帝喾高辛氏;其弟吴回为之后,复居火正为祝融(祝融为火正别号),吴回生陆终。吴回、陆终父子大概是火正黎的不肖子孙,后世称火灾之神为回陆或回禄,当是从他们父子名字里概括出来的。只是其具体劣迹,已不可详证了。陆终有子六人,称侯伯于各地,未见有袭世职者,这应相当于《史记》所谓的"三苗复九黎之〔乱〕德,故二官(南正、火正)咸废所职"(《历书》)的时期。

其后,"尧复育重、黎之后不忘旧者,使复典之"(《国语·楚语》)。那就是使高辛氏族的阏伯①,为陶唐氏火正;相土因之(见《左传·襄公九年》、《左传·昭公元年》),"世序天地。其在周,程伯休甫其后也,当周宣王时,失其守而为司马氏"(《史记·太史公自序》)。

这就是我们可知的历任火正的简况。

随着火历被阴阳历取代,火正也就让位给占日月的羲和。但是人间的用火是无法取消的,祝融于是只剩下水火之火的神位,被尊之为火祖。《汉书·五行志》说:"帝喾则有祝融,尧时则有阏伯,民赖其德,以为火祖,配祭火星。"清人翟灏《通俗编·神鬼》"火祖"条说:"今恒言犹独于火神称祖",其他各神则没有称祖之例,也可见人们心目中的火正,不仅是神,且也是人,他同人们的关系,是亲切的。

火正既司天上与人间之火,亦司宅内之火,而被尊为灶神。《风俗通·祀典篇》引《周礼说》曰:"颛顼氏有子曰黎,为祝融,祀以为灶神。"《淮南子·泛论训》则云:"炎帝作火,死而为灶神。"② 按炎帝或以为神农氏,在传

---

① 《后汉书·天文志》有一位"授规,〔正〕日月星辰之象"的阏苞,《文选·孙子荆〈为石仲容与孙皓书〉》注又作"闾苞",疑均为"阏伯"之讹。
② 今本《淮南子》作"炎帝于火,死而为灶",此据《艺文类聚》卷八〇引。

说中比火正黎为早，其与火与农有关则同。人们奉他们为灶神，是浸透着对于火和火耕发明者的崇敬心情在内的。

可是这样一来，火正祝融的本来面貌，他与大火的关系，却湮没无关了。博雅如司马迁者，在《史记》中三次谈到重黎时，竟至有三种说法：《历书》据《国语·楚语》称黎为火正；《自序》也据《楚语》，却改称黎为北正，以返回去与南正相对；《楚世家》竟又以重、黎为一人。著者自或有所据，读者却莫衷一是。至于郑玄的《郑志·答赵商》（据《尧典》、《诗·桧风》孔疏引）、司马彪的《后汉书·天文志》、韦昭的《国语解》，以至近人丁山的《中国古代宗教与神话考》，则均以黎为北正；韦昭且以重黎为官名（《郑语注》）。凡此种种，都说明复述者已不知火正为何物，自勿论沉沦更久的火历了。《日知录》录"邵氏学史曰"："古有火正之官。今治水之官犹夫古也，而火独缺焉，饮知择水而烹不择火，以祭以养，谓之备物可乎？"也是一条不知火正为何的例子。其实火正一职，并未断绝，朝廷上见不到他了，他却以"火长"的名目，长期出现在海洋船队中。13世纪中叶，南宋人吴自牧在《梦粱录》中谈到"舶商之船"中有"火长"，负责观象、定向和导航。15世纪初，郑和下西洋的宝船上，"火长"列居文职之首。直到18世纪初，黄叔璥的《台海使槎录》还提到："火长一正一副，掌船中更漏及驶海针路。"① 这些"火长"的职责，正是当年火正职责在海船上的具体化。礼失而求诸野，其斯之谓乎！

作为尾声，附带说说，火历当时所施行的氏族和地区，已无法详考，要之当与颛顼氏、高辛氏及其地望有关。《左传》说火正阏伯居商丘（《昭公元年》、《襄公九年》），又说："陈，颛顼之族也"（《昭公八年》）、"郑，祝融之墟也"（《昭公十七年》）、"龙，宋郑之星也"（《襄公二十八年》）②，可以推想火历或施行于今之中原一带。

在火历施行的同时或稍后，另一些氏族有以参（猎户 ξ，ε，δ）为自己族星的。子产所讲的那则参商二星的故事，一直是我们民族文化的宝藏。他说："昔高辛氏有二子，伯曰阏伯，季曰实沈。居于旷林，不相能也，日寻干戈，

---

① "火长"资料，转引自《历史研究》1978年第3期黄时鉴同志《火长》一文。
② "龙"即大火。大火又名灵星，农星，当另文详之。

以相征讨。后帝（杜预以为尧）不藏，迁阏伯于商丘，主辰，商人是因，故辰为商星；迁实沈于大夏，主参，唐人是因，以服事夏商。"（《左传·昭公元年》）参星在初冬夜空银光灿然，英武超群，自然会引起人们的注视和向往。可惜它的出没、中天都与农事季节不相适应，因而不曾独自成为授时的依据，而多半充当了诗人咏叹的题材。《诗·唐风·绸缪》的"三星在天"、"三星在隅"、"三星在户"，应该就是唐人有见于自己族星的灿烂而引起的遐想。唐宋间人爱以"月落参横"吟咏晨梅，其不知天象固属纰缪，其偏爱冬夜的参星则仍有古人遗风。参星在《夏小正》中四次被提到，历记其见伏与晨昏中天，且以该星昏中为岁首星象，其为"夏历"无疑。夏历在年代上远比火历为晚，这是由星象便可推知的。至于夏历系晋人国历，早已为治先秦史者所熟知，近年出土的《侯马盟书》，又以实物证明了这一点。因而，夏历以参星记岁首，则似与晋居唐地有关。不过夏历不专以参星纪时，而是历象日月星辰，或者至少如《夏小正》所记，以斗和几种星辰为标记，这又与火历不可同年而语了。

　　火历是我们伟大祖国的最古历法，也是世界上最古历法之一。细致发掘火历的真相，将有助于加深我们对"中国是世界文明发达最早的国家之一"的理解，丰富世界科学文化的宝库。愿有兴趣的史学家、天文学家、历法家及广大读者都来关心这项工作，并对作为引子的这篇小文提出指导意见。

"火历"续探

四年前曾作《"火历"初探》，略谓我国远古时代一些部族施行过一种疏阔的、紧密固着于生产实践的纪时方法，它不以后来周正的冬至为岁首，也不以夏历的初昏参中为正月，而是以大火昏见即当时的春分为一轮农事周期的开始，并根据大火各时的不同方位来安排自己各时的不同劳作。这样以大火为授时星象的自然历，可以名之为"火历"。这些猜测提出后，得到一些同好的鼓励和支持。细想此论若欲确立，除前文已辑之各项以火纪时行事的文献记录、他族历例和必要的推论外，尚需从我国天文学说史中找出火历确凿无疑的影响或痕迹，从后世种种礼仪、民俗诸文化中指认火历的遗风，由果证因，沿流溯源，方可颠扑不破，臻于完成。故再举我国天文学说中难题数则，一一以火历影响试解之，曰《续探》；文化部分，俟诸来日。

一、难题

我国古天文学中难题甚多。就本文主题范围来考虑，至少有如下三题，非火历不能说明。其一叫"二子"；另两个，不妨概括为"二逆"。

"二子"难题，出现在甲骨卜辞出土以后。甲骨文以干支纪日，并另有《干支表》多种，其十二支的"巳"作 Ƨ、Ƨ、Ƨ 等，与其他用作"子"的字形全同。令人困惑的是，甲骨文并非没有"巳"字，其"妃"、"杞"诸字"巳"旁即作 Ƨ、Ƨ，唯独干支之"巳"皆作 Ƨ 等，一无例外。与此同时，子丑寅卯之"子"，又偏不用本字，而另以奇字 ㅂ、У、Ӎ 当之。更足称奇的是，此一奇字又只用于干支，他处不见。这样，甲骨文的干支中，就有了两个"子"（子和巳）。金文中，亦复如是。

罗振玉首先注意及此。他说："卜辞中凡十二支之'巳'皆作'子'，与古金文同。宋以来说古金中之乙子、癸子诸文者异说甚多，殆无一当。今得干支诸表，乃决是疑。"①

但是更恼人的疑难接踵而至。既然"巳"也是"子"，为何一套符号中不嫌重复地设上二"子"②？它们背后藏有什么故事和原因？郭沫若同志首先提出这个问题并做了解答，写成他1929年的《释干支》一文。但郭义颇多疑点，引来许多争议；特别是半个世纪来的若干发现和研究，已使郭老的基点显得过时。因此，二子的难题，仍在期待人们解决。

所谓"二逆"，包括另外两个难题。其一与二十八宿有关。二十八宿是沿天体赤道带分布的二十八个星宫，它们被选出来代表赤经的全部经度，并被分为四宫或四陆，配以四兽或四象，其顺序和名称是：东宫（春宫）苍龙：角、亢、氐、房、心、尾、箕；北宫（冬宫）玄武：斗、牛、女、虚、危、室、壁；西宫（秋宫）白虎：奎、娄、胃、昴、毕、觜、参；南宫（夏宫）朱雀：井、鬼、柳、星、张、翼、轸。这种东北西南或春冬秋夏的顺序，与天文历法的其他常规都不相合。其中，南北二宫，分别为夏季和冬季日躔之宫，名实相副；而东西二宫，却相当于秋春二季，揆诸天象，正好搞反了。这是偶然疏忽呢，还是故意逆反而自有原因？人们为此做过种种揣测，但是读来总难尽如人意。

"二逆"的另一逆是：兴起于战国时代的太岁或太阴、岁阴纪年法，其旋转方向同日月五星运行以及岁星纪年法的方向正好相反。即：设想中的太岁被指定为由东向西转去，十二年周天一巡；而先此的岁星纪年法，本以木星由西向东的真实运行方向为根据。这种故意逆转的办法，因何而起？人们也曾做过种种解释，似乎尚未同天文学说上的其他史实连成一气。

我以为，从天文学说史来看，这三个难题是相关的，三者可以连成一线，

---

① 《殷墟书契前编》。
② 当然可以设想 本非"子"，"巳"才是 ，谓十二支中本无二子。这设想所遇到的难点，将会更多。

一直通向中国历法的老祖宗——火历。或者说，它们都是火历在天文学说中的残迹。捉住"火纪时焉"这把钥匙，一切难题便可打开；零打碎敲地就事论事，越发见得扑朔迷离。

请得言其详情于次。

二、二子

《左传·昭公元年》载有子产讲的一则迷人故事：

> 昔高辛氏有二子，伯曰阏伯，季曰实沈。居于旷林，不相能也，日寻干戈，以相征讨。后帝（杜预以为帝尧）不臧，迁阏伯于商丘，主辰（按即大火）。商人是因，故辰为商星。迁实沈于大夏，主参。唐人是因，以服事夏商。

这则参商二星故事，后来成了文人怨艾别离的熟典，变得家喻户晓了；其实在此以前，很多人对它也不陌生。民间如何流传，现在无可查考，仅以文献记录为例，子产讲故事前23年，晋国大夫士弱已向悼公说过：

> 陶唐氏之火正阏伯居商丘，祀大火，而火纪时焉。相土因之，故商主大火。（《左传·襄公九年》）

再上溯73年，即公元前637年，晋国大夫董因对文公说过：

> 实沈之墟，晋人是居，所以兴也；今君当之，无不济矣。君之行也，岁在大火，阏伯之星也，是谓大辰……（参与辰）天之大纪也。（《国语·晋语四》）

这三段话都是在晋国讲的，那是因为晋与实沈有关，并非他国没有此种传说，自不待言。几千年来，人们为这一故事作过无数吟咏，就是未曾一探它的天文学史意义。郭老第一个看出二子故事的学术价值，并把它们和十二支（早先叫十二辰）中的"二子"做了联系，其筚蓝之劳，是值得永久纪念的。

可惜，郭老未能真正猜中二者的关系。在可供选择的两种配分方案中，他偏巧选上了错误的那一种。功亏一篑，实在可惜。

粗粗一想，阏伯既是长子，他的代号必定该是十二辰的老大癸（子）；实沈身为弟弟，则应排在后面为孓（巳）无疑。这样想，是合乎情理的。

郭老的结论正是如此。不过他并非粗粗一想而成；相反，他进行了繁复细密的考释和论证，作为杠杆的，则是那佶屈聱牙的十二岁名。

十二岁名是一些古里古怪的名词，它们与十二辰名的对应关系是：

寅——摄提格　　　卯——单阏

辰——执徐　　　　巳——大荒落

午——敦牂　　　　未——协洽

申——涒滩　　　　酉——作鄂

戌——淹茂　　　　亥——大渊献

子——困敦　　　　丑——赤奋若①

十二岁名之一最早见于《离骚》，一般认为它是太岁纪年法的术语。郭老不满足于一般说法，他采用以十二岁名发音与西方十二宫名发音对照、十二辰名甲骨文字形与西方星符对照、十二辰名字义及星官名字义与西方十二宫名字义对照，并参稽中西天文故事及存疑等办法，证成十二岁名即十二辰名，即蕴含二十八宿的十二恒星名，即古代巴比伦的十二宫。例如，他相信：

寅即摄提格即角宿即室女宫。

巳孓即大荒落即东井（或参）即双子宫。

子癸即困敦即尾心房即天蝎宫。

如此等等。

看起来，郭老这一次恐怕是搞错了。错的原因在于对"十二辰"的发生与含义做了不合史实的解释，以致无法回答有关十二辰的两个根本问题，即：十二辰何以谓之十二"辰"？又何以会是由子及亥的顺序②？因而，也就未能正确解决十二辰中之二子和高辛氏之二子的关系。

---

① 各书十二岁名文字不一，此据《史记·天官书》。

② 郭老认为，作为星符的十二辰始于子，其环天顺序为子亥戌酉……后挪用为记数的十二支，依子丑寅卯为序，恐乃事出偶然，或故逆其序以免与星符相混。

"辰"之本义为农具，即蜃；甲骨文重现于世后，人们多能言之。《淮南子·泛论训》有"古者剡耜而耕，摩蜃而耨"；"蓐、耨、农（農）"并从辰，都可为证。由于农事和天象有关，"辰"字也被移用于彼，大火、参、北极都叫辰，水星本名辰星，日、月、星统称三辰。此外，房星、二十八宿、时乃至食时，后来都称辰。运用既泛，所指难明，无怪晋平公曾有"多语寡人'辰'而莫同，何谓辰"（《左传·昭公七年》）之问。尽管这样，所有上述用法，都还不是"十二辰"的"辰"，因为它们都还凑不足十二之数。

够得上十二，与天文历法有关而又称"辰"的术语也不少。赤道周天被分成十二等分，岁星和太岁年行一分，也叫一辰，共十二辰；地平经度被按正方形分成十二等分，北斗月指一分，也叫一辰，又是十二辰。此外更有十二月、十二时、十二生肖，也都叫作十二辰。

仔细排比不难发现，所有这十二之辰，都是从一个源头漫衍而来，那就是晋大夫伯瑕答上述"何谓辰"之问时所说的："日月之会是谓辰。"（《左传·昭公七年》）正是这个意义上的辰，才是"十二辰"的母义，为一切十二辰之所本。抓住这一定义，可以解决天文学说史的许多难点，包括本文所讨论的问题。

事情果真如此方便么？

为证明这一点，需要极其简要地先谈一下"火历"，即使作为一种假说也好。我认为，必须借助于火历，才能把这些变幻多端的历法史实说清楚。而一旦真的说清楚了，反过头来也就印证了火历的曾经存在，假说从而得到证明。我想，只要有史为据，在方法论上，这样做是应该被允许的。

假设：火历是我们先民中某些农业部族的第一部古老历法，出现时代当大火处于秋分点的公元前2800年左右，即所谓的尧舜时代。它粗疏简略，不知推算日躔以决四时，不知测量晷度以定分至，不知岁实多少，不知朔策短长，只是以人所共见的大火昏见之时，为一轮农事的起点——照后来的习惯说法，也就是一年之始；而在当时的人自己看来，这是"春"的开始。（《尚书大传》："春，物之出也。"）人们没有时令、季节等知识，与之相应的观念，大多以芟除、耕种、芸耨、驱雀、刈获、舂簸等劳作为实在内容，以大火在隅、在户、西流等为表现方法。一旦日近心宿、大火西伏，紧张的田事一告结束,汗水的果实运入窖藏,人们便进入了所谓"秋"的时期(《说文》:"秋,禾谷熟也。"),准备"冬眠"(所谓"冬寒无事,并入室处;春事既起,壮丁就功")。这就是他们的一"年"(《说文》:"年,谷熟也。")。正如从日出到日落在现代许多人的观念上和事实上仍然是一"日"一样,大火的升起和落去,与农事活动混沌在一起,也构成为很长时期内的"年"的事实和观念。这以后,参星慢慢从东方大火曾经升起过的地方升起,向事实上并未冬眠的人们,踏响了事实上尚未到头的年的足音,成为人们已经大大松弛了的生活的第二颗指示星①。即使如此,人们念念不忘的,还是那颗在一"年"中休戚与共的大火的行踪,甚至未放过它在"朝觌"、"晨正"时的授时意义。待到窖中积储与日俱减且行将告馨,参星在忍耐中终于离去之后,便又是望眼欲穿的大火冉冉升起之时,新的"春"天来到了,生活重新萌发出生机②。

这样,很自然地,夜幕上无数可见的繁星中,最先受人注目的便有两颗:大火和参。它们的作用、地位和次序,也以此确定了下来:大火居首,参星其二。

这种生活感受反映于传说,便成了老大阏伯主辰(大火),老二实沈主参,共为高辛氏(帝舜)二子的故事。其长幼之序,不是偶然指派的。

至于这天空中的二星和故事中的二子又成了十二支里一、六两个"子",也非事出偶然。这一层,得从十二支即十二辰、十二辰本是十二次日月之会、日月之会本是一种纪时法谈起。

纪时法始于纪月,以月见到月没为一"月"。其次为纪日,以日出到日落为一"日"。而后,人们见到"离离原上草,一岁一枯荣",而有了纪年的想法,以大火昏见到昏伏为一"年"。这一切,都是火历的基本成分。可以看出,这样记出来的月和月之间、日和日之间、年和年之间以及它们互相之间,都有或大或小的空档而互不衔接。起先,这一点因其无足重轻而不为人们注

---

① 虽然在若干年后,由于生产技术的提高而使得农事起点提前,由于秋分点的西移而使得大火升起日益推后,从而参星昏中成了新的历法的起点(《夏小正》,但参星在人们观念中,依旧处于老二的地位。)

② 许多民族的复活节之类盛典,多由此引起。

意。随着一切实践的进步，对纪时方法也提出精密化的要求。"日"和"日"之间的空档被用"夕"来充填，进而更含"夕"于"日"中，以上次日出到下次日出为一日。于是，日子成了一个连续的量。这时，"月"和"月"的不相连续（中间隔有二三个日），不仅与纪日法难以协调，且由于连续性和间断性的矛盾，每两月间有二三日无可归属，出现日月在量上不相配合的困难。

这一点，给历法的始祖们带来很大困惑。但是，对于能够创造出"夕"来填充"日"间空档的人们来说，这个困难是不难克服的。他们很快发现可以仿照"夕"的办法，把"月"间无月的日子归为一类，赋予专名，这就是十二辰的"辰"。

这个辰，在纪时法上介于月日之间，所以《周礼·冯相氏》说："冯相氏掌十有二岁、十有二月、十有二辰、十日、二十有八星之位，辨其叙事，以会天位。"

这个辰，其创立之旨在使无"月"的日子有所归属，使间断计算的日子与连续计算的日子相配，所以伯瑕答"何谓辰"之问的全话是："日月之会是谓辰，故以配日。"最后这四个字很要紧，它指明辰之所以发生。后人不辨其中奥妙，如《汉书·五行志》者，在引用时竟然把它疏漏了。

这个辰，其名为日月之会，其实在天象上是日月相会点的前后一段区域，比相会点要大三十度左右。所以卜偃释童谣"丙子晨，龙尾伏辰"说："丙子旦，日在尾，月在策。"（《左传·僖公五年》，又见《国语·晋语二》）策又名傅说，在尾后，离尾距星约十五度。日在尾，月在策，并不成朔，但可以成辰。

十二辰凡十二，为使辰辰区别，必得给各辰以私名，于是有十二辰名或"十有二辰之号"（《周礼·哲旗氏》）之出。

前面已说到，纪辰法晚于纪月纪日之法，因而辰名也较月名日名晚出。三者之中，纪月之号最先，由其所用为"一二三四"可知[①]，它是记数符号的

[①] 甲文金文记月皆以数目，《尔雅》所列之"月在甲曰毕，在乙曰橘"以及"正月为陬，二月为如"等所谓"月名"或"月阴"、"月阳"出现甚晚，乃星相家之事。

简单挪用。十日之号次出①，它之采用"甲乙丙丁"，显系"一二三四"已被月纪占用后的应付措施。纪辰之号是殿军，它的创立，颇受启示于甲乙丙丁。

猜想纪日之号创制之初，既无"一二三四"的方便可用，又无法从所记的太阳身上打主意。因为太阳天天相同，其日行一度表示于星象者，不仅所差甚微，更且无法看到。在无从仰观于天的情况下，只有俯察于地，近身远物，从劳动和生活中找寻符号，这就是十干的由来。

纪辰之号记录日月交会，虽也有无法直观之苦，但每月一次，天象移动显著，总会给人以种种可见的根据。从既有的十二辰名中包括二子、而二子又不是相随而是相隔的情况出发，可以得出如下看法：

1. 十二辰名中，至少有两个系取自星象。

2. 其取自星象的最大可能办法有二：或以日月交会所在星为名号，或以日月交会某星时的东方昏见星为名号。

3. 已知参与大火为二子；已知十二辰名中二子的距离是：由子到巳为五，由巳到子为七。

4. 选定第二点的两个办法之一时，必须满足第三点的已知条件。

据此，先设辰名即为日月所会星名。若日月会于大火为子，由西向东排去，则日月会于参时，约当七个月后，应为未；未不是二子之一，与参不合。再设日月会于某星时大火始见为子，则参星东见亦须七个月后，仍应为未，又不合。

若设日月交会于参为子，由西向东排去，则会于大火时，当五个多月后，应为巳，巳为二子之一，与大火合。再设日月会于某星时参始昏见为子，则大火东见亦须五个月后，应为巳，与大火合。

看来这第二种假设即以参当子较妥。但这里仍存在两种情况，需要更进一步做合理抉择，究竟参之为子，是日月交会于此呢？抑日月交会时此星昏见？

查日月交会于参时（已设秋分点在大火），箕星昏见东方。又参星昏见时，适值日月交会于大火。

---

① 十日之号即十干。至于干支纪日，如卜辞所示，则是十二辰号出现以后一段时日的事。

对于施行火历的部族来说，要确定日月之会的次序，即十二辰的次序，很容易想到要以日月会于大火①为第一辰，正如他们确定火见之月为第一月一样。可惜的是，日月会于大火之辰，大火本身便看不到了；看不到的东西，是无法拿来做符号的。另外，我们刚才已从推算得知，若以大火为子，则参便不得为巳。足见当时并未以大火为子，虽然大火具有崇高的地位。

在这种条件的限制下，或者说要满足这种种条件，唯一的办法只有：以日月会于大火之辰为第一辰，以此时的昏见星为第一辰符号，即以参为子。

这种安排，与子、巳二辰当参、商二子的次序全合，也与当时崇拜大火及观察昏见星的习惯全合，因而可能正是火历纪辰法的原貌。

用昏见的参星来代表第一辰，固属最好的办法，但总不便直接移用参的名字②来做第一辰号。因为那将使得星、辰难分，招致无谓的混乱。作历者有鉴于此，乃依参宿形象另作一字，曰肖（甲骨文一、二、三期大抵相同），专用于第一辰号。

五个月后，即第六个辰期，日月会于昴，大火昏见东方，人们自然想到以大火代表这一辰。为了避免星、辰混乱，不便径用火名；照肖的办法画影图形，也有不便，因为大火及其所在心宿，没有什么特点。作历者想到大火是高辛氏长子，终于借用孑字作为第六辰名③。

由孑之代表第六辰，联想到肖所代表的第一辰星也是高辛氏之子，慢慢地，肖遂繁化为小儿形，成𡥀（甲骨文四期）、𡥀（甲骨文五期）。金文中，继续有所繁化，许慎所见籀文，至于极顶，为𡥀，手足俱备矣。今字"崽"字，殆由此出。

此间当然还有其他十个辰号的选择、制订和演变，其详不得一一而知，亦非本文范围所及；也许多数并无明显理由，不过是借来的代号而已，勉强穿凿，反成自扰了。

就这样，十二辰名及其首末顺序便有了后来的样子。𡥀虽居首，却是高辛

---

① 莒县出土大汶口的陶尊上，有日、月、火符号叠积，或系日月交会于大火之象。
② 甲骨文"参"字，迄今未见，可由金文𡥀𡥀想见。
③ 大火为商星。商人姓子，或由此成。前人多以玄鸟遗卵为说，稍嫌迂回。

氏季子,子虽居六,却是长子。借助于火历,我们解开了第一道难题,反过来也能证明火历的曾经存在。

三、二逆

作为日月之会的"辰"在纪时上的作用,不久便被"朔"代替了,以致后人多对"辰"之此一含义不甚了然。朔比辰更为精确,它之作为月首,使月与月也成了连续量,从而彻底解决了"日""月"相配的矛盾。朔的出现,表明人们已经有了二十八宿观念。

二十八宿问题在近人的天文学史研究上引来的争议之多,即或不算第一位,也应列入第一等。1978年湖北随县擂鼓墩出土的一件二十八宿图像,帮助人们解决了不少争端。诸如二十八宿体系形成的最低年限,二十八星官分作四宫(四方、四陆)配以四象的最低年限,都可以该器入葬年代(前433年)为基准,并向前做合理推移。至于二十八宿体系源于中国一事,也由之得到进一步证明。不过另外有些难题,不仅未能有所解冻,反而由于这一最早图像的现世,提得更加尖锐了;四宫方位逆转,便是其一。

随县二十八宿图上配有龙虎二像,从正面看去,龙右虎左。列宿以角为始,自顶端正中顺时针环绕一大"斗"字首尾衔接;龙虎首尾方向与之相应,无疑是显示二十八宿的循环次序。这一顺序,与后世式盘上反时针旋转的列宿序列,正好相反;但是角七宿居东、斗七宿居北、奎七宿居西、井七宿居南的奇怪现象,则与后来毫无二致。"斗"字故意长伸四足,分别指着四宫的中心宿左近;斗柄直指右上角心宿大火,与天象不合,如果不是画师笔误,或可视为火历遗风。

许多中外研究者早已发现,以日躔所在而论,斗七宿居北当冬,井七宿居南当夏,这是合理的;而春季日躔之宫居西,秋季之宫居东,便与常理相违了。于是有人解释说:龙东虎西,乃古人以月望之宿定季节使然。果然如此,南北二宫何以又舍月望而取日躔?又有人解释说:四宫方位,乃春季黄昏星象之投影。此说可惬人意,但似乎未曾顾及印度之四宫方位并非如此。更有人论证,西东二宫互易,乃误译了方位称号便贸然自西域引进所造成。此说颇险,亦足见人们的困惑之深。

随县图像的出土，未给二宫互易问题带来任何答案，反而以庞然二兽形象，使问题的存在咄咄逼人。不仅此也，图像还告知人们一个前所未知的史实：二十八宿在非天文图上的旋转方向，本来也是顺时针的，就是说，后来习见的那种反时针旋转图，是某个时候逆转了的。这一切，应该怎样说明呢？

我们知道，二十八宿周天环接，日月五星以之为背景运转，周而复始，本无起讫，亦无所谓顺逆，也无东西南北问题。问题之起，起于以天上星象同地上方位对应，也起于以什么时候作为历法年的开始。

一年之计始于春，这是火历的发明，有如前述。后来夏历向前推了两个节气，以雨水所在月为岁首，为春季之始，大体上也还符合"春"的本义。到了周历，又往前推，以冬至为一年之始，叫作"春，王正月"，这便完全脱离人事，把历法变成纯天文学乃至哲学的概念，而无法在实际中施行了。

至于春与东方对应，不必等到五行体系完备即可形成，它是日出东方为一日之始观念的引申或放大。比较麻烦的是春、东方、天象三者的对应。这时，有两个方案可以采取：

一是以春季日躔星宿与东方对应，印度二十八宿体系就是这么办的。它以昴七宿为东方，大体上相当于早先的春季太阳行宫；由此往下，依次为星七宿——南方，房七宿——西方，虚七宿——北方，相应的季节为夏、秋、冬。这种次序十分自然。虽然印度历法并不把一年分为四季，而是三或六季；但它的四宫划分，必须通过四季观念，才能与四方联系起来，则和中国无别，也是它取自中国的证明。

另一个是以春季黄昏星象与东方对应，中国二十八宿仿佛就是这么办的。角七宿为东为春，是由于它们在春天依次出现于东方。由此往下，轮到斗七宿出场，如果原则不变，则斗七宿应该为南为夏。依次类推，次序也会十分自然。可是既成的事实不是这样，斗七宿被指定为与北方和冬季对应，又仿佛是根据日躔而来。其他二宫，情况也相类似。

为什么会发生这种原则上的混乱，在一个系统里既根据昏星又根据日躔呢？莫非真是按照春天黄昏星象，把四宫方位一次确定下来的么？前人的种种困惑和解释，都可归结为这两个疑点。这两点又有一个共同处，就是试图对问题做平面的处理。而二十八宿问题,正如二十八宿本身一样,看上去像是平嵌在天幕上的座座星宫,其实它们彼此之间,以及宿内诸星之间,往往前后相距若干光年,远非处于一个平面上。二十八宿体系的形成,从而其中诸问题的存在,也是前后参差的,不在一个平面上。

我们知道,二十八宿体系是在很长历史时期内逐步形成的。中国虽曾有过几次整理,历史的年轮依然可辨。方位问题,就是一例。在东西方位互易上,明显留有火历时代的深深刻痕。

前面说过,早先人们只把一年分为"春""秋"两季①。与之相应的,人们最为注意的星官,除了北斗以辨方向外,只有大火与参。所谓"帝喾能序三辰以固民"(《国语·鲁语上》),就是指此。帝喾亦即高辛氏,三辰中有二辰是他的儿子,另一辰北斗,则是他的座车,后来又叫帝车②。

二子在一年里对于人们的关系,正如日月在一天里对于人们的关系一样。太阳在东方升起,开始了"日"和劳动;太阳到西方落下(明月或早或迟代之而起),进入了"夕"和休息。一年的情景,刚好是一天的放大:大火在东方升起之时,开始了"春"和劳动;大火到西方落下之后(代之而起的是参的东升),进入了"秋"和休息。长时期的这种实践,在人们头脑里形成了一个牢固观念,时间上的"春"天和空间上的东方、天上的大火星象和地上的东方方位,成了混沌一体而不可分离,有如人们一直习惯于把太阳和东方联系在一起那样。这正是原始思维的特点,它带有种种感性的色彩,有时更有幻想的成分。虽然后来人们发现它们当中的许多内容和科学知识不尽相容了,但它们仍然能够以元老的资格,顽固地保留在人们的观念中,乃至学说体系中,直到很远。

大火和春天和东方的几乎可以说是三位一体的关系,正是如此。这种关系,早在二十八宿被确认以前两千多年,就有可能确立了,后来一直沿袭下来,沿袭到二十八宿分作四宫的春秋时代。当着人们需要把二十八宿一分为四,以适应时分四季位成四方,以满足观念上的和谐的时候,人们当然已经

---

① 《汉书·律历志》:"盖闻古者黄帝……察发敛。"发即"春",敛即"秋"。
② 《史记·天官书》。

有了日躔的知识，当然也早已有了四季星象的知识；但是成为人们划分根据的，却既不是日躔，又不是星象，也不是二者的交叉使用。这时候，那个古老的三位一体观念简直像是无声命令，握有绝对的权威，大火的既定地位，成了划分四宫地盘的无上标准。

大火既然固定为东方为春天，按星序排去，第二宫自然落在北方，为冬天，而不可能是南方和夏天，然后依次转到西方和南方，秋天和夏天，呈现出一种与常识相左的次第。

这里面，冬夏二宫正巧与日躔相合，春秋二宫正巧与月望相合，那绝非由于考虑了日月关系而后如此排出的，因为不管怎样排列组合，总会至少有某两宫正好与日躔相合的，另两宫正好与月望相合的。另外，既成的排列，正巧与春季黄昏全天星象相合（如果把另半球的星象当成是向北方展开的话），那也没有什么奇怪，因为排列本身是依照二十八宿的实际次序进行的。二十八宿的次序，不论以何宿为始，是体系制造者所不能打乱的；打乱以后，整个体系便没有任何天文价值，而徒然带来混乱。至于哪一宫配哪一方和哪一季，则完全是另外一回事，它不是天文问题，而是一个习惯问题或哲学问题，它只有象征的意义，只求满足或不违背某种观念和习惯便可，正如分野说一样。从既成事实看，火历的习惯在这里是起了决定性作用的。

既然火历起了作用，为什么二十八宿不从大火开始而从角宿开始？这一点，前人已言之甚详，那是由于北斗斗柄指角即"杓携龙角"（《史记·天官书》）的结果，这是已成定论的了。

二十八宿从角宿开始，以大火居东，按实际顺序排列成图，也还可能有两种排列方法，一是顺时针方向，一是反时针方向。随县二十八宿图与常见图形的最大区别，正是旋转的顺时针方向。这是一个新发现。以前所谓的二十八宿方位逆转，只是指东西宫互逆，还不知道整个图形的旋转方向，也发生过一次由顺时针到反时针的变迁。这一变迁，说来同纪时方法的变化有关。这是本文所要讨论的第二"逆"。

前面说过，纪日用干支，纪月用数字，那是就一般情况说的。具体到实际生活中，如果有两个诸侯国，彼此的历法不同，岁首不在同一月；彼此的君主即位年代不同，"今夕是何年"也不一样；一旦这两国交往，涉及年月的序数，必然没有共同语言，发生无法一致的困难。前面引到的那个"龙尾伏辰"，晋人说："其九月十日之交乎！丙子旦，日在尾，月在策，鹑火中，必是时也。"可是记史的人却记道："冬十二月，丙子朔，晋灭虢。"这里，晋人用的是夏历，记史者用的是周历，彼此相差两个月。当时，周历虽然具有政治权威，而且在天象上有着更大的合理性，但脱离农事这一点，成了它致命弱点，在生活中难以推行，更不用说取其他历法而代之了。就这样，周历与夏历的不统一，夏历与火历的不统一，此外或许还有所谓殷历乃至别的什么历，前后交错，左右共存，必然带来交往上的许多麻烦；麻烦到了不可容忍的程度，历史本身便会提出统一纪时的要求，并着手进行解决。

　　史实是，随着"国际"交往频繁和天文知识的积累，慢慢发明了一种"公历"纪时法，来协调各国年月数序上的参差。其法有两大特色，第一，它不以数目纪年纪月，因为它不以某一个君主即位或教主诞生为纪年之始，也不以某一种历法的岁首当作正月，所以不妨称之为"公历"。第二，它以人所共见的天象做根据，便于大家遵循。这就是岁星纪年法和斗建纪月法。

　　岁星纪年法以木星行天为标志，以日月之会的十二辰区为十二岁次①，显然是受了古老的纪辰法的启示。十二次名中有大火、实沈，更是火历留下的痕迹。不同的地方在于，无论大火还是实沈，在十二次中都未占据首位，首位被定在冬至之辰的星纪了，这又是时代的进步。

　　斗建纪月法和纪辰法的关系更为密切。纪辰法分天体赤道带为十二辰区，命参之区为子，火之区为巳等等，事实上已给后来的斗建法准备好了坚实基础。后来的月份不统一，出于不同历法各依自己天象而各有自己的正月，火历以大火见，夏历以参中，周历以冬至，月序自然发生参差。斗建法超出这些天象之外，另以大家熟悉而且标志明晰的北斗为准，着实是一大建树。但是斗建法仍然未能超出火历的传统势力，或者说，它巧妙地利用了火历的影响。所谓"斗柄建子，始昏北指"（《逸周书·周月》）等等，不过是用斗柄来

---

① 《左传·庄公三年》："凡师一宿为舍，再宿为信，过信为次。"可知十二岁次起于二十八宿之后，二三宿舍合为一次。

表示古老的纪辰法而已。前面说过，火历以日月会于大火为第一辰，其标志为东见之参中。到斗建法创立的时代，大火偏离秋分点30度以上，日月再会大火之时，昏见星应距日185度强，参星实距200度左右，已不可见；需待日月会于斗牛，斗柄北指之时，方是参星东方升起之月。斗建法规定此月为子月，与其看成是它以冬至为正月，毋宁认为它保留了参见为子辰的传统，不同的是它以斗柄为指示星象而已。后来刘歆释"辰"为"辰者，日月之会而建所指也"（《汉书·律历志·岁术》引），把"日月之会"和"建所指"扯在一起，对前后相距两千年的事实未做分别，正反映了这样一个历史演变；刘歆自己当然尚未察觉到此。

岁星纪年、斗建纪月的方法，发明于战国时期，虽说其目的在于用作便利交往的"公历"，却明显渗进以冬至为首的周历色彩，因而把它看作是推行周历的时髦办法，也许更为公正一些。另外，我们也看到，由于距离火历的时代更为久远，比之前面讨论的两个问题来，在这两个纪时法上，火历影响已渐趋隐晦而淡薄了。

岁星纪年法和斗建纪月法的发明，在统一各自为政的纪时方法以利交往方面，起过不容忽视的历史作用。但这两个方法之间，自始就隐藏有一个讨厌的矛盾；矛盾的增长，酿成了二者不共戴天的态势，最后以一方退出而解决。

这个矛盾在于：斗建法以斗柄所指建月，而斗柄所指，在天象上每月实无差异；只有把地上的方位考虑进去以后，才能表明斗柄发生变化。这就是地平坐标系。以地平为坐标，可以看出斗柄于子月指北、卯月指东、午月指南、酉月指西，做由东向西的左行旋转。可是抬头再看岁星，它正反其道而行之，在由西向东做右行运动；虽然步伐很慢，每年只行一个岁次，却坚定不移地行进。那是赤道坐标系。

这两个坐标系的矛盾，来源于地球的自转和行星的公转，在科学上是不难解释的；但在人们的视觉上，总不免带来某种混乱。在混乱中处于不利地位的，是赤道坐标系的岁星纪年法。因为太阳的日行视运转，也是左行的，与斗柄一致，在观感上大大助长了斗建左行的声势。再加上日久天长，岁星自己不争气，发生了超辰现象，因为它并不在正好十二年里走完一周天，而是不足十二年，这又使它作为纪年天象的威信大大降低。有了这两个不利条件，岁星纪年法在矛盾斗争中终于败下阵去，一步步被太岁纪年法所取代。

太岁是一个假想的天体。它被假设为整整十二年中周天一巡，按子、丑、寅、卯顺序与岁星相背而行，不存在超辰的麻烦。另外，更其重要的是，它被假设为与斗柄按同一方向旋转；这样一来，太岁纪年、斗建纪月、太阳纪日，这三大纪时物的方向便一致起来了，人们从感觉上和观念上，都得到了统一与和谐的满足。这是太岁纪年法得以成立的主要原因。

所谓太岁按子、丑、寅、卯顺序随斗柄方向及太阳视运动方向同向旋转，这无异于说，太岁纪年法属于地平坐标系。因为天上并不存在这种旋转路线，而子、丑、寅、卯已被斗建固着于地了，所以后来郑玄说"岁星为阳右行于天，太岁为阴左行于地"（《周礼·保章氏》注），那时已经猜到了这一点。正是由于在纪年法上也采取了地平坐标系，才使它和早就采取这一坐标系的斗建法相安无事。这又是太岁纪年法能取代岁星纪年法的主要原因。

人类必须依据星象才能纪时，但人又想方设法把纪年的太岁、纪月的斗建、纪日的日行都安置在地上，不再高高在上而不可触及，这可算是人定胜天的一种表现。至于后来的堪舆家因太岁行地而生出什么不宜在太岁头上动土之类的禁忌，那是畸形发展，就不值一提了。

但是堪舆家们把二十八宿也拉到地上来安置，却是不能不提的事。

除星图外，过去常见的二十八宿排列图，无论是式盘上，还是天文书籍中，多是反时针即左行的。这是因为，随着与星象真实运行方向相反的斗建法和太岁法的出现，二十八宿必然也要被逆转，以适应地平坐标的方便。否则，人们仍会感到混乱。由此说来，后世的种种二十八宿排列图，都只能叫作"地图"，而不是天图；它们是堪舆家的作品，不是天文家的记录。只有随县出土的那幅最早的二十八宿图像，因绘于斗建法和太岁法问世以前，还能保持与天象一致的原貌，并启发我们去探寻种种逆转得以形成的原因，是值得称道的。

这种种逆转，只有以火历的影响才能说明，而一旦说明了之后，我们便随处可见火历的影子，再也无法抹去。这颇似一种叫作视觉定向的儿童游戏：从一幅风景画中去寻找隐藏在丛林、流水和行云中的种种动物形象。乍一看去，俨然一幅山水图画；仔细辨认，却是各种线条巧妙组成的动物图形。这些图形既已找了出来，它们便再也躲不回去，山水画成了一望而知的动物园了。因为视觉的角度变了。

从天文学说史的难题中辨认火历，其乐也正如此。

第四编 火历的发现与钩沉

"火历"三探

1978年曾因《左传》有夏四月亦名正月之语，提出我国远古时代施行过一种以大火（心宿二，天蝎α）昏见为岁首的假说，就文献所载之种种以火纪时、施政材料，成《"火历"初探》一文。1982年，复就天文学史中的三个难题（十二地支中何以有二"子"、太岁纪年法何以与天象运行相反、四宫方位何以与日躔相左），以火历影响予以试解，曰《"火历"续探》。至此，"火历"之说，似乎已能左右逢源。现在，复将火历在历代的演变及在民俗中的遗迹，略事搜集，以见其与中华文化的深厚关系，谓之《三探》，请同好者批评。

一

像一切事物一样，火历也有自己的历史，有自己的孕育、诞生、鼎盛和衰亡时期。虽然迄今为止，我们还弄不清它每一时期的确切标志和年代，但这些时期的存在，还是隐约可见的。

先民与火的关系，历来托始于燧人氏。这个火，不仅有所谓"钻木取火"，而且也涉及星辰大火。因为按照圣人观象制器的说法，燧人氏教民钻木得火，正是取法于星辰大火。譬如《尸子》曰："燧人上观辰星，下察五木，以为火也。"（《艺文类聚》八〇、《太平御览》卷八六九引）《中论》曰："遂人察辰心而出火。"

这种说法，当然是把事情弄颠倒了。史实只能是：人们先有了用火的实践，特别是有了火耕的经验，然后进一步把火耕的时间与天上某颗星辰的出现联系起来，命此星为"火"，尊之曰"大"。而为能完成这一套实践和认识，在远古时代，不知要经过多少代人的身传和口授、想象和确认。如果真要相信有个燧人氏的话，他便应该是这若干代人的总称。其大概年代，也许相当于旧石器时代。

时至新石器时代，我们现已掌握一种可靠的物证，可证当时人们确已视大火如日月一样，为神圣的对象了。那就是山东莒县陵阳河遗址与诸城前寨遗址出土的、属于大汶口文化的一些陶尊上的花纹 ☉。

唐兰先生说这是夏代的文字，由"日火山"组成，即《说文》里的"炅"字，亦即"热"字①。但令人不解的是，这些花纹都刻在灰陶缸口上的固定部位，而且其中一件在花纹上涂有红色，像是为了祭祀仪式而用；如果它是一个字的话，那定不是普普通通的字。因此，有人辨认为"日月火"。这个看法，得到后来同地出土的类似花纹 ☉（见于1980年陵阳河出土文物展览会）的证实。

把"火"同"日月"画在一起，作为一个字也好，作为一种礼拜画像或装饰花纹也好，这个"火"，肯定不是地上的那种可以炮生为熟的木火（因为月光无火），而只能是天上的那个与日月齐光的大火，看来是无可置疑的事。当然，画大火成燃烧之状，表明这颗星辰已经取得了"火"这个名字，表明在这些图画之前，人们对这颗星辰与火耕的关系早已有了认识或某种联想，这也是无可置疑的事。

因此，这个"日月火"图像，如果要给它一个名字的话，不妨名之曰"三辰"，其根据在《国语·鲁语上》。那里记展禽曰："帝喾能序三辰以固民。"帝喾，一般认为即高辛氏。三辰，以前我曾猜测为大火、参伐、北斗；因此三者有三大辰之称（见《公羊传·昭公十七年》），而且大火、参伐被认为是高辛氏二子（参《左传·昭公元年》）。这个想法中，比较难办的是北斗，因为未闻高辛氏与北斗有何关系；较可征信的是大火，因为高辛氏有"火正"之官（见《国语·郑语》《史记·楚世家》），火正"祀大火，而火纪时焉"（《左传·襄公九年》），"掌祭火星，行火政"（《汉书·五行志》）。因而，高辛氏所序的三辰中，包括大火一辰，可以充分肯定。至于其余二辰，现在想来，

---

① 唐兰：《中国奴隶制社会的开始时期》，载《考古学报》1976年第2期。

与其相信为参伐、北斗，倒不如相信为日与月。因为以日（太阳）纪日，以月（太阴）纪月，以大火纪年，正是最早的观象授时法（说见《续探》），也就是所谓的"能序三辰以固民"；而出土的"日月火"图像，又是一件有力的"三辰"物证。

据此，我们可以确定，在新石器时代的高辛氏时期，大火已同日月一起，被当作指示时序的三辰，起着"固民"即"教民稼穑以安也"（《国语》韦昭注）的作用了。诸城前寨陶片涂"日月火"为红色，更是带着浓厚的崇敬、畏惧、感恩、祈求心绪于其中的。

火历至殷商时代进入鼎盛期。这不仅有文献上屡屡提及的"商主大火"（《左传·襄公九年》）、"辰为商星"（《左传·昭公元年》）之类的传说，最可靠的还有甲骨文提供给我们的第一手资料。

据信为相土时期的一条卜辞说：

贞唯火五月（《后下》三七·四）

这一条材料，虽然只剩下五个字，却相当重要。它使人们联想起《春秋》上的"春王正月"。王正月的"王"，指王历，即周历。同样，卜辞的"火五月"，只有解释为火历五月，才能通读。一个"王"，一个"火"，犹如我们今天加在月份前的"公历"、"农历"一样，带有定性的作用。这是商行火历的最好证据。此外，另一片常被用来说明商代已有新星记录的卜骨刻道：

七日己巳夕□有新大星并火，崇，其有来艰，不吉。（《后下》九·一）

这条卜辞，是迄今所知的世界上最早的新星记录。据李约瑟博士说，其实际年代应在公元前1339—前1281年间（见《中国科学技术史》中文版第4卷）。我们在这里更感兴趣的不是它的科学价值，而是殷人因有新星并火而表现出来的惶恐不安。我们今天已经知道，新星是恒星爆发时产生的亮度突然增强的自然现象，它会回复原状的，无所用其惊慌。所以仅仅过了两天，另一片卜骨上就说："辛未，有毁新星"（《殷前》七·一四·一）。可是当新星正亮而又恰巧"并火"即出现于殷人族星亦即纪时星之旁之际，对殷人来说，当然是最大的不祥之兆，所以他们要三呼"祟"、"有来艰"、"不吉"；这同后来鲁昭公十七年"冬，有星孛于大辰（即大火）"时鲁国大夫的悠闲态度，迥异其趣（见《左传·昭公十七年》）。由此也可猜想，当时殷人正在施行火历。

火历从什么时候以什么方式被从纪时施政的岗位上代替，现已无法说清。看来在火历的同时或稍后，还有一种以参为纪时星的历法，按照我们的命名法，应该叫"参历"。实际上没人这样叫，而是以地为名，叫"夏历"。

夏历的内容在《夏小正》里记得详细，它以"初昏参中"为岁首。其他"参则伏"、"参则见"、"参中则旦"各项，一一有所述及。夏历正月初昏参中之时，咮即柳星正好在东方出现，所以晋国大夫士弱说："古之火正，或食于心，或食于咮。"（《左传·襄公九年》）这里的"火正"，泛指授时官员；"食于心"，即主大火；"食于咮"，即以咮之昏见或初昏参中为正月，亦即以参纪时。

以参纪时的详细情况，有待进一步发掘。从《左传》纪事、《竹书纪年》和《侯马盟书》可知，春秋时的晋国，是施行以参纪时的夏历国家。

夏历比火历更合乎发展了的农事节奏，所以后来几经完善，便成为数千年来的中国农历。至于火历之失去授时价值，大概总在殷商中后期；当然并不是一纸命令宣布了事，而是逐步转换的。火历退出纪时舞台以后，作为种种礼仪和习俗，仍久久留在人们的生活和记忆中。

周人以农立国，始祖名稷。原始农业与大火的关系至为密切，所以周人接触了东方文化后，很快也将自己的氏族与大火联系起来。《逸周书·作雒》篇记周公营造洛城，有曰：

> 乃设丘兆于南郊，以祀上帝，配以后稷，农星、先王皆与食。（据《艺文类聚·礼部上》、《太平御览·礼仪部》卷六一、《玉海》卷九九引。今本《逸周书》末句有误）

这里的"农星"即大火星，"上帝"大概亦非泛指，而是帝喾高辛氏。《国语·鲁语上》及《礼记·祭法》都说"周人禘喾而郊稷，祖文王而宗武王"。禘礼的形式正是"于南郊以祀上帝"，其内容则是"禘其祖之所自出，以其祖配之"（《礼记·丧服小记》及同书《大传》）。《作雒》篇所记，表明周人于开国之初,不仅接受了殷人的国土,而且连殷人的族神帝喾和族星大火,也一并接收了。

这一"周因于殷礼"的事实,无论是出自占领策略上的考虑,抑或是低文化氏族向高文化氏族的学习,总之是终于形成为周人的一个观念,固定下来了。譬如后来伶州鸠在谈武王伐纣得天时之兆说:"月之所在,辰马农祥也,我大祖后稷之所经纬也。"(《国语·周语下》)晋太史董因在追溯晋公子重耳逃亡时也说:"君之出也,岁在大火,阏伯之星也,是谓大辰。辰以成善,后稷是相,唐叔以封。"(《国语·晋语四》)他们都把周人的始祖与大火紧紧拴在一起,甚至相信大火可以不再保佑殷人,转而倾向周室哩。

秦人统一天下以后,继续祭祀各地所常奉的祠庙,其中包括辰即大火庙。据《史记·封禅书》载:"及秦并天下,令祠官所常奉天地名山大川鬼神,可得而序也。于是……雍有日、月、参、辰、南北斗、荧惑、太白、岁星、填星、二十八宿、风伯、雨师、四海、九臣、十四臣、诸布诸严诸逑之属,百有余庙,西亦有数十祠。"祠庙虽说应有尽有,秦始皇的兴趣却在神仙,加之秦以水德王,所以有秦一代,对于大火的回忆,此外并无所闻。

汉兴,"五年,修复周家旧祠,祀后稷于东南,为民祈农报厥功。夏则龙星见而始雩"(《史记·封禅书》正义引《汉旧仪》)。这个后稷祠,亦名灵星祠:"高祖五年,初置灵星,祀后稷也。殴爵簸扬,田农之事也。"(《汉书·郊祀志》)所谓"殴爵簸扬",指祭灵星之舞,"舞者用童男十六人。舞者象教田,初为芟除,次耕种、耘耨、驱爵(雀)及获刈、舂簸之形,象其功也"(《后汉书·祭祀志》)[①]。

显而易见,汉代的后稷祠、灵星祠都是祀大火之祠。只是汉人于大火所知渐少,大火与农事的关系,早已由太阳的二十四个节气所代替。残存于汉人意识中的,只是一点依稀仿佛的后稷、龙星和雩祭的故事,而且是被充分神化了;这就是他们笼统谓之灵星[②]的缘故。

高祖八年,"令郡国县立灵星祠,常以岁时祠以牛"(《史记·封禅书》)。

---

① 郑玄注《周礼·乐师》"有帗舞"云:"帗,析五采缯,今灵星舞子持之是也。"
② 东汉和帝左中郎将贾逵云:"灵者,神也,故祀以报功。"见《风俗通·灵星》引。

自那时起，灵星祠遍布全国，不可谓不盛①；只是人们对灵星的知识，偏偏少得可怜：

> 俗说县令问主簿："灵星在城东南何法？"主簿仰答曰："唯灵星所以在东南者，亦不知也。"（应劭：《风俗通义·灵星》）

> 《传》曰："龙见而雩。"龙星见时，岁已启蛰，〔故又曰启蛰〕而舞。春雩之礼废，秋雩之礼存，故世常修灵星之祀，到今不绝。名变于旧，故世人不识；礼废不具，故儒者不知。世儒案礼，不知灵星何祀，其难晓而不识，说县官名曰明星……明星非岁星也，乃龙星也。……春雩废，秋雩兴，故秋雩之名，自若为明星也，实曰灵星。灵星者，神也；神者，谓龙星也。（王充：《论衡·祭意篇》）

世人和儒者，都已不知灵星何祀。王充的这个论断，大体上没有夸张。有趣的是，王充自己也误以灵星为青龙七宿；汉儒中真正知道灵星即大火者，大概只有应劭和蔡邕：

> 辰（按：指大火）之神为灵星，故以壬辰日祀灵星于东南，金胜木为土相也。（应劭：《风俗通义·灵星》）

> 灵星，火星也。（蔡邕：《独断》）

博雅如司马迁者，对于大火及其在历史上曾起的作用，也是恍恍惚惚，若明若暗；这表现于他在追溯自己始祖所自出时，竟不知"火正"为何物。司马迁在《史记·太史公自序》中这样说：

> 昔在颛顼，命南正重以司天，北正黎以司地。唐虞之际，绍重、黎之后，使复典之，至于夏商。故重黎氏世序天地。其在周，程伯休甫其后也；当周宣王时，失其守而为司马氏。司马氏世典周史。

这里所说的"北正黎"，就是先秦文献中一再出现的"火正黎"。火正"祀大火，而火纪时焉"的说法，也不冷僻。司马迁自己在《楚世家》中谈楚之先世时，便曾复述道："重黎为帝喾高辛居火正，甚有功，能光融天下，帝

---

① 《北史·刘芳传》："芳疏云：灵星本非礼事，兆自汉初，专为祈田，恒隶郡县。"

訾命曰祝融。"这里虽然误以重、黎为一人，但火正的职守，还是清楚的。偏偏在谈到自己家世时，司马迁竟将火正错成北正。这一错，至少说明他对火正、大火那一套，是并不确知的。

将火正错成北正的事，在汉人中不止一起。韦昭注《国语》，信唐固之说，谓火正当为北正，以与南正相对。郑玄答赵商也说："先师以来，皆云火当为北，当云黎为北正。"（见《尚书·尧典》孔疏引《郑志》）郑玄的老师是马融，从他以来，皆云火当为北，看来早已习非成是了。这些人是否都受了司马迁的左右，已无法查考，要之可证王充的"世儒案礼，不知灵星何祀"一说，绝非过分之辞。

火历痕迹如此愈远愈淡的情况，一直延续到唐、五代。有宋一代，却来了一个回光返照。

赵匡胤起于宋城，国因号宋。这一偶合，颇为引起一辈文人学士的思古幽情，他们把这个宋与两千年前的微子封于宋乃至微子远祖火正阏伯联系了起来，定国运以火德王，色尚赤。所谓"今上于前朝作镇睢阳（按即宋城，今河南商丘县南），洎开国，号大宋，又建都在大火之下，宋为火正。按天文，心星为帝王，实宋分野。天地人之冥契，自古罕有"（李石：《续博物志》卷二）。有人甚至称赵宋为"火宋"，并派定那个先他们五百多年在建康称帝的刘宋为"水宋"①。于是恢复大火之祀于商丘，以阏伯配食（见《宋史·礼志六》），一派尚火气象，直超秦汉而上。

宋仁宗皇祐六年，"三月乙亥，太史言日当食四月朔"（《宋史·仁宗本纪》）。这一件简单的完全能够预知其因果的天文现象，竟如上述的两千三百多年前的那次"新大星并火"一样，引起了朝廷上下一片慌乱。因为如《初探》所已证明的，夏历四月当火历正月，元旦日食，祸莫大焉。于是皇帝亲"下德音改元"，曰："皇天降谴，太史上言，豫陈薄蚀之灾，近在正阳之朔，经典所忌，阴罴是嫌。寻灾异之攸兴，缘政教之所起……俾更元历之名，冀召太和之气"，"宜改皇祐六年为至和元年，以四月一日为始"（《宋大诏令集》

---

① 北宋书画家米芾有印章曰"火宋米芾"，跋曰："正人端士，名字皆正。至于所纪岁时，亦莫不正。前有水宋，故有火宋别之。"见俞樾《茶香室丛钞》。

卷第二）。除改元外，还规定"减死罪一等，流以下释之。癸未，（皇帝）易服避正殿，减常膳。乙酉，诏京西民饥，宜令所在劝富人纳粟以振之。四月甲午朔，日有食之，用牲于社"（《宋史·仁宗本纪》）等种种应变措施，以求禳祓，整整折腾了二十天。

神宗年间，王安石行新法，官吏鼓励百姓租赁祠庙为市场。时"张安道知南京（宋州，今商丘），上疏言：'宋，王业所基也，而以火王。阏伯封于商丘，以主大火；微子为宋始封。此二祠者，独不可免于鬻乎？'神宗览之，震怒，批曰：'慢神辱国，无甚于斯。'于是天下神庙皆得免鬻"（罗大经：《鹤林玉露》卷十一）。辟祠庙为市场，不失为活跃贸易的一个好办法，不料侵犯到阏伯和微子二祠，那便不止于"慢神"，而且有损于大宋的象征，构成"辱国"之罪，无怪乎龙颜要震怒的了。

宋人尊重大火的风气，也泽及丙丁之火。据说宋高宗生于丁亥年，孝宗生于丁未年，光宗生于丁卯年，杨诚斋贺光宗诞日诗云："天意分明昌火德，诞辰三世总丁年。"火德、丁年之类五行之火，与大火本非一事，二者的关系，远不如生活用火之与大火；宋人于此，大概是故意不去深究，但求粉饰太平罢了。

随着赵宋的播迁、灭国，不仅火德失昌，大火、阏伯等等也终于消亡；剩下的，只有民俗中一些变了形的影与魍魉，供人凭吊，诱人神往。

二

火历在民俗中的存在，不同于在历法中和政治中的际遇，不必担心科学进步和王朝更替而引起的损益浮沉。在民间，它那种既是生活的真实节奏又是天象的神圣昭示的奇妙性格，正好是半是历史半是神话的民俗内容的绝好素材。

火神

一些古老的民族，常把他们所确认的标志一年之始的星辰指为火神星，并幻想出一位相应的火神来。古印度人以昴星晨见为一年之始，于是他们所谓的阿耆尼（Agni）是昴星，也是火与火神。墨西哥的阿芝特克人所谓的休脱库特里（Xiuhtecutli），亦复如此。我们的祖先称天蝎α为大火，其命名的

方法，同他们不谋而合①；稍有不同之处是，我们是以大火昏见为岁首。而大火昏见之时，正是昴星晨见之日，只是观察时间不同而已。

但是中华文化有一个古老的天人合一的传统。我们的神，不是与人世隔绝的非人；神是神，也是人；神是上了天去的人，人是下得地来的神。《礼记·祭法》说："夫圣王之制祭祀也，法施于民则祀之，以死勤事则祀之，以劳定国则祀之，能御大灾则祀之，能捍大患则祀之。"于是，诸如此类的圣人、英雄、功臣，慢慢都成了神；这又难免使人倒过来设想，他们本是神灵下凡以造福于民的人。火神的经历，也不例外。

最常见的火神叫祝融。"祝融"一词，有时作为官号，有时代表一个氏姓，有时又特指一个人。大体上，最早的那一任火正，名叫黎的，由于职司以火纪时、行火政而有功，帝喾（或高辛氏）命之曰祝融。这时候，祝融也就是黎，是一个人。祝融有弟曰吴回，"复居火正为祝融"（《史记·楚世家》），这里的祝融就成了官号。正是由于如此世袭官职的结果，祝融家族便以官为氏，首任祝融也便被祀为贵神。所谓"有五行之官，是谓五官，实列受氏姓，封为上公，祀为贵神，社稷五祀，是尊是奉。……木正曰勾芒，火正曰祝融……"（《左传·昭公二十九年》）祝融氏是楚的远祖，祝融神也成了南天的神。或者更大的可能是：祝融由于行火而被尊为南天的神，因之也就被认定为楚人的远祖。

祝融一名朱明（《淮南子·天文训》）、朱冥（《楚辞·九歌》）、鬻熊（顾颉刚说）、陆终（郭沫若说），乃至东明、东蒙（杨宽说），大概这些并不一定都是同一个人，而是祝融这个氏姓的一些人。

另有一位火神叫回禄。《国语·周语上》说："昔夏之兴也，融降于崇山；其亡也，回禄信于聆隧（韦昭注：回禄，火神。再宿为信）。"这里有两个火神。因为火之于人民生活，可以为利也可以为害，反映于神话，便成了两个火神：祝融出现以布福，回禄出现以降祸。鲁昭公十八年夏五月壬午，宋、

---

① 天文史家常说大火得名于它的颜色，其实不然。大火之被呼为大火，与一年之始亦即一个农事周期之始有关，进而言之，与火耕有关。倒是我们这个太阳系里的行星火星（荧惑，Mars），得名于它的荧荧如火。

卫、陈、郑四国同日大火，郑子产使人"禳火于玄冥（按：水神）、回禄"，而不禳于祝融，大概也是相信回禄与祝融有个分工的缘故。这位回禄的身世不详，从人民的愿望和造神的惯例推测，大概他与大火及火历都不会有什么瓜葛。

火神在后世有庙，按时祭祀。《汉书·五行志》说："帝喾则有祝融，尧时则有阏伯，民赖其德，以为火祖，配祭火星。"看来起初火神的人性成分较大，所谓"今恒言独于火神称祖"（《通俗编·神鬼·火祖》）。既然是人祖，受祭时只能处于配角地位，主角是星辰，这是合乎习惯的。不知从什么时候开始，一切弄得十分混乱，如《禅林象器笺》所载："火德星君，为炎帝神农氏之灵，祀以为火神，以禳火灾也。"这里所谓的"火德星君"，据《吕氏春秋》十二纪及《礼记·月令》所言，应该是荧惑即行星火星，不是恒星大火；而"炎帝神农氏"与火正祝融氏也判然有别；"以禳火灾"的对象应该是回禄，不能是民赖其德的炎帝和祝融。当然从民俗的眼光看来，这一切又都可以不必深究，而听任其浑然交融，自成情趣，但求寄托人民的某种情感便足。儿时曾见乡邑有火星庙，供赤脸虬髯火德星君，俗呼火星老爷，以农历六月二十三日诞辰日祭祀，由木业人士主持。想来其目的也在以禳火灾。大概随着取火之日趋便利，火耕之不再施行，人们对普罗米修斯式的功德不免淡忘，独于回禄之灾惴惴于怀，敬爱的感情让位于敬畏的感情，祝融的神位便由回禄篡代了。至于六月二十三日的由来，则是缙绅先生难言之了。

灶神

火在每家每户的象征，是灶，火神在每家每户的具体化，便是灶神①。

灶神之说不知始于何时。《战国策·赵策》记侏儒复涂侦以梦见灶君说卫灵公，是文献所见的灶君之始②；其在人民习俗和观念中的存在，当然要早得多多。

灶神起先与火神合一。《周礼说》云："颛顼氏有子曰黎，为祝融，祀以

---

① 土地神亦有全体与具体之分。"天子以下，俱荷地德，皆当祭地。但名位有高下，祭之有等级：天子祭地，祭大地之神也；诸侯不得祭地，使之祭社也；家又不得祭社，使祭中霤也。霤亦地神，所祭小，故变其名。"（《左传·昭公二十九年》"土正曰后土"疏引刘炫曰）
② 亦见于《韩非子·内储说上》。

为灶神。"(见《礼记·礼器》疏引)高诱注《淮南子·时则训》也说:"祝融、吴回为高辛氏火正,死为火神,托祀于灶。"是灶神为祝融之说。但也有以灶神为炎帝的,如《淮南子·氾论训》说"炎帝作火,死而为灶"(《艺文类聚》卷八〇引为"死而为灶神"),这样说,也是把灶神与火神合一所致。

如此合二而一的想法,是十分自然的。据说鲁大夫臧文仲便曾以祭火神的礼仪祭灶神,所谓"燔柴于灶"(《礼记·礼器》)。实因灶神正是每家的火神,火神离开了灶,岂但地盘不多,且有架空之虞。可是臧文仲的办法,据说遭到了孔子的指责。"孔子曰:臧文仲安知礼?燔柴于灶。夫灶者①,老妇之祭也,盛于盆,尊于瓶。"(《礼记·礼器》)照孔子的意见,灶神应该是老妇。所谓老妇,看来并无具体所指,也许只是为了反对臧文仲而随口说来的。这位臧文仲,在《论语》中曾因奢侈僭礼和不用柳下惠而两次遭到孔子反对。这一次孔子又用"老妇"打了一下臧文仲,受损的不止于臧文仲,连灶神祝融也就此一蹶不振了。

《庄子·达生》说"灶有髻",意谓灶有神鬼曰髻。这位髻,不知和孔子说的老妇有无关系,司马彪注曰:"髻,灶神,著赤衣,状如美女。"状如美女,说明并不真是美女,也许正是一位老妇。老妇、髻、美女,想来都是从妇人主中馈幻化出来的;灶与火的关系,大概由于过分密切,反而不甚引人注意了。后来段成式也说:"灶神名隗,状如美女。"(段成式:《酉阳杂俎·诺皋记上》)这位隗,与髻又不知是何关系。

只有许慎在《五经通义》里说得最具体。他说:"灶神姓苏,名吉利。或云姓张,名单,字子郭。其妇姓王,名搏颊,字卿忌。"具体虽说具体,仍然犹疑不定。后起的《杂五行书》和《酉阳杂俎》,都取了许慎的"或云"而予以演义:

> 灶神,名禅,字子郭。衣黄衣,夜被发从灶中出,知其名呼之,可除凶恶。宜买市猪肝泥灶,令妇孝。(《后汉书·阴兴传》注引《杂五行书》)

---

① 今本《礼记》两"灶"字俱作"奥",此据《风俗通义》及《礼记》郑注改。

灶神又姓张，名单，字子郭。夫人字卿忌。有六女皆名察洽。常以月晦日上天白人罪状，大者夺纪，纪三百日；小者夺算，算一百日。故为天帝督使，下为地精。己丑日，日出卯时上天，禺中下行署，此日祭得福①。其属神有天帝娇孙、天帝大夫、天帝都尉、天帝长兄、硎上童子、突上紫宫君、太和君、玉池夫人等。（段成式：《酉阳杂俎·诺皋记上》）

从此以后，灶神便确定地姓张了；与火神的关系，似乎不再为人注意。人们关心的，是既要这位天帝督使上天言好事，又担心他直言不讳而用饴糖封嘴，真是难为了。值得稍加说明的是《杂五行书》所说的买猪肝泥灶一节。

泥灶为何要用猪肝？据洪迈《容斋四笔》集众说云：砌灶时，纳猪肝一具于土中，俟其积久，与土为一，如赤色石，中黄，形貌八棱，曰伏龙肝，可入药，见于《本草》。而"所谓伏龙者，灶之神也"。

于是，又多了一位叫伏龙的灶神。但这样越走越远的结果，我们倒又仿佛回到了出发点。洪迈已经注意到，灶神名伏龙，是"以透隐为名尔"。隐去什么，谜底何在，洪迈猜不出来。我们却很幸运，既然我们从大火、龙星、祝融追踪而来，因此倒不难猜出，这个伏龙，恐怕正是伏的东方青龙吧。因而这位灶神，恰是火正祝融。

龙珠

龙之作为中华文化的象征，已是举世皆知了。人们常以图腾说龙，颇为头头是道。但中国的龙，总是和珠连在一起。《述异记》说"凡珠有龙珠，龙所吐者"；民间龙灯舞，亦以珠为前导；绘画、雕塑、编织中的龙戏珠图纹，更是栩栩如生。因此，严格说来，作为中华文化象征的，不是单单的龙，而是龙与珠。

龙与珠，代表着什么呢？

我以为，龙珠图案，正是火历在文化中的象征性遗存。说起它的演变，是很有意思的。

---

① 据说汉南阳人阴子方喜祀灶，腊日晨炊而灶神见，因得福，其子孙封侯者四人，牧守数十（见应劭《风俗通义·灶神》引《汉纪》，又《后汉书·阴识传》）。

《考工记》说，画缋之事，"火以圜"。画火作圜形，由来尚矣。前引莒县陵阳河"日月火"图形中的 ☼ ，虽然重在象形，不在装饰，便已圆圆欲圜了。后来铜器中所谓的云雷纹、涡云纹、旋涡纹、炯纹，或许都是"火以圜"，都是火纹；不过由于追求装饰效果，离开火的原型稍远罢了。

以火作纹，用于装饰，可能是对生活素材的一种提炼。但生活中没有龙，将火与龙放在一起，便不好再看成是生活用火的艺术化，而只能解释为某种天象的形象化了。

最能证实这一设想的，大概要数随县出土的曾侯墓的二十八宿图。图上正中写一"斗"字，代表北斗；环绕"斗"字自上方中间右行而下，分列角、亢、氐、房、心等二十八宿，首尾相接。图的方位按天图画法，上南、下北、左西、右东，与地图不同。"心"宿在东南隅，正是昏见时的位置①。图右即东方画一长龙，头部蜿蜒向西，图左即西方画一白虎，尾北头南；白虎腹下空白处，画一圜状的"火"字，与龙头遥遥相望。这大概是迄今可见的最早一幅标准的龙戏珠图。所谓龙，就是天象的东方青龙；所谓珠，则是圜状的火，这个火，又不是民生日用之火，而是天上的"大火"。整个画面的指示心宿昏见，正是重视心宿的火历遗风。

现在通常可见的龙戏珠图，一龙变成二龙了，那当然是为了追求对称的装饰性效果所致；"火"字变成真正的珠子了，但还忘不了在珠旁画上一些火焰。需要辨明的是：这火焰，决不是珠光宝气，而是"火"的遗迹，这是事情的本质所在。

将图画中的龙戏珠形象动态化，就成了龙灯舞。古来有"龙见而雩"（《左传·桓公五年》）之举，雩祭是一项大祭，其具体仪式如何，已不可详知；只知道雩以舞为特点，有所谓舞雩。传世的龙灯舞或龙舞，莫非是雩祭的仪式②？而舞雩于龙见之时，其为崇尚龙星即大火，则是不证自明的了。

---

① 整个二十八宿，很自然地分成四陆或四宫：角七宿居东，斗七宿居北，奎七宿居西，井七宿居南。近人争论不决的四陆方位与天象和名称不符的公案，从此图可以得到顺利解决。盖四陆之得名，系与心宿昏见时为准；而心宿昏见，如《初探》《续探》所证，乃火历岁首。整个图像，正是火历岁首时的天象。

② 除正雩外，因旱祈雨亦修雩。董仲舒有土龙致雨法，是雩之舞龙一证。

第五编

一分为三

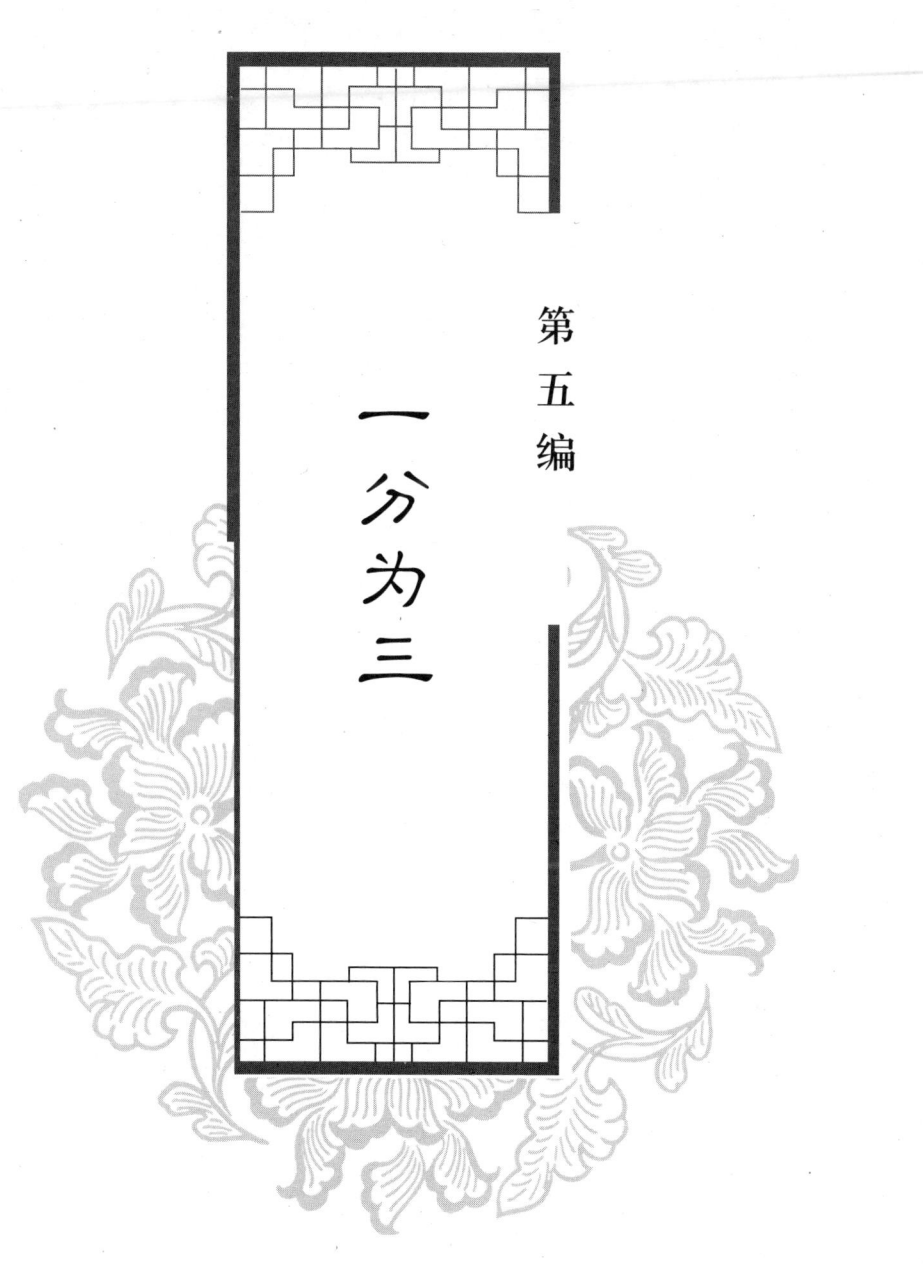

说"参"

世界上的许多古老民族,仿佛都对"三""五"两数发生过特殊兴趣,并在自己的思想文化中刻下这样那样的痕迹。

据现有材料推断,我们的祖先商族,大概对"五"的兴趣更大一些;而周族似较喜爱"三"。这或许便是五行和八卦最早作为两种体系而分立的缘由。后来周朝代商并大力吸收殷人文化,"五"和"三"才结了缘,共同构成中华文化的数字骨架。

"三""五"两数中,"五"之得到青睐,显然是手指、足趾的功劳,可谓毫无疑问;而"三"的神奇地位之获得,却应是思辨的结果。因而,如果说"五"常以其在文化中的广阔地盘(如在中华文化中)惹人注目;那么,"三"在思想上的逻辑奥秘,就更值得人们去费力探寻。故试作《说"参"》,以求教于同好。

一、参和三

"参"字和"三"数,起初并无关系。"参"始见于金文,作 ,"象参宿三星在人头上,光芒下射之形"①;或省人,作 (鱼鼎匕);或省光芒,作 (蒲参父乙盉)。今音读 shēn,星宿名,现代学名叫猎户座。"参"之和"三"挂钩,读成 sān,是后来的事;可是,又比会计体(用如大写的"三")出现的时间要早得多。一般认为,会计体数字开始流行于西汉;而"参"用如

---

① 朱芳圃:《金文释丛》。

"三",在《左传》《国语》中已非罕见。因而,以"参"作"三",便不是由于会计技术上的缘故,而应有着更深刻的原因。

首先,"参"字之可以作"三",一个显见的原因在于它的造型。参宿凡七星,两颗零等亮星分列头尾对角,为参宿四和参宿七。其一、二、三星(现代所谓猎户的腰带)虽然只有二等的亮度,却因连列宿中而特别显眼,以至名列前茅,成为本宿的代表。金文"参"字头上的三颗星,和"参"之为"三",皆由此来,所以在一些时候,"参"字简单地就等于数词"三",如:

　　参食,食参升小半。(《墨子·杂守》)
　　参日而后能外天下。(《庄子·大宗师》)
　　君子博学而日参省乎己。(《荀子·劝学》)

只是这种并非由于会计需要而写数目"三"作"参"的例子,终究是少数,因为它除了增加笔画外,别无其他实际意义。所以,更多的场合,"参"字都用在"三"的引申意义上。

一种情况是,以"参"字同时表示"三"数和某种量,成为一个既是数词又是量词的数量词。如:

　　恤民为德,正直为正,正曲为直;参和为仁。(《左传·襄公七年》)
　　垄若参耕之亩。(《墨子·节葬下》)

这里,"参和"是说德、正、直三者之和,"参耕"指三耦耕。这些"参",已不单单是数词,而且带有量的规定,有点像今天北方口语中的"仨",而且要更为宽泛,能够包括一切量词于其中。因此,这样的"参",比之上一种"参",在对客观实际的反映上,又丰富一些。由此出发,这个数量词连同它所修饰的词一起,慢慢固定为词组,为专门术语,如:

　　主明、相知、将能,之谓参具。(《管子·地图》)
　　舆人为车,轮崇、车广、衡长,参如一,谓之参称。(《考工记》)
　　商鞅造参夷之诛。(《汉书·刑法志》)

诸如此类的"参"字头的词,最初可能是略语,慢慢便成了专门术语,在相应的范围内通行。这样的"参",又不仅仅是数和量,而且有其特指的具体物事，越发充实了。

尤有进者，除去上述这样那样表示整数三的用法以外，"参"字还常用如三分、三倍和序数第三等意思，如：

先王之制，大都不过参国之一。（《左传·隐公元年》）

乏（报靶人的隐蔽屏）参侯道（靶道）。（《仪礼·乡射礼》）

太白出西方，六十日，法当参天。（《汉书·谷永传》）

这些"参"，都是"三分"的意思。如果仔细推敲，会看出"参"后似皆省却了介词"于"字："参侯道"即三分之一于侯道；"参天"即三分之一于天空，等等。"参"字所以从整数三贬值为三分之一，主要是"于"在作祟。不过，既然"于"字常常省去，"参"字也难免径有"三分"的用法了。例如：

昔者圣王之治天下也，参其国而五其鄙。（《国语·齐语》《管子·小匡》）

这个"参"字即不能再带介词"于"，而直接作动词"三分"用。由此，我们可以说，"参"也有"除以三"的意思。

可是，在另一些句子里，我们看到的却又正好相反：

吾参围之，安能围（御）我？（《管子·大匡》）

太极……始动于子，参之，于丑得三。又参之，于寅得九……（刘歆：《三统历》）

这个"参围之"，是说以三倍兵力包围之；"参之"，指的是重复三次，也可说乘以三。"参"在这些地方，似乎又从整数三增值了。其所以如此，关键仍在介词上，具体说，在"之"字上。但是，人们用"参"而不是用"三"来表示这种关系，说"参之"而不说"三之"，可证"参"确被赋以更多的内容，包括有"三"及其派生关系（三分、三倍等等）在内。

这种派生关系，还可举出第三和并列第三，即时间和空间上的关系来。如"参乘"，就是车主和御夫以外的第三者；"名参天地"，"与日月参光"，则是与天地或日月鼎立的意思。

总之，大凡与三数有关的意思，无论是数量还是次第，乃至三分和三倍，都可用"参"字来表示。因此，这个"参"，真正成了大写的"三"，它能包容下"三"的一切关系。

如果有人把这种现象理解成语言、文字和思想的贫乏，那将是轻率的；这种现象，只能正当解释成人们对"三"的偏爱；而之所以会发生这种偏爱，又由于人们看到了宇宙中"三"的秘密，产生了关于"三"的奇妙思想。

譬如说，人们发现，三和它的派生关系，有时是三个实数，如上述各例所示；也有的时候，"三"却不在"二"外独立自在，而是依存于"二"中，当人们说到三件物事时，第三者未必真实出场，那"二"便充当了"三"的代表。例如，有一种天文仪器叫"参表"，有个地方以它为例说：

　　上惠其道，下敦其业，上下相希（睎），若望参表，则邪者可知也。（《管子·君臣上》）

这种"参表"，不是三根表，而是两根表，外加所望的太阳在内，三点成线，故而有了"参"。《淮南子·天文训》记测定东西方位之法有"先树一表。东方操一表却去前表十步，以参望"，等等。向第三者望去叫"参望"，用以参望的两根表，虽是两根，由于其功能中暗含着第三者在内，虽两犹参，所以叫"参表"。《管子》将"上下相希"比如"望参表"，也因为"上""下"两者相望，却能望出一个第三者——"邪者"来。

与此类似的，还可举两个有趣的例子。一个叫"尧舜参牟子"（《荀子·非相》），一个叫"禹耳参漏"（《淮南子·修务训》）。

古有"尧眉八彩，舜目重瞳"之说（参看《尚书大传·略说》《淮南子·修务训》），此等形象，已经够让人望而生畏的了，但很少有人注意《荀子》中尧舜两人竟都是参眸子的更吓人的记载。一些注《荀子》的人说，"参牟子"就是三个瞳人。日本人久保爱甚至说："今世间有三瞳子者，爱得见之。"（据梁启雄《荀子简释》引）世间是否真有三瞳畸人，我们不妨相信久保的证言；只是尧舜二圣正好都是三瞳者，则大概未必。看来"参牟子"应该像上述"参表"一样，实际上还是两眸子，第三者是虚的。杨倞的注解说："参牟子，谓有二瞳之相参也。《史记》曰：'舜目重瞳。'盖尧亦然。"杨倞把"参牟子"和"重瞳"统一起来，读"参"为 cān，也许是对的。但还有另一种理解的办法，即"参牟子"指有一颗存在于两眼之中而并非实在的第三只慧眼，正如"重瞳"可以意味着洞察一切而不必真是复眼一样①，将两者都做现实主义的解释。这样的"参"，是否更符合原意一些呢？

"禹耳参漏"出于《淮南子》，又见于《潜夫论》，说者以为"参漏"即"三孔穴"。一耳三孔，用来说明圣人必有异相，自然有趣，但如果说它也和"参表"一样，实际上只是两个漏，第三漏是虚的，存在于这两个漏的存在之中，也许现实得多。后来说的"兼听则明"，由"兼"而得"明"，同这个由两漏而得第三漏的说法，正是一致的，只是一个抽象，一个形象罢了②。

二、参和二

上一节说明"参"就是"三"。在最后一组虚三——"参表"、"参牟子"、"参漏"的例子中，已经接触到了由二见三的用法。本节中，就来进一步说说这个"参"和"二"。

从《荀子·大略》篇，可以读到这样一段文字：

> 是非疑，则度之以远事，验之以近物，参（cān）之以平心。

这是说的决疑法。"度之""验之""参之"，仿佛是三个同等的动作；"远事""近物""平心"，仿佛是三个同位的要素。其实不然。这里的"参之"，固然不是上一节所见的乘以三的意思，也不是第三的意思③，因为这里的"平心"，系指对待"远事""近物"乃至一切对立应该持平，并非以"心"与之鼎立。证据就在同书《解蔽》篇，那里谈到消除心术之患与蔽塞之祸的办法有"毋远毋近，兼陈万物而中悬衡焉"，正就是这里的解决"是非疑"的办

---

① 《尸子》："舜两眸子，是谓重明（双倍明晰），作事成法，出言成章。"
② 古有异兽名夔，"状如牛，苍身而无角，一足"（《山海经·大荒东经》）。相传孔子释曰："夔者忿戾恶心，人多不说喜也；虽然，其所以得免于人害者，以其信也。人皆曰独此一足矣。夔非一足也，一而足也。"（《韩非子·外储说左下》）又曰："舜以（夔）为乐正。重黎又欲益求人，舜曰：若夔者一而足矣。故曰夔一足，非一足也。"（《吕氏春秋·察传》）孔子强作解人，在"夔一足"上闹了笑话。但愿本文这里没有重犯类似的错误。
③ 《周礼·天官·疾医》有"以五气、五声、五色眂其死生，两之以九窍之变，参之以九脏之动"句。其"两之"、"参之"则是序数第二、第三的意思。

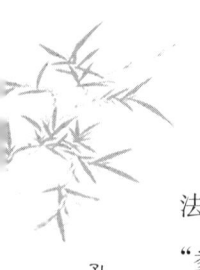

法。所谓"参之以平心",亦即"兼陈万物而中悬衡";或者简单点说,所谓"参",亦即"兼而中"。

这样的"参",显然不是独立自在的第三者,而是前面已出现事物的"兼而中之"。就是说,既度之以远事,又验之以近物;度以远事而不以远为贵,验以近物又不因近而偷,能兼远近而中之,就叫"参之以平心"。

因此,准确地说,这个"参",实系一种动作,如"度"和"验"一样,应该读作 cān。动作而叫作"参",当然与"三"有关,由"三"演化而来,究其特点,大体包括:1. 动作的对象有两个。2. 就这两个对象互相比较訾应,取长补短,就是动作的本身。3. 动作的结果为一个,这一个结果,就其不同于两个对象而言,可以说是第三者;但就其不离于两个对象而言,又不是独立的第三者。

因此,简略地说,这个"参",就是"二生三"。在通常情况下,它总是突出"二生"这一点,动作本身仿佛就是一切,那结果第三者,倒往往不在计议之中。因为必先有"二",始得相互比照而生"三";有了"二","三"便在不言之中,没有"二","三"只好比虚无缥缈的蓬莱三岛。所以,这一类的"参",慢慢变得与"三"没有什么形式上的联系,而只与"二"往还了。如:

(何武)疾朋党,问文吏必于儒者,问儒者必于文吏,以相参验。(《汉书·何武传》)

所谓"以相参验",就是以儒者之见和文吏之见来互相校核。这个动作当然预期着一个非此非彼、亦此亦彼的第三种见解,这是它所以谓之"参"验而不谓之别的什么验的原因。但是,第三者的痕迹在这里是十分暗淡的,"以相参验"所强调的,分明只是二者的互验,是这互验的动作,而不问结果。所以,有的地方,干脆称这种"参"为"参贰",如:

鸿知所言,参贰经传。(王充:《论衡·案书》)
予参贰国政。(范仲淹:《邠州建学记》)

"参贰"的完整意思,是说对第一者提供一个二,以期得出三。但也可理解如今语之"我来进一句逆耳之言吧","我来提一点反面的考虑吧"等等,其着力点在"二",不在"三"。

需要强调指出的是,这个所谓"二",不是任意一个别物,而是与"一"正相对立的他物,这一点至为关键。仅仅存在差异而并非正相对立的两物,不能暴露此类事物的全部矛盾,不能概括此类事物的全部本质,因而也得不出一个更为完整的"参"来,收不到"参"的效果,解决不了前进一步的要求。古训有所谓"顽贪以疑,疑意以两,平两以参"(《逸周书·常训》)者,说的就是这个意思。而大凡明哲之士的明智之举,多能自觉地发现对立乃至树立对立,以使自己由"一"通过"二"而进至"三",收到"参"的效果,达到更高境界。如:

> 西门豹为邺令,而辞乎魏文侯。文侯曰:"子往矣,必就子之功,而成子之名。"西门豹曰:"敢问就功成名亦有术乎?"文侯曰:"有之。夫乡邑老者而先受坐之;士子入,而问其贤良之士而师事之;求其好掩人之美而扬人之丑者而参验之。"(《战国策·魏策一》)

"乡邑老者"和"贤良之士"大体上是值得信任的,但终难免于一偏。为能做到有可参验,不惜寻求"好掩人之美而扬人之丑"的人,即寻找对立面。没有这个"二",是生不出"三"来的。再如:

> 卫嗣君重如耳(人名),爱世姬,而恐其皆因爱重以壅己也,乃贵薄疑(人名)以敌如耳,尊魏姬以耦世姬。曰:以是相参也。(《韩非子·内储说上》)

故事里用了"敌"字"耦"字,都是正相对立的意思。给宠爱的人设立对立面,使一成了二,结论不是"以是相贰也",不是为二而二,不是自陷于二,而是"以是相参",以二求参。

一切带"参"字的动词,本来都是这个意思,如"参考""参校""参议""参稽""参观""参验""参互""参预""参加"……之流,都是要求就原先的"一",加入一个正相对立的"二",以使矛盾更为突出,本质更为显露,从而得到一个更好的"三"。所谓"君所谓可,而有否焉;臣献其否,以成其

可。君所谓否,而有可焉;臣献其可,以去其否"(《左传·昭公二十年》晏子曰),并非察言观色,随声附和,便得谓之参议、参与的。谓予不信,且以最通用的"参考"一词为例解剖一下。《汉书·息夫躬传》记丞相王嘉谏哀帝说:

> 昔秦穆公不从百里奚、蹇叔之言,以败其师;悔过自责,疾诪误之臣,思黄发之言,名垂于后世。唯陛下观览古戒,反复参考,无以先入之语为主。

这里所谓的"参考",是要汉哀帝从秦穆公的正、反两面经验中引出结论,并从王嘉的谏语和先入之语的对立中,做出自己的判断。这种"二生三"的动作,才能叫作"参";其他诸参,无不如此。倘或排斥对立,听不得不同意见,势必连同寓于对立中的"参",也一并排斥开去,那就叫作"不参"。韩非说过:"明王不举不参之事。"(《韩非子·备内》)他把"参"和"不参"的利害得失,说得最为直率不过了,值得后人记取。

总之,这一类读 cān 的动词"参",都是暗含着三、明说着二的辩证动作。在这个意义上,我们可以说,参考、参议等等,都是"参贰"。但是,由于客观事物的复杂多样性,"参贰"一词,不足以表现世界的丰富多彩,于是有时候,还得借重于"参伍"这个词。

"伍"源于五,正如"参"代表三一样。"参伍"连用,有时是实指,如前引《齐语》"参其国而伍其鄙"句,是指三分国都、五分鄙野的办法和一套相关的三三制和五五制;但更多的场合,二者连用,只是交叉验证的意思:

> 参伍明谨施赏罚。(《荀子·成相》)
> 窥敌观变,欲潜以深,欲伍以参。(《荀子·议兵》)
> 不以参伍审罪过,而听左右近习之言。(《韩非子·孤愤》)
> 偶参伍之验以责陈言之实。(《韩非子·备内》)
> 提名责实,考之参伍。(《淮南子·要略》)
> 故《周书》曰:必参而伍之。……察于参伍,上圣之法也。(《史记·蒙恬列传》)
> (赵广汉)尤善为钩距,以得事情。钩距者,设欲知马价,则先问

狗，已问羊，又问牛，然后及马。参伍其价，以类相准，则知马之贵贱，不失实矣。(《汉书·赵广汉传》)

参伍因革，通变之数也。(刘勰：《文心雕龙·通变》)

这许多条"参伍"，都可拿先于它们的名句"参伍以变，错综其数"(《易·系辞上》)来解释。参伍即是错综，即是从诸种不同情况的对照、比较中，求得一个存乎其中、出乎其上的新结论。其所参伍的对象，固不止一个，但却不必正是三个或五个。而这些对象，实际上又都仍可归结为相对立的两方。如赵广汉条，所参伍的价格凡马、狗、羊、牛四者，实际上可能还有驴、骡等等，但无论多少，最后"以类相准"，不外贵、贱两面。因而，这个"参伍其价"实际上还是参贰其价。参伍的实质只是参贰。其所以不用"参贰"而用"参伍"，当是为的适应事物在现象上的多样性，为的不仅指出两大极端，而且容纳广阔的中间成分。大概正因为"参伍"具有这种世俗的特色，而又避免了"参贰"那种与人作对的外观吧，所以它能广泛流行；而朴质的"参贰"，竟久已被人忘怀，连一般辞书中也难以见面了。

前人注书有不辨义理但泥于数目者，见到"参伍"，往往生拉硬扯出三个和五个具体对象来凑数，令人读来啼笑不得，把"参伍"中原有的辩证思想反而淹没了。清儒惠栋就曾指出过："汉人解参伍，皆谓三才(按，指日、月、星)五行。"(《周易述·易微言下》)其实岂止于汉人，也不尽是三才五行，如唐人司马贞注《史记·蒙恬列传》"《周书》曰"一句，即以参伍为"三卿、五大夫"，把一个好端端的哲学思想，变成了枯燥无味的职官图表，其迂阔之态，令人发噱。他们不能知道，"参"的基本意思的确是"三"，但当人们说"参"是"三"时，只不过是说出了一个简单的事实；唯能指出"参"源于"贰"，"贰"中有着"参"的人，才接触到了数字的秘密，说出了一个客观真理。如果由此再进一步，找到了三与一的关系，那时候，会是何等情景呢？请看——

三、参和一

《墨经·经上》有一条说：

直,参也。

这是在给"直"下定义,意思是说,所谓"直",如三点成一线(说见第一节"参望")。与此同时,人们当然也已经知道三径成一圆。这些数学上的奥秘,是否给人一个启示:三与一之间,存在着某种神奇的关系?

启示肯定出现过,而且时间相当早;八卦的三画,或许是我们可以确指的较早证据。八卦恰好三画,不是两画或四五画,大概不是巧合,而是古人脑袋中三、一关系的显现。① 卦辞中引起后人许多猜测的"先甲三日,后甲三日"(《易·蛊》)、"先庚三日,后庚三日"(《易·巽》),以及其他许多礼仪上"三日"为期的规定,或许也是古人视三为一个单元的结果。此外我们还可以举出许多别的古例来,把"三元"思想推向更前。

遗憾的是,我们所能找到的以三为全的理论性论述,时间却晚得出奇。最先明确无误说到这一点的,大概是《史记》:

数始于一,终于十,成于三。(《律书》)

后来有《太玄经》:

诸一则始,诸三则终,二者得其中乎!(《太玄文》)

中间经历了宋明象数派的神秘主义夸张。及至近代,可举龚自珍:

万物之数括于三:初异中,中异终,终不异初。(《壬癸之际胎观第五》)

这些思想,与古希腊毕达哥拉斯学派的说法几乎一样:

一切的一切都是由三元决定的。
因为全体的数有终点、中点和起点,这个数就是三元。
我们称二为"双"不为"全";说到三我们才说全。②

为什么数"成于三"?为什么三是"全"是"元"?难道"一"不是更完整、更具有"元"的资格么?人们当然曾经想到过,一切都是从一开始的。

---

① 扬雄创制四画玄卦,终于不见流行。
② 据黑格尔《哲学史讲演录》第1卷,北京:商务印书馆,1959年版,第233页。

但是这个开始的"一",为能开始下去,创生出或变化出"多"来,就必须具备一种动力。如果这个动力是从外面获得的,那么"一"便不成其为开始的一,因为另有一个外力先它而在或与它同在。如果这个动力是从内部获得的,那么"一"便不是一个单纯的一,它的内部应是复杂的;在这种情况下,它又不会因其复杂而是"二",因为二不可能谓之开始,开始者只能是一。这样,纯一不可能开其始,"二"不可能是开始,那么只有具备二于其自身之中的一,才有可能实现其开始并且真正成为开始,而这就是"三"。只是这是作为一的三,成为三的一;不是作为三的三。这就是三元。

《庄子》说:

> 古之人在混茫之中,与一世而得澹漠焉。当是时也,阴阳和静……此之谓至一。(《缮性》)

这是对人生开始前的状态的假设。那时候总的情况是混茫,这是"一";这个混茫内含阴阳,它们是"二";这个阴阳又处于和而静的状况之中,即是说,它们合而为一混茫;因而,这便成了一种一而三、三而一的东西或境界,就叫三元,或曰至一。

《老子》说:

> 道生一,一生二,二生三,三生万物。
> 万物负阴而抱阳,冲气以为和。(第四十二章)

万物都是阴阳之和,所以万物都是一个"三";道生一生二生三,所以道也是一个"三"。道这个三,又能生万物,这叫"三生万物"。就这样,无论是道还是万物,都可说既是一也是三。

可以看出,这种三一的思想或三元的思想,是关于对立统一规律的一种表述。尽管它有许多模糊不清之处,但的确是说出了世界由矛盾组成的大致情景。这种思想,早期各派思想家都从各自不同的角度多少接触到了,唯以道家为最精。这是道家的骄傲。没料想,到后来的道教中,三一思想却变质为神秘的三位一体,如一切宗教一样;有所谓"气包神,神包精",精气神"三一混合"以及"夫道为三一者,谓虚、无、空"(《老君太上虚无自然本起经》)等等莫名其妙的呓语。这时候,三一思想的合理成分,倒被儒家学者发挥起来,成了他们宇宙观的根本。

刘歆在《三统历》中曾朦胧说道:"太极元气,函三为一。"可惜他未能正确发挥。一直迁延到宋儒,才有人做了许多解释,其中除了若干近乎宗教式的咒语外,最优秀的代表,当推张载学说。如:

极两是谓天参。数虽三,其实一也,象成而未形也。(《易说·系辞上》)

有两则有一,是太极也。若一,则有两亦在,无两亦一在。然无两则安用一?不以太极空虚而已,非天参也。(《易说·说卦》)

所谓太极,或伟大的起始,自应是个一。但它不是空虚的一,它内含着两,即对立的阴阳。有一有两,因此,太极又可以叫作"天参",天然的三。不过虽说是三,却并不体现为三个部分或由三个部分组成;虽然内含着两,那两却和解而统一,因而它在形体上,仍然是一。这种"数虽三,其实一"的三位一体,又叫作"参一":

地所以两分,刚柔、男女而效之法也。天所以参一,太极、两仪而象之性也。(《易说·说卦》,又见于《正蒙·参两篇》)

这种说法,可以看成是前引《老》《庄》思想的复归,当然在说明上丰富多了,也明确多了,不仅仅是用"极"替换了"道"而已。

除去这个哲学的途径外,常常令人惊讶的是,三元的思想,还突出地表现在音乐理论中。文献表明,我国古乐的五音、十二律,都被与"三"紧紧拴在一起。最早记载五音间数之关系的《管子》说:"凡将起五音,先主一而三之,四开以合九九,以是生黄钟小素之首以成宫。"这是说,五音从一开始,但是单纯的一永远是一,无法实行其开始,于是要"三之",重复三次或乘以三;或者说,这是一个涵三之一。从数学意义上说,这实际是以三为基数,然后四次自乘,得八十一,是为宫之数。更后依次增减三分之一,所谓三分损益,则分别得徵(81+81/3=108)、商(108-108/3=72)、羽(72+72/3=96)、角(96-96/3=64)之数(见《管子·地员》),是为五音。

最早记载十二律律管长度及其数之关系的书是《吕氏春秋》。其《古乐》篇说：

> 昔黄帝令伶伦作为律。伶伦自大夏之西，乃之阮隃之阴，取竹于嶰谿之谷，以生空窍厚钧者，断两截间，其长三寸九分，而吹之，以为黄钟之宫。

这个"三寸九分"，与后来习用的"九寸"之说不同，曾使得乐律家们大伤脑筋。从我们现在所讨论的观点来看，三寸九分抑或九寸，都是一样，因为它们都不过是"三"的演化数目而已。由这个黄钟律（且以9寸为准）出发，依旧用三分损益的办法，便能得林钟（6寸）、太簇（8寸）、南吕（5.33寸）、姑洗（7.11寸）、应钟（4.74寸）、蕤宾（6.32寸）、大吕（8.43寸）、夷则（5.62寸）、夹钟（7.49寸）、无射（4.99寸）、仲吕（6.66寸）（见《吕氏春秋·音律》）诸律，并于最后在高一层上回到出发点，得半律黄钟（4.5寸）。

就这样，五音和十二律便被说成是建基于"三"的一个奇妙的数字体系。这个体系，大致符合音律的自然频率，有实际使用的价值，并且在事实上支配了全部古乐时代。16世纪末叶，明宗室王子朱载堉创十二平均律，以 $\sqrt[12]{2}$ 这样一个数目扫荡了三分损益成就，使乐理更为科学和精确。但是，它在实践中并未得到推行，而且时隔不久，便遭到了康熙帝的复辟三分损益法的打击，而湮没无闻。这也说明，建基于"三"的音乐体系，有它广泛的基础和顽强的活力。这个体系，当然非一二数学家或哲学家凭空拼凑出来的，它应该是无数乐工在演奏和制作实践中首先摸索出来的。乐工依靠灵敏的审美耳朵，逐步排列出五音和十二律的自然顺序，其音与音、律与律之间的差别，不论是表现于弦或管，不外于长度、直径和紧张度的不同，而这些值是可以用数来表示的。这时，对"三"有着特殊感情的数学家和哲学家，在音和律里面，以及在两大系列之间，竟然得到了一个计算上的统一原则，找出了一个"三"的秘密，这不能不说是一大奇迹！学者们为此所走的艰苦路程，后人已难尽晓；我们现在能以见到的，大概只有记录在《国语》中的这样一个简单痕迹了：

> 古之神瞽，考中声而量之以制，度律均钟，百官轨仪，纪之以三，平之以六，成于十二，天之道也。(《周语下》)

这几个数字各代表什么，注家有过种种解释，我们至少可以断定，它们是从乐律中悟出来的（所谓"天之道也"），而这个关系，是以"三"为基数的。

乐律中近似存在着"三"的秘密的事实，希腊哲学家毕达哥拉斯也发现了。这种重复发现的情况，在科学史中，尤其是在古代，不止一见；但近代的惯于以欧洲为中心进行思考的某些学者们，竟由此设想中国乐学来自希腊，并抓住前引《吕览·古乐》篇"大夏之西"一句，以为根据。其实，在那个时代，这种理论在万里异域间传递所面临的困难，比之它们从东西民族各自实践和思辨中独立产生出来，正不知要大到多少倍哩！

东西民族都形成了三元思想，又都拿它到音乐中去验证和运用，这当然也不是巧合，而是人类对客观辩证法的一个认识历程。至于这个三元思想同今天西方科学思想中的三个世界理论有无源流关系，以及由于这种运用而在多大程度上影响着以三为圆满为和谐的哲理、以至视对立的和解为宇宙的绝对真理，特别是这种真理的价值如何，已非这篇小文所能尽述，只好留作余兴，以俟来日了。

黑格尔说过："数目的排列是容易的；但是深刻地说出其意义则是很难的，而且勉强去说出意义又始终是任意武断的。"[①] 我立意说三，却扯到三倍、三分，以至二和一，并且总名曰"参"；如果仅仅是很难，倒也无伤大雅，唯愿文中没有过多的任意武断之处，就可安心了。

[①] 黑格尔：《哲学史讲演录》第1卷，北京：商务印书馆，1959年版，第244页。

对立与三分

西欧哲学家长于分析。即以"对立"范畴而论,毕泰戈拉学派便已区别出三种对立的方式:殊异、相反、相关①。亚里士多德进一步将对立分成四种:相关、相反、有和缺失、肯定和否定②;有时候他还加上第五种:两端③。到了黑格尔,对立的分别更带上他惯常的深奥玄思和逻辑必然:从差异起,经过对反,到达矛盾④。

中国哲学家也是很早便注意到了对立,被用来象征对立的词汇不知凡几,谈及对立关系的宏论更是辩证圆通;只是在分析对立的状态从而将对立进行分类方面,似乎很少去花什么工夫。以至于,我们不甚知道阴阳、反复、矛盾以及诸如此类的范畴,是否反映着不同种类的对立;甚至于,我们并不介意对立本身究竟有无种类上的不同。古文献中,本来也曾有过区分不同对立种类的提法,但迄未受到重视,亦未得到明白阐述。大概一直到现代,才有所谓对抗性矛盾与非对抗性矛盾这样的划分,可惜多半只适用于政治生活,哲学品味相当不足。

这大概与中国哲学家长于综合有关。我们用一个"阴阳",不仅包容了天地人各界的对立,也概括了相反、相关等各类的对立;经之纬之,笼之统之,万物于是皆备于我了。作为不甚注意分析对立双方如何对立的补充和结果,

---

① 据黑格尔《哲学史讲演录》第1卷,北京:商务印书馆,1959年版。
② 亚里士多德:《范畴篇》第十章,北京:商务印书馆,1962年版,第38页。
③ 亚里士多德:《形而上学》第5卷,北京:商务印书馆,1959年版,第96页。
④ 黑格尔:《逻辑学》第二编第一部分第二章,北京:商务印书馆,1976年版,第27页。

中国哲学家花过很大力气研究对立如何谐和结合；而这一方面，恰好是西欧哲学家所很少注意的。

对立确实存在着是否谐和与如何结合之不同，这种不同，或疏或密地关联于对立种类上的差别。中国哲学家们的兴趣偏重于结合，从考究结合方式的不同也触及到了对立种类上的差异。梳理一下这方面的资料，看看古人是如何看待对立及其同一的，将有助于更细致地了解我们的文化，更深刻地了解我们自己。

一、有两有陪贰

古希腊人曾经认为最普遍的对立是冷和热、干和湿；构成世界的四大元素恰好各自分别具备其中的两种（水，冷和湿；火，热和干；气，热和湿；土，冷和干），而两两对立。这种直观式的描述虽不免过分粗糙，却闪烁着多彩的机智。

毕泰戈拉学派进了一步，宣称世界本原便是对立的，而且不多不少正巧十对；后来在区分事物的存在方式时，他们于殊异之外，着重强调了"相反"和"相关"这样两种对立。前者如善与恶、静与动，后者如左与右、倍与半。他们认为，在相反中，此生彼灭，非此即彼，没有中介；在相关中，共生共灭，互相依存，有一个中介。细读有关材料便能发现，毕泰戈拉学派是用绝对的观点来看相反，而且相信这是由于事物的本性；至于相关，则是相对的，由于事物的存在。当时显然还不知道绝对和相对的关系原是相对的。

亚里士多德更进一步，将对立（opposition）细分为四种：相关（relative）、相反（contrary）、有和缺失（having, privation）、肯定和否定（affirmation, negation）。从他的论述中可以看出：第三种只出现于主体和属性之间，第四种系专就命题而言、后来发展成形式逻辑的矛盾律，二者似难看成普遍意义上的对立。真正哲学意味上的对立，仿佛只有前两种（他有时提到的两端式的对立，应可包括在"相反"中），它们也正是毕泰戈拉学派所说的那两种。

在古代中国，形容对立的语词有许多。譬如《左传·桓公十八年》，周室大夫辛伯谈到对立致乱时，很轻松地一口气就出来四种：

>并后、匹嫡、两政、耦国，乱之本也。

并、匹、两、耦，都是对立，是"乱之本也"的对立；也可以说，是一种不好的对立。辛伯的心目中，当然另有一种对立，"治之本也"的对立，好的对立，这是毋庸置疑的。因为他不会主张民主共和。从这里，我们很可以抽绎出对立的分类和分类标准来，不过可能比较麻烦；因为这些话的政治学味道太浓，哲学味道不足。够得上从哲学意义上对对立进行分类的提法，可举此后约二百年的如下一段对话为例：

>赵简子问于史墨曰："季氏出其君而民服焉，诸侯与之；君死于外而莫之或罪也？"对曰："物生有两、有三、有五、有陪贰。故天有三辰，地有五行，体有左右，各有妃耦；王有公，诸侯有卿，皆有贰也。天生季氏，以贰鲁侯，为日久矣，民之服焉，不亦宜乎！鲁君世从其失，季氏世修其勤，民忘君矣，虽死于外，其谁矜之？社稷无常奉，君臣无常位，自古以然……"（《左传·昭公三十二年》）

"物生有两、有三、有五、有陪贰"，在当时，这是一句哲学语言，一种对世界的看法。物生果否有三、有五，又如何个有法，我们暂时不去管它。眼下我们感兴趣的，是有两、有陪贰的说法。

许多谈中国辩证法的书都少不了引用史墨的这段话，但多不甚注意两和陪贰有无区别，而是笼统认为它们都有相异相反的意思，指的都是对立和矛盾，如此而已，未能由此悟得对立的种类问题。

中国古代文献中，独立使用的两或贰，有时确系泛指一般的对立或对立的一般；但史墨将两和贰对举，说的是"物生有×"，较前引的辛伯说"乱之本也"之罗列原因不同，显然是要表明世界生成的本然，认为两和贰有着重大差异。照注书人杜预的理解，体有左右证有两，各有妃耦证陪贰；加上文中明说了的王有公、诸侯有卿，都叫有陪贰。

按"两"字原为车舆上的某种对称结构，故得借用为车的计量单位，如"戎车三百两"（《书·牧誓序》）。后来引申为重量的两，所谓二十四铢为一两者，本是两个十二铢的意思（十二铢在汉代是一级重量单位），与一般通称成双成对者为两，取义完全一样，都指二者的相等相称。"贰"字则不然，它源

于次第数词第二，后于第一而起，次于第一而在，有从属和副手的意思，引申为离异、独立、背叛等。

所以，史墨说物生有两，举"体有左右"为例；说物生有陪贰，举"王有公，诸侯有卿"为例。体之左右和国之王公，有对等和不对等之别、并列和主从之殊，其关系是不一样的；也就是说，虽同为对立，其性质和状况是不一样的。

两和陪贰之如此划分法，在亚里士多德那里将难以通过。在亚氏看来，左右和君臣都是"相关"（亦称"相对"）式的对立，因为它们都以某种方式与对方有关，不能离开对方而得到说明，双方同时获得存在，也同时互相消失，等等。古希腊的哲学家，大概也都这样看。

古代中国却不然。我们的祖先当然也看出了左右和君臣都是一种依存关系，无法离开彼方来说明此方；但他们似乎总是挣不脱伦理脐带的缠绕，更愿将依存分成对等的依存和主从的依存，前者谓之两，后者名为陪贰，并且相信这种分别带有根本的性质。这一点，在在可以得到补充证明，如：

易有太极，是生两仪。（《易·系辞上传》）

吾有知乎哉？无知也。有鄙夫问于我，空空如也，我叩其两端而竭焉。（《论语·子罕》）

心生而有知，知而有异；异也者，同时兼知之。同时兼知之，两也。（《荀子·解蔽》）

邓析……操两可之说。（《列子·力命》）（按，两可指"可、不可无辨"，"可与不可日变"，据《吕氏春秋·离谓》）

这些"两"的两方，其内容可以是相反的，其地位则相等，无主从高下之分。"贰"的情景便不同：

（晋献公）十六年，公作二军。公将上军，太子申生将下军，以伐霍。……士言于公曰："夫太子，君之贰也，而帅下军，无乃不可乎？"公曰："下军，上军之贰也。寡人在上，申生在下，不亦可乎？"士对曰："下不可以贰上。"公曰："何故？"对曰："贰若体焉，上下左右，以相心目，用而不倦，身之利也。上贰代举，下贰代履，周旋变动，以役心目，故能治事以制百物。若下摄上与上摄下，周旋不动，以违心目，其反对物用也。何事能治！故古之为军也，军有左右，阙从补之，成而不知，是以寡败。若以下贰上，阙而不变，败弗能补也……"（《国语·晋语一》）

晋国大夫士䓵这一席论"贰"的话，由于读者不甚介意贰和两有差别，常被误解。其实它对我们理解当时的对立分类原则很关紧。它的要领在：太子，是君之贰；下军，不是上军之贰（下不可以贰上）。下军和上军，彼此是两的关系，同时又都是国君之贰，正如手（上贰）足（下贰）都是心目之贰一样（以相心目，以役心目）。所以古设左军右军，一齐向国君负责；不去叠床架屋，分设上下军，让下军只对上军负责（以违心目）。在士䓵的心目中，"贰"和"两"的不同是分得清清楚楚的：左、右，上、下（包括古之左军右军，今之上军下军），都是两，不应成贰；君和太子，天生是贰，不能作两（分帅上下军）。

晋国大乐师师旷对晋侯论"卫人出其君"时也发表了一通有关"贰"的议论：

天生民而立之君，使司牧之，勿使失性。有君而为之贰，使师保之，勿使过度。是故天子有公，诸侯有卿，卿置侧室，大夫有贰宗，士有朋友，庶人工商皂隶牧圉，皆有亲昵，以相辅佐也。善则赏之，过则匡之，患则救之，失则革之。……天之爱民甚矣，岂其使一人肆于民上，以从其淫，而弃天地之性？必不然矣！（《左传·襄公十四年》）

贰的从属地位及其辅佐作用，在这里说得再清楚也不过了。"天生民而立之君"，这种先有民而后有君的民本思想，眼下和我们关系不大；"有君而为之贰"，很值得注意。它表明，君是第一，臣是第二，无论在发生次序上还是社会地位上，都是如此，二者有一个先后主从的关系。将这个第二的次第名词化，就是"贰"。不过，话还得说回来，贰虽是从生的，却绝非消极因素，它的发生和存在，正是为着辅佐"壹"，使那个"壹"更好地成其为壹，所以要师保之、赏之、匡之、救之，如果仍然无效，直至起而革之，都是应该的。

正因为贰处于从属地位起着辅佐作用，所以史墨更准确地称之为"陪

贰"。如果陪贰无故想着挣脱自己的从属地位，去掉"陪"的身份，离君独立，贰自为贰，那就叫有贰志，叫携贰，或者就叫贰；秩序维护者可以"讨贰"，直至"执之"、"杀之"（《左传》之《僖公二十八年》、《十五年》、《昭公五年》）。如果为君的肆虐于上，其德不明，"无陪无卿"（《诗经·荡》），即不把公卿放在眼里，无视陪贰的存在，那就叫"君不君"，这个君的存在因其否认贰的存在而丧失了依存条件，于是也就不应存在。季氏出其君、卫人出其君之所以合理，其理在此。

简单说来，"两"是并列关系，"贰"是主从关系，这是中国先哲所注意到的两种主要对立；它们虽然都可归入亚里士多德的"相关"或"相对"式的对立里面去，但其社会差别之大，是不能不予以注意的。周室大夫辛伯所谓的"乱之本也"的对立，大都属于两，他心目中的"治之本也"的对立，则是贰。二者之不同，可见一斑。

二、匹与偶

上面我们说辛伯所举的四项对立，"大都"属于两，那是鉴于其中"匹嫡"之"匹"，同"并后、两政、耦国"的"并、两、耦"不尽相同，还不完全属于两，也不简单等于贰，而另有着自己特别含义之故。下面分出来特别谈谈。

辛伯所说的"匹嫡"，是说庶子的地位、声望、尊宠之类和嫡子相等相当了，匹于嫡了，匹敌了。本不相当或本不相关的单枪匹马，变到与别个相并相配而成为匹偶，就叫作匹。在帝后、储君、邦国之类方面，出现"匹"情，自然是"乱之本也"，是动乱的一大根源；它同淑女、君子之为匹为偶，其效应是正好相反的。

"匹"字，《说文》说："四丈也……八揲一匹，八亦声。"按一匹等于四丈，乃汉代的一种布帛规格，并非"匹"字本义；"八揲一匹"云云，是想用来说明字形何以从八，其实周彝铭文表明，"匹"字并非从八；而且，"八揲一匹"默设了每揲五尺的制度，而这种制度并不存在。《说文》的此类纰漏，前人已多所指出了。

查匹之成为布帛量度，是汉代的事。《小尔雅·广度》说："倍丈谓之端，倍端谓之两，两谓之匹，匹五谓之束。"度量单位由丈而端、由端而两的变换，反映着纺织技术的进步；至于四丈长（所谓"倍端"）的布帛取名为"两"，则起于当时收卷整匹布帛的习惯是从两端分别往中间卷动，对叠成如意纹，如折叠棉被状，两卷相并，故云。现在我们感兴趣的问题是，"两"就叫两好了，为何又"谓之匹"？

郑玄注《礼记·杂记下》"纳币一束"条曰："两两合其卷……则每卷二丈也，合之则四十尺，今谓之匹，犹匹偶之云欤？"这是郑玄的答案。他倾向于认为，四十尺长的布帛所以谓之匹，是由于"两两合其卷"，犹如匹偶。但是郑玄并不曾把话说死，用了一个"欤"字。

段玉裁注《说文》另有说法：

> 按二丈为一端，二端为两，每两为一匹……五匹为一束。凡古言束帛者，皆此制。
>
> 凡言"匹敌"、"匹耦"者，皆于二端成两取意。
>
> 凡言"匹夫"、"匹妇"者，于一两成匹取意；两而成匹，判合之理也，虽其半亦得云匹也。马称匹者，亦以一牝一牡离之而云匹，犹人言匹夫也。

"匹"有双和单两个含义，郑玄只涉及了一个，段玉裁全部都回答了。两人的差别不仅在量上，尤其在质上：郑以为帛制取意于匹偶，段以为匹偶取意于帛制。

看来郑玄的解释是对的，尽管他只说了"匹"字的一个含义。盖布帛称匹，发生较晚；"匹"之本义，为马的计量单位，见于毛公鼎、兮甲盘、史颂敦等金文。马在上古是宝贵的财富、重要的生产手段、交通工具和战斗武器，人们不能不关心它的繁衍生殖乃至品种的纯正；于是有了为马寻找配偶的"匹配"、找一个相当的配偶的"匹敌"等词和词义的出现。由此，"匹"字遂从本来匹马只轮的单和一的意思，跃进而为匹偶的双和二的意思了。所以朱骏声《说文通训定声》云："匹者先分而后合，故双曰匹，只亦曰匹；犹独曰特，配亦曰特也。"

朱骏声说的"配亦曰特"，较为罕见。《诗经·鄘风·柏舟》"实维我特"，郑氏笺曰"特，匹也"，大概是其主要例证。如果真是这样，则"匹者先分而后合"之说就多了一个伙伴；即使不是这样，也没有什么损失。

不管怎样，至少"匹"字有单和双两个含义。而且，当其用作单一意思时，隐含有指向、呼唤和要求成双作对的意思；当其用作偶双意思时，保存着它所自来的单凤孤凰的余响。这也就是说，"匹"字的两个含义之间，有着某种动态关系；或者说，"匹"字描绘着一种动态，一种由无关到有关、由差异到对立的动态。这是值得我们认真注意的。黑格尔说差异到对立的进展，花了好些篇幅和几个范畴，没想到我们在"匹"字上竟一蹴而就。

"匹"字先分而后合，分指向着合，合记忆着分。其所表示的对立情景，既不同于"两"之并生式的对立，也有别于"贰"之从生式的对立，而是一种可以名为发生式的对立。

所谓发生式，是说这种对立不是天生地成的，相互为体的，像一枚银圆的两面；也不是此唱彼随的，相互为用的，如竿立而影见；它是分别从两个独立无对的匹马特牛各自开始，相互吸引，走向一起，组成为一对旗鼓相当的对立。这种对立，当然不止于"关关雎鸠"，即动物之求偶觅配而已，举凡自然界和社会中出现的个体存在于前、偶体生成于后的棋逢对手般的现象，都属于发生式的对立。旧式小说里写到打仗，喜欢说"将对将，兵对兵，捉对儿厮杀起来"，所谓捉对儿，说的就是这种发生式。本来单个的将士们互找对手，找到势均力敌的了，就是所谓匹敌；碰到力量悬殊的，就叫不是对手，讲义气的人这时会避免厮杀，因为彼此不相匹配，胜了也无光。

由匹而偶的对立，固以其发生的方式，与并生的"两"、从生的"贰"区别了开来；但既生之后，匹偶如何存在，则决定于种种别的条件，而向两或贰靠拢。无知无识的禽兽，其匹偶是以"两"的方式存在的，就是说，双方是对等的、相依的；而万物之灵的人类，在很大一片地方里与很长一段时间内，匹偶存在的方式偏偏采用了"贰"，这倒是很具有讽刺意味的事。前引史墨所说的"各有妃耦"，师旷所说的"庶人工商皂隶牧圉，皆有亲昵"，都是指丈夫有妻子，也都是不假思索地将妻子置于陪贰的地位，更不用说后来的"夫为妻纲"那句名言了。

当然，就其本性来说，匹偶对立的存在方式应该是两；否则它们起初便会由于不是对手而不成其为匹配,对立状态遂不致发生。虽然也有"不是冤家不聚头"的说法和例子,其"冤"的一面总是次要的;"偶"或"匹"的本义,还是意味着"二人同心,其利断金",并且要求着齐心协力的。如果一味冤到底而"反其为",那么这种对立便不再成其为匹偶,而要分解为路人了。

呈主从关系的陪贰式的对立,也可以说是发生的,因为这种关系的出现也是后于关系者的存在。史墨说:"王有公,诸侯有卿。"士芳说:"夫太子,君之贰也。"师旷说:"有君而为之贰。"这些个贰,不仅在关系中居于从属的方面,即使在出现的次序方面,也因先有了"壹"的存在,而后才有贰并发生出对立关系。但正由于是先有壹后有贰和关系,所以我们说这种发生是从生,它和匹配式的发生者双双先在而后结成关系是不同的。

这样,我们就整理出来了中国古文献中谈论到的三种不同形成方式的对立:并生的两,从生的贰,发生的匹。而在存在方式上,匹往往分化入前二者,事物于是只表现为"有两、有陪贰"的实存状态。

三、矛与盾

到现在为止,我们还没有提到过一次"矛盾"范畴;这样来研究中国的对立思想,难免被识者讥为疏忽。但本文让"矛盾"迟迟登场,却并非由于疏忽。

我们知道,在划分对立时,亚里士多德曾将肯定和否定列为一种,以表示两类命题"A是B"和"A非B"之间的关系,认为二者必为一真一假,后来演变而为形式逻辑的矛盾律。这种对立被译成中文"矛盾",当然是采自《韩非子》中那个鬻矛鬻盾的寓言:

> 楚人有鬻盾与矛者,誉之曰:"吾盾之坚,莫能陷也。"又誉其矛曰:"吾矛之利,于物无不陷也。"或曰:"以子之矛陷子之盾,何如?"其人弗能应也。夫不可陷之盾与无不陷之矛,不可同世而立。(《韩非子·难一》)

> 人有鬻矛与盾者,誉其盾之坚,物莫能陷也。俄而又誉其矛曰:"吾矛之利,物无不陷也。"人应之曰:"以子之矛陷子之盾,何如?"其人弗

能应也。以为不可陷之盾,与无不陷之矛,为名不可两立也。(《韩非子·难势》)

将韩非的话用亚里士多德的方式来表述,便是:"吾盾莫能陷"和"吾盾能陷",或"吾矛无不陷"和"吾矛无陷"这样一对肯定和否定的判断或命题,二者不能同真。在人世间,一个地区内也许可能先后出现"不可陷之盾"和"无不陷之矛",但"同世而立"则万无可能;一个时期中也许异地可能存在"不可陷之盾"和"无不陷之矛",但同地而立也万无可能。这叫作势不两立或"不可两立"。

势不两立或不可两立的严格意义是说,此二事物或二命题,不能以"两"的关系并立;这个"两",应该也只能在我们前面提到的意义上理解,大概不致有什么争议。现在需要深入开辟的思路是,所谓不能以两的关系并立,是否隐含着或至少不排斥这样一个意思,即:它们不妨以别的关系存在,譬如说,以"贰"的关系存在?因为前面说过,对立的存在,无非这样两种。这是一个人们不甚追究,却很有哲学意义的问题,且加以分析如下:

一山二虎,一泉二蛟,一群两雄,一国两君,其势不可两立,已被自然和社会所一再证明了且不断证明着。格斗的结果,不是一胜一逃,便是一死一伤;也或者成了一主一从、一正一副。逃了死了,两立之势不复存在,自不用说;一主一从或一正一副,岂不便是前述的"贰"的关系?可见,不可两立意味着可以贰立,它不排斥贰立且指向贰立。

再看矛和盾。不可陷之盾与无不陷之矛,不可同世两立,这是天经地义的,或者说是命题本身所规定好了的。但这个规定有其固有的时空限制,即所谓的"同世",它并未排斥此矛此盾的先后出现或异地存在,兵器史上也常有如此记录。只是先后出现或异地存在,便不合"两"的含义,不得谓之为两了。至于在同一战场上同时出现的矛和盾,包括同一位战士两手分持的矛和盾,都一定有"能力"大小之差,那个更利或更坚的家伙自将占据主导或主动地位,而成为"主"。另外,我方所有的矛和盾,或者立足于攻者所持之矛,或者立足于守者所执之盾,将不免受主观价值偏好的影响,而被认为是"主";其对立的他方,自不免屈居"陪贰"的地位,忍气吞声去了。这里的情况，比一山二虎要复杂一些，有点绕圈子，但其不可两立只能主从的情景，还是一样的。

需要补充说明的是，所谓一山二虎，习惯上指的是两只雄虎；如果二虎一雌一雄，按通常的理解，也可以说是处于矛盾关系之中，因为据说差异就是矛盾，等等。但这已和二雄对峙的性质大异其趣，这是一种相得益彰的关系。只有在这种关系中，双方才能完全实现自己，而且不是靠排斥对方，相反需帮助对方实现，同时才能实现自己。很明显，这样的矛盾关系，不正是我们前面所说的"匹"吗？因此，如果是这样的矛盾，它也不能单独存在，而应归入到匹，并进一步由匹再转为两（或者贰，理由如前所述），成为可以两立并且势宜两立、势须两立的关系。

从严格意义上说，矛盾（亚里士多德的肯定和否定，韩非子的无陷无不陷）只发生于两个命题或两个判断之间，是主观方面的事，而且源于主观的失误。客观上，当然有矛和盾这样的武器，却并没有无陷无不陷的关系。客观存在的，只有贰和两；如果从发生说，还可加上一个匹。如此而已。

当然，如果赋予"矛盾"一词以一般对立或对立一般的含义，使之包括一切对立形式，那将又另当别论了。

明乎此，我们也许对人们常说的"矛盾主要方面、次要方面"及"矛盾主要方面决定事物的性质"之类提法，更容易理解了。因为，物之矛盾与体之左右不同，它是"贰"式的对立，不是"两"式的对立。两式的对立是对称的，贰式的对立是对抗的；两式的对立是互补的，贰式的对立是反差的；两式的对立是平等的，贰式的对立是主从的，以及诸如此类。于是，矛和盾天生有一方面是主要的，支配着或说决定着此一矛盾总体的趋势与性质。在复杂事物中，在某个发展阶段上，会出现矛盾双方势均力敌的相持状态，有点像是"两"的样子。那只不过像是而已，而且时间是短暂的。在更多的时间里，在正常的情况下，矛盾总是呈现为"贰"的关系，哪怕主从的地位发生了很本变化。

四、反复与极端

当我们说两是并生的、贰是从生的、匹是发生的时候，已包含有对立不

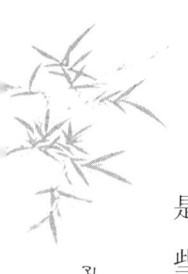

是固有的而是生成的意思在内；其生成的情景，常因种类的不同而互异。这些对立既生之后，彼此相对着的双方和对立整体，也一刻不曾或停其运动变化。中国古代哲学家们十分留心于此，大唱其——

> 反者道之动。(《老子》第四十章)
> 物极则反，命曰环流。(《鹖冠子·环流》)
> 无平不陂，无往不复。(《易·泰·九三》)

这些"反"和"复"所表示的，便是对立的动态或动态的对立；其动幅之大，可以一直大到由起点到极点，然后再由极点经反面返回起点，形成一个否定之否定。这就叫"物极则反"，叫"无往不复"，叫"道之动"；或者叫作返，也就是旋，在道家谓之玄，一般谓之圆，鹖冠子命之曰环流。

鉴于对立运动的反和复，儒家提出了"圆而神"之德，道家提出了守雌抱柔和"得其环中，以应无穷"之类的人生态度，兵家、法家得出了许多权谋之术。其中以《易传》作者由此提出的"相推"、"相感"范畴，最足以见出动态的生动性和动力的内在性：

> 日往则月来，月往则日来，日月相推而明生焉。寒往则暑来，暑往则寒来，寒暑相推而岁成焉。
>
> 往者屈也，来者信(伸)也，屈信相感而利生焉。尺蠖之屈，以求信也；龙蛇之蛰，以存身也。精义入神，以致用也；利用安身，以崇德也。
>
> 过此以往，未之或知也。穷神知化，德之盛也。(《易·系辞下传》)

日月、寒暑，各各处在对立之中，它们之由对立而动而极而反而复，《易传》名之为"相推"：日推动着月，月也推动着日；寒驱赶着暑，暑又驱赶着寒。换一个角度看，这种相推，也可看成是同一事物自身内部对立动作的"相感"，如尺蠖，如龙蛇，屈带来了伸，蛰意味着飞。相推言其互斥，相感言其互引，二者也是并生着的对立。正因为物有两体，所以相推相斥；正因为两体成一物，所以相感相吸。懂得了这个真理，是为"穷神知化"；比这个还高的真理("过此以往")，大概没有了("未之或知也")！

《易传》作者显然很得意于自己的发现，这个发现的确也很值得他们志得意满。亚里士多德那时也曾涉及反复和相推这样的现象。他有一个"生成和消解所从发生和所向演进的两端"的说法①，和他那四种有名的对立并提。他解释说，两极端间的距离为差异的最大距离，而这种距离的差异为完全的差异，不能有比极端再极端的事物，一个系列只能有两个极端②，等等。仿佛因此遂使极端与其他对立有别。其实，如果属意于差异的最大和完全，极端也还只能属于他所说的"相反"那一种，不能因其大而全的数量优势便自成一类，并立于四种对立之外；倒是他在这里涉及的"生成"、"消解"、"发生"、"演进"诸词，具有不同于静态对立的新意，虽然偶一提之，也很难能可贵③。

亚里士多德这里说，两端是生成和消解"所从发生"和"所向演进"之处。这似乎是以所从发生的地方为起始的一端，所向演进的地方为终结的一端，像画一条线段那样，由 A 到 B（A→B），A、B 于是构成距离最大、差异最全的两端。

"端"的美称叫"极"。古代中国哲学所谓的"极"，也是来自对立的生成、消解、发生、演进，但与亚里士多德的直线式的图像大异其趣。

《尚书·洪范》有所谓天赐的大法九畴，包容了殷周之际的大部哲学思想和政治思想，其正中一畴，也就是第五畴，叫"皇极"。皇极就是伟大的极，其内容为"无偏无颇"、"无反无侧"、"无党无偏"、"无有作好，无有作恶"等等。简单一句话，就是要求取中或居中。后来颂圣文章中常用的"建中立极"一词，就是取自这里。"极"字的原义是屋顶，它既在最高处，也在正中处。哲学上的以中为极，也许取象于屋顶；但其得义的由来，却需要从对立相推的反复中去寻求。

且以《易传》所举的寒暑为例。寒来暑往，暑来寒往。寒之来，始于夏

---

① 见亚里士多德《形而上学》，北京：商务印书馆，1962年版，第96页。
② 见亚里士多德《形而上学》，北京：商务印书馆，1962年版，第197页。
③ 在伦理学说中，亚里士多德的辩证思想更常见一些，他曾说："中间在某种意义上也是极端"，"三者（指两极和中间）之间相互对立"，"两个极端，每一个都想把中间推向另一极端"（见《尼各马科伦理学》，北京：中国社会科学出版社，1990年版，第34页、37页。）

至,所谓夏至一阴生;暑之来,始于冬至,所谓冬至一阳生。如果我们以冬至为一年之始,为起点,日子一天一天往前进,气候一天一天暖起来,进到夏至,便是一年的正中;过此以往,气候又一天一天冷起来,到冬至为止,为一年之终,为终点,同时也是下一轮的起点。这是一个妇孺皆知的典型的由进而反、由反而复的过程。如果也用画线段来比拟的话,那么这个进程就不能画成直线,而要画成圆圈:起点和终点是重合的,而极点,物极则反的那个极点,在对面,正好也是中点。至于起点和终点,也可以看成是极点,在进程上是两个却又重合为一了的极点(我们今天当然都已知道,这个圆圈不是封闭的,而是螺旋的,因而终点并不与起点重叠)。

汉人扬雄有所谓九段法,将这个进程描绘得更为细致。其谈人事的进程道:

> 故思心乎一,反复乎二,成意乎三;条畅乎四,著明乎五,极大乎六;败损乎七,剥落乎八,殄绝乎九。生神莫先乎一,中和莫盛乎五,倨剧莫困乎九。

> 夫一也者,思之微者也;四也者,福之资者也;七也者,祸之阶者也。三也者,思之崇者也;六也者,福之隆者也;九也者,祸之穷者也。二五八,三者之中也,福则往而祸则承也。

> 自一至三者,贫贱而心劳;四至六者,富贵而尊高;七至九者,离咎而犯灾。五以下作息,五以上作消。数多者见贵而实索,数少者见贱而实饶。息与消,贵与贱交。福至而祸逝,祸至而福逃。幽潜道卑,亢极道高。(《太玄·玄图》)

人事的祸福消息,当然不会比照这个图式行进;即使真的如此了,也不会像寒暑往来那样明晰,这是不言而喻的。但扬雄的这个圆圈和中极,在中国哲学的动态对立思想中,很具有代表性,它将物极则反的提法,予以形象化了。

两端,一始一终,是极;中间处于鼎盛状态,也是极。两端的极,固然是相对而立、相较而存的,它们更是与中间的极相对而生、相较而在。一般总是说,中间是与两端相比较而存在的。其实反过来说也一样有理:两极是与中间相背离而生成的。孔子的叩其两端，便是为了叩出其固有的中道来。《中庸》说"执其两端，用其中于民"，更显出两端为了中间而存在。如果也用画线段来比拟的话，这应该是从中点 0 开始，背道而向＋A 端和－A 端驰去。

于是，"极"的对立，按中国人的理解，也就是上面谈过的"两"的对立，如左右，上下。它们不仅有中介，而且这中介也是一极，甚至是更重要的一极——皇极。于是，谈"极"而只见两极，将不免于浅显；客观存在着的极，看来像是三个。

五、三极之道

《易传》上就提出了三极的说法。其《系辞上》说："六爻之动，三极之道也。"注经的人说，这个三极，指的是天、地、人。在差不多同时代的《逸周书·成开》篇中，果然有一段三极明确指着天、地、人的论述：

> 三极：一、天有九列，别时阴阳；二、地有九州，别处五行；三、人有四佐，佐官维明。

后来陆象山也说过"人与天地并立而为三极"（《与朱济道》）。他还曾阐述道：

> 有一物必有上下、有左右、有前后、有首尾、有背向、有内外、有表里，故有一必有二，故曰一生二。有上下、左右、首尾、前后、表里则必有中，中与两端则为三矣，故曰二生三。
>
> 故太极不得不判为两仪，两仪之分，天地既位，则人在其中矣。三极之道，岂作《易》者所能自为之哉！（《三五以变错综其数》）

陆象山用《老子》说《易》，其实说的也是普遍道理：有一物必有两端，有两端必有中，中与两端则为三。他的长处在明白说出天、地、人为三极，而这是许多人到了嘴边又不能说出来的。

天、地、人这三极，按中国传统的说法，处于一种叫参赞化育的关系之中。具体地说，天的作用在"化"，地的作用在"育"，人的作用在"赞"，三

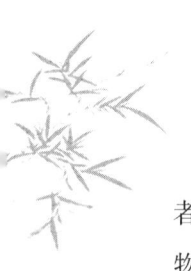

者互相为用,是为"参"。《中庸》说,至诚的人能尽己之性、尽人之性、尽物之性,然后"则可以赞天地之化育;可以赞天地之化育,则可以与天地参矣"。所谓人与天地参,是指人在帮助(赞)天地化育万物,而帮助天地化育万物也就是"参"加了天地的工作,作为第三者加入到与天地共长久的圈子里去;其结果,人不仅超出一己之私,而且超出了人类之限,浑然与天地万物同体,掺和到一起去了。从天地那方面说,它看人和万物,无论飞潜动植,妍媸黠憨,都是自得而自如的,所以它"无不持载,无不覆帱",以使"万物并育而不相害,道并行而不相悖"(《中庸》),这是天地的敦化之德,也是它参与万物的方式。

很显然,在天、地、人这三极之中,人的作用是变量,它可小可大,可正可反,所以成为历来思想家关注的对象。一切学说,一切主义,说到底,无非着眼于此。儒家舌敝唇焦,告诫人们应该如何积极有为,方能赞天地之化育;道家心闲意散,讽喻世人只有学会消极无为,才能和大自然相得相安;释家婆心苦口,普度众生出业海劫波,为的也是让人类契合造化。就是说,大家都是在劝人去适应天地的本性,实现自己的本性,以搞好三极关系。这样的三极关系,可以说是一种互补的关系。

也有一种互克的三极关系。

孩提时有一种游戏,叫"剪刀、石头、布",以三种手势代表三种器物,三者循环制胜,没有绝对的强者或弱者。在日本,它叫じゃん拳,猜拳时呼じゃんけんぱん为号,其音为"将进宝"。在美国,但呼"一二三"。这种游戏,不妨名曰形象的三极之道,其思想始见于《关尹子》。

传世《关尹子》非先秦旧著,已为识者所共睹。其文分《一宇》《二柱》《三极》《四符》《五鉴》《六匕》《七釜》《八筹》《九药》诸篇,篇名多不可强解。《三极》篇,旧说以为"极者尊圣人也",有云:

> 蜘蛆食蛇,蛇食蛙,蛙食蜘蛆,互相食也。圣人之言亦然:言有无之弊,又言非有非无之弊,又言去非有非无之弊,言之如引锯然。唯善圣(言?)者不留一言。

蜘蛆食蛇说,亦见于《庄子》和《淮南子》。《庄子·齐物论》有"卿且甘带"，陆德明《释文》据《广雅》谓蝍且为蜈公，带指蛇。《淮南子·说林训》有"腾蛇游雾而殆于蝍蛆"条，高诱注曰："蝍蛆，蟋蟀，上蛇蛇不敢动。"查《本草》蜈蚣条注云："一名蝍蛆，其性能制蛇，见大蛇便缘而啖其脑。"是蝍蛆当为蜈蚣。蟋蟀之说他处未见。日本之じゃん拳，即蛇拳，只是蜈蚣换成蛞蝓（俗称蜓蚰）了。

《关尹子》著者以蝍蛆、蛇、蛙循环啖食事，喻"圣人"在有无之辩上的随说随扫，似乎不伦不类；倒是这个循环制约的套子在名曰"三极"的篇中出现，值得我们特别注意，因为它确实表达了三极的一种关系——相克的关系。

与这种循环制克的关系相反，三极也能呈现为循环滋生的关系。其例可参阅公元前546年，晋楚第二次弭兵之会上，楚令尹子木放弃信用时，楚大宰伯州犁的一席预言：

> 令尹将死矣，不及三年。求逞志而弃信，志将逞乎？志以发言，言以出信，信以立志：参以定之。信亡，何以及三！（《左传·襄公二十七年》）

意有所之，在心未发为志，出口已发为言，志为言之本，所以说"志以发言"。一言既出，驷马难追，信乃随之，不言便无所谓信，所以说"言以出信"。有信于人，为人所信，志方得立，所以说"信以立志"。志、言、信三者，以此构成循环生发的三极关系，故曰"参以定之"。现在令尹子木"求逞志而弃信"，破坏了参的网络或三者的连环套，所以大宰伯州犁预言他"不及三年"将死。当然三极和三年并无必然联系，充其量只是数的比附，这是无须驳辩的；但子木破坏了三极滋生之环，即破坏了"参以定之"的关系，虽不死也不足为令尹了，那倒是真实的。

现在，我们便列出了三种三极状态：相赞、相克和相生。这三种状态，竟然也是三极的：生克分列两端，它们的中和便是赞。其实，一切对立，都有各自的这样那样的中间者，从而无不或隐或显地形成为三极，只是不像这三种状态如此典型罢了。

在中国古代哲学里，三极间的关系，三极之道，用一个范畴来概括，那

就是"参"。正如用"贰"来表示对立之二的一般情景一样,"参"被用来表示对立所成之三的一般关系。

六、两生而参视

《逸周书》上说:

> 人有中曰参,无中曰两。两争曰弱,参和曰强。(《逸周书·武顺》)
> 疑意以两,平两以参。(《逸周书·常训》)

世界是充满对立的。对立纠缠在"参"网中。在整个中国文化里,除法家思想及其所波及的狭小领域外,"对立"的现象并不被认为是最后的图画或最高的启示,并非神圣不可侵犯的图腾。以《逸周书》为例,它就相信对立之上之后,更有高于对立者在,那就是参和中。它认为,如果只是看到对立,定会疑窦丛生;一味追求对立,必然国弱民穷;此之谓"疑意以两"(本章涉及的"两",原义多用作对立一般),"两争曰弱"。对治之策莫如参,故曰"平两以参","参和曰强"。如何方能超两而入参?关键在于能否有"中",所以开头先说"人有中曰参,无中曰两"。本文前面引过史墨的"物生有三"之说,大概也是诸如此类的意思。

《逸周书》的作者也许有点过于扬参抑两了,在《管子》一书中,参和两的地位较之稍有升沉:

> 凡万物阴阳,两生而参视,先王因其参而慎所入所出。(《管子·枢言》)

何谓"两生而参视"?《管子》有例云:

> 以卑为卑,卑不可得;以尊为尊,尊不可得。(《管子·枢言》)
> 贱固事贵,不肖固事贤。贵之所以能成其贵者,以其贵而事贱也;贤之所以能成其贤者,以其贤而事不肖也。恶者,美之充也;卑者,尊之充也;贱者,贵之充也。故先王贵之。(《管子·枢言》)

尊和卑"两生",为人事一阴阳。如果当事者以卑为卑,或以尊为尊,这都叫两生而两视;其结果是卑也不可得,尊也不可得。必须进一步认识到:

卑固事尊，这是固然的"两生"；但也正以此，卑遂成了尊的填料，尊有待于卑来充实方成，这叫作"卑者，尊之充也"；于是，尊之所以能成其尊，就得反转过来，以其尊而事卑，这是应然的"参视"。

"两生而参视"，就字面看，仿佛"两生"是客观的存在，"参视"是主观的态度。上述的例证，也似乎给人这种印象。其实不尽然。《管子》说"先王因其参而慎所入所出"，一个"其"字，仿佛已表明此"参"是外在于人的主观的。

当然，虽说外在于人的主观，参和两终究不一样，两是可感的实体，生成之物；参在许多场合里，则是两之间的关系，最佳的关系，不可感的状态。正因为不可感、看不见，所以才特别指明要"参视"，用慧眼去看到它的存在。

后来张载说"得天地最灵为人，故人亦参为性，两为体"（《易说·系辞上》）。所谓人以两为体，是指"人之刚柔缓急，有才与不才，气之偏也"；所谓参为性，是说"天本参和不偏"，人的"天"亦即人的本性，也本参和不偏，人若"养其气，反之本，而不偏，则尽性而天矣"（《正蒙·诚明》）。这段话也是两生而参视的意思，只是更明晰了。

《逸周书》"有中曰参"那句话里所谓的有中，可以理解成有中介，也可以理解成有心。而从"人有中曰参，无中曰两"的原话来看，似乎后一种理解更准确一些。它的完整意思是：人如用心，则能看出参来；如不用心，所见的只是两。参是靠心看出来的，不去看或不会看，它便不存在了。

据此我们不妨说，两是形而下的器，参是形而上的道。人能弘道，所以这个参，既是客观存在着的，又有待于主观来发扬。参视的一般意义，大概如此。

而人之所以能弘道，在我们现在所讨论的这个问题上，古人认为，那是由于"人亦参为性"，于是有"参之能"，或者叫"能参"。对此，荀子有云：

> 天有其时，地有其财，人有其治，夫是之谓能参。舍其所以参，而愿其所参，则惑矣！（《荀子·天论》）

看上去似乎简单的一个参，经荀子一分析，竟有"能参""所参"与"所以参"诸部件。"能"与"所",后人常用于认识论领域,而"所以"一词,更遍地皆是;但能集三者于一炉的,则如凤毛麟角,不可多见。荀子大概是中国哲学史上最先明确提出"能"、"所"范畴的人。难能可贵的是,他不仅未把这对范畴限于认识论领域,而且在"能"、"所"之外,更并提了一个"所以",显示出他已经捉住了范畴的三极关系。

在荀子看来,天之时,地之财,人之治,是天、地、人的"所以参",即三者用以参合的资本;而"天有其时,地有其财,人有其治",要点在"有"字上,是说三者各有一种能,即天有时之能,地有财之能,人有治之能,这是它们据以进行参合的能量或能力,所以叫作"能参"。具有能参之能,运用所以参之资,方可完成"所参"之愿。如果舍其所以参,而愿其所参,虽夙具能参之质,也是不能实现的。

荀子的兴趣,在人(君子)之所以参和所参,有所谓"天地生君子,君子理天地"之说。后来张载发挥《易经》"参天两地"的奥义,特别着意于天之参,曾有云:

> 一物两体,气也。一故神,两故化,此天之所以参也。
>
> 两不立则一不可见,一不可见则两之用息。两体者,虚实也,动静也,聚散也,清浊也,其究一而已。
>
> 有两则有一,是太极也。若一,则有两亦在,无两亦一在。然无两则安用一?不以太极空虚而已,非天参也。(《易说·说卦》)

一物,泛指任何事物;两体,即通常所谓的对立方面。一物具两体,两体成一物,乃天生地成,所以说"气也"。有体必有用,两体之用或两之用,表现为两体的统一,表现为化。体之两加物之一,是为三,斯谓天参;用荀子的说法,就是天之"所参"。两之化和一之神,则是天之"所以参"。至于天之"能参",那是不待言的,因为"天本参和不偏",此义已在不言中了。

相马之相

世有伯乐，然后有千里马；

千里马常有，而伯乐不常有。

大文豪韩愈因被褐怀玉而咏叹出来的这一千古名句，曾成为一些人安插亲信传宗接权却又自封为伯乐的典雅借口。但那是政权究应如何建设的大事；本文由此话题开篇，与此等大政全不相干，只不过想借相马的故事，探讨一个认识论史上的细节——中国古代认识论中的辩证思想问题。

不少人还能知道，与伯乐有关，据说被伯乐誉为高出自己千万倍的九方皋，不识牝牡骊黄，独观"天机"，居然相得天下级的千里马（见《列子·说符》《淮南子·道应训》），其所涉及的认识问题便更大。

到底是先有伯乐的认识呢，还是先有千里马的存在？或者是，伯乐与千里马相互促成，同时出现？还有，识得千里马而不识牝牡骊黄，得其精而忘其粗，果否便是最高认识？这就是上述议论和故事提出的认识论诸问题。

认识世界并非易事，认识此一认识，或者说认识之自觉和反思，尤难。机械论者以为人的认识有如对镜和摄像，观念论者相信认识就是主观拥抱客观，或心灵的遥远回忆；辩证论者，特别是中国古代辩证论者，则把天人合一的原则引进认识论，熔认识论、伦理学于一炉，因而大大深化了认识哲学。

一、相得然后成

马而誉曰千里，意味着它不再是一匹天然的马，而是经过品题的马；也就是说，它不再简单是独立于人的认识之外的存在物，而已与人处于某种关

系之中，成了人的一种认识成果。

谁都知道，茫茫荒原中的野马，虽或不乏奔逸绝尘者，绝无所谓千里不千里，因为没有人去赏识它。济济槽枥间的家马，虽或杂有骐骥骅骝，如果不被有识者发现，不免伴随驽骀骈死枥下，没世而不见称。可见，是否与人结成认识上的关系，对于马的存在，并非无关紧要的身外之事。

韩愈说世有伯乐，"然后"有千里马，正是有感于此。其哲学意味是：必先有认识者，而后有认识成果。可是话说到这里，只说了一半，因为认识对象也是绝不可少的，没有被认识者，同样不能有认识成果。所以韩愈又说："千里马常有，而伯乐不常有。"意思是说，待认识的对象常常存在，而有识者却很难出现。韩愈两用千里马，第一个是认识成果，见在的千里马；第二个是待认识的对象，潜在的千里马。

再加上韩愈所一唱三叹的不可多得的伯乐，于是我们就有了认识的三要素：认识主体（伯乐）、认识客体（马）、认识成果（千里马）。对于前二者的关系，人们比较熟悉，也容易理解；至于三者间的复杂网络，则较少有人注意，谈论也不多，故显得生疏。

原因之一是，传统的认识论受传统的二分法支配，大多局限在认识的客体与主体、物质世界与精神世界上做文章，或曰认识乃客体映象于主体，或曰认识为精神体现于物质。争来吵去，无有宁时。近年波普（Karl R. Popper）提出了"三个世界"的理论，主张在传统所谓的客观物理世界、主观精神世界之旁或之间，有一个同样实在而且自主的客观知识世界，三者相互作用等等，在科学界和哲学界引起不小反响。

三分打破了二分的非此即彼的僵硬框架，使苍白的理论向七彩的现实靠拢，当然可喜；只是波普的三个世界仍然逃不出机械主义的阴影，他所描绘的三者的自主以及三者之间的作用、反馈等等，时时流露出非辩证的形而上学痕迹和纯逻辑的忽视认识者有社会性的倾向，因而难以准确回答古老而又复杂的认识论的许多难题。

在中国，三分方法源远流长，仅以相马为例便可发现，三分的思想，在认识论领域里早已流行了。譬如《吕氏春秋》上就有：

> 今有千里马于此，非得良工，犹若弗取。良工之与马也，相得则然后成，譬之若枹与鼓。（《知士》）

"相得则然后成"一句是文眼，最要注意。其"相得"之得是双向的：马得良工，良工得马。"然后成"之成则是双方的：良工以此成其良，马以此成其千里。马不得良工，固无缘以千里名；良工不得马，亦无从显其能。因为，认识者和被认识者，只有当它们结成或处于认识关系时，方才从对方发现自己，因对方实现自己，成其为认识的主体和被认识的客体；此前或此外，它们既然漠不相关，也就各成其天，没有什么主客之别，充其量顶多叫作潜在的认识者和潜在的被认识者而已，如果后来发生了认识活动的话。

这也就是说，在认识活动中，不止是由认识者和被认识者发生关系而形成认识成果，也因认识成果之形成而实现了认识者和被认识者自身。任一认识活动，都活动着这样三个要素：主体、客体、成果。三者的关系，不是像观念论者所说的"主体→客体→成果"那样神秘，也不像反映论者所说的"客体→主体→成果"那样简单；三者处在相互之网中，"相得则然后成"，不相得，"犹若弗取"，既无所谓主体客体，当然更无所谓成果。这个道理其实很简单，但是，鼓不打不响，话不说不明，用枹与鼓来譬喻良工与马，在此倒有了双重意义。

庄子《齐物论》里也有两句话说得很好："道行之而成，物谓之而然。"第一句已为人们熟知：路是人走出来的，地上本来没有路。可惜这句话所要比喻的那第二句，即庄子真正想说的认识论方面的道理，"物谓之而然"一句，却似乎尚未得到应有的注意。原来在第二句话中，庄子提到的正是认识活动三要素：物（客体）谓之（主体的活动）而然（成果）。三者之中，倘若没有物，当然不会有谓之者和谓之活动，也不会有它是什么的"然"；倘若没有谓之者，固然没有谓之活动和然否，其所谓之物，虽或已自在，亦"犹若弗取"，即只能算作潜在；再从结果看回来，倘若没有"然"否，即没有认识成果，没有形成某种称谓，那如果不是没有主体和客体的存在和出现，便是虽有二者的潜在却未结成认识关系即未形成"谓之"活动。

认识活动的如此三分法，较之波普的三个世界的理论，更能表示认识活

动的辩证属性和过程。波普尔的得意之笔在于强调"第三世界"的客观性和自主性,他曾说道:

> 为了看得更清楚些,我们可以想象人类灭亡之后,某些书籍或图书馆也许会被我们文明的后继人发现,这些书籍也许就会被解读①。

我们没有理由不同意波普尔的这一想象,因为它已部分地成为现实。仅以中国为例,我们就已解读了金文、甲骨文和陶文,还有西夏文、女书等等,它们都是使用者灭亡之后才被我们这些后继人发现的;世界文化史上也不乏类似例证(我以沧海一粟的资格虔诚祈祷,愿波普尔的主要想象永勿实现,阿门)。不仅此也,我们还能部分地解读蜜蜂的舞蹈语言、猴子的表情语言以及诸如此类。只是必须指出,金文等等,在它们产生和通行的当时,不妨援用波普的称谓法,谓之见诸客观物质的精神,或者叫作客观精神世界即第三世界;可是对于发现它们的后继人来说,它们却成了单纯的认识对象,一如其他物理世界即第一世界一样了。后人解读它们,一如后人"解读"宇宙太空那样。胡适说的"发现一个字,就好比发现一颗恒星"的名言,在我们这里也有了双重意义;因为不仅被发现的一个字的认识价值有如被发现的一颗恒星,而且这一个字的存在,对于后人已不再是第三世界成员,而像任何恒星那样,是第一世界的物质了。

这是因为,认识成果好比孩子,只有当它相对于认识之父(主体)和认识之母(客体)时才是孩子,才是认识成果或者叫客观精神世界;一旦离开父母,它便不好再叫孩子而径直叫作人了。波普尔发现了孩子有自己的客观性和自主性,是一大贡献;但他也像许多发现者常常难以避免的那样,将烙上自己标记的真理向前多推了一步,夸大了孩子的孩子性,认定客观精神具有永恒性和独立性,于是成了谬误。

中国思想多不如此僵直,而以发掘相互关系见长,相信世界原是一团网络,其基本元素为阴、阳、和,或者约曰一、二、三。三者各自为体,又相互为体;互相为用,又分立为用。在这样的关系中,良工与马与千里马,既

---

① 波普尔:《客观知识——一个进化论的研究》,上海:上海译文出版社,1987年版,第124页。

有各自的客观自主性，又相依为命，相得然后成。在某些情况下，人们需要强调某一元素，会说"得十良马，不若得一伯乐"（《吕氏春秋·赞能》），"得百走马，不若得伯乐之数"（《淮南子·齐俗训》），便是利用了元素的客观性和自主性。其实反过来说也一样，若无一良马，纵有十伯乐，亦将因无所显其技而不成其为伯乐，此所以"沧海横流，方显出英雄本色"也。《庄子》上说某人学屠龙，惜千金之家，三年技成，结果却因无龙可屠而无所用其技，显不出他的英雄相来。这又表明了诸元素的彼此相依性，或者干脆叫相成性。

二、有无—无无—无有

世人都知伯乐善相马，但据古书记载，善相马者远不止伯乐一人。《吕氏春秋·观表》写道：

> 古之善相马者：寒风是相口齿，麻朝相颊，子女厉相目，卫忌相髭，许鄙相尻，投伐褐相胸胁，管青相唇吻，陈悲相蹄脚，秦牙相前，赞君相后。凡此十人者，皆天下之良工也，其所以相者不同，见马之一征也，而知节之高卑，足之滑易，材之坚脆，能之长短。

《淮南子·齐俗训》亦有：

> 伯乐、韩风、秦牙、管青，所相各异，其知马一也。

此外，还有九方皋，据说伯乐举荐他时说过：

> 良马可以形容筋骨相也。相天下之马者，若灭若没，若亡其一。若此马者，绝尘弭辙。臣之子皆下材也，可告以良马，而不可告以天下之马。……若九方皋之所观者，天机也，得其精而忘其粗，在其内而忘其外，见其所见，而不见其所不见，视其所视，而遗其所不视。若彼之所相者，乃有贵乎马者也。（《淮南子·道应训》《列子·说符》）

看来，善相马者固不止一人，其相法亦不止一种。寒（韩）风等人，各"见马之一征"；九方皋则观天机而忘其粗。至于伯乐，从种种迹象看来，似乎比他们都高出一等，他介乎二者之间因而超乎二者之上，既观马的天机素质，又不放过形容筋骨乃至其他，所以成为相马者的代表，尊为星宿的名号

（伯乐，危宿，即仙王座 δ、ξ）。

于是，这里就有了三种相法：根据形象以发掘本质，超越形象而直面本质，以及探得本质更返回形象。这三种相法，各有千秋，并多少代表了一般认识过程的各个阶段，很值得仔细分析。

通常容易以为，韩风等人的第一种相法，即根据局部特征便认知本质的方法，不可能成功。其实不然。按照《吕氏春秋》的说法，能根据一个局部特征发现事物的本质，正是"圣人之所以过人"、所以"上知千岁，下知千岁"的秘密所在。《汉书·艺文志》则将这一类学问归为数术类的形法家，说他们"形人及六畜骨法之度数，器物之形容，以求其声气贵贱吉凶，犹律有长短而各征其声；非有鬼神，数自然也"。由此看来，这一种以形为法、由象求数的认识方法，不仅能成功，而且能成家，是某种可以拟神为圣的法术。《庄子·天下》篇中有"古之人……明于本数，系于末度……其运无乎不在。其明而在数度者，旧法世传之史尚多有之"的说法，说的大概便是诸如此类的人和事。

一粒沙中见世界，在古代，本是一句妙语，一种玄机；而当今科学似乎已能证明，大自然中存在着被称作 fractal（分形）的关系，或者叫作"以大套小"的结构，它有点像中国过去家具中的套凳、茶具中的套杯、文具中的套印，也像地球之在太阳系、太阳之在银河系、银河之在银河团。若果然如此，则透过马之一征，或许真能看到一匹具体而微的全马。用形法家的话来说，这叫作以形求气；用庄子的话，则叫作由末度见本数。此事虽极精微，却"非有鬼神"，大概是不成问题的。

当代科学中还有一种叫作全息理论的，认为局部中包含着全体的信息。中医耳诊便是它的实践形式；生物学界也在研究它的机制，证实它的价值。这一理论之于证明韩风等人相马方法的意义，更是不待言喻的了。

九方皋的得精忘粗、独观天机的认识方法，传抄在道家倾向的古籍中，被推为高出伯乐千万而无数。放下学派的偏爱不说，此法倒确实合乎道家精神。老子就曾说过，不出户即可知天下，不窥牖能够见天道；其出弥远，其知弥少。庄子主张得意而忘言，甚至编出如下一段故事：

> 黄帝游乎赤水之北，登乎昆仑之丘，而南望还归，遗其玄珠。使知索之而不得，使离朱索之而不得，使吃诟索之而不得也。乃使象罔，象罔得之。黄帝曰：异哉！象罔乃可以得之乎。（《庄子·天地》）

离朱是传说中视力最强的人；吃诟为谁虽已无考，要之当亦感官敏锐之辈；知则是一般认知方法的拟人化。他们纵有搜索任何微珠细玑的足够能力，却无力索得玄珠。原因无他，只因"玄珠"非珠，乃道家之道，它唯恍唯惚，视之不见，听之不闻，搏之不得，似有象却罔如，虽罔如却有象，所以唯有象罔乃可以得之；正如不能以人养鸟，只能以鸟养鸟一样，得道也只能用合道的方法。

道是物之所以。千里马之所以日行千里，正在于它有某种千里之道，或者叫千里之天机。道是整全，充乎马之全体；其散见于具体者，则谓之数。见之于口齿者，韩风可以得之；见之于蹄脚者，陈悲可以得之，如此等等。所以他们的这类学问或本领也叫作"数术"。"数"之为数，既非物质，亦非精神。用柏拉图的话来说，它存在于感性事物与理念之外，存在于二者之间①，在中国古代思想文化中，也许可以说，数是感性的道、理念的物。

九方皋的本领就在于他能直面天机，径达道全，而不必通过数和依赖数。所以伯乐说他是"无数者也"②。《庄子》里有一则故事，可以帮助我们切近地理解数与无数或九方皋与韩风等人的差别。故事说：

> 光曜问乎无有曰：夫子有乎，其无有乎？光曜不得问，而孰视其状貌，窅然空然，终日视之而不见，听之而不闻，搏之而不得也。光曜曰：至矣，其孰能至此乎！予能有无矣，而未能无无也，及为无有矣，何从至此哉！（《知北游》）

故事里的光曜好比数，它是"有无"，即实存的无、可感的无，虽无形却有在，是可见到的光芒；而夫子则是"无有"，即非实存的有、不可感的有，

---

① 据黑格尔《哲学史讲演录》第1卷《毕泰戈拉与毕泰戈拉派》，北京：商务印书馆，1959年版，第218—219页。黑格尔补充道："数不是感性的，但是也还不是思想。"
② 伯乐对秦穆公赞九方皋之"是乃其所以千万臣而无数者也"一句，注者皆以"无数"为"不可量"，非也。

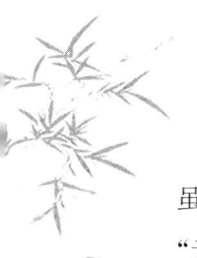

虽有在却无形,是只可悟知的道。从"有无"修炼到"无有",中间需经过"无无"境界,其行程为:有无→无无→无有。

这里有三个递进的境界;在我们所讨论的问题里,姑且将"无"当作"数"。第一境界是韩风等人所达到的,有"无"的境界。正像《汉书·艺文志》上说的,他们根据骨法形容以掌握气数,而识得良马,"非有鬼神,数自然也",所以被称作形法家,归于数术类。比起只能有"有"即只识皮毛的外行来说,他们堪称里手、专家。

"然形与气相首尾,亦有有其形而无其气,有其气而无其形"的"精微之独异"的情况,此时此刻,"有无"者便无可施其技,而需要高一境界的无"无"功夫了。九方皋的"无数",便相当这第二境界。他并非不知有数,亦非不能有数,而是不囿于数,当然更不囿于"数而下"的牝牡骊黄。就是说,他既不像常人之有马之"有",亦不像韩风等之有马之"无"——盖凡"有"某物者,必受制于该物,此所以财主必为守财奴、资本家必为资本所枷者也。他能够无马之"无",即知无却不受制于无,因而对于无其形无其气的独异之精微,亦能充分掌握,而相得"天下之马"。

假如说,认识事物必先由具体走向抽象,那么有无已是抽象,而无无则可谓是抽其抽象,抽到一点具象全无了。一些道家末流就此止步,以为这便是得道了,所以赞扬九方皋已高出伯乐千万倍。其实认识到此只算完成了全过程的一半,尽管是很必要也很重要的一半;另一半,还得由抽象再上升到具体,用马克思的话来说,这是"思维用来掌握具体并把它当作一个精神上的具体再现出来的方式"[①],在庄子的体系里,这就是比无无还高的"无有"境界。

无有是一种"有",一个无形的有,它才是道家所谓的道。当然,这样的有只能是精神的,只在思维中存在。用庄子的说法,叫作窅然空然之有;用马克思的说法,叫作精神上的具体。若就相马而论,从有有即一马当前开始,经过韩风等人的有无、九方皋的无无,而到达无有,所面对的便已不再是认

---

① 马克思:《政治经济学批判导言》,载《马克思恩格斯选集》第2卷,北京:人民出版社,1972年版,第103页。

识开头的那个混沌整体,也不是不分牝牡骊黄的空洞抽象,而是经过了抽象、认清了本质再重新综合还以血肉的整体,一匹晶莹清晰通体透明的马了。伯乐的相马法,大概正是如此。

《韩非子·说林下》记有两则关于伯乐的故事,曰:

> 伯乐教二人相踶马,相与之简子厩观马。一人举踶马,其一人从后而循之,三抚其尻而马不踶,此自以为失相。其一人曰:子非失相也,此其为马也,踒肩而肿膝。夫踶马也者,举后而任前,肿膝不可任也,故后不举。子巧于相踶马而拙于任肿膝。

> 伯乐教其所憎者相千里之马,教其所爱者相驽马。千里之马时一,其利缓;驽马日售,其利急。

伯乐名下的一些故事,也许只是假伯乐之名以行的一种认识论思想。像许多名人传说一样,我们不能轻信之而据以编写名人行状,但不妨将它当作某种思想来对待。这里的第一个故事强调对象的整体性,从而规定了认识的全面性和具体性;第二个故事强调认识的效果,已越过一般所谓认识论的范围,但显然仍是认识领域里的事。也是在《韩非子》里,还有一处提到:

> 夫视锻锡而察青黄,区冶不能以必剑;水击鹄雁,陆断驹马,则臧获不疑钝利。

> 发齿吻(相)形容,伯乐不能以必马;授车就驾而观其末涂,则臧获不疑驽良。

> 观容服,听辞言,仲尼不能以必士;试之官职,课其功伐,则庸人不疑于愚智。

这里强调的实践乃检验真理标准一节,虽未确指为伯乐言行,显然包含有伯乐之所以为伯乐、正是如此这般的意思。

由此可以想象,伯乐的相马法,当是一种极其全面、十分完备的认识方法。它不以把握形容筋骨即局部特征为满足,虽然局部中便包含着全体的信息;而要注意考察对象的全体,因为任何事物都是一个整全。它也不以独观天机、无论牝牡为能事,而从天机的抽象再落实到马的具体,因为认识的深

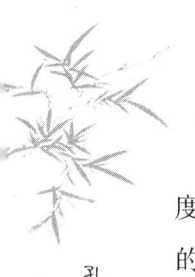

度莫过于到达一般的个别或个别的一般。更为可贵的是，它还不停留在单纯的主客认知之间，而是辐射到行为效果，因为认识本来就不是可以局限在书斋和实验室里的个人玄思，而是一种社会性的实践。

三、体会

九方皋之被捧得高过伯乐，出现在《淮南子》和《列子》中。我说那是道家末流，因为至少这一捧，便非道家真谛。尽管九方皋的认识，可谓神乎其技，可以称得上是纯粹理性认识，但仍不可尊为真道家所追求的真认识。这一论断，除了上节所已说过的无无、无有之别外，还可从庄子谈认识方法的"心斋论"中得到证实。

庄子曾借仲尼之口谈心斋云：

一若志，无听之以耳，而听之以心；无听之以心，而听之以气。耳止于听，心止于符。气也者，虚而待物者也，唯道集虚。虚者心斋也。（《庄子·人间世》）

这里所谓的听之以耳和耳止于听，是感性认识，听之以心和心止于符，是理性认识。而听之以气的意思，则是以全体身心、整个肉体与灵魂去感应对象的整体，即悟性认识；用庄子的话来说，这是"徇耳目内通而外于心知"的认识方法。具体地说，它已使止于听的耳向内通达，止于符的心向外延伸，既克服了二者的局限，又综合了二者的能力；形象一点说，它是予耳以心、予心以耳的方法。一旦练得这种方法，人便处于空灵（虚）状态，那时，道便栖止于人，人便得道于身了。

查九方皋的认识方法，属于这里所说的"无听之以耳而听之以心"的方法。它较之俗人的听之以耳，固然高出许多，但距离心斋，还有十分艰难的一半路程要走，因为它既没有使耳目内通，又未能外于心知，而是一种独运心思的办法。用庄子的话来说，这叫作"犹师心者也"，是某种绝迹而不行地的办法。要知道，绝迹不行易，行地而不着迹难；弃置毛色筋骨于不顾易，注意毛色筋骨而不囿于毛色筋骨难。"随其成心而师之"或以心观物易，虚其心于不师而以道观物难。所以，九方皋的认识，只能达到且停在"止于符"

的理性阶段；也可以说，他所得到的，仅仅是"理"而已，用黑格尔的术语，甚而至于叫作"坏的理智"。

而道家追求的是得道。就认识来说，是要到达悟性认识。悟之为物，难于言状，姑借"心斋"以明之：庄子提出心斋，其灵感当得自祭祀之斋。按"斋之为言齐也。齐不齐，以致齐者也"（《礼记·祭统》）。所谓齐，是指齐一其志，也就是齐一其心之所之。所以庄子谈心斋，首先也提出了个"一若志"。齐到哪儿？祭祀之斋要求在"斋之日，思其居处，思其笑语，思其志意，思其所乐，思其所嗜"，近乎一种今日心理学家已能解释清楚的自我催眠术；据说如此"斋三日，乃见其所为斋者"，以至到了祭之时，能够"见乎其位"，"闻乎其叹息之声"，祭祀者遂能"以其恍惚，以与神明交"（《礼记·祭义》）了。这种祭祀之斋用以致齐的是先祖，心斋借此方法又与之有别，以之致齐的是道。大概若能真的一心于道，耳目内通而不外骛，心灵开放而不壅塞，最终或许真能达到天地与我并生、万物与我为一的空灵境界；用道家的话来说，那便是道集于身了。我们从认识论的角度着眼，也可以说，这便是悟了。

悟，得道于身，道与身一体，也叫体道。韩非说：

> 夫能有其国保其身者必且体道，体道则其智深，其智深则其会远，其会远（则）众人莫能见其所极。（《韩非子·解老》）

注疏家多释体为履，也就是实行。其实不尽然。体有时指行，有时则否，譬如《荀子·修身》篇有云："好法而行，士也；笃志而体，君子也。"此中的体和行，便截然不同：行是实行，照着法则去做；体却是因笃志而得与法则浑然一体，天即人，人即天。所以，体较之行，既深且广，呈不可同日而语之势。

照韩非所说，体的表现是智深和会远。智深系区别于智浅的心知和更浅的耳知而言，当然不仅是量的区别。会远的"会"，注疏家读作 Kuài，释为计算，亦恐非原旨。按"会"字原义为器皿之盖，盖子常与器皿密合，故有合义；开会之会，会议之会，皆由此衍出。人而能与天合，此人能与彼人思想相合，亦曰会，所谓心领神会、会心者是也。就通常的意义说，会远即高瞻

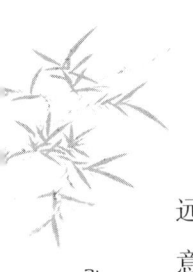

远瞩，洞察一切，所以众人莫能见得其所极。但这不是法家所鼓吹的那种故意使人莫测高深的南面之术，而是一种境界，有如《中庸》上说的"诚则明矣"的自诚而明的境界。智深会远，正就是明；这样的明，不能得自察察之知，而只能来自体道，用思孟学派的术语，就叫来自诚；用道家的说法，则叫来自德即体道。其在荀子，更将这两种说法结合起来，有曰：

> 君子养心莫善于诚，至诚则无它事矣，唯仁之为守，唯义之为行。诚心守仁则形，形则神，神则能化矣；诚心行义则理，理则明，明则能变矣。变化代兴，谓之天德。（《荀子》）

思孟学派的《中庸》有"自诚明，谓之性"之说。是说有些人生来便诚，因诚而明；这种生而知之者的特殊禀赋，自非一般人所得想象和向往。荀子是儒家中的务实派，他相信诚可以致，可以通过养心的办法来达到。养心无他，守仁行义而已。而行义的结果，则能由诚而理，由理而明，智深会远起来。

可以看出，荀子的"养心"，也就是庄子的"心斋"。养心的养料"莫善于诚"，心斋的斋食唯在于道。养心为的致诚，心斋志在集道。从认识论的意义上，难说二者有多少不同；其不同之处大概只在于，"养"者培本固元，"斋"者凌虚蹈空而已。

致诚于心而明，韩非谓之体道而智深会远，简称体会。我们现在常说的体会，已经经过佛学的感染，而只是简单的体达会通的意思，离开起点的哲学含义颇有一段差距了。在原本的中国哲学中，体会、体道、体认、体知等等，实指高于理性认识的悟性认识，或者叫作直觉。从先秦到宋明，它一直是哲学家们的研究对象。此种认识不像感性认识那样，凭借感官，耳聪目明便可，也不像理性认识那样，凭借心官，条分缕析便佳；它已融感性、理性为一，是感性的理性认识或理性的感性认识。从而，它所凭借的，是感官的心官，心官的感官，或者叫作全身心，叫作气。说得平实一点，它要求有一种具体的抽象或抽象的具体功夫，因为它所要得到的，是一种个体的一般或一般的个体，而不是简单的外在形象和空洞的内在本质。说得简单一点，它要求具有德，要想得到道。

《管子》中有一篇文章名叫《内业》。内者内心，业者作业，对心进行作业，所以还是心斋和养心。看来如何提高人的认识能力，获得悟性，曾是战国时代各家各派都在关心的一个热门话题。《内业》说：

> 正心在中，万物得度。……一言之解，上察于天，下极于地，蟠满九州。何谓解之？在于心安。我心治官，乃治我心，安官乃安。治之者心也，安之者心也。心以藏心，心之中又有心焉。彼心之心，意以先言。意然后形，形然后言，言然后使，使然后治。不治必乱，乱乃死。

这里讲正心和心安，有似于儒家讲正心和诚意，不同的是，它对如何正心、如何心安有着更进一步的解释。它说，感物之官需要心去治理（我心治官）；而治人者必先受治（乃治我心），方能正确地发挥作用（安官乃安）。治理感官的是心（治之者心也），治理心的也是"心"（安之者心也）。这叫作心以藏心，心之中又有心焉。这个心中之心与常心的关系，正如意与言的关系一样（彼心之心，意以先言），有形而上下之不同（意然后形，形然后言）。

这段话提出治官之心亦需受治，当是也已注意到了心官与感官一样，有着自己的局限性而然。心有局限是为不正、不安，不足以"上察于天，下极于地，蟠满九州"，所以也要治。《内业》篇的可爱之处在于，它认为治心的还是心，是心之中藏着的又一颗心、形而上的心。因此，并不需要乞灵于斋来之道，也不必仰仗于养得之诚，"心病还得心来医"，自心之中便有治心之物，但待对之作业即可。黑格尔说："当思维对于依靠自身的能力以解除它自身所引起的矛盾表示失望时，每退而借助于精神的别的方式或形态（如情感、信仰、想象等），以求得解决或满足。"① 看来庄子、荀子都有程度不等的失望；而《内业》作者比起二子来，对于人的能动性，更加依赖和重视了。

心斋、养心、内业之术，无有、体会、悟性之功，正是九方皋所未能掌握因而略逊一筹的奥秘所在，也是道家末流之所以为末的疏失地方。到现在，这些中国古代思想家们已着力考虑了的难题，仍然不时困惑着我们。

---

① 黑格尔：《小逻辑·导言》，北京：商务印书馆，1980年版，第51页。

四、知者自知

心之所以需要斋需要养，道之所以难以体难以得，悟之所以说不清道不明，大概还有一大重要原因，即：认识不仅是认识领域里的活动，还是道德领域中的修养。因为进行认识活动的人，无一例外地处于种种伦理关系之中；认识和规律，不能不这样那样地受制于伦理规律。而伦理规律，正是要斋要养难体难得不清不明的。一些马克思主义学者注意到了认识活动与阶级活动的关系，给认识论的研究带来过活力，也许还应该再致力于探讨一下更早更深更远的认识活动与伦理道德的关系，方能臻于至善之境。

在古人，对于这一点，倒是特别注意的。苏格拉底有一句名言叫作：美德即知识。亚里士多德也说，明智是一种德性。古代中国儒家以知和仁并举，更是一种常识；道家绝圣弃智，抨击仁义，其实它所弃绝和抨击的，只是某种特定的知识和道德，而他们自己所标榜的德，也还是知识和道德。

《荀子·子道》篇中，记有如下一席对话，颇有助于一窥知识与道德的关系：

> 子路入。子曰："由，知者若何？仁者若何？"子路对曰："知者使人知己，仁者使人爱己。"子曰："可谓士矣。"
>
> 子贡入。子曰："赐，知者若何？仁者若何？"子贡对曰："知者知人，仁者爱人。"子曰："可谓士君子矣。"
>
> 颜渊入。子曰："回，知者若何？仁者若何？"颜渊对曰："知者自知，仁者自爱。"子曰："可谓明君子矣！"

儒家惯用三分法。儒书中三分七十二弟子的惯例是，子路常属初等，颜渊例居高第。以上的问对，因而也只宜作哲学思想看，绝非历史档案。且看这三位弟子的三份不同答卷，正巧构成了一个完整的左右中格局：子路认为知者应该使人知道自己有知；子贡则相反，认为应该知道他人；颜渊超乎二人之上，认为知者应该自知。

使人知己只需表现自己便足，知人便难得多，而自知则最难。这里不仅有认识上的阶梯，更重要的，还有道德上的高下。而认识和道德，在此又是浑然一体的。《老子》上也说："圣人自知不自见（现），自爱不自贵。"与上述的颜渊、子路的差别完全一样。又说："知人者智，自知者明。"（帛书甲本作"知人者知也，自知者明也"）智或知与明的区别，也就是我们现在通常所说的知识与智慧的区别。苏格拉底与亚里士多德所说的属于德性的知识或明智，也正是这种自知的智慧。

常言道：人贵有自知之明。这不仅是说，一个人不要眼高于顶，不知道自己吃几碗干饭；最主要的是在说，自知是一种德，一种明德，或者叫作智慧；它对于人之为人，是可贵的。

当然，知人亦非易事，《吕氏春秋·九观九征》曾设孔子曰：人心险于山川，难于知天。而且，知人也很重要，因为知人方可善任。《逸周书》上为此专门立有《官（观）人》之篇，分观诚、观色、观隐等六观，竟不惜用现代特务机关所谓"考验"的手法，"设之以谋以观其志，示之以难以观其勇，烦之以事以观其治，临之以利以观其不贪，滥之以乐以观其不荒，喜之以观其轻，怒之以观其重，醉之酒以观其恭，纵之色以观其常，远之以观其不二，昵之以观其不狎"，如此等等，可见知人之不易，以及知人之重要。后来《越绝书》《荀子》《吕氏春秋》《淮南子》《说苑》诸书，争相沿袭，至魏晋人刘劭作《人物志》，更进一步予以系统化，提出所谓九征、八观、七缪等理论和方法，目为知人的诀窍，可想知人之对于为人尤其是为官的意义。

"知者知人"和"知人者知"中的"知人"，指的是知别人；广义地说来，也许包括整个人类，乃至包含自己以外的一切外物，譬如孔子说过的"多识于鸟兽草木之名"等等。只是必须指出，不管此类知者"多识于"了多少，其所知的成果，都只好谓之"知"即知识，而算不得是"明"或智慧。

智慧与知识有质的不同。《吕氏春秋·别类》说得好："小马，大马之类也；小智，非大智之类也。"其中根据当在于，小智只是认识论意义上的知，而大智已是一种德——明德，它既是认识论的，又是伦理学的，更准确地说，它是理智的德性，德性的理智，属于认识论中的伦理学或伦理学中的认识论范围。亚里士多德曾经明确强调：德性分为两类，一类是理智的，一类是伦

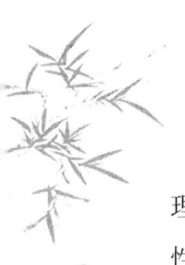

理的。"智慧、理解以及明智都是理智的德性。而大度与节制则是伦理德性。"① 可是用近代西洋刀叉吃中国哲学面条的人，常常抱怨甚至讥笑中国古人爱把认识和伦理混在一起，以致他们无法下叉取食。殊不知，这正是中国哲学的一大特点，也许还是一个优点。因为，认识是由活生生的人来进行的，而且是为了人而进行的，其所认识的对象，如果不是人自身及其关系，便是人所生存的环境。因而，认识的理论如果与人的价值观念无关，认识本身如果没有德性在主宰，如果不相信理智也是一种德性，不承认有理智德性，那么，不仅认识活动将失去意义，更严重的是，认识成果很有可能变成灾难。这样的事例，可惜并非是不存在的，现代化的战争武器，非人性的生态环境，在在都为我们作证。

明德之明，明在自知；智慧之智，也智在自知。自知之贵，可以想知。此外，自知之可贵，也许还包括自知甚难的成分在内，所谓难能可贵者是也。而这种难，不难在自知其有所知，偏难在自知其有所不知。《大学》引谚曰："人莫知其子之恶，莫知其苗之硕。"说明人之有所不知，常以蔽于私欲；欲知其所不知，须待克服和战胜私欲，所以甚难，有能胜其难者，自是一德。苏格拉底说："我自知我无知。"孔子说："吾有知乎哉？无知也。"又说："知之为知之，不知为不知，是知也。"老子说："知不知，上；不知知，病。"都是一种知道自己有所不知的自知，都是有自知之明的典范。

"生也有涯，而知也无涯。"除去上帝以外，任何人都有其所不知。能以明知有所不知，自应是一种德。但是，反过来看，缩小其所不知，也一直是人类所追求的目标，甚至可以说是人类的使命，自也属于德性范围。二者于是构成了矛盾。认识领域的开拓，认识成果的演绎，认识手段的发明，认识理论的探寻，都曾是且仍是缩小人类所不知的办法；不过这些都是就认识谈认识，属于纯粹认识本身的事。在德性方面，如何既能安于有所不知，又能敢于缩小所有不知，显然是一大难题。睿智的古代中国思想家们，居然不假外求，以矛盾本身来化解矛盾，以安于不知来缩小不知，提出了一个办法——严格说来是一种认识态度和人生态度——叫作"知止"。无论儒家还是

---

① 亚里士多德：《尼各马科伦理学》，北京：中国社会科学出版社，1990年版，第24页。

道家，都有这一说法。在儒家中，以荀子谈得最多，他说：

> 夫骥一日而千里，驽马十驾则亦及之矣。将以穷无穷逐无极欤？其折骨绝筋终身不可以相及也。将有所止之，则千里虽远，亦或迟或速或先或后，胡为乎其不可以相及也？……夫坚白同异有厚无厚之察，非不察也，然而君不辨，止之也；倚魁之行，非不难也，然而君子不行，止之也。（《荀子·修身》）

> 君子之所谓贤者，非能遍能人之所能之谓也；君子之所谓知者，非能遍知人之所知之谓也；君子之所谓辩者，非能遍辩人之所辩之谓也；君子之所谓察者，非能遍察人之所察之谓也。有所止矣。（《荀子·儒效》）

> 凡以知，人之性也；可以知，物之理也。以所以知人之性，求可以知物之理，而无所疑（凝）止之，则没世穷年不能遍也。……故学也者，固学止之也。恶乎止之？曰止乎至足。曷谓至足？曰圣也。（《荀子·解蔽》）

儒家是一帮知其不可为而为之的济世主义者，他们提出要"止"，自不是甩手不干的停止，而是一种道德要求，一种理智德性，即自觉地规定出一个合理范围或限度。据荀子所说，定出这样的范围，驽马也能赶上骐骥；没有这样的限度，根本不可能出现什么知者。而所谓学，在一定意义上，正是去学会掌握这个度。

道家淡泊宁静，当然更反对逐物无已，而强调"知止"。老子说："知止所以不殆。"殆者危殆，不殆就是不至于闹到折骨绝筋的地步。庄子说：

> 六合之外，圣人存而不论；六合之内，圣人论而不议；春秋经世先王之志，圣人议而不辩。故分也者有不分也，辩也者有不辩也。曰何也？圣人怀之，众人辩之，以相示也。……故知止其所不知，至矣！（《庄子·齐物论》）

> 学者，学其所不能学也；行者，行其所不能行也；辩者，辩其所不能辩也。知止乎其所不能知，至矣；若有不即是者，天钧败之。（《庄子·庚桑楚》）

庄子之主张知止，不仅因为有其所不知，且更因为有其所不能知的物事。为什么不能知，是由于事物本身的性质，抑或由于人的认识能力，还是二者兼而有之，他在这里未曾明说。不管怎样，既然有了，就会成为一个界限，不可或越的界限。他认为，圣人或明智的人，应该采取存而不论、论而不议、议而不辩的态度也就是"止"的态度以处之；而世间的为学者、为知者、为行者，尤其是当时的那些为辩者，瘅精劳神去妄图辩其所不能辩，是彼之所非而非彼之所是，结果只能"以坚白之昧终"（《庄子·齐物论》），为天钧所败。倒是采取安于其所能知而知，知乎其所当止而止的态度和办法，反而是到达了知识的极限，完成了为人的极限。所以他赞叹道：至矣！

可以看出，儒道两家的知止主张，虽有积极与消极之别，却都属于认识伦理之列，都是一种理智德性，而不是纯粹认识的必然理论。从认识论本身来说，毋宁要否定这类界限，因为它是认识的否定。只有从伦理学的角度来看，方能看出知止的意义，承认它是认识者的一种态度，是由于认识依人而起所必然出现的人对认识的一种选择性的态度。在古代中国，主要是战国时代，也有人选择了相反的态度，即辩其所不能辩的态度，庄子形容他们为"知士无思虑之变则不乐，辩士无谈说之序则不乐，察士无凌谇之事则不乐"（《庄子·徐无鬼》）。他们以不知止为乐，当然是一种价值选择，一种人生态度；只是这种态度在中国不占优势，不成气候，与整个中华文化的既成定势不合，所以不久便退下舞台，烟消云散了。

人们也许担心，"止"既然是限度，必然会成为局限，限住认识的手脚，阻碍认识的发展，确然如此。但限度像任何事物一样，亦自有其积极的一面。中国哲学家们所以选定了"止"，更多地正是看中了它的积极一面。《大学》上说：

> 大学之道，在明明德，在亲民，在止于至善。
>
> 知止而后有定，定而后能静，静而后能安，安而后能虑，虑而后能得。

明德之明，就是自知者明的明，也就是智慧。明是一种德，正如仁即亲民是一种德一样。既智且仁，便可止于至善，成为圣人了。这里说"止"于至善，而不是"至"于至善，这一字之差大有文章。止于至善，意味着至善以上还有境界，但那不是人人可得而至的，譬如孟子说的"圣而不可知之之谓神"的境界；大学之道，以至善为范围便足，所以说止于至善。

更紧要的一层意思是认识论方面的。止于至善者，是给大学之道划出一个限度。只有划出这个限度或止处来，使为学者知其所将止，而后方能定心静心安心地学下去，而后方能慎思明辨，学有所得。这就是引文第二段所要说的意思。其言外之意显然还包括，如果没有这个限度，学者不知其所将止，便不能定静安虑得，便会出现"穷无穷、逐无极"、"折骨绝筋终身不可以相及"的危殆，那当然失去了认识或为学的本意。这便是限度的积极意义。从这个意义上说，可以认为，限度已经越过自身，而成为无限了；用庄子的话来说，叫作止其所当止，至矣！因"知止"而"至矣"，证明了黑格尔的慧识，限度即是限有的否定，在有限中即是在无限中，这又是认识论的辩证法了。

分析上述《大学》引文，还值得特别一提最后一句"虑而后能得"的"得"字。这个"得"，也有两层意思：一层指得知，也就是得到真理；另一层，得意味着得道，天道得之于人心，也就是德，在这时则特指明德。这两层意思是统一的、互促的，得到真理便是有了明德，有了一种德性；有了明德方能得到真理，知性知命知天。于是，认识论的也是伦理学的，天道的也是人心的。

这些道理，在古人本来是很通行的，东方西方皆然。只是近代以还，西方哲学家们高扬认识论，使工具理性和价值理性脱了钩，今人于是茫然起来。也许人类认识史的发展只能如此，一切现实的都是合理的。但是，一切合理的都应该是现实的，我们不能不重温并珍惜古人有关理智德性的论说，同时来一点自知之明，老实承认我们对之有所不知或知之不多，方合乎为人的道理。

中国文化探源及思考

第六编

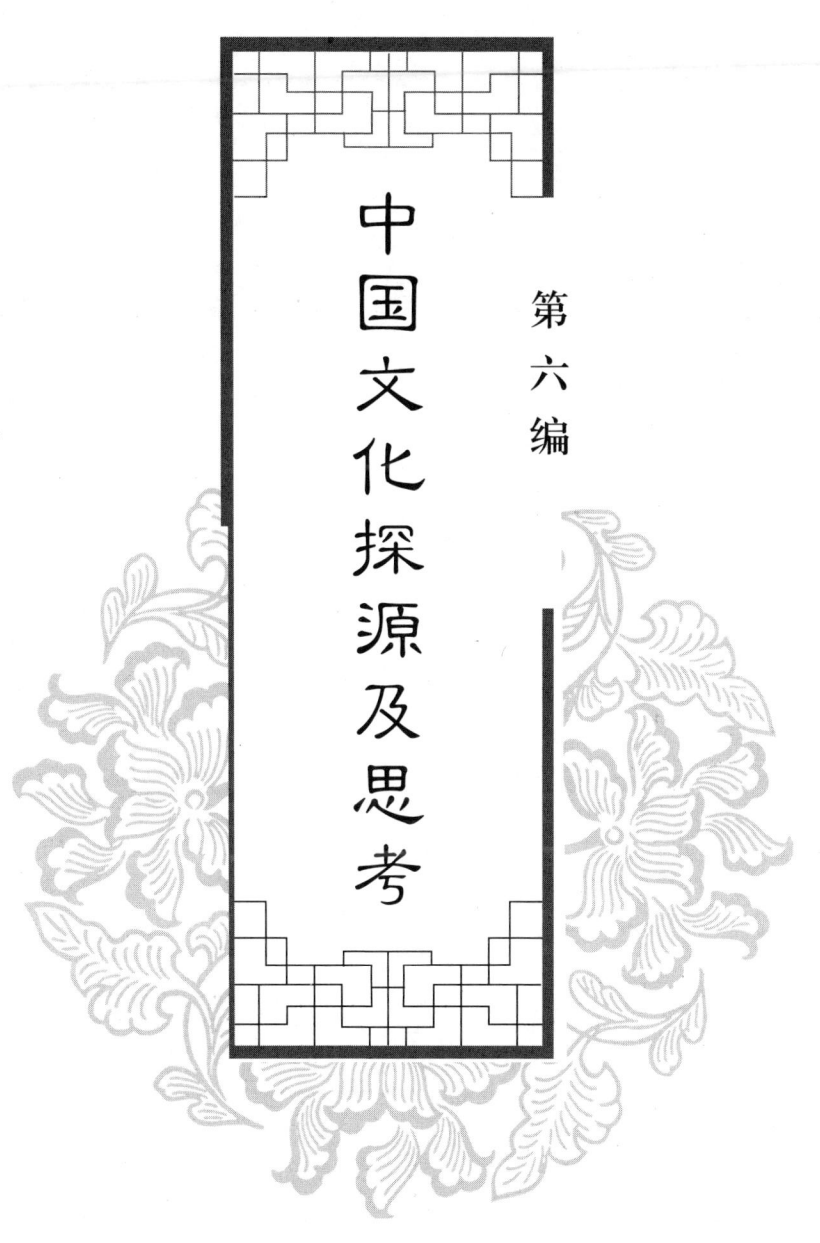

阴阳五行探源

一

　　一般都承认,"五四"以前的中国固有文化,是以阴阳五行作为骨架的。阴阳消长、五行生克的思想,迷漫于意识的各个领域,深嵌到生活的一切方面。如果不明白阴阳五行图式,几乎就无法理解中国的文化体系。

　　而且,虽说在长达三千多年有文字可考的中国历史中,中华文化同外来文化有着长期的接触,并经历了几次规模较大的冲突与调和,但是,中国文化固有的特质和方向,基本的骨架和面目,在"五四"以前,却未发生过根本性的改变,更未出现过毁灭性的中断。这一点,说来像是一个奇迹。正是这一在世界文化发展史中的特异现象,永远蕴含着迷人的魅力,经常拨动着人们探索的心弦。

　　从文化发展史的角度来看,自东汉以还,直至南宋,是印度文化传入中国并同中华文化相融合的时期,中间经过了格义、冲突和调和诸阶段,而后有了宋明理学。自元代尤其是明清之际,西方文化逐步东来,直至清末和"五四",中华文化又吸收了许多西洋文化,完成了又一次中外文化的融合。但是不管这些外来文化如何精巧博辩,如何新奇窈渺,在中国这方古老大地上的古老文化里,成为骨架的,仍然是固有的纯粹中国式的阴阳和五行。

　　阴阳五行之作为中国文化的骨架,是从战国后期到西汉中期陆续形成的。在此之前,阴阳自阴阳,五行自五行,各有分畛,这一点,前人早已明白指出过不止一次了。清人赵翼《陔余丛考》中说:

> 窃意伏羲画卦专推阴阳对待变化之理，言阴阳而五行自在其中。其五行之理，则另出于《图》《书》。唐虞以前，《图》《书》自《图》《书》，易卦自易卦，不相混也。后儒以阴阳五行理本相通，故牵连入于《易》中，而不知《易》初未尝论及此也。观此则余所谓画卦不本《图》《书》者，盖非好为创论矣。（卷一）

这里把阴阳归本于八卦或《易》，把五行归本于《河图》《洛书》，认为唐虞以前，二者本不相混，只因后儒专注于理，始把它们牵连于一源。这个"后儒"，首先针对的当是《易·系辞》作者。因为那里说：

> 河出《图》，洛出《书》，圣人则之。

这位圣人正是画卦的伏羲，他画卦的根据，在这里被认为是《河图》《洛书》；而《图》与《书》，在赵翼看来，却为五行之理所自出。因而，他的结论必然是，早在《易·系辞》中，就把阴阳和五行混于一源了。其实《系辞》的这个说法，根本不曾涉及五行问题，它只不过提出了八卦或阴阳的起源。因为五行在《系辞》作者眼中的地位，远没有后来那样神圣；所以《系辞》的这个说法，也并未为尔后的儒者所完全接受。在学术史中流传较久影响较大的，倒是汉代经师刘歆的另一种说法：

> 刘歆以为虙羲氏继天而王，受《河图》，则而画之，八卦是也。禹治洪水，赐《洛书》，法而陈之，《洪范》是也。（《汉书·五行志》）

刘歆不依《系辞》为说，将《河图》《洛书》分别赠予伏羲、夏禹，以作为八卦、《洪范》的蓝本；而八卦即阴阳之象，《洪范》以五行为首。刘歆之所以敢于如此离经叛道，那实在是因为，五行的势力在当时确实太大了，必得要有某种天赐的祥瑞作为凭证，方能文饰政治上的现实利益，并餍足人们心理上的欲求。而这样做了的结果，实无异于说，阴阳与五行，不仅来源不同，而且出现的时间亦相隔若干百年；就是说，二者本来也是不相混的。

刘歆的分工法大体上一直被沿袭到宋。宋代象数之学兴起，把《河图》、《洛书》、阴阳五行弄得个五光十色，说得来天花乱坠，令人目不暇接、耳不胜收。究其要，无非是有人反过来主张《河图》为《洪范》或五行之本，《洛书》为《易经》或阴阳之源（刘牧）而已，更多人则仍维持汉来成说（蔡元定、朱熹）。从阴阳、五行各自一源这一点来看，不妨认为双方并没有实质上的差别。更何况，他们还共认"《易》《范》之数诚相表里"、"《易》可通《范》，《范》可通《易》"，即在阴阳五行理本相通上，全无任何差异，而且和后来的赵翼亦无不同。

明乎此，则赵翼所标榜的"创论"，不过是将《图》《书》和阴阳八卦脱钩（这一点，欧阳修、黄宗羲等人已先此论及了），并全部拱手让与《洪范》五行而已。由此衍生的阴阳、五行本不相混的思想，从两个源头这一点来说，同刘歆、宋儒也可以说没有什么本质差别。

所以，阴阳五行各有分畛的说法，是由来已久而且讨论甚多了。但是，值得强调指出的是，所有这些以及后来一切研讨阴阳五行源头是一非一的说法里，在如下一点上是共同的，即：它们都将阴阳与八卦之是一非二当作立论的前提，从未提及过阴阳与八卦是一非一的问题。不仅在这种场合，而且在整个中国学术史中，阴阳与八卦，历来都被相信是二而一、一而二的关系，说阴阳就是说八卦之理，说八卦就是说阴阳之象，二者岂止是一源，干脆原是异名同谓之一体。这一点，已经成了一个传统信念。

考究一下这个传统信念，弄明白阴阳、八卦果否一源乃至一体，比之弄明白阴阳、五行是否同源和同理，将更为困难，也更为有趣；或许可以说，还会更有价值得多，因为它是一个从来被忽视的大问题。

这篇小文，便试图提出一个假说：五行、八卦、阴阳，本是三种不同的思想体系，它们分别起源于三种不同的占卜方法：钻龟、陈卦、枚占。正如马克思所指出的那样："哲学最初在意识的宗教形式中形成。"① 从三种卜法生发出的三种不同文化，本有希望成长为三种不同的类型，即五行偏于宗教、八卦偏于人伦、阴阳偏于自然，有如世界三大古老文明之不同那样；只是由于三种文化区域在地理上距离密迩，以致在它们臻于成熟之前，便过早地接触、交流，及至战国后期，乃发生了一次萧墙之内的大融合，形成了一种以

---

① 《剩余价值理论》第1册，载《马克思恩格斯全集》第26卷Ⅰ，北京：人民出版社，1972年版，第26页。

阴阳五行为骨架、以中庸思想为内容、以伦理道德为特色的文化，这就是人们常说的中国类型的文化。

下面，且对这个假说做一些简略的证明。

二

水火木金土的五行字样，最先见于《尚书·洪范》。《洪范》托始于禹，而由殷贵族箕子陈说，略谓："天乃锡禹洪范九畴"，"一、五行"："一曰水，二曰火，三曰木，四曰金，五曰土。"至于天是如何赐禹的，又怎样传到了箕子手里，《洪范》上未曾交代；在当时似乎也不成其为问题，没有说清楚的必要。到了汉儒刘歆，始提出天是通过赐《洛书》的办法，授禹以《洪范》的；"降及于殷，箕子在父师位而典之"（《汉书·五行志》）。而天又是如何赐禹《洛书》的呢？刘歆也没有说。《尚书》伪孔氏传则补充道："天与禹洛出书，神龟负文而出，列于背，有数至于九，禹遂因而第之，以成九类。"类似的说法，在纬书中也不少，由此遂成了定论。尔后的说法，多纠缠于神龟所负之文的数目和图像上，没有多大突破。

这一切当然都是神话，但也是我们不能绕开的关于五行起源的传统说法。细究这些传说，不外这样几个支点组成：天、禹、《洛书》、龟、殷。

天是神格，六合之外，我们可以不论。禹的史迹，文献不足，亦不妨阙疑。《洛书》乃"祥瑞"，汉、宋儒生所津津乐道者，对我们已毫无价值。只有龟和殷，多少现实一点；而自殷墟卜辞出土以后，对于龟文和殷人的情况，我们比前人有了更大的发言权。根据卜辞——这个神龟所负之文所提供的零碎材料来判断，把五行与神龟和殷人联系起来的传说，不是没有道理的。

"殷人尊神，率民以事神"（《礼记·表记》），他们是虔诚的万物有灵论者。在他们质朴的脑子里，一切自然物事和一切人间行为是互相交感着的，任何行动必先摸准有关神灵的旨意。因而他们几乎无事不卜；重大事件更必须以龟甲作为卜具，通过卜兆，体察神灵的指示。据《洪范》记载，卜兆凡五种形象："曰雨，曰霁，曰雺，曰圛，曰克。"这是五种何等形象，说者猜测不一，因原无图录，已难明究竟。唐人孔颖达疏《洪范》五兆说："今之用龟，其兆横者为土，立者为木，斜向径者为金，背径者为火，因兆而细曲者为水。"贾公彦疏《周礼·占人》却曰："其兆直上向背者为木兆，直下向足者为水兆，邪向背者为火兆，邪向下者为金兆，横者为土兆。"孔、贾同为唐人，其说竟不同如此。况以金木水火土名兆，当是五行思想大盛以后的事，殷人尚不致如此。经传上别有"兆如山陵"（《左传·襄公十年》卫卜御寇）、"黄帝战于阪泉之兆"（《左传·僖公二十五年》秦卜纳王）、"挟以御骨"（《国语·晋语一》献公卜伐）及"水适火"（《左传·哀公九年》赵鞅卜救郑）诸兆，与《洪范》五兆亦无从对应。因而对于殷卜五兆，我们已经无法弄得清楚了。

综观经传涉及卜兆各处，幸好，有一点是清楚的，那就是：殷人卜兆凡五，而周人视兆，只分三种或四种：

> 大卜掌三兆之法：一曰玉兆，二曰瓦兆，三曰原兆。（《周礼·大卜》）

> 卜师掌开龟之四兆：一曰方兆，二曰功兆，三曰义兆，四曰弓兆。（《周礼·卜师》）

面对这些记载，可无须去考释周人的三兆、四兆各是何等形象，彼此有何异同；亦无须以之同殷人的五兆对勘。那不是我们这个课题的任务，甚至也许是永无水落石出之时的事。令我们感兴趣的是，同为龟卜，周人只有三兆、四兆，殷人却相信神祇常通过五种兆相昭示人们以吉凶。这种差别，绝不是偶然的不同；它表现了两种文化系统的歧异。"五"的观念，是殷人的一大神圣观念。假如允许我们的想象驰骋一下的话，那就可以说，所谓"神龟负文"，或许指的是龟卜五兆；而《洛书》九畴以五行为首，则是五行思想起于龟卜、突破龟卜而又不能不在龟卜领域内活动的反映。我们前引的马克思谈哲学最初在宗教中形成的全文为：

> 哲学最初在意识的宗教形式中形成，从而一方面它消灭宗教本身，另一方面从它的积极内容说来，它自己还只在这个理想化的、化为思想的宗教领域内活动。

五行和龟卜的关系，正是如此。从殷墟出土的卜辞中，我们发现了许多尚五的说法；这些说法，便是早期的在宗教领域内活动的五行说。如：

己巳，王卜，贞今岁商受年。王占曰：吉。
东土受年
南土受年
西土受年
北土受年①

这是五方观念。因为"商"有时亦称"中商"，如："戊寅卜，王贞受中商年。十月。"（《前编》8，10，3）中商和东南西北并贞，说明殷人已经具有了确确实实的五方观念。稍嫌不足的是，迄今为止，我们尚未在卜辞中见到"五方"这个称谓而已。至于"四方"一词，则屡见不鲜：

辛卯卜，㲋彤酒其又（侑）于四方。（《南明》681）
庚戌卜，宁于四方，其五犬。（《南明》487）

方位观念在一般情况下，是以我为中心的。既然说到"四方"，即使不提"中商"或"商"，实已隐含中方于其中了。当然，如能把这个隐含者表达出来，把"中"与"东南西北"并列而为五方，那便意味着达到了自我认识，意味着跳出自我而把我当作对象，与客观对象同等对待，而这是需要时间的。这大概是我们见不到"五方"字样的认识论上的原因。在其他没有这种麻烦的场合，五的名目便显而易见得多。如：

王又岁于帝五臣正，隹亡雨。②
庚午贞，菫大耒于帝五丰臣，雩在祖乙宗，卜。③

这个"帝五臣正"或"帝五丰臣"（丰，郭沫若释为"介"，今作"个"。见《粹编》考释），据丁山说，应该就是周人所谓的"明堂月令的五方之神"，即句芒、祝融、后土、蓐收、玄冥④。两者之间是否如此直接而简单地相等，

---

① 《粹编》九零七。
② 《粹编》十三。
③ 《粹编》十二。
④ 丁山：《中国古代宗教与神话考》，上海：上海文艺出版社，1988年版，第138页。

虽然还值得进一步推究，但人们确实也无法直接而简单地否认两者之间有着联系。至少，对于我们现在所注目的殷人之尚五观念来说，我们可以相信，这里出现的是"五臣正""五丰臣"，而不是"六"或"四"个臣，当非由于偶然。联系到前述的五方来考虑，我们如果设想，这五臣正，便是五方天帝的大臣，或不致十分悖理。

因为，根据甲骨文字所示，方位不是简单的空间概念，而是能吃全牛全羊，可以使风遣雨的神祇。五方中的四方，都各有自己的专名，各有自己的风，风亦各有名：

东方曰析，风曰劦。
南方曰夹，风曰凯。
西方曰韦，风曰彝。
北方曰勹，风曰殴。（《京》五二零）

风为帝之使①，则"析""夹""韦""勹"便是四方之帝。至于中央之帝，自然是殷人自己的祖先了。帝既有使，亦应有臣，此之谓五臣正或五丰臣。

五方、五臣之外，别有所谓"五火"：

丁丑卜，又于五火，在隹。二月，卜②。

……卜，又于五火，在齐③。

丁山认为这个"五火"就是后来《周礼》的"四时变国火"，亦即邹子所谓的"春取榆柳之火，夏取枣杏之火，季夏取桑柘之火，秋取柞楢之火，冬取槐檀之火"④，也许操之过急了。钻燧更火的事，可能行之甚早；但五时用五木取五火的办法，至《淮南子·时则》尚未见采纳。更何况殷人绝对没有五时的观念哩！直至目前为止，我们尚难确指殷人于春、秋之外，已经有了夏、冬观念，更不用说"季夏"这样一个显系为了凑数而起的有名无实的季节了。

---

① 参《乙编》二四五二，三零九四；《通》三九八。
② 《邺中》三，下，四十，十。
③ 《粹编》七十二。
④ 丁山：《中国古代宗教与神话考》，上海：上海文艺出版社，1988年版，第104页。

想来，五火或许也是同五方有关的一个名目，它只有空间上的分布，没有时间上的先后，所以才有可能在同一天里举行祭祀。至于五火的细节，请原谅我们目前尚无所知，只得付之阙如了。

从以上这些五方、五臣、五火的诸五中，我们不仅依次看到了殷人尚五的习惯，而且还能看到一个隐约的体系，那就是以五方为基础的五的体系：五臣是五方之臣，五火是五方之火；而五方本身，则不再属于其他，它是帝。这种以方位为基础的五的体系，正是五行说的原始。在后来的一些系统化了的五行学说里，如《管子》的《四时》《幼官》，《淮南子》的《天文》等，仍然以方位打头，便可想见它的影响和威力，也是原始五行说所留下来的蛛丝马迹。

卜辞中未曾发现"五材"字样或水火木金土并举的例子①，说来似乎令人失望，其实不如说，要想发现它，倒未免是一种奢望。因为不仅在万物有灵论的殷人脑袋里，不能有世界是由五大元素组成的思想，而且连"天生五材，民并用之"（《左传·襄公二十七年》子罕曰）的思想，在当时亦不可能出现。道理就在于，五材之一的金，尚未成为民生日用之物；物质生活中提不出重复的刺激，精神生活中便形不成相应的反映。因而，同后来那种以五材为纲统率一切的五行图式不同，殷人的五行，或早期的五行思想，是以五方为纲的。

这还因为，空间方位，对于一个畜牧业比较发达而屡屡迁徙的殷人来说，是最为实际而又最为空虚、最需切实掌握而又最难穷尽之"物"，大概正是方位的这种特性，这种既在生活中十分重要又在观念上难以把握的特性，使它显得神秘、圣灵，令人产生敬畏心情。而自盘庚迁殷以后，经武丁、帝乙等王对从西北到东南各方国的连年征伐所形成的"商邑翼翼，四方之极"（《诗·殷武》）的政治形势，则使殷人产生了以我为中心的自豪。在这种敬畏和自豪的背景下，五方观念和它的重要地位，于是得以奠定；五臣、五火等等，遂由此慢慢派生出来。

所以我们可以承认，把五行、神龟和殷人联系起来的传说，不是没有道

---

① "水""火""木""土"诸词分别运用的实例很多，但并不构成体系。

理的；虽然殷人还没有五材——这个后来五行说的核心观念。用五材去硬套殷人的思想（如唐人之释卜兆），或以缺乏五材而否认殷人有五行思想，看来都是不足为训的。

周人继殷而王。在称王以前，他们已接受了殷人的许多文化，其中包括龟卜在内。但周人更有自己的文化传统，他们也是一个古老的部族，在古公亶父开始臣商以前，已经有了十二世代可考的历史。前几年周原出土了周人的卜甲和卜辞，它是殷人文化波及西土之证；但从这些卜辞中，我们并未找到五行思想，倒是发现了周人固有的八卦（下详）。这说明，周人虽然接受了殷人文化，但他们自己文化的特质和方向并未改变；这大概也叫"周因于殷礼，所损益可知也"（《论语·为政》）吧！

春秋时代，八卦文化的中庸思想得到顺利发展，与之同时，龟卜文化的五行思想也不曾停步。首先，这时在中原各国，广泛流行着五材或水火金木土并举的说法，如晋大夫郤缺引《夏书》"水火金木土谷谓之六府"（《左传·文公七年》），宋大夫子罕言"天生五材"（《左传·襄公二十七年》），晋大夫叔向对韩宣子譬"天有五材"（《左传·昭公十一年》），郑大夫子大叔对赵简子谈礼有"因地之性，用其五行"（《左传·昭公二十五年》），晋太史蔡墨对魏献子述五行之官"木正、火正、金正、水正、土正"（《左传·昭公二十九年》），又对赵简子问季氏说"地有五行"（《左传·昭公三十二年》），周太史伯对郑桓公称"先王以土与金木水火杂以成百物"（《国语·郑语》），鲁大夫展禽论祀典曰"地之五行，所以生殖"（《国语·鲁语上》），等等。这五者，或以为天生，或说为地有，其实质并无差别，它们应该都是《洪范》五行说的概括或发挥。《洪范》说：

> 水曰润下，火曰炎上，木曰曲直，金曰从革，土爰稼穑。润下作咸，炎上作苦，曲有作酸，从革作辛，稼穑作甘。

这些说法相当质朴，不过列举了五者的一些简单自然属性，而且是从民生日用角度着眼的。它也正是春秋人所谓的"天生五材，民并用之"、"地之五行，所以生殖"的意思；只不过一为分析，一为归纳而已。

五材既已并举，便有一个内在关系问题。《洪范》的"一曰水，二曰火"

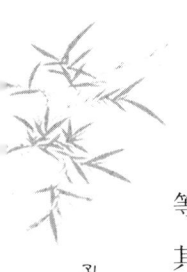

等等,虽有后人极力证明它规定了五材的根本关系,即所谓的"生数"关系,其实它并未说出五者之间有什么关系。按照《洪范》那种从民生日用角度看待五材的观点,它是不会留意于编排五者关系的。如果一定要找出关系的话,只能说,《洪范》所列,只是一种并无内在逻辑的并列关系。这是不成为关系的关系,也是五材之间的最早关系。

尔后出现了尚土思想,以一材为首,其他为次,如史伯所谓的"先王以土与金木水火杂",就表白了对土的尊崇。在稍后一点的《乐记》佚文中,更明白标出"土比于五行最尊"的说法(《太平御览》卷十七时序部五行条),把尚土说推到极致。

尚土之外,全面编排五者之间关系的,有相生说和相胜说:

> 庚午之日,日始有谪,火胜金,故弗克。(《左传·昭公三十一年》史墨占梦)
>
> 水胜火,伐姜则可。(《左传·襄公九年》史墨释救郑)

这是相胜说。至于相生关系,清人王引之《春秋名字解诂》举有"秦白丙字乙"、"郑石癸字甲父"、"楚公子壬夫字子辛"、"卫夏戊字丁"四例,认为系木生火、水生木、金生水、火生土之义(《经议述闻》卷二十三),看来是可信的。需要补充的是,春秋人除以十干为名字外,亦有以干与支为名与字者;名字除取相生义外,亦有取义于相胜者。如楚公子午、字子庚(《左传·襄公十八年》)。王引之以为取"吉日庚午"之典。征诸前引史墨占梦词,庚午为火胜金;盖庚于天干属金,午于地支属火,名午字庚,火胜金也。

当然,这里所举的生胜各例,都以五材已与干支相配为前提条件。而五材与干支的关系,是一个十分复杂的问题,值得专门撰文讨论,本文只能略一涉及。

前人多以为,干支从五行出(隋·萧吉《五行大义》、清·赵翼《陔余丛考》),那是由于迷信五行为天赐,应能创生一切所致。其实干支为历法符号,比五行思想早出许久,后来五行囊括一切,始吞噬了干支,使之纳入自己体系。其大概程序是:以五方为基础,先完成了木火土金水分配于东南中西北的手续;然后将十个天干,两两分属于一方,出现了东方甲乙木、南方丙丁火、中央戊己土、西方庚辛金、北方壬癸水的配置。春秋时的《䣄侯敦》，其铭文"丙"字作阅，正是丙属南方火的一证①。《国语》记重耳过五鹿乞食，"野人举块以与之。子犯曰：天赐也。民以土服，又何求焉！……有此，其以戊申乎？所以申土也"（《国语·晋语四》），则是戊属中央土的文献材料。

至于十二支与五材的配搭，情况要复杂一些。因为在十二地支纳入五行体系以前，已被作为十二个月的代号，并依照斗柄所指固定于自北而东而南而西的方位上。冬至月即十一月作为岁首，被名为子，斯时斗柄于初昏直指正北，因而子居北方；十二月为丑，居北东；正月为寅，居东北；如此向左旋转，十二支分居于地周的十二等分点。这一既定的情况，使得十二支在纳入五行体系时，不仅与十干之自东开始的常规不一，而且更糟糕的是，它无法给"中央土"留下什么余物。在《左传》中，我们读到：

庚午之日，火胜金。（《昭公三十一年》）

子，水位也。（《哀公九年》）

水，火之牡也，其以丙子若壬午作乎？水火所以合也。（《昭公十七年》）

子为水，午为火，其他依此类推。这便是一个未曾给土留下地盘的公式。后来汉儒出来圆场，设计了另外一些方案（见《淮南子·天文》《汉书·翼奉传》），但是并未打破有天象作根据的传统公式。直至五行思想退出文化舞台的现代，土这一行，也始终未能在十二支中占得地盘。玄学碰到了科学，难免有这么一点小小的不幸，今天看起来，还是很有趣的。

以上诸端，便是五行思想在春秋时代几点可考的重大演进。此外，五味、五色、五声诸名目，也已时有所见：

天有六气，降生五味，发为五色，征为五声，淫生六疾。（《左传·昭公元年》医和曰）

天地之经，而民实则之。则天之明，因地之性，生其六气，用其五行。气为五味，发为五色，章为五声。淫则昏乱，民失其性，是故为礼

---

① 郭沫若：《两周金文辞大系考释》，东京：文求堂书店，1935年版。

以奉之。(《左传·昭公二十五年》子大叔曰)

所谓五味，当系《洪范》的水咸、火苦、木酸、金辛、土甘。所谓五色，《左传》有"黄，中之色也"(《昭公十二年》)；《逸周书·作雒》更有东青、南赤、西白、北骊、中黄的明确体系，不辨是否后来思想篡入。至于五声，自是宫、商、角、徵、羽。这一些，都尚难确定它们在春秋时代便已如后来那样被分属于五材，尽管已经有了个别实例和趋势。

进入战国以后，五行体系逐渐膨胀，并逐渐和阴阳思想、八卦思想融合，我们且留待最后一节再谈。

三

"三王不同龟，四夷各异卜"(《史记·自序》)。龟卜起于殷商，并导致产生了五行文化，已如上节所述。与龟卜并行了一个时期，最终又代替了龟卜的筮占即八卦，起于何地何时，前人却有不同看法。有从易卦的卦爻辞证明它源于卜辞的；亦有谓《易》之为易，表明它是简易的龟卜的。而传统的说法则是：

> 易之举也，其于中古乎？作易者，其有忧患乎？……
> 易之兴也，其当殷之末世，周之盛德邪？当文王与纣之事邪？(《易·系辞下》)

这里还只是一种揣度的口气，到了司马迁，便把它肯定了下来：

> 昔西伯拘羑里，演《周易》。(《史记·自序》)

这个《易》起于周的说法，大概是可信的。我们从《左传》上可以找到一些证据。《庄公二十二年》载：陈公子敬仲之少也，"周史有以《周易》见陈侯者，陈侯使筮之"。查敬仲约生于桓公六年，即公元前706年，陈国地处中原；斯时斯地，尚待周史传入，始知《周易》，可见陈本无《易》而《易》为周典。又，昭公二年，韩宣子使于鲁，"观书于大史氏，见《易》象与鲁《春秋》，曰：'周礼尽在鲁矣。'"这不是一句平常的应酬话，它反映出，在大国晋的使臣眼中，《易》亦被视为周礼的象征。

此外，据统计，《左传》所记筮事及引《易》者，凡十九条①；计周人二，鲁人五，晋人六，卫人二，郑人一，齐人一，秦人二。其鲁晋卫郑，俱为周之姬姓宗室，频繁用《易》，自不待言；齐为周之旧姻，秦袭周之旧地，所以也沿袭了周人文化。

这些记载，足可证明，《易》起于周的说法，应该是可信的。

现在我们要提一个更进一步的问题：这个初起的易卦，是什么样子呢？前人说"伏羲画八卦"，说"太极生两仪，两仪生四象，四象生八卦"，说来说去，都以为易卦起先就像后来这个样子，由 ━━ ━ ━ 错综组成；因而阴阳观念，一开始便蕴含于八卦之中乃至太极与无极之中。如此等等，似成定论。

其实事情有大谬不然者。早在宋代，麻城发现了六件铜器，其一被称作中方鼎的铭文末尾，有二字（《啸堂集古录》卷上）。宋人释为"赫"字，虽说十分勉强，但亦别无更好的解释。后来类似的奇字慢慢出土多了，如中斿父鼎有、堇伯簋有、召卣有、效父彝有（《三代吉金文存》卷三、卷六、卷十二及《怀米山房吉金图》卷上），特别是新中国成立后在丰镐、近年来在周原等地陆续发现有类似的符号契刻在卜骨卜甲乃至骨镞上或陶器上，其数量之多，据张政烺统计，先后已达62个②，这就使人不能再对这种奇字保持沉默或予以轻视了。

郭沫若在20世纪30年代以这些符号为"族徽"③，唐兰在50年代认为是"一种已经遗失的中国古代文字"④，张政烺在70年代证明其为周初的易卦。譬如积薪，后来居上。张先生的解释，比较更能令人相信。原来那些符号，本是一些数目字的重叠。以上引的六个符号为例，依次为七八六六六六、八七六六六六、七五八、八五一、六一八六一一、五八六。三个数的，是易卦的所谓"单卦"，六个数的，谓之"重卦"⑤。

我愿稍事续貂的是，以文献记载来印证，这种符号的名字，或许便叫

---

① 据顾栋高《春秋大事表》卷四七，另补昭公二十九年晋太史蔡墨说《乾》卦一条，哀公十七年卫侯占梦一条。
② 见《试释周初青铜器铭中的易卦》，载《考古学报》1980年第4期。
③ 见《两周金文辞大系考释》。
④ 见《考古学报》1957年第2期。
⑤ 详见《试释周初青铜器铭中的易卦》，载《考古学报》1980年第4期。

"六炁"。盖《管子·轻重戊》有云：虙戏作造六炁，以迎阴阳；……周人之王，循六炁，合阴阳，而天下化之。"炁"和"悬"当是一字之讹，其字音义，前人猜测颇多①。从虙戏作造、周人循之、迎合阴阳诸语来看，六炁显然就是周初易卦的那种符号，后来称之为六爻者。"爻"取蓍草交互之象，"炁"则取象于那种数字符号本身。

现在我们从《易经》上见到的卦爻，以━━表示，它们本是奇数与偶数的代号，是经过一番烦琐筮占后得出来的表数符号。按照《易·系辞上》所说的筮法，占者以五十根蓍草反复通过"分二""挂一""揲四""归奇"等演变，"凡十有八变而成卦"，即每爻需通过三变。三变的结果，并不直接得出━或━━来，而是得出或九或八或七或六等四种奇偶数，其九或七，记为━爻，八或六，记为━━爻。如此自下而上，六爻皆出，便成一卦。

这样复杂的筮法，自非一朝一夕所能发明，而应有着自己的形成过程。周初易卦所示六个任意数的重叠，当是筮法演进中的一个阶段。虽然我们也许永远无法知道这些数字得出的方法，但是我们现在也还无法对于彼时彼地彼种显然有意识的刻画，做出其他更佳解释。就目前说，周初卦画的发现，至少已给文化史研究者提供如下一些启示：

龟卜是殷人文化。卦画契刻于龟甲，形象地表现了殷、周文化的接触；而它在周原之出土，证实了周人是迁居岐山之南以后开始臣商并吸收殷人文化的。《诗经》上说：

　　古公亶父，来朝走马。率西水浒，至于岐下。爰及姜女，聿来胥宇。
　　周原膴膴，堇荼如饴。爰始爰谋，爰契我龟。曰止曰时，筑室于兹。
（《大雅·绵》）

"至于岐下"，"爰契我龟"，可以帮助我们假定周原卜甲的年代。但我们更关心的是，古公亶父及其子孙曾否将五行思想同龟卜方法一齐接受下来？

---

① 洪颐煊《管子义证》释为"法"字；庄述祖疑为"政"字；俞樾《诸子平议》定为"计"字；何如璋《管子析疑》疑为"气"字；张佩纶《管子学》谓"六炁"乃"八卦"或"六爻"之误；唐兰以为"旋"，谓六旋即六圜，疑六爻古或画为六圜。(据郭沫若等《管子集校》)又，方以智引杨升庵、王若谷说，谓六炁为"六计，如周髀算法乎"(据胡渭《易图明辨》)。

因为如前所证，五行同龟卜，是密切相关的。

从已发表的周原卜辞来看，其中似乎并无五行痕迹。相反，我们在卜甲上，倒是看到了早期八卦符号，即在殷人的卜占工具上看到了周人的筮占符号，这也可以看作两种系统的文化接触时的"洋为中用"。

前面说过，殷人的五行体系是以五方观念为基础的；而五方观念之得以形成，又有以我为中心的事实和自觉为前提。《礼记·曲礼下》说："天子祭天地，祭四方"，"诸侯方祀"。这虽说是周人之礼，但唯天子具有祭天地与四方的资格，则是据有天下四方的政治资格的表现，殷墟甲骨已有无数例证。而诸侯只能"方祀"，即祭自己所在的相对于天子的方位。周人居岐，"肇国在西土"（《尚书·酒诰》），自称"小邦"、"方伯"，人称"西伯"，因而他只能祭西方，并祭祀殷人先王①，以符合自己服事于殷的身份。

这就是说，五方观念，首先是一种政治观念，是领有天下的事实之观念表现。周人当时可以接受龟卜方法，却绝不敢接受也绝难以形成五方观念。

一直到武王时的《大丰簋》铭文中，我们还见到武王除了"衣祀于王丕显考文王"外，还要"祚相"、"祚唐"，即祭奉殷人先王相土和成汤。此外，更耐人寻味的一句话是："王凡三方。"据郭沫若考释："凡假为风，讽也，告也。三方，东南北也；周人在西，故此仅言三方。"②其说甚是。此器盖做于克殷以前，或甫克殷后而观念未及变更之时，其时，"诸侯叛殷会周者八百诸侯"（《史记·殷本纪》）。诸侯八百，东南西北自应具备，但中土还在殷人手里，周人还僻处西隅，因之还形不成"四方"、"五方"观念。再往后，"普天之下，莫非王土"的事实出现，周器中即再无"三方"之词了。所以，在周原时，周人虽接受了卜占方法，却接受不来五行思想。

更能引起我们兴趣的另一事实是，周原卜甲中不仅不曾有五行思想，而且，也没有阴阳思想。这是一项极为重要的文化史上的新发现。

历来都把八卦与阴阳相提并论，所谓"《易》以道阴阳"（《庄子·天

---

① 周原甲骨 H11：1，癸巳，彝文武帝乙宗，贞，王其邲祭成唐。周原甲骨 H11：84，贞，王其䒕又大甲。是周王祭祀殷人先王帝乙、成汤与太甲之证。
② 《两周金文辞大系考释》上册。

下》)。今人亦常说《易》的精华唯在于道及了阴阳对立变化之理。以此来描述阴阳已与八卦融合以后的情况则可；若说八卦的原始，它与阴阳本是无涉的。

前人亦有如此提出问题的。如梁启超在《阴阳五行说之来历》中列举了《诗》《书》《易》三经所有含"阴"、"阳"字样之文句以后说："最奇者，《易经》一书，庄子所谓'《易》以道阴阳者'，卦辞、爻辞中仅有此'中孚九二'之一条单举一阴字，《彖》《象》两传中，刚柔、内外、上下、大小等对待名词，几于无卦不有；独阴阳二字，仅于此两卦各一见（按，指《乾》、《坤》初九象辞），可谓大奇。"① 李镜池在《易传思想的历史发展》中说："'《易》以道阴阳'，当是在阴阳说流行之时即战国中晚期之间为易学家所采用的。……春秋时的易筮，还没有以阴阳来说解的。"②

前人说这些话的时候，周原卜甲还未出土，周初易卦还未被确认，━━━符号尚被当作固有属性，固着在八卦身上。当他们仅从文献记录中隐约看出阴阳与八卦并非与生俱来的现象时，总难免吞吞吐吐，欲说还休。现在周原卜甲向我们证明，易象本为六爻，并无阴阳。虽然我们也许永远无法证实，这六爻在筮史的脑袋中，是否将换算成━━━符号；但它们终究并未在成卦时表示出来的事实，已足够说明，原始的八卦，并不着意于、也难以启发出阴阳、刚柔等等对立思想；它，另有自己的意蕴。

这个意蕴，应该就在六数重叠现象之中去寻求。重叠的六个数，后称六爻者，据说是文王囚羑里时所益；原先只有三爻。事实如何，无从可否。但周初卦画确有三数重叠者，如前引之中斿父鼎铭，已非特例。

按三之为数，颇有几分奥秘。三点成一面，三径成一圆，作为数学公式来表示，可能很晚；而在生产与生活的实践中，在陶器时代便已作为经验积淀于人类大脑中了。以三的倍数和分数构建的乐律体系，其形成理论的时间当然也很晚，但由此生成的乐曲的和谐，却通过能够审美的耳朵，很早便提

---

① 载《古史辨》第五册。
② 载《周易探源》，北京：中华书局，1978年版。

示了人们对三的关注①。所以《史记·律书》说："数始于一，终于十，成于三。"古希腊毕达哥拉斯学派也说："我们称二为'双'，不为'全'；说到三我们才说全。"② 为什么数成于三？为什么说到三我们才说全？这里我们姑且不谈抽象的哲理，仅从求神问卜以决疑释惑的角度来看，三是去从不定、取舍待判时出现的决定者，是促成多数的神奇的一个数。所谓"三占从二"，只有三次贞问才能决出可以放心的多数来。仅从这个意义上，也可悟出数成于三、三为数之全的道理来。许多占卜都以三次为限；易卦最先也是三叠，都是这个道理。

三画或三数重叠，便有了上中下三个位。六爻或六爻，则有两个上中下，这叫"卦位"。以前说《易》的书，很多是从卦位做文章的；外加上各卦各爻的卦爻辞和由之悟出来的所谓"卦象"、"卦德"，遂推演出一大套玄之又玄的哲理来。

现代一些用新方法研究《周易》的学者，又一反传统羁绊，宣称卦爻辞只不过是一些零碎的民间歌谣和历史故事的简单排列，说不上有什么中心思想。

这两种说法，给我们探寻《周易》思想带来了顾虑，我们应该尊重前人的成果，但又不能重蹈前人的覆辙。平实而论，在以卦位、卦象、卦德、互体、卦变等等为务的旧说中，固多"一失其原，巧愈弥甚"（王弼：《周易略例·明象》）之处，但卦位是排除不掉的，因为它同八卦与生俱来。只要有两个数上下重叠，便发生了位的区别，何况更有三个数呢？而所谓卦象，必待━━━出现以后，卦德必待任意附会引申，互体、卦变之流，更是附会引申不足以圆通之后的弥缝穿凿。所以以"尽黜象数"见称的王弼，在他的《易》注中，只能黜去卦象、卦德、互体、卦变，却无法不常依卦位为说。至于今人把《易经》从天上拉回人间，确然建了一大奇勋；但也不能忽视，那些历史故事、民间歌谣、社会生活和自然知识的断片，并非信手拈来、随意填入各卦各爻的。编纂者有一种思想需要表现，尽管他还无力做到在六十四卦三

---

① 详见本书《说"参"》一文。
② 据黑格尔《哲学史讲演录》第 1 卷，北京：商务印书馆，1959 年版。

百八十四爻中处处表现编纂思想，像后来的仿《易》者扬雄之流那样，但他还是尽力做了；明确点说，他是利用卦位来做的。例如：

《咸》卦初六：咸其拇　　　《艮》卦初六：艮其趾
　　六二：咸其腓　　　　　　　六二：艮其腓
　　九三：咸其股　　　　　　　九三：艮其限（腰）
　　九五：咸其脢　　　　　　　六四：艮其身
　　上六：咸其辅颊舌　　　　　六五：艮其辅
　　　　　　　　　　　　　　　上九：敦（额）艮

咸和艮在这里作何讲解，我们可以不去纠缠。且看两卦的爻辞，从初到上，按照人体器官的部位，从脚到头，井然有序，表现出一种渐进的思想。又如：

《乾》卦初九：潜龙　　　　《渐》卦初六：鸿渐于干（涯）
　　九二：见龙在田　　　　　　六二：鸿渐于磐
　　九四：或跃在渊　　　　　　九三：鸿渐于陆
　　九五：飞龙在天　　　　　　六四：鸿渐于木
　　上九：亢龙　　　　　　　　九五：鸿渐于陵
　　　　　　　　　　　　　　　上九：鸿渐于陆（阿，大陵也）

两卦取象于龙与鸿的飞腾，自低而高，有条不紊①，也是利用了卦位的顺序。

再看《大过》卦：

　　初六：藉用白茅，无咎。
　　九二：枯杨生稊，老夫得其女妻，无不利。
　　九三：栋桡，凶。
　　九四：栋隆，吉。有它，吝。
　　九五：枯杨生华，老妇得其士夫，无咎无誉。

---

① 参考李镜池《周易的编纂和编者的思想》，载《周易探源》，北京：中华书局，1978年版。

上六：过涉灭顶，凶，无咎。

这里的初与上、二与五、三与四，分别对仗，两两为偶，十分整齐。《乾》卦亦然：

初九：潜龙，勿用。

九二：见龙在田，利见大人。

九三：君子终日乾乾，夕惕若，厉，无咎。

九四：或跃在渊，无咎。

九五：飞龙在天，利见大人。

上九：亢龙，有悔。

格式与《大过》卦几乎一律，说明二者都非出于偶然。李镜池说这些形式反映出编纂者对卦爻辞的材料"有意识地做了艺术加工"①，论艺术，的确是够艺术的；但恐非仅仅是艺术而已，这种编排，显然是在利用卦位，贯彻着某种哲学思想。

《易·系辞下》在谈论六爻的功用时曾指出："六爻相杂，唯其时物也。其初难知，其上易知，本末也；初辞拟之，卒成之终。若夫杂物撰德，辨是与非，则非其中爻不备。噫！亦要存亡吉凶，则居可知矣。"又说："二多誉，四多惧"，"三多凶，五多功"，即二、五两爻在多半情况下是吉利的，而三、四两爻则多半不吉。根据上列《大过》及《乾》卦以及其他许多卦的情况看，这些话不无道理。从卦位说，二、五两爻分居下卦与上卦之中，称中爻，三、四两爻则分别为下卦的上爻和上卦的下爻。二之所以多誉，五之所以多功，四之所以多惧，三之所以多凶，中爻之所以能辨是与非，在编纂者的思想里，当认定凡事以处中为吉，而中间者的状态，又足以代表全体面貌之故。

这个尚中思想，是易卦之以三数重叠为形的根本思想。盖一数作为开始，独立自在；二数则构成对待；两数之间再加一数，对待便由之渗透、调和，而组成一个统一体，即所谓的数之"成"与"全"。从筮占的目的来说，一数只表示一种休咎，两数便有了选择，而第三数是形成多数、指示去从的决定

---

① 李镜池：《周易的编纂和编者的思想》，载《周易探源》，北京：中华书局，1978年版。

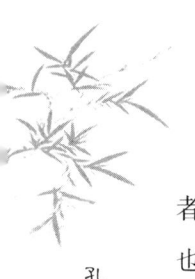

者。所以这中间一爻,地位十分重要,它可以被看作介于二者之间的中介,也可以被看作是超乎二者之外的中立,还可以被看作是驾乎二者之上的中正,是给僵持的双方带来新的生机的中和力量。《大过》九二曰"枯杨生稊",九五曰"枯杨生华",乾九二、九五均言"利见大人",难道不是这种思想的表现么?

当然这里有一点需待辨明:何以见得这第三者便是中爻,而不是上爻?这便涉及"三"和"中"的关系问题。简单说来,三之作为数的成或全,并非在于它所处序列上的地位,而在于它"成""全"了一二的关系,它使对立得以统一,使两端由之接近,并因此,在它的自身中,也吸收、包含了一二的对立特性。例如,儒家常以天地人并举,从次序说,"人"处第三,但从内在关系看,人则介于天地之间。天地是对立的,天地与人却不对立,它们与人合一,而且通过人的中介,天与地也调和了,统一了。这便是许多民族都崇尚三,而周人的崇三却以尚中而独具特色之秘密所在。①

这样的寄形于三数重叠之中的尚中思想,便是《周易》的根本思想。它主要通过卦位来表现,有时候,也在爻辞中直接说出来,那就是"中行"这个术语。

六十四卦的爻辞中,曾五次出现过"中行"字样:

《泰》九二:朋亡,得尚于中行。

《复》六四:中行独复。

《益》六三:有孚,中行,告公用圭。

《益》六四:中行,告公从。利用为依迁国。

《夬》九五:苋陆夬夬,中行,无咎。

旧注以卦位解释,谓"中行"指该爻的位置处在种种状态的中间。郭沫若则以故事说爻辞,谓中行为人名,"就是春秋时晋国的荀林父"②。旧注于《泰》《夬》两卦可以说通,郭说于《益》卦两爻似属可行;至于其他三条,二者皆有滞碍。我猜想,"中行"应是《周易》编纂者明白表示的尚中思想,

---

① 详见《说"参"》一文。
② 《周易之制作时代》,载《青铜时代》,北京:人民出版社,1954年版。

而且，特别是针对着五行而来。

如前所述，殷人龟卜文化的一个重要思想是以五方为基础的五行，而周人八卦文化则产生出尚中观念。周人接受殷人文化以后，经历着容忍与冲突诸阶段。其容忍的表现，如以龟甲契刻卦画、卜筮并用之类；而冲突，则发生于思想特质的深处。龟卜尚五，八卦尚中，所尚不同，冲突是起。现行卦爻辞的编定，乃在殷周之际，即周人已深知殷人文化以后。卦爻辞中，我们不仅见不到五行痕迹，反而见到了以中为行的"中行"字样。这个多次出现的"中行"，既然别无妥帖的解释，不妨看作是尚中对尚五的抵制、挑战，故意用"中行"去排斥"五行"为宜。

说是抵制、挑战与排斥，只是在一个特定时期内，即两个系统的不同文化进入冲突阶段的一种姿态。其实五行与中行，并非如冰炭之不能相容。五也有自己的中。待到两种文化接触更深，便能发现互相间的特质上的共同。那时候，五行与中行，也就融为一体了。

四

前计《左传》所载十九条筮事，全部属西方或周人文化范围，绝无宋人和楚与吴越的记录。这一现象绝非偶然，值得我们仔细玩味。宋为殷后，有龟卜传统可循，不难理解；而当时已成大国的楚与吴越，即南方各族，是用什么法术与神灵交通，又形成了何种文化的呢？

司马迁说过："蛮夷氐羌，虽无君臣之序，亦有决疑之卜。或以金石，或以草木，国不同俗。"（《史记·龟策列传》）可惜司马迁未曾具体记下他们决疑的办法，至少未能记下像楚与吴越这样曾一度称霸的大国的卜法，实在是一大憾事。

西汉人赵煜撰《吴越春秋》，记吴越宫廷决疑，皆依时日为占，有螣蛇、青龙之语，天一、胜先诸神，其术盖为六壬。据粗略统计，国内至今已先后出土六壬占具栻盘近十件，多为汉代遗物，未见有先秦踪迹。据此，人们似乎有理由怀疑，赵煜是否系以汉人占法推及于吴越，而有了《吴越春秋》中那些神机妙算般的六壬记录？

另外，《史记·日者列传》记日者司马季主之言有曰："越王勾践放文王

八卦，以破敌国霸天下。"似越国亦通行易卦然。但"放"有依、效二义，"放文王八卦"云云，可能是依照八卦筮法，也可能是依照八卦而另出花样，比如栻盘之类。究竟如何，亦难详知。

至于楚人的决疑方法，人们常爱引据的，有《离骚》"索琼茅以筳篿兮，命灵氛为余占之"句。王逸注云："琼茅，灵草也，筳，小折竹也；楚人名结草折竹以卜曰篿。"《后汉书·方术传》注引《楚辞》注云："挺，八段竹也。"《文选》注云："筳，竹算也。"又，柳宗元《天对》有"折筹刻筳，午施旁竖"句。是筳与篿，当为以竹制成的占具。只是占法如何，上引各书皆无明文，更勿论其法所蕴含的观念为何了。

此外，在《左传》中，我们也可找到楚人决疑的一点线索。《左传·哀公十七年》载：

> 秋七月，（楚惠）王与叶公（子高）枚卜子良以为令尹。沈尹朱曰："吉，过于其志。"

这个线索，就是"枚卜"。何谓枚卜？杜预注曰："不斥言所卜以令龟。"按，斥，指也。不斥言所卜，究其是不斥言所卜之事，还是不斥言所卜之人，抑或二者俱不斥言，凭空而卜？杜预未曾细说，我们也不清楚他的根据所在。在马国翰辑的《归藏》中，我们倒是碰到不少条枚卜的实例：

> 昔夏后启筮乘飞龙而登于天，而枚占于皋陶。陶曰：吉。
> 昔舜筮登天为神，枚占有黄。龙神曰：不吉。
> 武王伐纣，枚占耆老。耆老曰：吉。
> 昔鲧筮注洪水，而枚占大明。曰：不吉，有初无后。
> 昔者桀筮伐唐，而枚占荧惑。曰：不吉，不利出征，惟利安处；彼为狸，我为鼠，勿用作事，恐伤其父。

其外，《初学记》《太平御览》尚有枚占故事三条。这些材料足够表明，枚卜或枚占，应该是一种特殊的贞卜方法，杜预所谓之"不斥言"云云，显系妄测。

按，枚之为物，或指树干（《诗经·大雅·旱麓》："施于条枚。"），或指马鞭（《左传·襄公十八年》："以枚数阖。"），或指士卒所衔之禁声器具（《周礼·衔枚氏》："军旅田役，令衔枚。"）。《说文》："枚，干也。可为杖。"则马鞭与衔枚，均系"干"之引申义。

据此，《离骚》所咏之"筳篿"，注者所谓的"小折竹""八段竹""竹算"，洗去它的文学粉饰，还原为占卜用语，应该就是"枚"；而"命灵氛为予占之"，正就是进行枚卜或枚占。这样，楚人屈原以筳篿为占，楚王与叶公枚卜，都可得到合理解释了。《晋书·郭璞传赞》赞他"洞晓龟枚"，便是精通龟卜与枚卜的意思。

枚在后世变名为珓、筊、教、杯珓，盖因形而名。宋人程大昌《演繁露》云：

> 后世问卜于神，有器名杯珓者，以两蚌壳投空掷地，观其俯仰以断休咎。自有此制后，后人不专用蛤壳矣，或以竹，或以木，略斲削使如蛤形，而中分为二，有俯有仰，故亦名杯珓。

其术仍以故楚地区为盛。韩愈《谒衡岳庙遂宿岳寺题门楼》诗云：

> 庙令老人识神意，睢盱侦伺能鞠躬。
> 手持杯珓导我掷，云此最吉余难同。

梁人宗懔《荆楚岁时记》亦谓：

> 秋社，拟教于神，以占来岁丰俭。（注曰：教以桐为之，形如小蛤。言"教"，教令也。其掷法以半俯半仰为吉者也。）

珓凡二枚，半俯半仰，也就是一俯一仰。宋人叶梦得《石林燕语》卷一记：

> 太祖皇帝微时，尝被酒入南京（按，河南归德）高辛庙，香案有竹杯筊，因取以占己之名位，以一俯一仰为圣筊。自小校而上，至节度使，一一掷之，皆不应。忽曰："过是则为天子乎？"一掷而得圣筊。

观此可知，掷筊的次数不定，以"应"为止；而所谓"应"，即出现"圣筊"，它表示了神灵对相应祷词的答应。赵匡胤先占问自己能否当到小校，掷

筊不应；依次问至节度使，一一掷之皆不应；最后乘酒兴斗胆问了一句，一掷而应。

这个记载多半是赵匡胤当了皇帝以后附会出来的，真假与否，对本文的关系不大；重要的是，它将枚卜的占法说得很清楚，而枚卜之在楚地流行，本有自己的历史渊源。《左传》不见楚人易筮，于此亦涣然冰释。

枚卜流行楚地，以一俯一仰为圣筊，使人很自然联想到楚人老子的"万物负阴而抱阳"，联想到阴阳思想和它的最先倡导者道家。

"阴""阳"二字，起源甚早。甲骨文已见"阳"字，金文又有"阴阳"连用。如《曩伯子盨》铭曰："曩伯子㝬父，作其征盨。其阴其阳，以征以行。"（《商周金文录遗》）《敔殷》铭曰："南淮夷迁殳，内伐溟昂、参泉、裕敏、阴阳洛。"（《双剑誃吉金文选》）这时的"阴阳"，乃至《诗经》中的"既景乃冈，相其阴阳"（《大雅·公刘》），都只简单地保持着造字时的原始意义，即"阳"为日光洒射，"阴"为日光洒射之否定。《曩伯子盨》的"其阴其阳"，可以今译为"不管白天黑夜"；《公刘》的"相其阴阳"，则是观察日影的向背；《敔殷》的"阴阳洛"，或为地名，完全没有其他深奥意义。

大概从西周末年以后，阴阳开始被想象为"气"，与风雨晦明一起，被认为是天之六气；一切自然现象正常与否，常从阴阳中去探寻解释：

（周幽王三年地震）伯阳父曰：周将亡矣。夫天地之气不失其序，若过其序，民之乱也。阳伏而不能出，阴迫而不能蒸，于是有地震。今三川实震，是阳失其所而镇阴也。（《国语·周语上》）

（鲁僖公十六年，六鹢退飞过宋都）周内史叔兴聘于宋，宋襄公问焉曰：是何祥也？吉凶焉在？……（叔兴）退而告人曰：君失问，是阴阳之事，非吉凶所生也。（《左传》）

（鲁昭公二十一年秋七月日食）公问于梓慎曰：是何物也？祸福何为？对曰：……阳不克也，故常为水。（《左传》）

（鲁昭公二十四年夏五月日食）梓慎曰：将水。昭子曰：旱也，日过分而阳犹不克，克必甚，能无旱乎？（《左传》）

这里是以阴阳为天地之气来解释自然的四条实例。虽然这种解释还带有很大的任意性，如同一日食，可有"将水"、"将旱"两种结论；但它摈除了神意，从自然自身去寻求自然异常的原因，无疑是一条通向科学之路。而四条实例的时间顺序表明，掌握阴阳知识的人，越来越将自然灾异与人事祸福脱钩，不仰君王之鼻息，则尤为难能可贵。

整个春秋时代，阴阳二气，都是在这种"科学的"意义上使用的：春无冰，由于"阴不堪阳"（《左传·襄公二十八年》）；人有寒疾，由于"阴淫（过盛也）"，有热疾，由于"阳淫"（《左传·昭公元年》）；大雨雹，由于夏有"伏阴"（《左传·昭公四年》），等等。所以这个阴阳二气，实际上就是我们今天仍在说的"天气"，或者精确点说，是天气中的根本要素，即《庄子》所谓的"阴阳者，气之大者也"（《则阳》）。

当然，像这样对地震、日食、水旱风雹乃至流行时疫，都用同一个"阴阳"来解释，未免过于笼统，它比不加解释几乎没有多大长进。正如包治百病的药方，百病必然都治不好，能够回答一切的方程，必然一切方程都不能回答一样。一位西方科学家说过：如果千变万化的大自然都从那一个方程中涌现出来，那么，我们对这千变万化的掌握，同过去仍然一样遥远和模糊。从科学的意义上来要求，对阴阳理论做这类评论，可算不为苛刻。但如果当作一种哲学思辨来看，价值便将不同得多。从哲学上说，阴阳学说着眼于捕捉事物的内在矛盾，并把宇宙间的一切，视为有机的统一整体，如此去建立世界观，实不失为一个良好的开端。

阴阳学说往后的发展，仿佛先天注定了的一样，正好不是沿着实验的、分析的道路，最后构成严密的科学理论；而是以面向自然为特色，越来越抽象，越来越概括，以致最后完全成了一种先验的世界图式。其在先秦，首先是由道家学派来促成的。

从战国时代的《老子》书中，我们第一次读到了"天气"意义以外的阴阳字样，那就是"万物负阴而抱阳，冲气以为和"。它说万物也有阴阳，万物都是阴阳之和；这个阴阳，当然不是日光洒射与否的原始意义，也不简单就是"六气"之二，它已经成了一种属性，一种原力，一种使万物得以成为"物"而又分为"万"的根源。

至于万物为什么会负抱阴阳，又是如何负抱的，《老子》文约，没有更多

说明。在道家学派的另一经典《庄子》中，我们可以找到进一步论证。

《庄子》认为宇宙之中，形之最大者为天地，气之最大者为阴阳（《则阳》）。"大明之上"是"至阳之原"，"窈冥之门"是"至阴之原"（《在宥》）。"阴阳相照相盖相治，四时相代相生相杀"，而有万物（《则阳》）。人亦"受气于阴阳"（《秋水》），"阴阳于人，不翅于父母"（《大宗师》）。正由于此，人体内部作为一个小宇宙，也有阴阳二气，为人应该"静而与阴同德，动而与阳同波"（《天道》），不以生死得失撄心。如果因得而大喜，则"邪毗于阳"，因失而大怒，则"邪毗于阴"（《在宥》），都将使"阴阳之气有沴"（《大宗师》），都会发生"阴阳之患"（《人间世》），那叫作"寇莫大于阴阳，无所逃于天地之间。非阴阳贼之，心则使之也"（《庚桑楚》）。因此，最佳的精神状态，应该是"非阴非阳，处于天地之间；直且为人，将反于宗"（《知北游》）。

所谓"反于宗"，即返本归真，回到个人的童真状态，人类的原始状态，或天地初辟的混沌状态。那个状态或时代，是"非阴非阳"也就是亦阴亦阳的，或者叫"和"的：

> 古之人在混芒之中，与一世而得淡漠焉。当是时也，阴阳和静，鬼神不扰，四时得节，万物不伤，群生不夭，人虽有知，无所用之，此之谓至一。（《缮性》）

必须指出，这个"和"，与儒家的中和之"和"大不一样。儒家是由二进到三，以三来中和二；道家则是由二返回一，以一来泯灭二。儒家追求新一，所谓"吾其为东周乎"（《论语·阳货》）；道家向往"至一"，所谓"和光同尘"，"如婴儿之未孩"（《老子》）。儒家的思想来源是八卦的尚中，道家的思想来源是枚卜的阴阳。两家是大不一样的。

道家的阴阳哲学在《楚辞》中以诗的语言出现：

> 阴阳三合，何本何化？（《天问》）

这是阴阳化生万物的思想。而

> 高飞兮安翔，
> 乘清气兮御阴阳。（《九歌·大司命》）

则与《庄子》的"乘乎云气而养乎阴阳"(《天运》)、"乘天地之正而御六气之辩"(《逍遥游》)如出一辙。至于

一阴一阳兮,

众莫知兮余所为。(《九歌·大司命》)

更是《庄子》中追求的那种"阴阳和静"的境界;或者也可以说,这就是枚卜所念念有词投空掷地以求的一俯一仰的圣筊。

阴阳哲学自枚卜宗教而形成的轨迹,由此能否窥见一斑呢?

传统说法多把阴阳等同于八卦,相信阴阳为西方周人的思想。前节已证明,八卦最初并不以阴阳表示,卦爻辞中亦无阴阳观念;现在我们还可进一步指出,以发扬周人文化为天职的儒家,是缄口不谈阴阳的。

《论语》《孟子》二书中,除了用如日光有无的原始义之阴阳一二处外,完全不见作为天地之气的意义,更勿论推及于万物和人伦了。孔孟时代,用阴阳解释自然的学说已很流行了,他们当然不会不知道;大概目之为"怪力乱神"之列吧,所以终篇不见提及。甚至在战国后期的《荀子》书中,也仅仅在六气的意义上使用阴阳。如果阴阳为周文化的固有思想,我们将如何解释以继承和发扬周文化为天职的儒家却不谈此道的现象呢?

在儒家经典中,唯一的例外是《易经》。《易》之十传的写成年代,于此无须详辨,总归它们都在八卦已以━━━符号表示以后而作,当绝无疑问。所谓圣人"观变于阴阳而立卦"(《说卦》),显然必须待卦画以━━━表示,而━━━又被附会为阴阳之后,才有可能说得出来。而"阳卦多阴,阴卦多阳""阳一君而二民,阴二君而一民"(《系辞》),更是将━━━引申为男女、君臣以后的观念。他如"一阴一阳之谓道","阴阳不测之谓神"(《系辞》),从思想深度来看,应该更后;因为它已视阴阳为宇宙律,比之《老子》的"万物负阴而抱阳"还更上一层楼了。而这一切思想,不仅为《易经》本文所没有,也为以《易》通神的周人文化所阙如,甚至还是《易传》之外的一切儒家经典所罕言。因此,我们只好说,《易传》的阴阳思想,是外加于《易》的;而这个外加,正好表现了西方的周人文化和南方的楚人文化在某个时机的融合。在下一节中,我们将会看到,这种融合是怎样实现的。

五

五行、中行和阴阳,同各自有关的原始宗教形式相关,发生于东方、西方和南方。在时间上,固或有参差,但相距不为太久;在空间上,虽各据一方,终难免发生接触。

不同系统的文化发生接触,通常多经历容忍、冲突与融合这样三个辩证发展的阶段,即肯定、否定与否定之否定的阶段。因为不同系统的文化,不论其来源与特质如何不同,既是作为人们生活方式的一种表现,总有某些共同之点。彼此乍一接触时,往往比较容易看到表面的共同,而互相容忍。龟卜传入周原,虽有卜具卜法尤其是所含观念之不同,但其为贞问神灵以决疑窦,则是共同的,所以周人也乐于采用。1950年发掘安阳殷墟,在四盘磨村西区发现一块卜骨,上面刻有"六爻"符号三个①,则又是殷人习用周人易卦的例证。枚卜为南方楚人文化,但殷墟卜辞中曾见"癸巳,卜复枚"② 的记载,周原卜骨亦有"王以我枚单兜,勿卜"③ 的字句,足见不同文化初接触时的容忍,尚不是单方面的,而往往是互相的。

但不同系统文化终究是不同的,待到接触稍深,实质性的不同逐渐发现,冲突便随之而起。周人卜兆何以不用五,春秋宋、楚何以不用《易》,大概都是冲突的象征。可惜文献不足,今天已难言其究竟了。

人类是不会轻易放弃已经获得的东西的,尤其不会放弃其中的合理成分。因而,文化上的冲突,既不会导致同归于尽的惨境,也难得见一个彻底灭绝另一个。通常的情况,多是伴随冲突或在冲突以后发生以较先进或较深厚文化为主的融合,而出来新的文化。后世如此,先世尤盛。

周人代殷而王,为八卦文化的推行带来了有利条件。但源远流长的五行文化,颇有先入为主的优势。阴阳文化崇尚自然,也算得上得天独厚。因之这三大文化的融合,便形成了一幅色彩缤纷的画图。再加上周之各诸侯国文

---

① 郭宝钧:《一九五〇年春殷墟发掘报告》,载《中国考古学报》第5册。
② 《殷粹》一六。
③ 佚号。拓片见《历史研究》1980年第1期。

化政策不尽相同，或"疆以周索"，或"疆以戎索"（《左传·定公四年》），或"因其俗，简其礼"（《史记·齐太公世家》），或"变其俗，革其礼"（《史记·鲁周公世家》），因而各国文化发展的趋势甚不一致，更使得三大文化的融合过程，跌宕起伏，姿态万千。

大体上，用阴阳来解说八卦，是融合过程中最易首先实现的一步。但即使这样，《左传》中的易筮，仍未见有以阴阳解说的。现在所知的以阴阳说《易》的最早记录，是魏襄王（公元前318—前296年）墓中的竹书。杜预在谈到这批竹书时说：

> 《周易》上下篇与今正同，别有《阴阳说》，而无《彖》《象》《文言》《系辞》，疑于时仲尼造之于鲁，尚未播之于远国也。……又别有一卷，纯集疏《左氏传》卜筮事，上下次第及其文义，皆与《左传》同，名曰《师春》。（《左传注·后序》）

这个《阴阳说》虽未流传下来，但顾名思义，显系以阴阳解说易卦的书。其中有无《系辞》传中"一阴一阳之谓道"、"阴阳不测之谓神"等等思想，或者今天的《系辞》传中已包括有《阴阳说》在内（《系辞》本非一篇完整文章，而系多篇拼成，前人早已看出），虽不得而知，但它比《彖》《象》《文言》《系辞》各传都出现在先，则是可以肯定的。竹书的一有一无，既是历史事实，也符合文化发展的逻辑。杜预所谓"仲尼造之于鲁，尚未播之于远国"，属于传统偏见，也太低估了当时的传播速度，自不可轻易相信。比较合理的设想应该是：先是"六峜"将自己的奇偶数字简化为━━━，因而定型为六十四卦，卦各有名，有卦辞及爻辞；由━━━而发生所谓卦象。如《师春》所录之《左传》卜筮文义。进入战国以后，开始有人以阴阳说《易》，继而有人作《彖》《象》传以发挥《易》所固有的尚中观念。《系辞》成分较杂，它标志着阴阳、尚中已熔于一炉。而《说卦》中，则更容纳了五行思想：

> 帝出乎震（"震，东方也"），齐乎巽（"巽为木"，"东南也"），相见乎离（"离为火"，"南方之卦也"），致役乎坤（"坤为地"），说言乎兑（"兑，正秋也"），战乎乾（乾"为金"，"西北之卦也"），劳乎坎（"坎者，水也，正北方之卦也"），成言乎艮（"艮，东北之卦也"）。

这便是将东南中西北五方、木火土金水五材分配于八卦的最初方案。所以《易》之十传，可以看作是以八卦文化为主的三大文化的一个总汇。

而成于齐国稷下学宫的《管子》，则别是一番情景。齐国由于太公行"因其俗，简其礼"的文化政策，周室正统思想相对薄弱，殷人五行观念保存较多，《管子》一书中，便有《幼官》《四时》《五行》《轻重己》诸篇是专门讨论五行的，并且已经基本上形成了一个无所不包的宇宙图式①，为后来的《礼记·月令》、《吕氏春秋》十二纪、《淮南子·时则训》构筑好了牢固的基地。特别值得指出的是，他们在谈论五行时，已吸收了阴阳观念。如：

阴阳者，天地之大理也。四时者，阴阳之大经也。（《管子·四时》）
阳为德，阴为刑，和为事。（《管子·四时》）

就是说，天地、四时、政教、人事，固然由五行图式排列妥当；而它们，同时还服从阴阳的支配。一旦同时掌握了阴阳与五行两种奥义，则一切求神问卜，都将成为多余的事，而天下自然大治。这就是《管子·五行》篇中所谓的：

故通乎阳气，所以事天也，经纬日月，用之于民；通乎阴气，所以事地也，经纬星历，以视其离（列）。通若道（按，指阴阳之道）然后有行（按，谓再遵行五行），然则神筮不灵，神龟不卜，黄帝泽参（？），治之至也。

以阴阳来结合五行，编排出《管子·幼官》等所谓"务时而寄政，作教而寄武，作祀而寄德"的月历，以求人行"合于天地之行"（《管子·四时》），或者叫"人与天调"（《管子·五行》），固不乏用虚构的联系掩盖、冒充真实的联系之处，但其中也确然包含了不少生产、生活的可贵经验，可供人们按时遵行。这比起过去那种每事必卜、大事必筮的办法来，确实是历史的一大进步。无怪乎《五行》篇要大呼"神筮不灵，神龟不卜"，认为天地的钥匙，

---

① 《幼官》有五方、五色、五味、五音、五气、五数、五虫、五兵，《四时》有五方、五辰、五时、五气、五材、五德、天干，《五行》有五时、五吏、五神、五色、五方、五材，《轻重己》只谈四时、四方、四色、四辰、四虫，但格局与谈五者全同。

都已握在自己手中，可以无往而不胜了。

我们今天看得很清楚，《管子》书中这几篇，不过是东方的五行文化和南方的阴阳文化结合后的产物而已。在战国时代文化大融合的乐章中，它还远远不是最后一曲，因为它还缺少点西方文化的旋律。

在《逸周书》中，我们发现了《管子》所缺的东西。《逸周书》以周人尚中思想为基地而又吸收了稷下学派之类的阴阳五行：

  天道尚左，日月西移；地道尚右，水道东流；人道尚中，耳目役心。心有四佐，不和曰废；地有五行，不通曰恶；天有四时，不时曰凶。（《武顺》）

  三极：一、天有九列，别时阴阳；二、地有九州，别处五行；三、人有四佐，佐官维明。（《成开》）

天地人并举，或以人与天地参的思想，是周人的传统思想。而认为天与阴阳有关、地与五行有关，便不是周人固有文化了。至于书中以周人的"人道尚中"为准，去推及于地之五行应该"通"，天之阴阳应该"时"，即相信五行与阴阳也是尚中的，那更不是五行、阴阳观念的原有内容，而成了三大文化的大融合了。

同《逸周书》之以中和要求于阴阳五行的思路相左，齐人邹衍将稷下学派的阴阳五行学说向着另外方向推进。

据史书记载，邹衍由于看到"有国者益淫侈，不能尚德"，"乃深观阴阳消息而作怪迂之变，终始大圣之篇十余万言"（《史记·孟子荀卿列传》），终于"以阴阳主运显于诸侯"（《史记·封禅书》）。邹衍曾游学于稷下，他的"怪迂之变"、"终始大圣"、"阴阳主运"，显然也是接受自稷下学派的阴阳五行学说。不过他不像《逸周书》那样，用中和观念去解释它；也不停留在"务时而寄政"方面，只求每月每季的"人与天调"；特别是，他更一反常用的五行相生序列，将春秋时已见端倪的相胜关系系统化起来。于是，成为邹衍阴阳五行学说特色的是，他把阴阳五行主要用于解说朝代的发展，认为整个人类历史都是"合于天地之行"的；而这种发展，又被想象成依照五材相胜的关系，终而复始地循环。所谓：

> 邹子终始五德，从所不胜。土德后，木德继之，金德次之，火德次之，水德次之。（刘歆《七略》，据《文选》左思《魏都赋》李善注）
>
> 称引天地剖判以来，五德转移，治各有宜，而符应若兹。（《史记·孟子荀卿列传》）

用于历史并鼓吹相胜，其现实背景可能是为了服务于社会变革①；从五行思想本身的逻辑发展来说，它实在也是必然的一步。因为阴阳五行学说，不管它包含有多少牵强附会，总是对宇宙这个有机整体的一种在当时所能达到的、力求近似的解释。用之于解说历史，足以弥补到当时为止该学说多用于自然而忽略了的整整一个方面；而以相胜作为相生的补充，又能使该学说左右逢源，更为接近有着反馈功能的大自然这个封闭系统的本相。所以这一步，是必然的一步。在邹衍的时代，实现这一步的客观条件和主观条件，都已成熟了。

再从另外一个角度看，有了相胜作为相生的补充，使五行具备既相生又相胜的关系，实际上是使五行具有了中和的属性，其结果必将有利于中和思想和五行思想的融合。而这正好符合当时文化发展的总趋势。

所以，邹衍在先秦文化史上的作用，是值得认真注意的。可以说，三大文化发展到了邹衍时代，实际上已经完成了融合的一切准备工作。有人说邹衍是阴阳家②，有人说邹衍是儒家③，后来又有人说邹衍是道家④，看来都只各各看到了邹衍的一隅，而未见其大融合的全貌所致。

五行、八卦、阴阳三大文化的最终融合，是通过汉儒董仲舒之手完成的。差不多同时完成的中医理论体系，则是这一融合在自然科学上的表现。

此后的什么纳音、纳甲之使干支、五行、八卦相搭配，九宫十二神之与八卦、五行相呼应，都已属于支裔流亚，离开起源甚远，不属本文范围了，容俟诸来日。

---

① 《汉书·严安传》引邹衍曰："守一而不变者，未睹治之至也。"
② 《汉书·艺文志》。
③ 《史记·孟子荀卿列传》谓邹衍学说"要其归，必止乎仁义节俭、君臣上下六亲之施"。
④ 谢扶雅：《田骈和邹衍》，载《古史辨》第5册。

黄帝与混沌

——中华文明的起点

司马迁写《史记》从黄帝开始，定下了中华文明由此发端的基调。在他以前和以后，虽有种种长短不一、或迟或早的起源说，但都动摇不了司马氏说法的权威性。直至今日，在有关中华文明的许多其他大的方面和小的论点上，我们每以捐弃陈说为能事，独于"我们都是炎黄子孙"这一点，引为骄傲。足见黄帝说之影响深远了。

只是今天似乎很少有人注意到，当年司马迁定这个调子时，是颇为踌躇的。他一则说："百家言黄帝，其文不雅驯，荐绅先生难言之。"再则说："非好学深思，心知其意，固难为浅见寡闻道也。"三则说："余并论次，择其言尤雅者，故著为本纪书首。"这就是说，他所见到的有关黄帝的资料中，有不少是他说不出口、也不能对一般人说的内容；现在所写出来的，是严格选择了的。或者说，关于黄帝，他有难言之苦和难言之隐。

现在我们从《史记》上看到的黄帝，是一位标准的圣君形象。用它来平章百姓、协和万邦，是绰绰有余了；可是根据它来了解中华阐述历史，难免浑浑不清。因为我们不知道司马先生都隐瞒掉哪一些，其中有一些恐怕已再也看不到了。

但是我们比司马迁略占优势的是，我们知道历史发展的一般趋势，知道在司马迁所着意要建立的信史时代以前，有一个史话时代，再以前，有一个

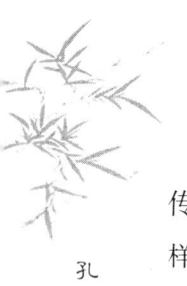

传说时代，再以前，有一个神话时代。像黄帝这样的大人物，总是历经了这样几个时代而一步步圣化成的。而且，我们没有什么"难言之"的话；至少对于黄帝是这样。所以，我们有可能提供一位比司马迁所提供的更为接近真实一点的黄帝形象。且试作如下：

一、人帝与天帝

在司马迁以前，至少有两位黄帝，一位是人帝，一位是天帝。说人帝的，如《逸周书·尝麦》：

> 王若曰：……昔天之初，诞作二后，乃设建典，命赤帝分正二卿，命蚩尤宇于少昊，以临四方，司□□上天未成之庆。蚩尤乃逐帝，争于涿鹿之河，九隅无遗。赤帝大慑，乃说于黄帝，执蚩尤，杀之于中冀。以甲兵释怒，用大正顺天思序，纪于大帝。

又如《大戴礼记·五帝德》：

> 孔子曰：黄帝，少典之子也，曰轩辕。生而神灵，弱而能言，幼而慧齐，长而敦敏，成而聪明。治五气，设五量，抚万民，度四方。教熊罴貔豹虎以与赤帝战于阪泉之野，三战然后得行其志……

这些是司马迁写《五帝本纪》的一部分根据，在《史记》中留有很清楚的痕迹。它们应该属于"其言雅驯"的了，可是后来还是有人指责司马先生取舍不当，说："轩辕固圣帝也，何至日寻干戈，习用军旅？"（梁玉绳：《史记志疑》）仅此一端，也可想见写史之不易；如果只是"藏之名山"，倒还罢了，要是还想"副在京师，俟后世圣人君子"，那就得准备接受别的时代、别的价值观念的挞伐；尽管作者本人早已作古，得免检讨之苦，也很难说是一件愉快的事。

至于连司马迁也认为"不雅驯"而被"难言"掉的，大概多属于作为天帝之黄帝的资料，它们可能比"雅驯"的多得多。且以我们尚可及见的来举例，例如《韩非子·十过》所载：

> 师旷曰：……昔者黄帝合鬼神于泰山之上，驾象车而六蛟龙，毕方

并辖,蚩尤居前,风伯进扫,雨师洒道,虎狼在前,鬼神在后,腾蛇伏地,凤皇覆上,大合鬼神,作为清角。

又如《楚辞·远游》里"不可攀缘"的轩辕,《山海经》中能生白马、生白犬的黄帝等等。

这两位黄帝,或一位黄帝的两副面貌,在司马迁所见的前人书里,也有兼收并蓄而不觉矛盾的,如《吕氏春秋》:

中央土,其日戊己,其帝黄帝,其神后土。(《吕氏春秋·季夏纪》,又见于《礼记·月令》)

这是天帝黄帝。而同一书里另一些篇中则有:

黄帝言曰:声禁重,色禁重,衣禁重,香禁重,味禁重,室禁重。(《吕氏春秋·去私》)

黄帝立四面(以求贤)。(《吕氏春秋·本味》)

这类言之凿凿的地方,显然又在把黄帝当作一位人帝来赞颂。

这种人神并举的办法,其实司马迁也悄悄用了。在《史记·五帝本纪》中,他认定黄帝是人;而在《封禅书》里,却记有好几条黄帝为神为仙的故事,如"秦灵公作吴阳上畤,祭黄帝",以及因黄帝登仙而引出汉武帝闹封禅等。又如在《太史公自序》里,他时而说,"余述历黄帝以来至太初而讫";时而又说,"卒述陶唐以来至于麟止"(再勉强缀上一句"自黄帝始")。如此分述人神、游移不定的笔调,似可见出他在处理黄帝资料时的复杂心情。

我们相信,这些现象的存在,不是出于《吕氏春秋》编者或《史记》作者的疏忽和寡断,而是反映了在《吕氏春秋》这样的史话和《史记》这样的信史出现以前,我们的主人公黄帝已然饱经沧桑,阅历了两个漫长的时代——神话时代和传说时代,留下了许多难以磨灭的或神或人、亦人亦神的足迹了。

二、神话与传说

神话是什么?在不久前那个外来的征服自然论和土生的斗争哲学论成为

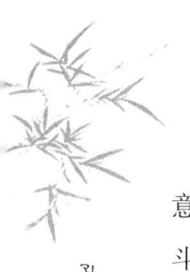

意识形态的年代里,神话曾被认为是以幻想形式表现出来的人类征服世界的斗争。其实,事情恐怕并不这样简单。

征服和斗争是晚起的动作和观念,至少也是具有这种观念的后人对祖宗的一种奉承。在远古时代,人类大概并没有什么征服的意识,而只是千方百计去顺应环境,所谓"顺乎天而应乎人",在顺应中逐渐积累着对自然对自己的看法,不断改善着顺应的方式。换句话说,人类最初既不以一切非人为异己,也不知道自己是什么万物之灵,在那个人类还没能学会分别的时候,天和地,人和物,牝和牡,死和生,一切都还笼而统之,浑然一体,无彼无此,难解难分。而第一批神话,便是这种精神状态的结晶。《山海经》上那些什么人面鸟翼马、一臂三面人之类怪物以及可以由之升天降地的灵山、孤阴独阳的女子国、丈夫国等等,大概便是此时的产品。尔后,人类慢慢有了自觉,社会慢慢有了分化,各种表现自觉、表示分化的神话便产生出来,如族源神话、英雄神话。等到分化而出现尊卑,尊卑而酿成争斗,天神神话、帝王神话乃随之酿成和出现。

神话是远古社会的社会意识。举凡我们今天用自然科学、社会科学、人文科学和哲学来表达和理解的客观现象和主观精神,那时一律以神话来表现。稍有不同的是,神话没有版权的纠纷,它不是哪一个人的作品,而是由某一或某些群体的集体智慧创成;神话依靠口耳流传和承续,因而有版本的差别。而流传和承续,又正是它形成的唯一方式,这于是给后人了解神话带来不少麻烦。

神话时代不知经过多少千年,人类文明演进为传说时代。传说时代标志着人的更大自觉,自觉到人是世界的中心。所以传说的主角多是出场或不出场的人,更具人性也更像人样的人,譬如:

> 宰我问于孔子曰:"昔者予闻诸荣伊,言黄帝三百年。请问黄帝者,人邪?抑非人邪?何以至于三百年乎?"孔子曰:"予,禹、汤、文、武、周公可胜观邪!夫黄帝尚矣,女何以为先生难言之。"宰我曰:"上世之传,隐微之说,卒业之辨,暗忽之章,非君子之道也,则予之问也固矣。"(《大戴礼记·五帝德》)

说黄帝活了三百岁，或者是统治了三百年，这就属于传说，即所谓的"上世之传，隐微之说"。经验证明这是不可能的，所以宰我有"人邪非人邪"之问。而另一则也是有关黄帝故事的问法，便与此不同。

> 子贡问孔子曰："古者黄帝四面，信乎？"（《太平御览》卷七九引《尸子》）

这里问"信乎"，不提人不人的事，因为这事实在太神了；而上一问的三百年，则立足于黄帝是人。这就见出神话和传说之别。"黄帝四面"属于神话，尽管神话也还是远古人的人话，但那时的人还未曾把人与非人区别开来。"黄帝三百年"属于传说，传说中的人理应符合人的标准，尽管圣王不免应有圣相，如尧眉八彩、舜目重瞳、禹耳参漏、文王四乳之类，但总不能过于离谱，因为此时人对自己，已有相当的自觉，理性越来越多也越被重视了。

随着理性化程度的进一步加深，社会秩序的维持越来越求助于理性，历史传说也慢慢更具有理性色彩，或者被予以理性地改造，于是出来史话。上述黄帝三百年的传说被改造的例子，最为典型。紧接着那段宰我谈传说的话以后，这样写道：

> 孔子曰："黄帝……生而民得其利百年，死而民畏其神百年，亡而民用其数百年，故曰三百年。"①

一个三百年分成三个一百年，理性的成分加大，便显得顺理成章了。令人生疑的传说，由此变成了有理可讲的史话；至于此理的真假，那又另当别论。

有些神话也常直接被改造成史话，黄帝四面就是一个好例子。紧接着上引的子贡问孔子以后，孔子是这样答复的：

> 黄帝取合己者四人，使治四方，不计而耦，不约而成，此之谓四面。

四面孔怪物变成圣人向四方派出代表，神话于是变成了史话。同是对这

---

① 又见《说文系传》第三十三："黄帝，圣人之真也。民利其教百年而死，人畏其神百年而亡，人由其教百年而移；故曰黄帝三百年。"

一神话的改造,《吕氏春秋》里则说黄帝派人四出访贤,立以为佐,斯谓"黄帝立四面"。在马王堆帛书里,更有第三种改造法。其《十六经·立命》说:

> 昔者黄宗质始好信,作自为象,方四面,傅一心。四达自中,前参后参,左参右参,践立履参,是以能为天下宗。

黄宗就是黄帝。"作自为象"就是"设象以为民纪",在宫门外的象阙(亦称魏阙、两观)上挂一幅像,来晓谕百姓(《国语·齐语》,参见《周礼·大宰》)。这种设像以教的传说,特别是五帝设像的传说,当时很普遍,譬如纬书上就有"三皇无文,五帝画像"(《孝经援神契》)及"三皇设言民不违,五帝画像世顺机"(《春秋元命苞》)之说。只是五帝画像怎么个画法,总是语焉不详。帛书《十六经》把"四面"的神话和"画像"的传说结合起来,说黄帝所设的像四方都有面孔,表示他"四达自中",以此演成一则"践位履参,是以能为天下宗"的史话。无疑,这是一种相当理性的处理史料的办法,比上两法似乎更为顺理得多。

还有一例更能说明问题:

> 季康子问于孔子曰:"旧闻五帝之名,而不知其实,请问何谓?"孔子曰:"昔丘也闻诸老聃,天有五行,木、金、火、水及土,分时化育,以成万物,其神谓之五帝。古之王者易代改号,取法五行,五行更王,终始相生,亦象其义也。故其生而为明王者,死而配五行。"(《孔子家语》)

一下子把包括黄帝在内的五帝神话和传说都解决了。五天帝在这里不再是活灵活现的超人,而只不过是五行的神;而这个所谓的神又并不是鬼神之神,只是不可言状的作用,或者叫天理流行。五人帝更完全是人,不过生能取法五行、死乃得配五行而已。神话和传说,至此完全理性化了。

三、黄帝与混沌

沿着上述的路数前进,很自然就会出现司马迁《五帝本纪》中的黄帝,以及我们今天"炎黄子孙"心目中所崇敬的黄帝。这是不待赘言的,也是人所共知的。

对于有打破砂锅癖好和刨根问底根性的人来说,更有兴趣的也许是反其道而行之,倒转回去,探究一下作为天帝的黄帝,是否还有自己的蓝本;因为我们已经知道,天帝神话并非最早的神话,从而天帝黄帝也许会有前身。

前人已经证明,黄帝就是皇帝,皇帝即是上帝。它不止于像后来所传的那样,同尧舜等并列为五人帝一员,也不止于和青帝、赤帝等比肩为五天帝一尊;它早先本是至高无上、统管天庭的上帝(参见《古史辨》第七册上编、中编考证)。《墨子·贵义》篇里就曾说过:"帝以甲乙杀青龙于东方,以丙丁杀赤龙于南方,以庚辛杀白龙于西方,以壬癸杀黑龙于北方。"在这个五方天帝说的雏形中,四色龙正是后来的四方帝,主角"帝"也正是后来黄帝的前身。这一点,《孙子》的"黄帝之所以胜四帝也"(《行军》)和《蒋子·万机论》的"黄帝之初,养性爱民,不好战伐,而四帝各以方色称号,交共谋之"诸记载,都可佐证。

但上帝与下帝对应,是下帝在天上的投影和护法;因而也不可能是最早的,不会早于人间出现较集中的首领以前。我们应该继续往前寻找,看看更早的黄帝,是什么样子:

> 南海之帝为儵,北海之帝为忽,中央之帝为浑沌。儵与忽时相遇于浑沌之地,浑沌待之甚善。儵与忽谋报浑沌之德,曰:"人皆有七窍,以视听食息,此独无有,尝试凿之。"日凿一窍,七日而浑沌死。(《庄子·应帝王》)

这里的南海帝、北海帝和中央帝,有人之情。无人之形,较之上述的能征善战的诸帝,理应更早一些。他们的奇怪名字,或亦足标志其古老性。只是"儵"、"忽"这样的名号,为他处所不见,也许是庄子生造的。"浑沌"二字,倒是所在多有,但它与中央之帝,能有什么内在的关系?

按"浑沌"又写作"混沌"(班固:《白虎通》)、"浑敦"(《山海经》、《左传》)、"混屯"(应劭:《风俗通义》)、"混沦"(郭璞:《江赋》)、"浑沦"(《易纬乾凿度》)、"浑澂"(段成式:《酉阳杂俎》)、"浑瞰"(程大昌:《演繁露》)、"倱伅"(《集韵》)、"浑仑"(《说文通训定声》)等等,有圆浑、质朴、敦厚、

纯粹、温纯、昏懵、混浊、无分、元始等等含义。庄周先生"寓言十九",读他的书不能太当真。中央之帝为浑沌,也许只表示他所设想的宇宙生成的一个阶段,更大的可能是意味着他所标榜的主观精神的一种状态。如果是这样,这则寓言只需当作哲理去理解便了。

可是事情常有似是而非者。庄子还有另外一条写作守则叫"重言十七",即借重长老之言来宣传自己的主张。他这个"中央之帝为浑沌",便不简单是寓言,它还保存了一条有关黄帝的古老神话,比我们以上所见都更加原始的神话。此神话具见于《山海经》:

> 天山……有神焉,其状如黄囊,赤如丹火,六足四翼,浑敦无面目,是识歌舞,实为帝江也。(《西山经》)

这位浑敦的大神帝江,在另外一则传说中,也出现过:

> 昔帝鸿氏有不才子,掩义隐贼,好行凶德,丑类恶物,顽嚚不友,是与比周。天下之民,谓之浑敦。(《左传·文公十八年》)

浑敦当然即是浑沌,遗憾的是没有直说他是中央之帝,而另有帝号曰"江""鸿"。帝江和帝鸿,注经者(贾逵、郑玄、杜预、毕沅等)都断定为一人;因为"江""鸿"原本同音(《说文》:"鸿,从鸟,江声。")。按鸿亦写作澒,澒蒙鸿洞,皆谓未有天地之时的混沌状态(见《淮南子·精神训》),也都是"浑敦"的音变。不同的是,《西山经》的帝江浑敦,就其圆浑之形而言;《左传》的帝鸿浑敦,就其昏懵之性而言罢了。但待到《神异经》里,这两种叙述法就合一了:

> 昆仑西有兽焉,其状如犬,长毛四足,似熊而无爪,有目而不见,行不开,有两耳而不闻,有人知往(?),有腹无五脏,有肠,直而不旋,食物径过。人有德行,而往牴触之;有凶德,则往依凭之。天使其然,名曰浑沌。(《西荒经》)

形性合一了,名字也对,稍感不足的是没有帝号;即使有了,也肯定不会是中央之帝。因为中央的称号,乃比较而言,显然要晚出。起先,他们只会有自己的私名;尔后,在比较中有中央与四方之分;更后,因五行观念之普及，乃有黄帝、赤帝之类。

我们且先来看帝江或帝鸿，看看它是否中央之帝或黄帝的原名。《左传》在谈帝鸿氏时，是放在少昊氏前面，而少昊氏又排在颛顼前面。根据当时的传说谱系，帝鸿所在的序位，正是颛顼的祖父黄帝的位置；而且，这三代人的顺序，也正是神话五天帝中后三位（黄帝、少昊、颛顼）的次序。所以，历来注疏家都说帝鸿就是黄帝。按我们这里找出来的神话记录，还应该强调一句，黄帝就是浑敦、浑沌。

帝鸿浑敦就是黄帝，同《神异经》中怪兽浑沌住在昆仑的说法，也能接榫。因为各书多认为，黄帝是住在昆仑的：

> 昆仑之虚，黄帝之所休。（《庄子·至乐》）
>
> 昆仑之丘，实惟帝之下都。（《山海经·西山经》）
>
> 吉日辛酉，天子升于昆仑之丘，以观黄帝之宫。（《穆天子传》）

从怪兽的住址和黄帝的住址，似乎可以推定怪兽浑沌的尊号，也正是黄帝！

因此，可以相信，庄子说中央之帝为浑沌，也就是黄帝为浑沌；这一法说，不纯粹是哲理，也不简单是寓言，它还是一则古老的神话。

四、浑脱与鸱夷

在后人听起来，说黄帝是混沌，当然是大不敬。但在神话时代，这并无亵渎之意。昆仑山在《山海经》里是神山，名字也是叫"混沌"，甚至很可能便是从黄帝那儿来的。即使到文明时代，周人称颂祖考，也喜欢用混沌。据郭沫若考释，大克鼎、师望鼎、虢叔钟等铭文中的"㲻屯亡敃"，就是浑沌无闷，谓"浑厚敦笃无忧无虑也"；井人钟有"赍屯用鲁"，郭说"'赍屯'乃叠韵联绵字，当即'浑沌'之古语"（见《两周金文辞大系考释》，第81页）。后来道家沿袭了这种观念，老子曾用"混兮其若浊"、"敦兮其若朴"，以喻得道的状态；至于庄子，以混沌说大道的地方更多。这些是今人也都熟知的。其实儒家也提倡混沌，如《中庸》说君子之道云：

> 君子之道，暗然而日章……淡而不厌，简而文，温而理。

这个"温",就是混沌(参《说文通训定声》);温而理,就是大智若愚,虽混沌却有条理,不察察为明的样子。"夫子温良恭俭让以得之"的"温",也是这种难得糊涂的混沌境界。据说曹操还曾特意选用混沌的人为侍中,事见殷芸《小说》:

> 孙邕醇粹有素,魏武帝初置侍中,举者不中选,遂下令曰:"吾侍中欲得浑沌;浑沌氏古之贤人也。"于是臣下方悟,遂举邕,帝大悦。(见于程大昌《演繁露》卷二转引《释稗》所引)

可惜后来知道混沌为美德的人并不多,所以绝大多数释金文的书,都将"𢍰屯"释为"得纯";大概是已先有一个混沌乃贬义词的想法从中作梗。郭沫若在《两周金文辞大系》初版中,也曾沿用这一解释。其实,从字形看,"𢍰"字作𢍰(虢叔旅钟)、𢍰(井人钟)、𢍰(大克鼎),并不从贝从手,与"得"字无涉。汉时隶定𢍰为"䍧"、𢍰为"昆"、𢍰为"贡",遂有"鲲""鲵"古字通用之说(见《尔雅·释鱼》疏、《诗经》"其鱼鲂鲲"郑笺),"鲲,昆也"之释(见《释名·释亲属》),以及"龟三足曰贲"之名(《尔雅·释鱼》)。我们得见金文,可证三字压根儿就是一字。明人王应电《同文备考》径谓𢍰(𢍰)乃古文"混"字(据《通雅·释诂》引),与郭沫若谓"𢍰屯"为"浑沌"如出一辙,也同样锐敏,是值得钦佩的。

好了,烦琐的文字纠缠就此打住,现在我们已知黄帝是混沌了,那么,可否大胆再问一句:混沌又是什么呢?

答案曰:混沌就是陕甘间人横渡黄河时常用的牛皮筏子,它的雅名叫鸱夷,混沌是它的俗名。

请看李心衡《金川琐记》所记:

> 甘肃邻近黄河之西宁一带,多浑脱。盖取羊皮去骨肉制出,轻浮水面,骑渡乱流。李太仆开先《塞上曲》有"不用轻帆并短棹,浑脱飞渡只须臾"之句。但可渡一人,且下体不免沾濡。

黎士宏《仁恕堂笔记》也有:

> 秦巩间人,割牛羊去其首,剜肉空中为皮袋,大者受一石,小者受

二三斗，俗曰混沌，即古之鸱夷。

"浑脱"是方言土音，唐代有浑脱帽、浑脱舞，都取义于混沌。方以智《通雅》谓："鞑靼以杀小牛羊为浑脱。曰浑脱舞者，亦蕃语也。中国浑脱盖活脱之转。草名活兑，音活脱，即通脱木（按：即通草），言其灵通活脱也。"方氏把"浑脱"指为蕃语，解为活脱和通草，都错了。"浑脱"、"混沌"，本是汉语，是牛皮筏子，由来已久，有书为证。我们不必怀疑这种交通工具的名字是后取的，像胎儿衣胞取雅号曰"混沌衣"、雏鸡壳皮曰"混沌池"那样（见《本草》）；对照一下前引的《山海经》的天山之神，一切便释然了。

那位居住在天山、活动在英水的大神被称作帝江，乃是尊称；他的私名，就叫浑脱或混沌、浑敦；他的真相，正是牛皮渡筏。你看他，"状如黄囊"（按："黄囊"疑"革囊"之误），吹气足也；"赤如丹火"，牛毛色也；"六足"，颈尾四肢紧缚也；"四翼"，四蹄高举也；"浑敦无面目"，首已去也；"是识（嗜？）歌舞"，横渡时引吭高歌、既济后雀跃抃舞也。

以物为神，称革囊为帝，不合后来正规宗教的教义，但在神话时代、拜物时代，则很寻常。《易·系辞》说："精气为物。""物"（古作"勿"）的音与义，都与"魅"（又作"彪"）一样。在古人看来，天地及其之间之物，都是有精气的，它们与自己一样，也有生命有灵性（参印顺《中国古代民族神话与文化之研究》）。名革囊为帝江，视若神明，原很自然。何况，牛皮筏子在滔滔大河上，确实也颇为神气；要想渡河，非向此物顶礼膜拜莫办哩！

这一论断，从上引的周彝铭文"毘屯"上，也可得到证实。"毘"字，师望鼎和虢叔钟作✦，井人钟作✦，大克鼎作✦；或从贝从尾省，或从人从贝。所从的贝，好像是贝，其实不是贝，正是充气的革囊！从尾省，言其质，从人，像其用也。此字应该就是"昆"字。牛皮渡筏以形用得名为昆，其呼为"浑脱"、"混沌"者，叠韵以长言之也。

革囊雅名鸱夷，见于《国语·吴语》：吴王赐伍子胥死，复取其尸，盛以鸱夷，投之于江。后此数年，范蠡胜吴后，携西施浮海而去，自号曰鸱夷子皮；据说孔子还曾荐之于田成子门下（见《史记·货殖列传》《墨子·非儒》）。说者多谓"夷"应作"鹈"，即鹈鹕，颔下有囊；"鸱"即鹞鹰，性贪而行速。浑脱定名鸱夷，盖取快囊之意。或云"鸱夷为壶名"（《通雅·释诂》）。

查唐人刘恂《岭表录异》有："蟕蠵，俗谓之兹夷，乃山龟之巨者，人立其背，可负而行。"（刘恂：《岭表录异》卷下"蟕蠵"条。又，郭璞《尔雅》注有："灵龟即今觜蠵龟，一名灵蠵。"）则"鸱夷"或取音于"兹夷"，仿南人称巨龟之例。盖浑脱形如巨龟，功在渡河，吴越人遂因以为名欤？

五、天鼋与轩辕

黄帝又称轩辕氏。为什么？说法很多。

> 黄帝，少典之子也，曰轩辕。（《大戴礼记·五帝德》）
>
> 黄帝者，少典之子，姓公孙，名曰轩辕。（《史记·五帝本纪》）
>
> 黄帝名轩。（《太平御览》卷七九引《河图握拒》《孝经钩命诀》等）
>
> 黄帝生于天水，在上邽城东七十里轩辕谷。（《水经·渭水注》引姚瞻云）
>
> 黄帝生于寿丘，长于姬水，因以为姓。居轩辕之丘，因以为名，又以为号。（《史记·五帝本纪》索隐引皇甫谧云）
>
> 轩辕，黄帝号也。始作车服，天下号之为轩辕氏也。（《楚辞·远游》王逸注）

真叫言人人殊，莫衷一是。读完以上四节文字，再看这些说法，恐怕已难轻信。我们不会鉴于后世有姓轩辕的，猜想他们是以祖名为氏，断定黄帝名曰轩辕；也不致由于现在仍有地名轩辕的，兴地灵人杰之思，认为那是黄帝故乡；当然更不可能在穿衣戴帽、乘车坐轿之际，相信使我们免于裸身之窘、跋涉之劳的，竟然功在某一位先圣，而他以此博得"轩辕氏"的尊称。我们不去这样想，正如我们并不相信在陕西省黄陵县的桥山下，真有黄帝的遗骸一样。因为这一切，显然都是后起的，缘景仰与追思而生。司马迁当年便已慨乎言之了。

那么轩辕究竟是怎么一回事？除上列各说外，郭沫若有一个说法。他在《殷彝中图形文字之一解》中认为：

其㯱字余则以为当读"天鼋",盖古之轩辕氏也。余近证得古十二岁名本即黄道周天之十二官,寅之摄提格为大角,其次为卯之单阏当于轩辕(西方之狮子座),单阏一称天鼋,是则轩辕、单阏均天鼋之音变也。轩辕不必即黄帝,盖古有此氏姓,迄周初犹存而后已消灭,故后人遂附益之以为黄帝耳。(《金文丛考》之《金文所无考·七》略同)

郭氏当时主张中国古天文学来自巴比伦,谓狮子座α,即中国之轩辕十四者,"在巴则称为Sarrn,此则与单阏之音极近","轩辕乃单阏之音转"(《释干支》)。此说终无响应者。惟勿论巴比伦,单就"轩辕"为"天鼋"之音变看,虽也有人斥为"尤无实证"(杨宽:《中国上古史导论》第五篇),却确系卓识。

其实证就在于:

"天鼋"二字,在金文为族徽㯱,常见于铭文首尾。作为族徽,这两个字,殷周非族人或即依形读作"天鼋";族人乃更依音雅化之为"轩辕"。这个族徽,视其形,实为乘皮囊渡河状。前引大克鼎之㯱,便是它的简化体。在大克鼎,"㯱"字与"屯"相连而为"昆屯",以示一种德行;在早于此的族徽中,它则保有图腾的形象,以示自己之所从来。

只是郭沫若说"轩辕不必即黄帝","后人附益之以为黄帝耳",尚待商榷。后人确常附益,但何以甘冒天下之大不韪,偏偏把黄帝附益到㯱上,从本文前述各端可以看出,其实这里本无什么附益。作为族号,㯱即天鼋即轩辕;作为神物,㯱即革囊即浑敦即帝江;而帝江作为人名,即帝鸿即黄帝。因此,轩辕即黄帝。

六、有熊与有夏

黄帝亦号有熊,传说是有熊国君少典的次子;有熊,据说即后来河南新郑县(《史记·五帝本纪》三家注)。此说大约起自汉代,先秦文献无所见。汉人当亦非信口开河,而是按往旧造说,有着传说的或文字的根据。

我们现在综观各说,也有许多根据,足以揣测有熊或即有夏,黄帝神话和鲧禹神话同出一源,或者本是一套神话,因不同的现实要求,演变成两个英雄系统了。

鲧禹治水的故事，众所周知。鲧因治水失败而被杀；死后怎样，传世的说法不一：

> 鲧死三年不腐，剖之以吴刀，化为黄龙。（《归藏·启筮》）

> 昔尧殛鲧于羽山，其神化为黄熊，以入羽渊。（《左传·昭公七年》）
> （释文曰："'熊'亦作'能'，如字，一音奴来反，三足鳖也。"）

> 鲧之羽山，化为黄熊，入于羽渊。"熊"音乃来反，下三点为三足也。束晳《发蒙纪》云："鳖三足曰熊。"（《史记·夏本纪》正义）

这里的"龙"、"熊"、"能"、"熊"，当是一个物名的讹变。据说禹也与这种动物有关：

> 禹治鸿水，通轘辕山，化为熊。（《汉书·武帝纪》师古注引《淮南子》，又见于《绎史》卷一二引《随巢子》）

考虑到鲧名从鱼以及禹和禹子启在传说中都是剖坼而生，可以推定夏人相信其先祖出于卵生的水族（参见闻一多《天问疏证》）。据此，则鲧死后所化的，也应该是水族，即熊或能；至于"龙"，当是"能"的音变，而"熊"无疑是"能"的形变。

鲧死化为三足鳖的熊，熊在自然界中并不存在；鲧名一作"鯀"，鯀，鲲也（《尔雅·释名》）。因此可以设想，鲲，当即是罤，或𦉭或𩺀，亦即是大𩺀，是神化了的渡河革囊；鲧死所化的熊，也正是此物。这一推断，还有一个很重要的根据，即《天问》的"鸱龟曳衔，鲧何听焉？"

《天问》于问天十一事后，接着问的便是鲧禹治水的事。鲧之治水，被认为是听从了鸱龟的谋略。鸱龟是什么？就是前已说到的可负人而行的蟕𪓟龟，也就是俗称的兹夷；南人用它来称呼西北人称之为浑脱的革囊，见诸文献则成了鸱夷。鲧化为熊的传说和鲧听从鸱龟的传说，是相通的，都表明他是𪓟族的英雄。禹化为熊，亦应作如是观；他所通的那个轘辕山，很大的可能就是轩辕山。

另外，我们知道，夏族人以参星为族星。"初昏参中"，被《夏小正》定为正月的指示星象。参星在《夏小正》中四次被提到，历记其见伏与晨昏中天的月份，斯为夏人授时星象无疑。参星一名实沈；实沈的意思不可解，要之或与水有关。参星相当于猎户座，其状如巨龟；龟首位置有三颗小星，为觜宿，一名觜觿。觜觿，显然就是搬上天的蠵龟。觜觿只有三颗，所以鲧所化的熊，也只好是三足，倒是很有趣的。

继鲧的禹，靠应龙的帮助取得治水胜利。《天问》说："应龙何画？河海何历？"注者说，应龙是有翼的龙；禹治洪水时，应龙以尾画地，导水所注当决者，因而治之也。这位帮禹治水的应龙，据说在黄帝战蚩尤时，也帮了大忙：

> 蚩尤作兵伐黄帝，黄帝乃令应龙攻之冀州之野。应龙畜水，蚩尤请风伯雨师，纵大风雨。（《山海经·大荒北经》）

> 黄帝使应龙杀蚩尤于凶黎之谷。（《史记·五帝本纪》索隐引皇甫谧《帝王世纪》）

应龙原形为何物，今已不可详考。但透过应龙可以看见禹和黄帝有关系，是肯定的。闻一多已发现，"传说中禹事多与黄帝相混"（见《天问疏证》），并举有五事为证，惜未及应龙事。我以为，应龙是一重大线索；通过它，可以设想，黄帝战蚩尤的故事，也正是鲧禹治水的故事，是治水故事的政治化①！

黄帝战蚩尤的神话，说法颇多。真正保有原始神话意味的，大概推《大荒北经》所记。那里说，皇帝先派应龙攻蚩尤，"应龙畜水"，蚩尤纵大风雨，未胜；又派天女魃止雨，雨止，遂杀蚩尤。应龙和魃因之都没能再回天宫，从此人间乃常有涝旱之灾。

"应龙畜水"一句，颇为费解。所以《史记·五帝本纪》正义在引用《山海经》时，干脆把它删去；《帝王世纪》说应龙杀蚩尤，也不说用的什么战

---

① 鲧禹治水故事，本亦集大成产物。先是有共工为水害的神话，"共"就是"洪"，共工或曰与高辛争为帝（《淮南子·原道训》），或曰与神农（《雕玉集》引《淮南子》），或曰与祝融（司马贞补《史记·三皇本纪》），或曰与女娲（《路史·太昊纪》），或曰与颛顼（《淮南子·天文训》及同书《兵略训》《史记·律书》），或曰与禹（《荀子·成相》）。这说明，洪水为害和被治的事，几乎无代无之。这些故事终于塑造出一位大禹来。

术。其实这一句十分重要。有了它方可看出，应龙和女魃之战蚩尤，用的是两种不同的乃至对立的战术。应龙蓄水，蚩尤则纵大风雨，使之蓄不胜蓄，所以不能胜。女魃反其道而行之，用止雨法，遂杀蚩尤。

我们只要能暂时忘记一下正史中黄帝战蚩尤故事的政治色彩，想一想《山海经》的这一说法，是否会发现，所谓战蚩尤，其实是战洪水？蚩尤呼风唤雨，应龙蓄水以求胜，这不是治水传说中的鲧窃息壤、堙卑增高，或者更像是筑堤壅防么？女魃所施的反蓄水的止雨法，那就是和壅防不同的疏泄了。夏禹传说常与黄帝传说相混，其根本的原因，大概正在于此。

《山海经·海内经》说："黄帝生骆明，骆明生白马，白马是为鲧。"《礼记·祭法》说："夏后氏禘黄帝而郊鲧，祖颛顼而宗禹。"都肯定鲧禹为黄帝一系。仔细分析神话的结果，似乎更应肯定，他们不止是一系，而且根本是一人，是一个神话的不同演变。

古史辨派已证明：禹是西周中期起来的，尧舜是春秋后期起来的，黄帝之起更后。禹和洪水传说有关，所以得到商周的共同尊敬；尧舜之起显然是为的驾乎禹上，所以有禹父为尧臣并被杀之说（鲧究竟被尧杀还是被舜杀，《左传》已说不清楚）。黄帝之起，又为着驾乎尧舜而上之，实际上是要恢复禹的权威。所以，禹的故事乃翻新成黄帝的故事，政治色彩更浓，神话气味更少，因为时代毕竟进步了。

七、混蛋与馄饨

写罢以上各节与正史有关的严肃辨正后，犹有余勇，再写两条轻松的，一条有关混沌的性，一条有关混沌的形。

前面各节考黄帝是混沌，多就混沌其形言；若问其性，则经书上面写得很清楚，浑敦是一位"不才子"，好行凶德，丑类恶物，是与比周①。浑沌有凶德，在《神异经》中也是标明着的（见前引）。

凶德的浑敦，和圣德的黄帝，差距实在太大了。仅仅根据这一点，便可推翻前面谓黄帝即混沌的一切考证。

---

① 见前引《左传·文公十八年》。注经者多认为，此浑敦与《尧典》的四凶之一驩兜为同一人。

但是且慢。首先应该弄清楚，黄帝的圣德和才智，本非天成，而是后来一层层加上去的①；此前，黄帝的传说，似乎颇多缙绅先生难言之处。即以我们今天仍可见到的为例，就有：

> 宓牺神农，教而不诛，黄帝尧舜，诛而不怒。（《战国策·赵策》）
>
> 黄帝不能致德，与蚩尤战于涿鹿之野，流血百里。（《庄子·盗跖》）
>
> 神农既殁，以强胜弱，以众暴寡，故黄帝内行刀锯，外用甲兵。（《商君书·画策》）
>
> 黄帝行道，而炎帝不听，故战涿鹿之野，血流漂杵。（《贾子新书·制不定》）

如此等等。在这些非儒、反儒和亦儒的书里，黄帝确是颇为凶狠的。此外一定还有许多我们已看不到的说法。只是这些凶德，由于为尊者讳的缘故，不便在黄帝名义下声张，而都保留在浑敦或驩兜原名下罢了。于是乎，浑敦、驩兜，以其凶德，慢慢由其发音演变而为后来口语中的"混蛋"。这一点，章太炎已注意到了：

> 《左传》浑敦，杜解为不开通之貌。《庄子·应帝王》篇"中央之帝为浑沌"，无七窍，亦此义也。今音转谓人不开通者为"昏蛋"。（《新方言·释言》）

"昏蛋"当亦为"混蛋"。太炎先生大儒口嫩，尚以其"不雅驯"而"难言之"也。唯昏蛋就不开通言，重在混沌之形；混蛋就无德行言，重在混沌之性：同为浑敦，侧面不同耳。

"昏蛋"与"糊涂""鹘突""囫囵""鹘沦"等同义亦同源；后者常见于宋人笔记与语录，更变化为俳优口中的"葫芦提"（元曲中常有），亦有谐作"鹘鹭蹄"者：

> 钱穆父尹开封，剖决无滞，东坡朝次誉为霹雳手。穆父曰：敢云霹雳手，且免鹘鹭蹄。即俳优以为鹘突者也。鹘突者，胡涂之反也。（程大

---

① 参齐思和《黄帝之制器故事》，载《古史辨》第7册中编。

昌:《演繁露》引《师友谈记》)

由此,可以想见创世神话中的葫芦,或亦与混沌同源:浑沦—葫芦—槃瓠—盘古,走的是民俗学的道路,混(沌)—(帝)鸿—黄(帝),走的是历史学的道路。《淮南子·说林训》中,有"黄帝生阴阳"之说,此阴阳指男女二性,为黄帝制器故事中的特例,注者皆不解其所以。如果相信混沌就是葫芦,则黄帝生阴阳,也就是葫芦里剖出一对男女来的故事而已,何不解之有?汉代以后,民俗被历史化,盘古慢慢挤进历史,方才出现了"自从盘古开天地,三皇五帝到如今"的套套。但神话和民俗自有其不可磨灭的魅力,直至宋代,犹时有指盘古为浑沌氏的论调,如罗泌《路史》:

> 浑沌氏是为浑敦。后有浑氏、沌氏、屯氏,若至于所谓盘古氏,异矣。
>
> (注)盘古氏亦曰浑敦氏。罗隐有"浑敦氏施化"之说,谓盘古也。

《路史》之注,题为罗泌的儿子罗苹作,识者或疑为罗泌自注。不管怎样,宋代还有盘古即浑敦之说,是肯定的。而唐人罗隐之浑敦施化说,则见于其文集卷七"蒙叟遗意"条:

> 上帝既剖混沌氏,以支节为山岳,以肠胃为江河。一旦,虑其掀然而兴,则下无生类矣;于是孕铜铁于山泽,滓鱼盐于江湖,俾后人攻取之,且将以苦混沌之灵,而致其必不起矣。呜呼!混沌氏则不起,而人力惮焉。

以肢体肠胃为山河的故事,秦汉间人指为盘古氏。这里则说成混沌氏,而且仿佛是上帝对他的惩罚;尤其是"以苦混沌之灵"的做法,使人联想起"混沌"转音为"混蛋",大概也正是上帝的旨意吧。

"混沌"的多种写法,皆取其浑然之意,依音为之,原无定格。唯食品中的馄饨,值得一谈。戴埴《鼠璞》卷上"馄饨"条曰:

> 《续释常谈》引《资暇录》云:馄饨以象浑沌,不正书"混沌",从食,不载故事。《事物纪原》并无此物件。《唐逸史》载:李宗回客知人饮馔,将同谒华阴令,客曰:与公吃五般馄饨,及见果然。《酉阳杂俎》

云：今衣冠家（名食）有萧家馄饨，漉去汤肥，可以瀹茗。是旧有此名。《本草》载：艾叶疗一切鬼气，炒作馄饨，吞三五枚，以饭压之。取混沌之义信矣。俱从食边何耶？

又方以智《通雅》三九《饮食》有云：

"馉饨"，本"浑沌"之转，"鹘突"亦"混沌"之转。程大昌言："馄饨出于浑氏、屯氏。"智按乃"混沌"之转。……《梦华录》有"馉饳菜"。《指南》引《名物考》有骨董羹，烧树根为榾柮。……凡"浑沌"、"馄饨"、"糊涂"、"鹘突"、"榾柮"，皆声转。

戴埴谓"馄饨以象浑沌"，大概不是指它无七窍，而乃指革囊言。盖宋时军中犹多有浑脱，为济渡之备也①。戴氏引《酉阳杂俎》知旧有此名，何不悟唐人"长孙无忌以乌羊毛为浑脱毡帽，人多效之，谓之赵公浑脱"（见《资治通鉴·唐纪二十五》胡三省注）者，亦以其形似革囊故也。方以智但以音同声转谈，似已不辨馄饨、馉饳各为何物矣。盖馄饨、馉饳，于音声虽同出一源，于食品却分为二色。《酉阳杂俎》紧接"萧家馄饨"条后，别立"韩约能造冷胡突"（段成式：《酉阳杂俎》卷七《酒食》）条，《东京梦华录》亦分述"馄饨店"与"馉饳儿"（孟元老：《东京梦华录》卷四《食店》），是馄饨与馉饳（胡突）判然不同之证。馄饨，形似革囊者；馉饳或胡突，浑然一片者也。

八、余论

庄子曰：道在屎溺，每下愈况。黄帝之与中华文化，亦可作如是观。从神而圣之的上帝、天帝、人帝，到民生日用的毡帽、食品、骂人的污言秽语，处处都有黄帝的影子。而贯穿于其中谁也想不到，竟是黄河波涛上的一具革囊。

---

① 见《续资治通鉴》宋神宗元丰四年，又《栾城集·请户部复三司诸案劄子》："河北道顷岁为羊浑脱，动以千计。"

作完这篇小文之后,我不会从此不再相信我们民族的历史上,曾经有过一个黄帝时代,那样一个中华文明开端的时代。黄帝作为这个时代的象征,具有不可动摇、不容替代的地位。他过去以其影响凝聚了偌大的中华民族,今后,他仍将成为我们民族团结的力量源泉。这是毫无疑问的。

在作这篇小文之前,我已怀疑黄帝其人的真实存在,现在可以说,疑团散尽了,我看到的,是一片混沌。对于混沌,人们有权充分发挥想象力,把它想象成自己所想象的任何真实。

无论从宇宙的生成来说,还是从哲学的架构来说,混沌都是真正的出发点。任何学科、任何文明难道不也都是这样?自然科学近年来的最新成就,更在证明混沌是宇宙中无规律的规律、非秩序的秩序、不明晰的明晰,是迫使形而上学思维脑袋投降的无上"神力"[①]。中华文明从黄帝开始,也就是从混沌开始,岂非一个最美妙也最深刻的意象么!

在西方,宇宙是神创成的,有各种司火、司谷、司药、司婚姻、司艺术、司战争等等司一切人事的神,更有一位总而统之的上帝。在中国,创造这一切的是伟人:伏羲氏、神农氏、燧人氏、有巢氏,如此等等;总而统之并兼拾遗补阙的,就是黄帝。西方的宇宙是神创成的,而神是人创造的。创造中国宇宙的伟人呢?他们是否也是被创造者?西方神的真正作用不在其创造了宇宙,而在于能使人的心灵得到净化、安慰乃至鼓舞;能使文化得以承续,民族因以团结。今后若干世纪内,仍会是这样。中国的伟人及其总代表——黄帝,作用亦复如此;并由于他们的非神性,今后定能延伸更长的时间。

稿成之后,迟迟不曾出手。一则是想不起哪儿发表最宜;再则也由于心里老是打鼓。想当年顾颉刚先生说大禹是条虫,闹得四面楚歌;现而今我以比顾先生更小的学力,提出一个比大禹更大的课题,其结果,不想可知。

荀子在谈求雨、卜筮时说过,此类活动,"君子以为文,百姓以为神"。这个"以

---

① 日本东京大学于 1990 年举办题为"混沌"的讲座,凡十二讲,由文理工农医各学部教授主讲,并出版专集。

为文",大概有两层意思:一是以它们为民情风俗,一是以它们为教化手段,即所谓的"神道设教"。后世的君子分化成为官者与为学者,于是"以为文"的这两层内容遂分别由两部分君子来提倡,而有了如18世纪英国史学家吉朋(Gibbon)所概括的现象:众人视各教皆真,哲人视各教皆妄,官人视各教皆有用(据《管锥编·周易五》)。

多少年来,黄帝被推为"人文初祖",祭扫不绝,大体也属于"君子以为文,百姓以为神"之类。明乎此,则知所取舍矣。

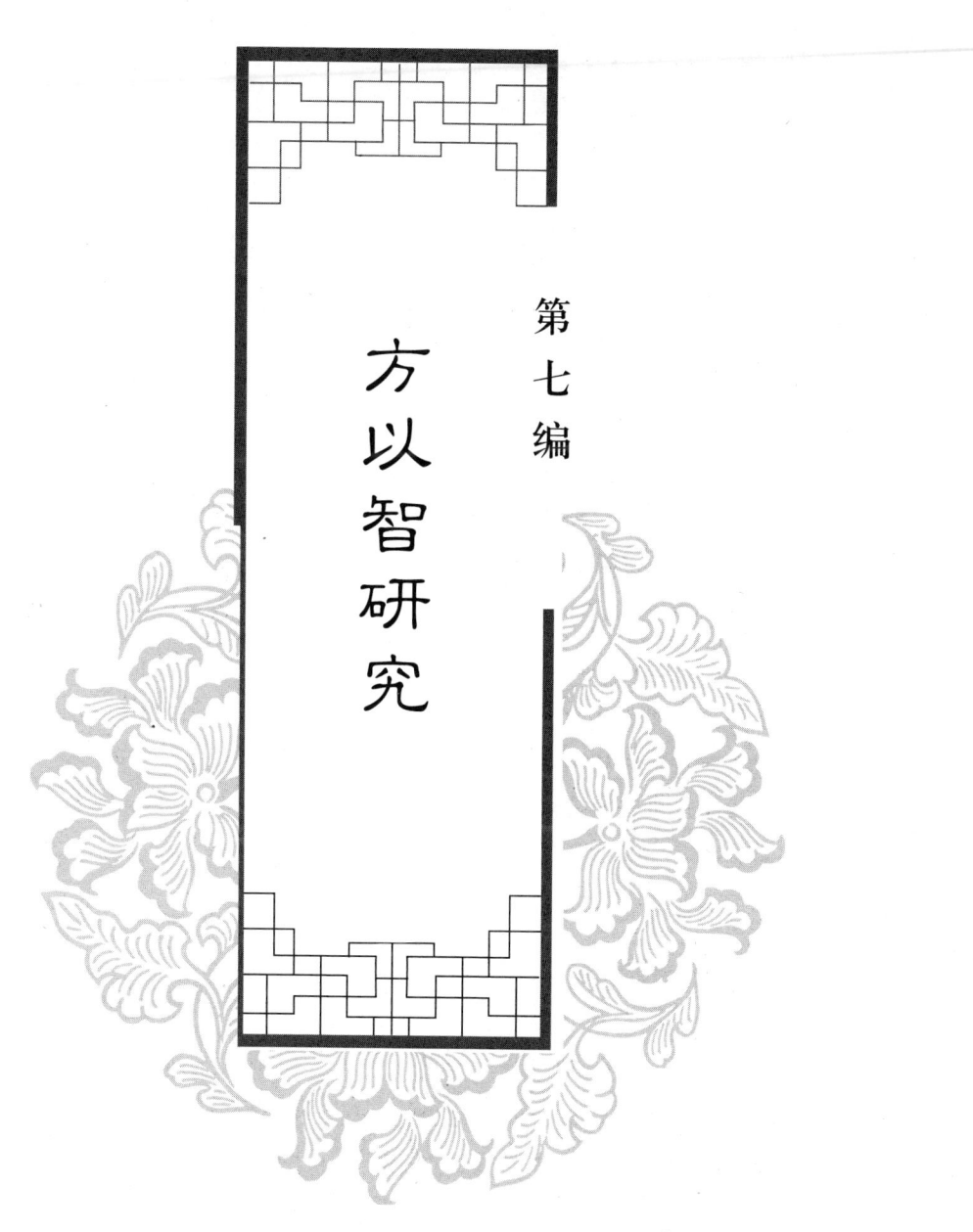

第七编

方以智研究

《东西均》的版权谜

明末清初的安徽桐城，出了一位大思想家方以智（1611—1671）。方以智称得上是百科全书式的人物，留下了约四百万字的著作和诗文。可惜的是，在他生前身后，除少数几本作品曾刊刻流传外，其他绝大部分，都只有钞本或者是孤本，以致有些现已失传，不可复见。

方以智有一本全面论述自己哲学思想的书叫《东西均》。"东""西"表示对立，也代表东方思想和西方（印度佛学）思想，"均"的意思是在运动中统一。这是一部系统论述正反合法则而却先于黑格尔160余年的重要哲学著作。此书写于1652年前后，稿本藏在其子孙手中，很少为外人所知。

古来常有献书的故事，也常有献书而假的故事。这部《东西均》，正是20世纪50年代由方以智十一世孙方鸿寿老先生献给安徽省博物馆的，于是也面临着真假的考验。蒋国保的《东西均考辨》中说：

> 迄今尚未发现有谁撰文说《东西均》非方以智所作，但我也确实听人说起：国内学术界有人怀疑这部书出自方以智之手。这种怀疑的产生，不是事出无因：（一）这部书在方以智传记里，如王夫之的《方以智传》、徐芳的《愚者大师传》、施润章的《愚者大师六十序》、马其昶的《方以智传》，均无记载；有些以书目为宗旨的著作，像朱彝尊的《经义考》，著录了方以智的另一部稿本《易余》，却没著录《东西均》。（二）见过《东西均》原钞本的同志都清楚，光凭这个钞本本身很难断

定它为方以智所作：首先，原钞本并非方以智手迹。其次，原钞本于封面、扉页、正文的天头，皆无一处题识方以智的名、字、别号以及私谥。……①

为了证明《东西均》确系方以智所作，蒋国保根据方以智的其他记载和大量行踪，以及书中惯用的术语，作了周详的论证，最后说："据此，我们说《东西均》为方以智所作，尚不足为信吗？"

另一位方以智专家，冒怀辛先生，在《方以智全书·前言》中，也提出了"有的研究者以为《东西均》非方以智所作"的问题，并为此举出五大内证，以"证《东西均》确是方以智的著作"②。

有趣的是，在他们上穷碧落下黄泉、千方百计寻找证据的时候，他们不曾想到，方以智本人，在书中应该署名的地方，早就完完整整地署上了自己的大名；只是他们失诸交臂，未曾注意罢了。

那便是《东西均记》最后的一段话：

> 谇曰："魂魄相望，夜半瞻天，旁死中生，不必其圆。似者何人，无师自然，于此自知，古白相传。岁阳玄墨（默），执除支连，吻吻子识，五老峰颠。"

所谓"谇曰"，即文章写到最后的一段收场诗，和尚讲经临了的颂或偈。这类玩意儿，可道则非常道，说出了便不是禅，所以往往故意弄得似通非通、若明若暗。读者碰到此等文句，多半像是得到某某大仙的神签一般，看个似懂非懂、若假若真，也就算了，从来很少愿意花上时间去较真。没想到，《东西均》的版权之谜，正藏在此处。且让我们来猜猜看：

1. "魂魄相望。"魄，月轮无光处；亦指月。月为魄，则日可曰魂。日月相望，"明"也。

2. "夜半瞻天。"夜半抬头看天，"天"的上边看不清楚，只剩下下半的"人"了。

---

① 《方以智哲学思想研究》附录二，合肥：安徽人民出版社，1987年版，第272页。
② 见《方以智全书·前言》，上海：上海古籍出版社，1988年版，第28—29页。

3. "旁死中生。""旁"字的旁边死了,中间部分还活着。这活着的正是"方"字。

4. "不必其圆。"如果上句话的意思还不清晰,现在更加一句:"不必其圆","方"也。

5. "似者何人。""似"字的"人"旁何在?不见了,只剩"以"了。

6. "无师自然。"方以智称宇宙本原曰"所以",谓"所以然"即"自然"。此射"以"字。

7. "于此自知。"从于从自从知,为大篆"智"字。

8. "古白相传。"《说文》:"白,此亦自字也。"说明现在"智"字何以不从自而从白。

9. "岁阳"以下,说的是壬辰(1652)年,方以智(吘吘子)记于庐山。

1652年是清顺治九年、南明永历六年,当时闽粤桂滇大部地区,是奉行南明正朔的,但方以智已北归至庐山,写于清朝统治地区了。此时此地仍想以明人自励,自不便直说,而只能藏头露尾,迷离扑朔了。

同样的办法,在成书于同一时期的《易余》中,方以智还用过一次。此书《小引》的最后一段,这样写道:

> 筮余之繇曰:爰有一人,合观乌兔,在旁之中,不圜何住?无人相似,矢口有自,因树无别,与天无二。章统十千,重光大渊,皇览以降,过不惑年。

这个谜语应该这样解:

1. "爰有一人。""一"字加"人"字,"大"也。

2. "合观乌兔。"乌,太阳,日中有三足乌。兔,月亮,月中有蟾与兔。合观日月,"明"也。

3. "在旁之中。"在"旁"字的中间,谁?"方"字。

4. "不圜何住。"不圜则方。

5. "无人相似。"无"人"去相帮"似"字,便只剩"以"了。

6. "矢口有自。"有"矢"有"口",再有"自",合成"智"字。

7. "因树无别。"不详。

8. "与天无二。""人"?

9. "章统"以下,说的是此人生于辛亥(1611)年,现已过了40岁了。

《易余》的正文中也别无署名,幸好传世钞本上有"密之先生笔 六世孙宝仁录"字样,否则,又要怀疑起版权来,害得人们忙乱一阵了。

《东西均》注释（节选）

一、序言

多少知道一点中国学术史的人，没有不知道明清之际的顾、黄、王，即经学大师顾炎武（1613—1682）、史学大师黄宗羲（1610—1695）、哲学大师王夫之（1619—1692）的；但近乎不公的是，仿佛很少有人知道，与之同时，与这三大思想家都有交往的另一位当时齐名的大思想家——安徽桐城的方以智（1611—1671）。

方以智，明万历三十九年辛亥生。30岁中进士，32岁任翰林院检讨。甲申年李自成陷北京，被捕复逃脱，漂流百越。36岁（1646年）时曾一度任南明桂王永历朝经筵讲官，旋离去，遁迹闽湘桂黔间，隐居不仕。1650年，清兵擒纵之于广西昭平仙回山，落发为僧。1652年北归，经庐山，回桐城，明年闭关南京高座寺。1655年父丧，破关奔丧桐城，庐墓三年。后云游江西，1662年入主青原山净居寺。1671年，清康熙十年辛亥，因广东某文案牵连，押赴问罪途中，死于江西万安县惶恐滩。

从年龄上看，方以智和顾、黄、王，长幼在九岁之间；从地区来说，一省一位，分布得相当均匀。重要的是在思想上，他们都是反对明心见性喜高好玄之空谈，提倡修己安人经世致用之实学的先锋；是时代所呼唤、历史所培育出来的巨人。据今人统计，方以智的各类著作，"约达四百万字以上"（侯外庐主编：《方以智全书·前言》），遍及文字、音韵、天文、地理、博物、医药、经学、哲学诸方面。可惜的是，方以智一生"跳南跄北，数履硇砑之

刃"（同上《东西均记》），最后更以待罪之身了结，以致殃及他的著作难以问世，学说不能流传，终于连名字也鲜为人知了。

翻阅明清载记，从《明儒学案》一直到《清儒学案》，中经《汉学师承记》《宋学渊源记》，到处都找不到方以智的名字；最后在《清史稿》的《遗逸传》里，勉强可以读到一则小传，说他"博涉多通，自天文、舆地、礼乐、律数、声音、文字、书画、医药、技勇之属，皆能考其源流，析其旨趣，著书数十万言，惟《通雅》《物理小识》二书盛行于世"云云。这不过是说，方以智乃一名考据家而已。传中提到的两本书，收录于《四库全书·子部·杂家类》，《提要》谓其"考据精核"，"可资博识"；又《道家类存目》中，列有方以智《药地炮庄》九卷，称其"盖有托而言"云，评价皆极为一般。后来梁启超作《中国近三百年学术史》，厕方以智于《清初学海波澜余录》之章，初次喊出《通雅》"实为近代研究小学之第一部书"，"有许多新理解，先乾嘉学者而发明"的声音；唯令梁氏纳闷不解的是，对于方以智的见解，"后来人征引很少，不知何故"？

梁启超想不通的事，我们今天倒容易想得通。盖方以智之湮没无闻，主要原因当是政治的；由之带来的另一个原因，则是他的著作大多未能刊刻，只凭钞本流传。而他的两本完整论述自己哲学思想的姊妹篇——《东西均》和《易余》，则兼具这两个原因，故更少为人所知，以至于在《东西均》于1962年出版以前（《易余》至今仍未出版），无人说过他是思想家和哲学家。

我们说方以智的两本哲学著作碍于政治原因而未能广被，并不是说其中有什么反君主张民权之类的政治主张，没有，那是两本纯粹的哲学著作。它们的政治要害，唯一出在署名中所隐含着的民族气节上。

《东西均》和《易余》，完成于1652年即顺治九年前后，正当朝廷寻找一切借口着力整治江南缙绅的时候，在记述各该书写作旨趣的前言——《东西均记》和《易余·小引》篇末，轮到报姓通名和标注年日时，方以智竟这样写道：

> 许曰：魂魄相望，夜半瞻天，旁死中生，不必其圆。似者何人，无师自然，于此自知，古白相传。岁阳玄墨（默），执除支连，呐呐子识，

五老峰颠。(《东西均记》)

　　筮余之繇曰：爰有一人，合观乌兔，在旁之中，不圜何住？无人相似，矢口有自，因树无别，与天无二。章统十千，重光大渊，皇览以降，过不惑年。(《易余·小引》)

这里明说是"诔曰"和"筮余之繇曰"，即文章写到最后的一段收场诗，和尚讲经临了的颂或偈。这类玩意儿，可道则非常道，说出了便不是禅，所以往往故意弄得似通非通，若明若暗，如疯如癫，亦庄亦谐。读者碰到此等文句，多半像是得到某某大仙的神签一般，看个似懂非懂，若假若真，将信将疑，糊里糊涂也就算了，从来很少愿意花上时间去较真的。

可是，如果真有谁个较真一下，看看这两枚葫芦里到底装些什么药，麻烦就大了：

1. "魂魄相望。"魄，月轮无光处；亦指月。月为魄，则日为魂；本书《所以》篇有"日月，魂魄之率也"。魂魄相望即日月相望，"明"也。

2. "夜半瞻天。"夜半抬头看天，"天"的上边看不清楚，只剩下下半的"人"了。

3. "旁死中生。""旁"字的旁边死了，中间部分还活着。这活着的中部，非"方"为何？

4. "不必其圆。"如果上句话的意思还不清晰，现在更加一句："不必其圆"，"方"也。

5. "似者何人。""似"字的"人"旁何在？不见了，只剩"以"了。

6. "无师自然。"方以智称宇宙本原曰"所以"，谓"所以然"即无师的自然。再射"以"字。

7. "于此自知。"从于从自从知，乃大篆"智"字。

8. "古白相传。"《说文》："白，此亦自字也。"说明现在"智"字何以不从自而从白。

9. "岁阳"以下，说的是壬辰（1652）年，方以智（呐呐子）记于庐山。

让我们再揭开第二枚葫芦：

1. "爰有一人。""一"字加"人"字，"大"也。

2. "合观乌兔。"乌，太阳，日中有三足乌。兔，月亮，月中有蟾与兔。合观日月，"明"也。

3. "在旁之中。"在"旁"字的中间，谁？"方"字。

4. "不圜何住。"不圜的还能是别的么？"方"也。

5. "无人相似。"无"人"去相帮"似"字，便只剩"以"了。

6. "矢口有自。"有"矢"有"口"，再有"自"，合成"智"字。

7. "因树无别。"不详。

8. "与天无二。""人"？

9. "章统"以下，说的是此人生于辛亥（1611）年，现在已过40岁了。

这两段文字出现的时期，在闽粤桂滇大部地区，是奉行南明正朔的。但方以智当时，已北上归至庐山，写于清朝统治地区了。其纪年以太岁而不以年号，或属文人雅习，但其不奉大清正朔之情，恐难逃遁；而此时此地更以逊明人士自称，虽为哑谜，已属罪不容逭矣。

固然，《东西均》在1962年以前，一直未曾刊刻出版过，但传钞本估计不会没有。至于《易余》，则著录于朱彝尊的《经义考》，名声很大；特别是，其《小引》曾收入《浮山文集后编》，流传较广。而从《东西均记》和《易余·小引》成文，到方以智死去的20年内，正是文字狱焰炽烈时期，"最著名的，如康熙二年湖州庄氏史案，一时名士……70多人同时遭难。此外，如孙夏峰于康熙三年被告对簿，顾亭林于康熙七年在济南下狱，黄梨洲被悬购缉捕，前后四面，这类史料，若仔细搜集起来，还不知多少"[①]。没想到那些抓意识形态的官员们，竟没能看出方以智耍弄的"诡计"、包藏的"祸心"，以致网漏吞舟之鱼，留下了一段学术史的佳话，供后人谈笑。

《东西均》和《易余》，是两朵哲学姊妹花。谈论方以智、为方以智立传而不提他的哲学成就者，毫无疑问，一定未能读到这两部书；凡读过的人，也毫无疑问，一定会为它的深邃博辩所折服，惊信方以智是近代启蒙时期的伟大哲学家。

---

① 梁启超：《中国近三百年学术史》，载《梁启超论清学史二种》，上海：复旦大学出版社，1985年版，第108页。

譬如他的次子方中通在《周易时论》跋中便说:"老父会通之……一多相贯,随处天然,公因反因,真发千古所未发,而决宇宙之大疑者也。"弟子杨学哲在《禅乐府》跋中说:"吾师乎,吾师乎,公因反因,不二代错,激扬妙叶,真破天荒。"弟子左锐在《公因反因说》中说:"环中堂(方氏堂名)公因反因,诚破天荒,应午会!"今人侯外庐在出版《东西均》的《序言》中说:"他的哲学和王船山的哲学是同时代的大旗,是中国17世纪时代精神的重要的侧面。"

这个所谓破天荒的、发千古所未发的、决宇宙之大疑者,这个被看成是方以智思想精华的公因反因说,主要便是在《东西均》和《易余》中提出并论证的。《易余·充类》篇说:"极则必反,始知反因。反而相因,始知公因。公不独公,始知公因之在反因中。"可以看出,他所谓的"反因",就是通常所说的对立两方的相反或对立,"公因"是指两方的相成或统一;而统一即在对立中。简单点说,可以说成"公因,一也;反因,二也"(《物理小识》卷五方中通按语),"有一必有二,二皆本于一"(《东西均·反因》),"一在二中"(《东西均·公符》等),"一不可言,而因二以济"(《东西均·容遁》)等等。

公因反因或一与二之最大例证,便是太极和阴阳,亦即大一和大二。太极是大一,阴阳为大二;太极分为阴阳,太极又贯于阴阳之中。《易余·三冒五衍》篇描述此种情景道:"大一分为大二,而一以参之,如弄丸然,如播鼗然。"一与二的这种弄丸播鼗关系,方以智喜欢用一个梵文字母∴(音伊)来象征,并解说道:∴字"上一点为无对待、不落四句之太极,下二点为相对待、交轮太极之两仪……无对待在对待中。设象如此,而上一点实贯二者而如环,非纵非横而可纵可横"(《东西均·三征》)。

由此我们可以看出,方以智的公因反因说,和我们通常所见到的对立统一学说,有相同点也有不同点。二者相同之点是,统一物之分为对立的两个方面,对立双方既相反又相成,于是构成了宇宙万象。不同之点是,方以智比较强调一在二中,一参于二;因而万象便不仅是对立的二,同时还是统一的一,以及由这个统一的"上一点"与"下二点"所形成的三。

方以智认为,儒家所谓的"执两用中"就是他所揭示的一在二中,所谓的"一以贯之"就是他所说的上一点实贯二者而如环;道家所谓的混成绝待、无为自然,佛家所谓的三身三谛、真如妙有,亦无不与他的说法相同,从而它们彼此间也互相贯通。他命名自己的哲学著作曰"东西均",正是要强调这种"凡相因者皆极相反"的真谛,以提醒世人知道:东方思想与西方思想(印度佛学)应该而且可以圆融,儒、道、释三教的合一,将引导人类进入全新的精神境界。

《东西均》,如前引《东西均记》所记,约写成于1652年前后,1962年11月中华书局第一次印刷发行。此前除编于光绪十四年的《桐城方氏七代遗书》中的《方以智传》文按语上曾有所透露外,其他文献既无著录,亦乏征引。中华书局所据底本为安徽省博物馆所藏钞本,乃方以智十一世孙方鸿寿于50年代所献之世代秘藏。

钞本共三册,封面题签各两行,分别为:"东西均 密之先生"、"东西均上 密之先生""东西均下 密之先生"。册长26厘米,宽15厘米,线装;无目录。第一册6页,宣纸,录《东西均开章》1篇;第二册50页,毛边纸,录《东西均记》至《译诸名》等12篇;第三册51页,毛边纸,录《道艺》至《消息》等15篇。全部楷书缮写(唯《无如何》篇及《源流》篇末50字以行书补抄),每页20行,行30字,不分卷次,未标页码;有朱笔句读及以圈点标示之着重号;个别文句经墨笔行书修改,笔迹与方以智同。据作者另一文章《象环寱记》云:"不肖覆胵历年,门人录□□之《东西均》,篝灯自乙,不觉迭躇大笑,隐几而昧。"可证这三册由门人抄录之稿本,曾经方以智亲自校改,乃存世之权威的唯一的版本;此外尚无所见。至于行书补抄部分,当系后人鉴于某些变故(霉烂、脆变等)而取之抢救措施,详细说明请参本书《无如何》篇注释。

本注释原据底本为中华书局1962年11月第1版第1次印刷本,由李学勤先生校点(以下简称"中华本")。中华本的标点、分章和注释,给本书以极大方便,十分感谢;唯阅读中,亦时有过录不确、校对不精、句读不明、分章不当之感。为慎重计,遂于排印前南下安徽省博物馆,更据原件逐字校核一过,改正中华本大小漏误50余处。现在,《东西均》的原貌,或可较准确地呈现于世矣。

深谙个中甘苦的人都知道，注释本是一项自讨没趣的工作。注释确当之处，读者认为当然应然；而注错了或注不出的地方，无异于当众献丑，自暴自露。眼前这本《东西均》，虽说只有28篇10万字，但以其博采三教，烹庖百子，用典晦涩，陈义玄奥之故，从60年代到80年代，我曾先后读而又废者，凡三次。现在下决心注它出来，倒不是学问有多大长进了，只因为，我越来越相信，它所抉发的宇宙奥秘，那个一分为三的道理，很是应该也很有必要广为众人周知，以利于认识世界建设世界。于是不自量力，时止时行，注其所知，缺其所疑，耗时三载，终成一册。承蒙安徽省博物馆特许借阅，中华书局慨允出版，使它得与读者见面，岂一时一事、一书一人之幸哉！至于疏漏错误之处，仍乞读者不吝教正。

二、东西均开章*

【题解】 开章，即开场白，或导论，概述写作大意以引人入胜的书首一章。章中介绍了"均"的本义和著者赋予的新义，以及他所理解的宇宙之均和所推崇的大成之均。章中也说明了"东西"的本义和著者赋予的新义，以及东西众说各自为均的概略。由此出发，提出了他所创立的吞吐百家烹炮古今的统均或全均。

均者，造瓦之具①，旋转者也。董江都曰②："泥之在均，惟甄者之所为。"③因之为均平，为均声④。乐有均钟木，长七尺，系弦，以均钟大小、清浊者⑤；七调十二均，八十四调因之（古均、匀、韵、昀、钧皆一字）。均固合形、声两端之物也⑥。古呼均为东西，至今犹然（《南齐书·豫章王嶷传》章王嶷传："止得东西一百，于事亦济。"则谓物为东西）⑦。

①均：塑造陶器毛坯的转盘。瓦：指陶器。
②董江都：董仲舒，曾任江都相。
③甄：亦制陶转盘。甄者，制陶人。又，此语见《汉书·董仲舒传》。
④均平：调配货物与调节物价，语出《周礼·地官·贾师》："各掌其次之货贿之治，辨其物而均平之，展其成而奠其价，然后令市。"均声：调谐乐器，语出《乐书》："是故

---

* 钞本标题下方钤有"文忠少子中履谨藏"楷字阳文红印一方，长方形，文二行。文忠乃方以智私谥。

乐之制器、法度、均声，得之毫厘，失之千里。"（据《太平御览》卷五六五引）

⑤语出《国语·周语下》"律所以立均出度也"句，韦昭注："均者，均钟木，长七尺，有弦系之；以均钟者，度钟大小轻浊也。"

⑥合形、声两端之物：造瓦之均主形，均钟之均主声；声无形，形无声，两相对立，故曰两端。

⑦由"均"引出"东西"，破题。唯《东西均》之"东西"，尚有一切对立者义，更含东土（中国）、西域（印度乃至西洋）之义。又，括号内小字为作者原注，下同。

两间有两苦心法①，而东、西合呼之为道。道亦物也，物亦道也。物物而不物于物，莫变易、不易于均矣②。两端中贯，举一明三③；所以为均者，不落有无之公均也；何以均者，无摄有之隐均也；可以均者，有藏无之费均也④。相夺互通，止有一实，即费是隐，存泯同时⑤。

①两间：天地间。苦心法：修身养性、济世拯民之法。

②物物而不物于物：语出《庄子·山木》，此借以指"均"能均物而不为物均。变易、不易：旧谓"易"一名而含三义：易简也，变易也，不易也。此借指"均"亦具变易、不易之性，故能物物者，莫过于均。

③两端中贯：谓"均"既具变易、不易两端，复贯两端而中之，一均而有三义，如下所示。

④著者《一贯问答》有曰："孔子曰视其所以，佛曰所以者何，又曰何以故，吾因是而提所以、何以、可以之说。所以即中谛之正因、太极、不落问答、无学之学也；何以即真谛之了因、妙无极、问破难答之学也；可以即俗谛之缘因、妙有极、共问答自问答之学也。"在《易余》中，著者名此说为"三如此"之说，所谓"必当如此"、"何以如此"、"本自如此"（见《中正寂场劝》及《知言发凡》）。此处更发挥为公均、隐均、费均（费、光貌）。又，着重号原有，为朱红密圈，下同。此三处着重号，中华本缺。

⑤三义相互否定，又互相贯通，而呈现为一实二虚：有藏无之费均为实，回答何以为均的隐均及所以为均的公均是虚；二虚皆藏一实中，故曰即费是隐、存（有）泯（无）同时。参见著者《易余·二虚一实》。

所以然，生不得不然，而与之同处①。于是乎不得有言，不得无言，而不妨言"言即无言"之言②。故中土以《易》为均，其道并（併）包，而以卜筮之艺传于世，又不甚其苦心③。均罕言于雅言④，使人自兴、自鉴、自严、自乐而深自得之，以其可闻，闻不可闻⑤。吾言无所不说（悦）者，亡矣⑥；仅有鲁而唯者⑦，有多识而知其不可闻者⑧。斯则东老呼"天知我"霹雳一声之后也⑨。

①所以然：指上段之"所以为均者"。不得不然：指"何以均者"与"可以均者"。作者相信一切存有皆不得不然者。本书《象数》篇有曰："明其所以然，而安其不得不然，所以然即在不得不然中。"

②因为一切皆"不得不然"而生，故我人对之"不得有言"，而应观其自在。又因生出者皆有其"所以然"，故我人又"不得无言"，而应究其所以。两者互斥，解决的办法是贯其两端，"不妨言'言即无言'之言"，即言"如实的、非造作的"之言（参《老子》的"为无为"）。

③著者认为，中国的《易》，便是"言即无言之言"，它包有所以然与不得不然，以卜筮之艺传世，是很苦心的苦心法。又，"并"通"併"。凡通假字、异体字、错别字，以后但以括号标出，不再注明。

④此处由《易》谈到"东老"孔子。著者认为孔子罕言大道，而是寓大道于雅言即诗书艺礼中（参本书《道艺》等篇）。罕言、雅言，语出《论语·子罕》及同书《述而》。

⑤孔子罕言大道，而使各人自己领悟，从"可闻"的"文章"中闻出"不可闻"的"性与天道"来。参注⑧。

⑥吾言无所不说（悦）：出自《论语·先进》："子曰：回也，非助我者也！于吾言无所不说。"亡矣，谓颜回不幸短命死矣，今也则亡（参《论语·雍也》）。

⑦鲁而唯者：指曾参。语出《论语·先进》"参也鲁"及同书《里仁》："子曰：'吾道一以贯之。'曾子曰：'唯'"。

⑧多识而知其不可闻者：指子贡。语出《论语·卫灵公》："子曰：赐也，女以予为多学而识之者与？对曰：然，非与？曰：非也！予一以贯之。"以及同书《公冶长》"子贡曰：夫子之文章，可得而闻也；夫子之言性与天道，不可得而闻之"。

⑨东老：指孔子。天知我：概括自《论语·宪问》："子曰：莫我知也夫！……知我者其天乎？"又，以上几句谓在不为世人所知的孔子之后，仅有曾参和子贡深得不可闻的均道。

竹中之均明知"无言"①，而何以言？因后世以不可闻者自夸其闻，哼哼哓哓，以传为市②，故言其"何言之行生"者征之③。土型乎，钟木乎，岂得已哉④？

①竹中之均：射孔子；盖竹中者，"孔"也。明知无言，指《论语·阳货》的"子曰：

予欲无言"。

②不可闻者：指"性与天道"。哼哼谅谅：即"谆谆哓哓"，唠唠叨叨也。以传为市，靠宣传、传播来推销自己。

③言其"何言之行生"：语出《论语·阳货》："子曰：予欲无言！子贡曰：子如不言，则小子何述焉？子曰：天何言哉！四时行焉，百物生焉；天何言哉？"征之，谓以此来表示自己的意思。

④谓"竹均"之如土均、木均般为世作均，盖出于不得已。

万古所师之师惟有轮尊①。轮尊无对而轮于对中②。见所为因缘和合，成器而适用者，皆方老之所为也③。方老不自谓为之而归于无为之尊，则方老率众执事芸芸者，皆轮尊之所以为也④。

①轮尊：著者虚拟之最高尊者，人格化的宇宙之道。轮即均，兼有轮回义。

②轮尊超越一切对待之上，寓于一切对待之中。

③方老：著者自称。从轮的运转来谈论具体变化并施诸实用的，是方老。按，著者相信"圆以方成"（参本书《疑信》等篇），此处之轮尊、方老，似有深意存焉。

④方老之所不得不为，皆生于轮尊之所以为。

代而错者①，莫均于东西赤白二丸②。白本于赤，二而一也。赤者平起赤，而高、中白；白者能白能黑而满轮出地之时本赤③。因其所行，错成生死：明而暗，暗而明，昼夜之生死也；生明死魄④，一月之生死也；日一北而万物生，日一南而万物死⑤，一岁之生死也；时在其中矣。呼吸之小生死，天地之大生死⑥，犹是也。

①代而错：语出《中庸》"譬如四时之错行，如日月之代明"。代，更迭；错，交叉。

②赤白二丸：指日月。

③谓赤白丸相反相因。

④魄：月相未满前或已满后，缺失处之微光。中国上古常以"既生魄"、"旁生魄"、"既死魄"等术语记月相变化和日期。

⑤日一北：指冬至。日一南：指夏至。万物生、万物死，谓冬至一阳生，夏至一阴生。

⑥天地之大生死：各家多有宇宙生灭轮回说。

东起而西收，东生而西杀①。东西之分，相合而交至②；东西一气，尾衔而无首③。以东西之轮，直南北之交，中五四破④。观象会心，则显仁藏密而知大始矣⑤。密者，轮尊传无生法忍以藏知生之用者也⑥，昭昭本均如此⑦。

①东生而西杀：犹春滋生秋肃杀。

②谓东西之分，本是相对的。著者《药地炮庄·总论下》有曰："凡人指东为东，指西为西；智者知东不必为东，西不必为西；惟圣人明于定分，以东为东，以西为西。毋乃三番山水，方许受用也耶？"

③尾衔：首尾相衔，终而复始，故无首。本书《扩信》篇有曰："韩非曰：地形以渐往，使人东西易面而不自知。"

④此处借浑仪之六合仪立说。东西的横轮与南北的直轮相交，天体剖破成四个象限，中央为无体之五。参本书《三征》篇"轮有三轮"段。

⑤显仁：谓由四象限见日月四季生生之德。藏密：谓由中五悟深藏的奥理。语出《易·系辞上》"显诸仁藏诸用"。大始：谓宇宙的本相。

⑥无生法忍：佛学术语。信难信之理而不惑，曰忍；以此忍施于所观之事事物物，曰法忍；安住于无生无灭之理而无碍不退，曰无生法忍。著者认为，人生价值正实现于此中。

⑦本均：指日月之均。

步之积移①，犹有岁差，望后人之均之②；则可不均东西所以代错之故，听步东步西者之积移而差乎③？东均者曰："知日则知夜矣。"西均者曰："日原于夜，以夜知日。"步东之差者，守所立之甲乙，时已推移，而不知变；步西之差者，不知说夜所以说日也，而习说夜之法，扫说日者贪食而畏夜，形累而影迷④。此轮尊生物之公差也⑤。故生转均之人，明此日统夜之无日夜⑥，以复人人自有之轮尊。则东西轮尊之宗一也，一即具二⑦。主宗者用一化二；而二即真一，谓之不二⑧。"吾道一以贯之"与"一阴一阳之谓道"，三"一"者，一一也⑨。何谓吾？何谓道？何谓一？曾疑始否？曾同异否⑩？

①步：天学术语，谓测天。积移：微差日积遂有大差。

②均之：调整。又，"后人之"疑为"后之人"倒误。

③谓若不止于仅知日月之可以代错、何以代错，且更知其所以代错之故，则无差矣。步东步西者，指东方之学者与西方（印度）之学者。

④扫：破除。形累而影迷：典出《庄子·渔父》："人有畏影恶迹而去之走者，举足愈数而迹愈多，走愈疾而影不离身，自以为尚迟，疾走不休，绝力而死。"此谓说夜者以此扫说日者。

⑤谓步东之差者与步西之差者乃不得不然者，轮尊生此二差，以现其不泥此二差、亦不离此二差之公。

⑥谓轮尊复生转均之人（著者自况），阐明日夜相统、日夜相泯、日夜相对之理，以解迷误，而复人人之轮智。

⑦著者相信人人都可达到圆融境界，都有自己的轮尊；而东均者之轮尊与西均者之轮尊所宗奉的，实为同一公轮尊；此一公轮尊即具有且必然生出相反相因之二说。

⑧主宗者：尊崇公轮尊的人。用公轮尊化彼二说，则可知二乃不二而为真一所现。

⑨吾道一以贯之，语出《论语·里仁》孔子曰。一阴一阳之谓道，出《易·系辞上》。著者以为，一以贯之的一，是真一；一阴一阳的两个一，有如东均者西均者各持之见，即不二之二。真一即具有不二之二于自身。故曰：三"一"者，一"一"也。又，中华本缺着重号。

⑩疑始：语出《庄子·大宗师》，谓认知之初。同异：指"道一"与"一阴一阳"之同之异，亦指轮尊与东均、西均之同之异。

开辟七万七千年而有达巷之大成均，同时有混成均①。后有邹均尊大成；蒙均尊混成，而实以尊大成为天宗也②。其退虚而乘物，托不得已以养中者，东收之；坚忍而外之者，西专之；长生者，黄冠私祖之矣③。千年而有乾毒之空均来，又千年而有壁雪之别均来④。至宋而有濂洛关闽之独均⑤。独均与别均，号为专门性命均。而经论均犹之传注均⑥，惟大成明备，集允中之心均⑦，而苦心善世，以学为旋甄和声之门⑧，弥纶乎大一而用万即一之一，知之乐之⑨，真天不息，而容天下。后分专门性命、专门事业、专门象数、专门考辨、专门文章，皆小均，而非全均也⑩。

①七万七千年：按邵雍的元会运世法计算，孔、老生当开天辟地后七万七千年之谱。达巷：地名，见《论语·子罕》；此谓孔子出生地。大成：孔子封号。混成：语出《老子》"有物混成"，此借以指老子。

②邹均：孟子生于邹。蒙均：庄子蒙人也；庄子名尊老子，实尊孔子为天宗。

③其：指庄子。退虚、乘物、养中：出《庄子·人间世》"乘物以游心，托不得已以养中"。坚忍而外之：谓坚忍于心而外于物。黄冠：指道士。此数句谓庄子的思想分别为东均、西均和道教所吸收与崇奉。

④乾毒：亦译天竺、乾竺、身毒，泛指印度。空均：指佛教。壁雪：指面壁的达摩。别均：指教外别传之禅宗。

⑤濂洛关闽：宋代理学各派。理学家或持理一元论，或持心一元论，其为一元则同，故谓之独均。

⑥经论均：泛指义理之学。传注均：泛指章句之学。

⑦旧谓"人心惟危，道心惟微，惟精惟一，允执厥中"为儒家道统之十六字心传。允中、心均本此。

⑧旋甄和声：明指陶均和乐均，隐指轮尊。谓孔子以"学"为入道之门。

⑨弥纶：统摄。大一：宇宙。万即一之一，指孔子所谓"吾道一以贯之"。知之乐之：谓知道乐道，语出《论语·雍也》"知之者不如好之者，好之者不如乐之者"。

⑩著者认为"专门"只是小均；与之相对的"通门"，方可有望成为全均。

乾毒最能高深，苦心于世之胶溺①，故大不得已而表之空之，交芦双破而性之②，专明其无不可用大一之体③，而用例颇略，以世已有明备者故可略也④。而后人沿其偏上权救之法迹，多所回避，遂成一流法迹之法⑤。其实谛行之蟠死窟者，留以为寒凉之风可耳，非中谛圆成者也⑥。

①胶：执着。胶溺，因执着而溺，且执着于溺。

②表之空之：谓佛学以世人执有，而不得已说无（表之）、说非有非无（空之）。交芦双破：交芦，三杆交叉架立之芦，喻互为因果之法，语出《楞严经》卷五。著者《易余·反对六象十错综》有曰："如网之织，如芦之交，双明双晦，互泯互存。"双破，双遣，如非有非无之类。性之，直见本性。

③无不可用大一之体：普遍适用的大一之本体。

④明备者：指孔子，见上段"惟大成明备"。谓佛学以有孔子学说在，故但明其大体而略于用例。

⑤谓学佛者循佛学之明体略用的权宜之偏路，避实就虚，一发而不可收拾。

⑥实谛：佛学术语，对理谛而言。蟠死窟，典出扬雄《法言·问神》"龙蟠于泥"；此处所谓蟠死窟，谓实谛满足于弄泥窟中，不思腾飞。寒凉之风：出典不详，殆谓可以容忍实谛之执着，以作为寒凉之风，使头脑发热的理谛、空谛有所清醒。中谛：佛学术语，谓事物非假有非实空、亦假有亦实空。此处谓佛学之实谛，有清凉剂之用，尽管不像中谛那样圆融。

全均者曰①：名教者寄声托形之场也②，时乘者太极阴阳甸也③，轮回者消息也④，迦延狱者名教场之杵也⑤。心科榜于县（悬）崖，则独均之矿石也⑥。又有安乐先天均，独明轮率，则以元会徵成坏，固东西大生死之指南车也⑦。

①全均：与专门之精的偏颇对言，指著者所遵奉的圆融观点，亦其自许。以下列举各派之长，亦见全均之所以为全。

②名教：指正宗儒家。此句谓正宗儒家是人们安身立命的所在。

③时乘：《易·乾·彖》有"时乘六龙以御天"句，此处借指易学派。匋：陶窑。此句谓易学派培育出了太极阴阳学说。

④佛教的轮回说可以视同天地盈虚变化之理。

⑤迦延狱：阴曹地府之类。《扩信》篇有"神道设权，迦延典主，最能辅教"句，此处似亦谓迦延狱乃名教的摧敌利器。

⑥榜：张榜。谓理学家之说虽高调而险，却能砥砺人心。

⑦安乐先天：邵雍名其居曰安乐窝，倡先天象数之学，谓宇宙以元会运世各各若干比率轮回成坏。此处称其说指点了人们重视生死。

均备五行而中五音，所旋所知，皆非言可传①。空无所得，无不自得，久淬冰雪，激乎风霆，会乎苏门②，亘其神气，自叩灵台，十五年而得见轮尊③。仰而观，俯而察，小见大，大见小，无彼非此，即无大小，皆备于我矣，是为大尊。成均、空均与众均之所以为均，皆与我同其大小偏全，我皆得而旋之和之④。生乎后时，跃身其前；开方圆目⑤，穿卯酉光⑥，读五方本，破玄黄句⑦，坐苍苍之陛⑧，下视其不可闻之苦心，原何有不可推移之法，而况迹其迹乎⑨？

①均：接上段之"全均"而言，备五行，如造瓦之均；盖制陶造瓦，非金、木、水、火、土不办也。中五音，如均钟之均。其所旋、所和之理，难以言传。

②苏门：山名，在今河南辉县西北，晋人孙登隐居处。此喻高士情趣。

③亘：横贯。灵台：心，语出《庄子·庚桑楚》。此上数句，谓全均的道理不可言传，只能领悟，著者为之花了十五年时间。

④谓得见全均后，万物皆备于我，而后能吞吐百家。成均，即大成均。

⑤方圆目：《易·系辞上》有"蓍之德圆而神，卦之德方以知"句，方圆目本之。谓亦经亦权，即方即圆。

⑥穿：透也。卯酉光：旧以十二地支配四方，卯当正东，酉当正西。此处卯酉光指东、西（印度）学理。

⑦五方本：谓各处书籍。玄黄句：指天地奥秘。

⑧苍苍之陛：天帝的殿阶。

⑨其：指众均。此数句谓自己虽生于诸圣之后，却从他们的"苦心"中，悟得不二法门。

甸则尽古今是甸也，狱则尽古今是狱也①。因时变变，可全可偏，必知其全，偏乃合权②。读之破之，空之实之③，不则泥土以为墼耳，断钟木以为橛耳④！旋形和声之统迹者，众均皆有□（其）书，而不立者立其所以统⑤。吾以统均立，则两间之星点枝梧（支吾）者，皆不立之立也⑥。

①甸、狱：就前节阴阳甸、迦延狱言；甸谓从正面培育，狱谓从反面辅成。

②谓虽可因时变而变，或全提或偏至，但合权之乃可偏，而知全之偏方合权。

③读之破之，空之实之：谓对往圣言论，应熟读而破之，深入复出之。

④不（fǒu）则：即否则。墼（jī）：土坯。橛：短木桩。否则将是毁陶均为墼，断钟均为橛矣。中华本改"墼"为"堲"，非是。

⑤谓众人皆有涉及"统"迹和所以统的言论，只是未曾以之立说。又，□处虫蚀，据中华本补"其"字。

⑥谓我现在将以统均立说，天地间的点点滴滴和吞吞吐吐的说法，都是我的素材。

用形之义详于东，而托形之声出于西①。清静音闻，谁耳顺乎？弦歌杳矣②；诗乐故事，孤颂虽行，且嗤满半③。独均与别均之裔争，而各裔又争。独均已不知呼天之声④，泥于理解，不能奇变，激发纵横之曲，必让涂毒之鼓⑤。然别均守其专授，不加陶铸，反呵宗教不二者葛藟，而发挥观玩攖宁者为芸（耘）人之田⑥；曾不知模仿镂空之伎俩，与穴纸（纸）雕虫，同迷于耕织，何异乎⑦？每笑高卑虽分，所侬即迷。自弦拨之指、点睛之笔，以至鲁共之壁、灵山之花，皆迷药也⑧。而皋比座、曲录床，一据不可复舍（捨），迷药犹（尤？）毒⑨！

①谓东方长于由形求本义，西方长于因形托心声。

②耳顺：孔子六十而耳顺。弦歌：《史记·儒林列传》："高皇帝诛项籍，举兵围鲁，鲁中诸儒尚讲颂习礼乐，弦歌之音不绝。"后以弦歌喻儒学。此处谓孔门真义已很杳渺。

③谓佛学虽未断流，但也常遭讥笑。

④呼天之声：见前"东老呼天知我"注。

⑤涂毒之鼓：皮面涂以毒料之鼓，相传可使人闻声即死；禅宗以之喻师家令学人灭尽贪痴之机言。此数句谓理学家已不知孔门真义，不能因时变变，因而将启发人们思想的事

业，拱手让予禅学。

⑥陶铸：培育，语出《庄子·逍遥游》。宗教不二者，宗于教义而不变者。葛藟：《诗经·王风》篇名，咏流离失所者。撄宁：虽扰动而能宁静，语出《庄子·大宗师》。此数句谓禅学家不知自责，反责别人。

⑦模仿：临摹。镂空：双钩字形。穴纸：捅破窗纸。雕虫，学写虫篆。模仿镂空与穴纸雕虫，皆学童学习书写的方法。此谓责人者的别均与被责者，都是未知大道的小把戏。

⑧弦拨之指：泛指玄学，典出嵇康"手挥五弦，目送飞鸿"。点睛之笔：泛指佛教，典出梁武帝礼佛故事。鲁共之壁：指儒学，典出孔壁出书故事。灵山之花：指禅宗，典出世尊拈花以心传心故事。此数句谓他们虽有高下之分，但皆有所执，故皆迷。

⑨皋比座：虎皮之座；张载曾坐虎皮座讲《易》，后遂称执教为坐拥皋比，此处泛指理学讲席。曲录床：僧人用椅；刻木而成，其形屈曲，故名。此处泛指禅家高座。又，"犹"疑"尤"误。

　　方老向轮尊曰：迷而悟、悟而迷，又何异于呼而吸、吸而呼哉①？矜高傲卑，几时平泯？吾无以均之，惟劝人学均以为饔飧②。众艺五明，皆楼阁也③；虫吟巷语，皆棓喝也④。其自夸无事人，惟恐齿及"学"者，以无忌惮而弄泥倚木⑤，又偷安，又斥人，狡矣！汝诚如苍苍者，吾岂不许汝斥好学为恶习邪？苍苍之均也，各各不相知，各各不相到，则苍苍亦不能自主⑥，而为汝作主斥好学者耶？嗟乎！全均者苦矣，愚矣⑦！

①中华本缺"于"字。

②谓各学派的或迷或悟乃正常现象，我劝众人学"均"以泯矜傲。

③众艺：即六艺：礼、乐、射、御、书、数。五明：佛学术语，指学者必备之五种明智：声明（明言语文字）、工巧明（明工艺历算）、医方明（明医行）、因明（明逻辑）、内明（明自家学派宗旨）。楼阁：谓可开阔视野者。

④棓喝：即棒喝，禅师启发弟子的手段之一。此四句承前劝学义，谓为学无定方，触处皆师。

⑤其自夸无事人：指空谈心性、反对读书的理学家与禅学家。惟恐齿及"学"者：唯恐说到"学"字。泥木指代瓦均与乐均，弄泥倚木，谓玩弄均术。

⑥苍苍亦不能自主：谓众多学派各自存在，苍天对之也难下判断。

⑦全均：著者自许。苦矣愚矣，自我反讽。按，方以智自号浮山愚者、愚道人、愚者大师。

吾劝别均，别均方独尊，而所迷者悦而从之，谁肯虚心，自知无住①？既讳其住，必且訾我以掩悦者。吾劝独均，独均又以为杂取异术，推而摈之②。劝其悟后自强不息，薪传用光，碍俱无碍，征以自勘③；则以五方本、玄黄句，是更畏难护痛，引浊智割泥以自封，藉露布为障面④。讵知根本差别外内何分？清智和浊智中，知其起处，即任为□（官），金刚刀何处不可用乎⑤？反不如达者任之。蜉蝣庆暮，有何生死⑥？何不逍遥，而为圣人所缚定哉？果得策矣，然又乌知愚、苦即逍遥之无上策耶⑦？木榻一铎也，铁门一拂也⑧，已而已而，知有已耳，求免则那⑨？虽然，本自如此，乃本自不可言者也。知必不免，而必言可免，是为大免⑩。劝纵不受，又岂可以不劝自暴□（弃）哉？⑪

①无住：佛学术语，住，凝固；无住，谓事物无自身不变的性质，认识亦不应固定不变。此处谓别均及其迷者不知自己应该无住，而固执己见。

②独均以我为杂取异术者，拒我门外。

③薪传用光：典出孙登劝嵇康，谓"火生而有光，而不用其光，果在于用光。人生而有才，而不用其才，而果在于用才。故用光在乎得薪，所以保其耀；用才在乎识真，所以全其年"（《晋书》列传第六十四）。无碍：自在通达。谓我劝理学家自强不息，好自为之，虽有障碍，正足以用来自我校证。

④引浊智割泥以自封：出典不详。《易余·薪火》有"割泥之喻，诉人先本"句。露布：布告。此数句谓理学家不听劝说，反而占山为王，拉大旗作虎皮。

⑤金刚刀：喻坚利之刀。此数句谓理学家不辨皂白，妄施刀斧。又，"官"字蚀，唯余宀头，据中华本补。

⑥蜉蝣朝生暮死，但蜉蝣能任之庆之，遂无所谓生死。此劝理学家宽容达观。

⑦劝理学家逍遥：既勿为往圣缚定，亦勿以无所事事为逍遥。愚、苦：见上段注。

⑧木榻，指禅。铎：指儒。铁门：指佛。拂：拂尘，指玄。谓相互攻讦之各家，本可互通，皆有所迷。

⑨那（nuó）："奈何"的合音。求免则那：谓学者难免是此非彼，任之可也。

⑩本自如此：《易余·中正寂场劝》有曰："知有必当如此、何以如此，而即享此本自如此之故"，则"本自如此"即"所以然"也。此处谓学者之不免于迷，乃本自如此、本自不可言的不得不然。唯虽知其必不免，仍须力求其免，是为大免。

⑪□，虫蚀，疑为"弃"。谓我对别均独均的劝说，虽不被接受，但不能听其自暴

自弃。

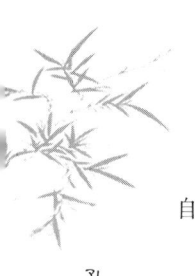

纷华队之言性命均者①，苦事淹洽，苟焉托立地火炉之旁，足唾人间之喆（哲）匠，以为颜色，藏身已耳②。不则交赊福田③，久而自护，又多厌常喜新，因而别路绐之④，则果不信土木之皆均质也，城郭川原之皆均宅也⑤。指远山之青又青，有秘在焉，则驰千里马遍九州而寻之，青又青何可得乎？犹必以土木城郭川原之非究竟也⑥，岂非白痴？忽告之曰："君求青又青耶？君足下之土木是矣。"彼反不信。学道贤者往往皆然，真可怜生⑦！迷死而已。所最太息者，单袭"田本自种"之一吼，而废禁"种田"之良劝，漫曰鳖难逃瓮，其如日下狼饥（祸）何哉⑧？轮尊笑曰：迷死而已，本不出吾计也⑨。

①纷华：奢华。《史记·礼书》："出见纷华盛丽而悦，入闻夫子之道而乐。二者心战，未能自决。"此处指华而不实之独均与别均。

②苦事淹洽：追求渊博。立地：立刻。火炉：即护摩坛，一种火祀法。苟焉托立地火炉之旁，硬说自己马上便能得道。以为颜色、藏身已耳，不过是一种掩盖自己的伪装罢了。

③交赊：谓独均、别均互相许诺。福田：佛学术语，谓供养施舍能得福报，如种田必获。

④别路绐之：变着花样欺骗。

⑤均质：可以为均者。均宅：藏有均者。谓均（真理）本平常，俯拾即是，而性命均人偏不相信。

⑥中华本缺"川原"二字。

⑦可怜生：可怜可爱的人儿。此数句谓别均、独均舍近求远，反而一无所获。

⑧田本自种、日下狼祸：出典不详。谓性命均者迷信宿命，放弃努力。

⑨谓性命均者如此执迷不悟，似乎是造化（轮尊）的故意捉弄。

毒均设炉①，听人投迷。有开目放光者，则出而逍遥；不能出，则迷死之已耳。无明即明，争明逾迷②。跃冶之悟，大悟大迷③。黔嬴造命，本无迷悟，而有乎生迷死悟④。不迷则死，不如迷学，学固轮尊毒毒药之毒也⑤。

①毒均：泛指引人入迷的偏颇学说。

②无明：佛学术语，谓暗于事理。此处指对毒均之炉不理不睬。争明：指与毒均争个高下。

③跃冶：语出《庄子·大宗师》"今之大冶铸金，金踊跃曰：我必且为莫邪。大冶必以为不祥之金"。此处以跃冶喻争明者。

④黔嬴：神名。《楚辞·远游》"召黔嬴而见之兮"，王弼注：造化神。此处谓造化造人，似乎有点使之生而迷、死而悟的安排。

⑤著者认为，人生既然不免于迷，则不如迷"学"；"学"本是轮尊安排的解毒药的毒药。

吾告稗贩毒药者曰①：至贱如监水，至秽如矢溺，皆可吐下，比于灵丹；何必外国之阿魏、黄硰乎②？灯笼露柱，石牛木马，乃辽之白蹢也③。土苴矣，疑者嚼即弃之④。故为画长安图，使人出门西向而笑。一肯上路，鞭策有分，津关相待，旅次盘桓，见则立见，不见岂患别无点心麟蟱哉⑤？世无非病，病亦是药。以药治药，岂能无病？犯病合治药之药，诚非得已⑥。

①此处毒药指解毒之药。即上句所谓的毒毒药之毒。稗贩毒药者，指贩卖救世良方的人。

②阿魏：草药，性温，味辛，有毒，能消积、杀虫、解毒，主产于伊朗、阿富汗、印度。黄硰，即黄硇，药石，性温，味咸苦辛，有毒，能消积、软坚。

③灯笼露柱，石牛木马：禅家常用以指喻无情之物。蹢：兽蹄。《诗经·小雅·渐渐之石》"有豕白蹢"。辽之白蹢，不详。此数句谓石牛木马也是千里骐骥。

④土苴：土渣粪草，语出《庄子·让王》："道之真以治身，其绪馀以为国家，其土苴以治天下。"

⑤西向而笑：《易余·知由》谈"知"的种类时说："有行前之知，西向而笑是也。"长安、西向：典出《二程语录》卷第二上："尝喻以心知天，犹居京师（按，今开封）往长安，但知出西门便可到长安。此犹是言作两处。若要诚实，只在京师，便是到长安，更不可别求长安。"麟蟱：徵子。出典不详。

⑥此数句谓人世无从按理想定制，难免种种病态。但生病正是机体保护自我的措施，因而亦是药。各种学说互争，有如以一种药（病）去治另种药（病），而不能愈病。我现在合众药之长而成一药，诚非得已。

贯、泯、随之徵乎交、轮、几也，所以反覆圆∴图书也，是全均所露泄之本，熟读而破句者也，立而不立者也①。虽言之而不言者自在，可闻而不可闻者自在。大尊嘱此以作均徵而救众均，又何暇避剎幡之禁忌②，而故锢人于优侗（笼统）乎？风棱水文，貌在言外，不知言先一句，吾言又锢人矣③。影

訾之曰："此皆不亲切之皮相玩物也，此皆知见聪明之土块木屑也。向上别有牢关一片甎（砖）在④。"形笑之曰："不过为日观峰下灰堆出气，慰沼纳朴相望耳⑤！"自首自扫，一状领过，过后张弓，有何交涉⑥？

①贯、泯、随、交、轮、几：为著者的认识论与世界观。圆∴图书：为著者所信从的宇宙图像，详见下注。此数句谓著者此说，是从众均中悟出来的一种不立之立。

②大尊：前有"皆备于我矣，是为大尊"句，则大尊似为著者所达之境界。剎幡：佛学标记。所谓不避剎幡禁忌者，盖就∴（读伊）图原型为梵文言。∴，悉昙五十字母之一，以三点组成，喻物之不一不异，非前非后。后有所谓新旧伊字，新伊亦称圆伊、真伊，以图形喻圆教之圆融相即之理（参《大般涅槃经疏》卷六、《摩诃止观》卷三上、《五灯会元》卷六洛浦元安禅师、卷七岩头全岁禅师、卷一二大沩慕哲禅师。又见《明儒学案》卷三三文肃赵大洲先生贞吉，《赵文肃公文集》卷二三《周南留著图录序》）。

③言先：著者惯用术语，《易余·性命质》有曰："夫言岂一端，亦各有所为也。不明言下之言先、言后，则诚亦蠢诚耳！"是"言先"乃先于言的、言所欲表达的心声，如水纹之风。

④影：著者设以自讼之反我。皮相玩物，表面文章。土块木屑：无用废物。向上：自迷境入悟境，上求菩提之功夫为向上。牢关：参禅者所谓透三关的最后一关，亦即所追求的最高境界。

⑤形：设以自讼之正我。为……出气：为人伸张正义。日观峰下灰堆，不详。似戏指中国。沼纳朴：即中印度，古所称佛国，《明史》有传。

⑥自首自扫：自己揭发、自己排除。一状领过：语出《五灯会元》北禅智贤禅师条，谓一张状纸便了结此案。过后张弓：原作"贼过后张弓"，禅林常用喻（见《五灯会元》赵州从谂禅师、天圣皓泰禅师、道场有规禅师、广福惟尚禅师、云岩天游禅师、万年昙贯禅师、昭觉克勤禅师等），谓时机已失，贼去关门。有何交涉：即有何关涉、有何关系。

"细视大者不尽，大视细者不精"①，此诚然矣。然天地何以大者尽而细者精？岂非以不视者均之欤②？请容东、西之遮夺互辟，而即为东、西合拍解嘲曰③：西言一切法皆是法，何能推新均，出那伽大定之外④？东均之赞曰"代明错行"；不收我，何以为代错⑤？足蹑者咫也，而用者大地⑥，何不试学此均，以为无用之用耶⑦？

①《庄子·秋水》篇句。

②视所视者，需以所不视者均之（助长之、反比之、融贯之）。所不视者在此遂发挥

其无用之用。下文"足踆者咫也,而用者大地"亦此义。

③遮夺互辟:互相驳难。合拍:调解。解嘲:解嘲。

④那伽大定:亦作"那伽定"。那伽,梵语 Naga,《玄应音义》云:"那伽,此云龙,或云象也。言其大力故以喻焉。"佛之禅定曰那伽大定。此喻西均之不能自拔,不能推陈出新。又,句读原有;中华本省"均"后"出"前逗号,文义遂稍异。

⑤不收我:谓东均拙于对认识主体的分析。

⑥翻自《庄子·徐无鬼》"故足之于地也践,虽践,恃其所不踆,而后善博也"句。

⑦此均:指庄子此说。

有大全,有小全。专门之偏,以求精也;精偏者小全。今不精而偏,必执黑路胜白路,而曾知黑白之因于大白乎①?入险则出奇,愈险则愈奇,而究竟无逃于庸也②。惟全者能容偏,惟大全者能容小全;而专必厌全,小全必厌大全。大全随人之不见是,而专者摧人以自尊③。大全因物以作法,法行而无功④,天下皆其功,而各不相知。专者必自露得法,而不容一法在己之上;以故闻者屈于其迅利⑤,遂以为大全诚让专偏一等矣。

①黑路、白路:佛学常以黑、白表示恶善,亦有以之表示差别与平等、偏与正等相对之法。大白:统贯黑、白的大全。精、偏、全:参见本书《全偏》篇。

②险、奇:指专偏者的论断。庸:平庸、平常。参见本书《奇庸》篇。

③随人之不见是:如无字误,则可读如"随人之不见是之",即容忍别人之不见,发而明之。摧人以自尊:打击别人抬高自己。

④因:任、循。作法:做出理解,揭示其本性。无功:无己之功。

⑤迅利:立竿见影,直接功利,能迅速解释局部的表面现象。

集也者正集古今之迅利,而代错以为激扬也①。何妨露泄之而又訾笑之,担荷之而又容置之②?谓不精,则让诸公精。谓不能胜人,则让诸公胜。谓习气未除,是诚左旋习气未除也③。谓独非迷乎?是诚迷于发愤之乐也④。在此劫中,且均此十三万年之历⑤,与之日新,听其迷明,容其胜厌⑥,虽愚苦其心而尚有不能言者,庸何伤哉⑦?

①集也者:指著者之倡"统均"和"全均"。代错:集古今诸迅利之说而相代相错。激扬:激浊扬清。以代明错行的态度和办法,作为对它们的批评和表扬。

②露泄、訾笑,担荷、容置:对古今迅利之说既否定又肯定。

③谓……：设客难。则……、是……：答难。公精：统小全之"精偏"与大全之"粗疏"而贯之的大精。公胜：统黑白之相胜与大白之无胜而贯的大胜。习气：佛学术语，谓未能断尽的烦恼之残余部分。左旋习气：暗指天道，《易余·无心》有"天左旋……习也"句。此处谓著者对待古今迅利之说的态度乃本诸天道。

④发愤之乐：指好学，参《论语·述而》。

⑤劫：佛学所谓的长时间周期。十三万年之历，按邵雍元会运世说，天地一终始为一元，一元共十二万九千六百年（参见本书《三征》篇注）；十三万言其概数。

⑥胜厌：即上段所谓的偏必求胜、专必厌全。此处谓对古今之迷者明者、胜者厌者，皆听之容之。

⑦愚苦其心：愚苦，前文所谓的"全均者苦矣愚矣"，则其心乃指著者自心。

我以十二折半为炉，七十二为鞴，三百六十五为课簿，环万八百为公案①，金刚智为昆吾斧②，劈众均以为薪，以毋自欺为空中之火，逢场烹饪，煮材适用，应供而化出，东西互济，反因对治，而坐收无为之治，无我、无无我，圜三化四，不居一名③。可以陶五色之素器，烧节乐之大垠，可以应无商之圜钟，变无征之四旦；造象无定，声饮归元④。知文殊之中无中、边之中，又不碍常用子华庭皇之中⑤。是名全均，是名无均，是名真均。有建金石华藏之殿，而犍旷古当前之钟者乎⑥？必知问此造具均、和调均之合一手矣⑦。印泥、印水、印空，三印且破⑧，又何嫌于刻销乎？存泯同时，各不相坏。形既无形，声亦无声，何不可乎游形而戏声⑨？

①十二折半：指十二个月有余。七十二：指七十二候。三百六十五：指日。皆以年为言。万八百，以会言。按邵雍元会运世说，一元凡十二会，会各一万零八百年。鞴：鼓风器。课簿、公案：判断是非的依据。此数句谓，以时间为工具为准绳，来进行下面将要说到的烹煮制作。

②金刚智：佛学术语，谓智之坚利如金刚。昆吾：山名，产铜；旧传以其产制斧，切玉如割泥。

③反因对治、圜三化四、不居一名：著者常概括其说为"因二、围三、旋四、中五"（见《易余·小引》），此数句亦此意。

④陶五色……烧节乐……：就陶均（形）言。应无商……变无征……：就乐均（声）言。无商之圜钟：圜钟即十二律之夹钟，此处泛指祭祀之乐，参见《周礼·春官·大司乐》。无征之四旦：不详。声饮归元：语音学上所谓的声随元音、声化元音。此数句言著

者学说之用。

⑤文殊之中：文殊有曰："虚空无中边，诸佛心亦然。"庭皇之中：《子华子·执中》篇云："是故诚能由于中矣，一左一右，虽过于中也，而在中之庭；一前一却，虽不及中也，而在中之皇。及小人好尽，则远于中矣。"著者于《易余·中告》篇谓虚空无中边之中为圆中，无过不及之中为正中，庭皇之中为时中。《易余·世出世》篇以无中无旁为"迷中"，谓中统旁、旁奉中为"宜中"。于《一贯问答》有曰："无过不及，而不可以无过不及为中；不在两边，而不可以不在两边为中。"皆所谓"知文殊"、又"不碍常用子华"的全均思想。

⑥金石：金匮石室。犍：犍槌，借为敲撞。

⑦造具均：范形之均。和调均：范声之均。

⑧印泥、印水、印空：禅宗用以表示佛法平等的三项譬喻，亦以表示佛之应身、报身、法身。三印且破：谓不拘泥于以三印为三种高低不同的境界，印空未必时时事事皆高于印水、印泥也。

⑨形、声：指均言。

蒙老望知者，万世犹旦暮①。愚本无知，不望知也，苍苍先知之矣。三更日出，有大呼者曰："是何东西？！"此即万世旦暮之霹雳也②。请听！

①蒙老：指庄子。《庄子·齐物论》有曰："万世之后，而一遇大圣，知其解者，是旦暮遇之也。"

②日以五更出为常。今三更便出，致有人大呼："是何东西？！"著者所述，正是非东非西、亦东亦西的"东西"，他所期待的，正是此一"万世旦暮"的知音。又，禅林常以"日午三更"示二而不二、存泯统一者，三更日出句或亦此意。又，中华本缺着重号。

三、东西均记

【题解】本篇相当于全书序言。文中所述人物故事，虽依托之言，亦足征其成书旨趣，想见著者为人。

吻吻子事何何先生，四十余年①，读书数万卷，而无一字，殆地上无所不知者乎？徐观其隐，敏其钟②，其空空无知、不立一尘、不合一法者乎③？跳北跰南④，数履硇硇之刃⑤，视死如鼻端，色不少变，心更折之。此其吹毛发硎、弄丸中随者乎⑥？

①吣吣：犹唯唯。何何：穷其底蕴也。著者一号吣山，常在著作中以何生、何何子名义设问。此处化之为师弟，以述《东西均》其书与著者其人。著者书成时四十一岁，故此处曰四十余年。

②其：指何何先生。敏：即"扣"。钟：天赋；曹植《磐石篇》有"经危履险阻，未知命所钟"句。

③尘：佛学术语，眼根的对象，意指微细物质。法：佛学术语，意根的对象，含具有自性之一切存在，及认识之规范法则等两个方面；此处泛指成文的理论。不立一尘、不合一法：谓其既空空且无知。

④跰：兽足企也（《说文》）。跳北跰南：犹走南闯北。著者于李自成陷北京时被捕，后潜逃出京，漂流百粤，变姓更名，行医为生。复随南明朝流徙，终被清兵捉放，落发为僧。

⑤硇硇：刃之白色。著者曾谓自己"中觏大难，频死十九"（《易余·三子记》），故曰数履硇刃。

⑥吹毛：秉吹毛剑之省；本书《兹燚黄主》篇有"伯夷壁立万仞，秉吹毛剑，使人不敢注视"句。吹毛剑谓剑刃锋利，吹毛立断；巴陵颢鉴禅师以之为启发学道人转迷开悟的三转语之一（参《五灯会元》卷一五），以喻般若智能照破万象，截断乾坤。发硎：发养生之硎之省；《容遁》篇有"以不求安饱发养生之硎"句（发硎与养生关系，参《庄子·养生主》庖丁解牛故事）。弄丸：本书《全偏》篇有"礼也、体也、理也，弄丸之一也"，著者《一贯问答》亦有"三一一三弄九一际"之语，是弄丸指著者之三即一、一即三学说，可以随心抛接如弄丸也。中随：从心所欲；或谓弄丸而能中于随也（随，见《三征》篇）。此皆誉何何先生者。

二十年来从不与人语，忽与我语，皆羲、轩之所未见①。先生曰："斯世佣世也！语，则佣于语；不语，则佣于默②。惟其所适，偷以自匿③。猥者匿默，默者匿语④。自有真语。语终不可以匿，默又何可匿耶⑤？以默均语，以语均默，汝其均之⑥！"夜闻而默其语，语其默；我非昨日之我。此何何先生之以"何"化我也⑦。

①羲：伏羲。轩：轩辕。泛指远古以来。

②佣：雇佣。谓受制于外，不能自主状。

③不过这种受制的状况，倒恰好可将自己隐藏起来。

④猥：鄙。语：议论。

⑤谓议论固难用来隐藏自己，沉默难道便可以隐藏吗？

⑥均：调和。谓莫如将议论和沉默调和一下，不要取非语则默非默则语的极端办法。

⑦默其语、语其默：即上文所要求之"以默均语，以语均默"。又，中华本缺本段诸着重号。

晨起适先生所，竟不知所在。是所谓乘云气，骑日月，挥斥八极以游无穷者乎①？何幸见之，而又何以不见？遂不知其何许人。四十年昨日之我何以不问？愚亦不可及矣。其无何邪？其何有（有何）邪②？其呵呵邪？其乌乌邪③？我不能知，惟有呐呐而已。因默记其所默语④，副决鼻行者抄之⑤。

①乘云气，骑日月：语出《庄子·齐物论》，誉至人之神妙。挥斥八极：语出《庄子·田子方》，状至人之气度。

②其何有邪：疑为"其有何邪"之倒误，与前句"其无何邪"对举，暗示何何先生之"何何"乃无何与有何之交轮，或谓难定有无何何先生其人。

③呵呵：呵斥声。乌乌：即"呜呜"，歌呼声。

④所默语：所默与所语。

⑤副：副本。《史记·太史公自序》有"藏之名山，副在京师"句。又，副通"付"，交付也。决鼻行者：著者《通雅》十一有曰："月魄谓之决鼻。《乾凿度》曰：月八日成光，穴鼻始明。注：穴，决也。决鼻，兔也。"则决鼻行者为月兔的戏称。又，著者弟子时多以"行者"自称（参见《药地炮庄》总论部分）。

谇曰①：魂魄相望，夜半瞻天，旁死中生，不必其圆②。似者何人，无师自然，于此自知，古白相传③。

岁阳玄墨（默）④，执除支连⑤，呐呐子识，五老峰颠⑥。

①谇曰：文末总括全篇要旨者。谇，问。著者《通雅》三曰："骚赋之末用'乱'、用'歌'，或用'讯'、或用'谇'、或用'叹'。屈原用'乱曰'，贾生用'谇曰'，史记作'讯曰'，刘向用'叹曰'。"

②魄：月亮轮廓之暗光部分。古谓朔日为死魄，初二日为旁死魄；望日魄渐生，故曰中生。又，魄用为月之代词，则与之相望的日，可名为魂。故曰魂魄相望。又，本书《所以》篇有"日月，魂魄之率也"句。

③似者何人：谓月亮的变化效法谁？古白相传：白，白丸，指月亮（见《东西均开章》）。古白相传，所谓"今人不见古时月，今月曾经照古人"也。按，此"谇曰"所曰，实为一串谜语：魂魄相望，即日月相望，射"明"字；夜半瞻天，上空暗无所见，射

"人"字；旁死中生，不必其圆，"旁"字死了但其中间部分还活着，而且不必是圆的，射"方"字；似者何人，无师自然，"似"字的"人"旁不知哪儿去了，无师自然，谓宇宙的本原——"所以"乃无师而自然如此的，射"以"字；于此自知、古白相传，"智"字古从"白"、"于"、"知"，而"白"字古与"自"字通（均见《说文·白部》），射"智"字。著者《易余·小引》篇末的"筮余之繇曰：爰有一人，合观乌兔，不旁之中，不圜何住？无人相似，矢口有自"，亦射"大明方以智"数字。

④"墨"为"默"之误。岁阳玄默：《尔雅·释天》谓太岁在壬曰玄默。玄默亦作"横艾"、"玄弋"。

⑤执除支连：亦作"执徐"，《尔雅·释天》谓太岁在辰曰执徐。此壬辰年为公元1652年，清顺治九年，南明永历六年。

⑥五老峰：在江西星子县北，庐山尽处。因李白有诗"庐山东南五老峰，青天削出金芙蓉"而名噪。此处泛指庐山地区。著者当年由梧州至匡庐。

第八编 传统文化与现代化的研究与探索

文化的民族性与时代性

现在关于文化史和文化比较研究得到普遍的注意,但文化理论、文化学的问题还没有很好地研究,比较好的翻译著作似乎也不多见。关于文化的理论和方法问题对我们来讲还是比较生疏的,尽管这是一个基础性的工作。从逻辑上说,没有相应的理论和方法就无法进行观察和分析。我们正在从事文化方面的研究,但确实没有一个文化学的理论。大家都在用自己认为方便的、熟悉的方法进行探索。我曾建议出版社搞一些系统的文化学译丛。我们从1919年到1949年曾经翻译过几部西方的文化学著作,新中国成立后几乎没有搞。目前只好一边搞翻译,一边自己着手探讨这方面的理论问题。因此它的幼稚和局限性是不可避免的,但一切开拓性的工作的命运似乎都是如此。今天我的演讲就属于幼稚的一例。

一、文化的结构
——中西之争和文化结构的历史展开

一部中国近代史可以说是中国历史上画面最丰富的一段历史,可以从各种角度来研究这段历史。迄今为止,从政治角度研究的比较多,比较普遍,比较成熟。前两年刘大年教授号召从经济角度研究近代史,估计不久会有这方面的成果问世。从军事角度、法律角度的研究也已初步开始。从文化学的角度看,近代史最显著的特点是中西文化之争,而这一争论恰恰又是文化结构展开的具体表现。这里我们不妨先做一些简单的历史回顾。

鸦片战争以后,西方列强的大炮轰开了中国的大门,中国面临救亡图存

的历史任务,当时的一些人提出学习西方的问题,即"洋务运动"。代表人物是曾国藩、李鸿章、张之洞等人,他们提出"中体西用"的口号,用西方的先进技术来武装我们这个古老的国家和民族。后来居然搞得很有成效,比如说武装了一个北洋舰队,据说就吨位而言居世界第八位。但是这个居世界第八位的北洋舰队却被居第十一位的日本舰队在甲午海战中消灭了。这在中国引起震惊、猛醒,看来光引进西方先进技术还不足以富国强兵,还有一个制度问题,不然为什么占世界第八位的北洋舰队会被占第十一位的日本海军击败呢?因此有练新军、办学校、废科举、兴议会等一系列着眼于政治制度、教育改革的"戊戌变法"。后来变法搞不下去了,改良成了死路一条,爆发了辛亥革命。改良也好,革命也好,基本都围绕着政治制度问题。辛亥革命后,人们发现社会制度仅仅换了个形式,辫子剪掉了,皇帝换成了总统,但整个国家、民族的状况、地位、生活方式,特别是民族心理状态很少变化,所以有五四新文化运动,着重探讨国民性问题,研究文化的深层结构。

这样,从1840年到1919年大致可以分为三个阶段:第一阶段引进西方技术,停留在物质的层面;第二个阶段改变社会制度;第三个阶段深入到社会心理。当然可以分得更具体、更细,三段之间也没有绝对的分野;引进技术的同时也有人提及体制问题,改变体制的阶段又有人谈起民族性格。但客观地看,把近代史划分为以上三个阶段,大体可以把握这段历史进程的特点。从文化史的角度讲,这三个历史阶段恰恰是文化结构三个层面的展开。

关于"文化"可以下各种各样的定义,现在已经有了各种各样的定义,据说有七八十种,莫衷一是。中国人有一个习惯的思维方法,不像西方那样先要有一个严格的定义、界说,才能进行推理研究。中国人在许多理论问题上并没有那样明确的定义和规定,但我们在思考并做出成绩。这种思维方式有其偏颇之处,但也有其方便可取之处。

对于"文化",大概更可以用这种整体性和模糊性的办法去处理。我认为,从结构来说,可以把文化分为三个层面:第一个层面为物质的层面,第三个层面是心理的层面,第二个层面是二者的统一,即物化了的心理和意识化了的物质,包括理论、制度、行为等。这是我们惯用的三分法。把文化结构划分为这样三个层面,有助于说明许多理论问题和历史现象。这三个层面恰恰是现代科学三大部类所研究的对象，自然科学研究文化的物质部分；社会科学的研究对象和成果体现为文化中间的那个层面，那理论的制度的部分；人文科学主要研究文化的深层结构。西方对社会科学和人文科学的划分是比较严格的，我国一般不大这样区分。文化的三结构说如果能够成立的话，将有助于帮助我们认识区分社会科学和人文科学的必要。

把文化的三结构与中国近代史的发展线索结合起来看，我们会惊讶地发现一个极其有趣的现象，历史的发展也正是逻辑的展开，二者表现为不可思议的统一。洋务运动——中国近代史的第一大阶段——主要接受西方物质文明，坚船利炮，铁路电报，这是两种文化碰撞在一起首先会感受到的东西，当时还不可能抬出"德先生"、"赛先生"的口号，绝对不可能。前些年的研究把洋务运动骂得一无是处，有点苛求古人。两种不同系统的文化接触时首先发现的只能是文化表层的东西，物质的东西。可以举一个反面的例子，火药从中国传到外国，不是把火药作为一硝二磺三木炭的配方传到外国，最早传去的是爆竹。爆竹在中国是驱邪迎神的，是一种宗教迷信品，但这种宗教情绪并没有被外国人所理解，所接受。西方人接受的是火药的制造技术。明朝末年罗马天主教会派了不少传教士来华，据说，他们来华前仔细研究了中国文化，带来了许多东西，包括许多"奇技淫巧之物"，当然《圣经》也是不可少的。中国人首先感兴趣、首先接受的是什么呢？是利玛窦他们带来的钟表、呢绒等洋货。当时中国只有笨重的铜壶滴漏和太和殿前那样的日晷，都不如西方的机械钟表更方便，更准确。钟表是纯技术的东西，没有阶级性和民族性，属于文化表层物质的部分，首先被中国人接受了。进一步利玛窦宣传西方的天文学体系，他带来了一些天文仪器，但在中国不适用，中国是赤道坐标，西方是黄道坐标，是两个完全不同的天文学体系。西方的天文仪器和天文学理论比中国元朝郭守敬传下来的天文仪器和天文学理论要科学、精确、可靠得多。利玛窦在宣传西方天文学理论时所遇到的困难比推广钟表要大得多，复杂得多。他花了大约十年时间才使明朝政府接受。利玛窦带来的最重要的东西——《圣经》，他中国之行最主要的任务——传播天主教恰恰最不成功。这样一个涉及宗教信仰、民族习俗、道德伦理观念的大问题推行起来非常困难，而且还要不断更新内容、变换形式以适应中国的国情。例如对中国天主教徒是否要拜父母的问题，他们专门请示了罗马教廷，教廷特准中国教徒可以拜。从利玛窦来华传教的经历可以说明文化三结构由浅入深的过程，展开为中国近代史的三大阶段。

如果这种说法可以成立，我们对洋务运动就应该持一种比较客观的态度，而对五四运动应该有更高的要求。我以为我们对五四运动过于偏爱，过于宽容了。为什么呢？假如五四运动的历史任务是要解决关于文化深层结构的问题的话，从这一要求看，五四运动没有很好地完成这个历史任务。当时文化的发展已经由文化的表层结构深入到文化的深层结构，而五四运动时期，从极"左"派到极右派都没有自觉地意识到这一点。要求一个人当时就意识到他的历史地位非常困难，我们不想苛求古人，但盖棺论定，我们还是应该指出，五四时期没有准确地把握好历史的命脉，尽管气魄宏大、百川瀚漫，但都没有流进历史的主航道。当时的人们也接触了一些文化深层的问题，用不同的文化心理状态对比中西文化异同、优劣，如说东方人好静、西方人好动，东方人保守、西方人进取等等，当然都是文化深层的问题。但五四时期的人们有一个通病，就是或者站在"欧洲中心主义"立场上，或者站在"华夏中心主义"立场上，其结果就是"全盘西化"和"中国文化本位论"。五四时期学术派别之多令人眼花缭乱，但无非是保守的、复古的、"中国文化本位主义"的一派和进取的、革新的、"全盘西化"的一派。保守派中又有类似义和团的盲目排外派和批判西方文明派，而后者大都是绝顶聪明的人物，像梁启超第一次世界大战后旅欧，看到战后欧洲满目疮痍，西方物质文明的堕落，科学进步引起世界大战，对西方文明感到失望，写了《欧游心影录》。主张"全盘西化"的人又可分为英美派、苏联派、德国派、法国派等。如果五四运动不是被1924年的北伐战争所中断，本来可以，或者我们期望它认识自己，逐渐把握文化深层问题。可惜中国自鸦片战争以后一直处于保种保国、救亡图存的危急关头，人们没有精力和可能在文化问题上进行充分的深入的讨论。武器的批判代替了批判的武器。1949年新中国成立以后，本来可以有机会回到"五四"所讨论的课题，但遗憾的是没有。相反，我们似乎又在短短的时间里把中国近代历史简单地重演了一遍，不过频率更高些，节奏更快些。新中国成立初期到1972年，我们和苏联以及一些西方国家的关系大抵类似清朝初年闭关锁国的自我封闭状态。1972年以后，特别是1978年以后，中国的大门打开了，首先热衷于引进西方的技术设备，接触西方物质文明的层面。后来转向研究东西方不同的工业模式、社会模式，南斯拉夫的、匈牙利的、日本的、新加坡的等等。直到最近一两年，知识界、学术界的目光和兴趣才更多转向文化问题，集中于文化的深层结构问题。我们终于可以比较客观地、冷静地、从容地比较中西文化的异同，讨论中国文化发展的前景了。

目前世界上研究中国文化的大概由三部分人组成：一是中国大陆的学者，一是海外华人，一是外国汉学家，这三部分人的处境、愿望和结论都不太一样。大陆学者是中国文化的主体，有强烈的使命感，对中国文化有深刻的感受，对传统文化有切肤之痛，急切地盼望中国文化现代化。我们的弱点在于对什么是西方文化若明若暗，对中国文化难免"身在此山中"的状况。海外华人无论是搞社会科学的还是搞自然科学的都对中国文化有一种不适当的偏爱（事实上搞自然科学的人对中国文化的价值更为关心）。因为中国文化在世界上的地位无形中也就是他们在世界上的地位，他们的荣誉地位与中国文化的价值密切相关，因此他们虽然可以随便地对比中外文化，但总容易倾向于过分忠心地肯定中国文化的价值，实际上就是肯定他们自己的价值。西方汉学家比较关心中国文化，他们比较超脱，易于客观，但他们的弱点也显而易见，文化的隔阂几乎是不可超越的。他们很难理解中国这样一种古老的、"古怪"的东方文化。更有少数人甚至带有某种恶意，希望在中国保留一个东方文化的历史博物馆，一块类似非洲自然动物园的活化石，以作为他们游览研究、考古之用。我们应该清醒地看到世界关于中国文化研究的现状，不要受各种莫名其妙的因素的干扰，拿出我们的态度来。

二、文化的民族性问题

目前大家对文化的民族性——我们指一般文化而非特指中国文化——还缺乏明晰的认识。尤其是力图加速改革现状的年青一代，对民族性问题有一种感情上的抵制，这是可以理解的。但是从根本上讲，我们不得不正视文化的民族性问题。

1949年6月青岛解放，8月我去青岛，看到房屋建筑非常漂亮，形状各

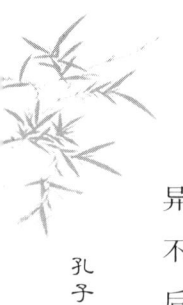

异。给我导游的一位老青岛夸耀说：青岛盖的房子先要把图纸申报工部局，不能抄袭其他房屋的图纸，所以青岛的房子都不一样。我当时觉得真了不起。后来我跑了几个西方国家，发现上当了，人家的房子都不大一样，故意和邻居不一样以表示他们的个性。值得注意的是对这种文化现象的解释。中国人认为房屋式样的差异一定是政府监督下的产物，是大一统的结果。西方人则以差异为个性，为自足，为安定。这可以说是两种文化心理的差异。去年我去美国伯克利加州大学，看见一对中国的石狮子，从造型看像是中国清朝初年制造的。中国的石狮子一般都是脸微朝里，两只石狮子相对称，而伯克利的那对石狮子却是脸朝外，各不理睬。从中国人的眼光看很别扭，摆错了。问题当然不在于怎么会摆错而在于为什么会那样摆错呢？我认为这里面也反映了微妙的民族心理、民族性格。美国人大概认为石狮子脸朝外很英武，放在门口象征着保卫者，看上去很舒服，他们一定会那样摆，他们的性格是向外的。而中国人则认为石狮子脸朝里对称，舒服。可以再讲一个笑话来说明民族心理的差异。一个咖啡店的招待给三位客人端来三杯咖啡，每个人的咖啡中都有一只苍蝇。日本客人看见苍蝇，马上生气地拍桌子让服务员把经理叫来，要教训经理怎样经营一个咖啡店，怎样管理他的下属。英国客人看见杯里的苍蝇，把钱放在桌子上一声不响地走了。美国客人则把手指一勾，把服务员叫过来说，在我们美国如果请客人品尝苍蝇的话，一定把它们单独放在盘子里，与咖啡分开，客人爱吃几只自己去加。美国人很幽默，英国人绅士派，日本人讲究管理。这当然是个笑话，但我很欣赏编故事的作者，他非常懂得文化心理学。

关于文化的民族性就涉及文化发生学问题，即文化的发生和起源问题，如果文化起于一源向外扩散，那大概将无所谓民族性问题。如果文化是随各个民族自生自灭，那就有民族性问题了。这在文化发生学上叫作"一源说"和"多源说"，或者"扩散说"和"演化说"。"一源说"大约兴起于18世纪，与欧洲中心主义一同产生。当时欧洲工业国家称霸世界，欧洲文化随商品一起打入世界各地。随着民族间交往的日益国际化，发现无论是早已进入现代文明的民族还是处于封闭状况的民族，各不相同的文化中有许多相似的或相同的因素。一些文化人类学家由此就断定文化起源于一个地方，慢慢向外扩散。有人认为源头在埃及,有人认为是古希腊,有人认为是两河流域。中华民族是个古老而悠久的民族,不少西方学者花了很大功夫来对付中国文化,考证中国文化的源头在西方。有人说中国象形文字起源于古埃及,《山海经》是受印度、伊朗的神话刺激产生的,天文学二十八星宿说源于古巴比伦,道教思想源于印度某一部书,阴阳思想源于伊朗某一教派,五行学说源于希腊四大元素说。同样,作为报复,中国有些人反其道而行之,认为西方的文化都是从中国传过去的。西方学问无非声光化电,而这些在公元前三四百年的《墨经》里早已有之。甚至像严复这样精通西学的人,在他翻译著作的前言里也多少流露出这种思想。他在《天演论》序言中说,西方之学最了不起的无非是逻辑学、数学、化学、物理学,这在中国《易经》中早已讲过了。他认为"古人发其端",不过是后人"未能尽其绪"。严复尚且如此,其余昏昏之辈自不待言。人民公社时期我在农村参加劳动,一个农民对我说:孔夫子很了不起,中国字是孔夫子造的,外国字也是孔夫子造的。我问他何以见得,他说当年孔夫子在中国造完字,就骑着马去外国。外国人膝盖是直的,不会下跪磕头。结果孔夫子生气了,拨马便回。后来外国人才知道是圣人来过了,自己怠慢了,圣人没有留下什么就生气走了,于是急忙去追,结果没追上圣人,只看到路上马蹄印子和马留下的弯弯曲曲的尿迹,由此得到启发,才有了外国文字。这很反映了一部分中国人的心理状态,就是用"华夏中心主义"来对抗"欧洲中心主义"。你讲一切都是从你那儿来的,我就讲一切都是从我这儿去的,而且中国最下贱的东西可以是外国最高贵的东西。这实际上都属于文化"一源说"。最近有几篇文章讨论八卦和二进制的问题。二进制是莱布尼兹发明的,而莱布尼兹在北京的一个朋友确实曾把八卦介绍给莱布尼兹。于是我们有些报刊文章要争夺二进制的发明权,说中国早在伏羲氏的时代,或者说至少在宋代陈抟老祖那里已经发明了二进制。八卦的排列可以画很多图表,用现代的数学公式加以说明。八卦、阴阳观念是否能够代表二进制,像莱布尼兹所发明的那样,像现代计算机所运用的那样,我的确表示怀疑。我隐约觉得有点像上面农民讲的关于孔夫子造字的故事。人总有一点自我中心主义,心理学家们通过实验证明儿童在社会化过程中完成自我定向,在各种关系中形成自我概念。一个人什么时候真正能用社会的标准而不是自我的标准来衡量事物，这个人就成熟了。一个民族什么时候能用世界的眼光而非民族的眼光衡量一切，这个民族就成熟了。

与"文化一源说"相对立，有一种"文化多源说"理论。不同的生活方式，造成不同的风俗习惯，形成不同的心理状态，产生不同的物质文明。比如农业定居，畜牧业流动。定居就容易以家庭为本位，畜牧业则使人分散。希腊文化与其海洋的地理环境、航海业的发达有关。不同的生活方式久而久之便形成民族文化心理积淀，由变异转化为遗传。这里的遗传当然不是指遗传某种行为本身，而是指遗传在某种条件下发展一定行为的能力。如果这种说法成立的话，那么生活在农业环境的中华民族就会有许多与农业有关的心理、习俗。比如我们比较重视家庭，家庭是农业最基本的单位，播种、收获季节都需要人力集中，家庭的稳定是非常重要的。家庭观念、家庭本位以及由此派生的一些观念如依赖性、感情的过分联系、自我独立不发展等都与此有关。前些天晚报上登了一篇消息，一个14岁的小孩因为打破一只碗被父母打骂一顿，轰出家门。小孩出走了一天一夜，又冷又饿，最后跳楼自杀。消息最后说小孩的父母非常悲痛，后悔莫及，如此完了。这件事如果发生在法治国家则要追究父母的法律责任，以过失杀人判罪。但在中国则不是法律问题而是道德问题。所谓忏悔无非是道德的忏悔。家庭是至高无上的，个人人格还没有从家庭中独立出来。

"多源说"也有一些理论上的困难，就是为什么不同地区、不同民族会有相同的文化现象呢？这可以用"趋同现象""趋同规律"加以解释。文化受人的生命本身和环境的种种限度，一个人要装饰，无非是在耳朵上、鼻子上、脖子上挂些什么东西，人都有两个耳朵、一个鼻子、一个脖子，那么装饰方式大致会相同，客观物质和人自身的需要决定了"趋同现象"。比如天文学，我们处于同一个天空下，无论是黄道坐标还是赤道坐标，它的对象是同一个天体，因而对天体的描述基本相同。甚至一些很神秘的学说，如亚里士多德把灵魂分为四个阶梯，矿物灵魂最低下，植物灵魂高一点，动物灵魂更高一点，人的灵魂最高。大约与此同时，中国的荀子也把灵魂分成四个阶梯，矿物无知无识，植物有知不能动，动物有知能动但没有心灵，人则有知有识具足一切。地球两边的人们可以提出同样的问题，得出同样的结论，产生同样的文化，而且常常在大体同样的时间，不需要传播即可趋同。原因就在于他们所面对的对象、客观条件基本是一致的，而人类的认识程序、认识能力也基本是相同的。

当然"趋同现象"并不能排斥"传播说"，文化可以互相传播，互相影响。传播的方式多种多样，有些是直接传过去，垂直接受。有些是一点点信息，启发式的传播。还有一种扩大式的传播，一种文化在不同的社会背景下发挥了完全不同的更大的作用。西方启蒙运动时期传进一些中国儒家学说，儒家学说在本质上不足以启蒙，但在伏尔泰的著作中可以看到儒家学说如何在西方发生启蒙作用。伏尔泰的时代儒学在中国已成为衰朽陈腐之言，而在西方却成为革命的催化剂。同样，严复翻译的《天演论》是讲生物进化、物竞天择、适者生存、弱肉强食的，而在中国演化为作者完全预料不到的"保种图存"的革命理论，变法派的志士、革命家、孙中山以及一些五四新文化运动者都从达尔文学说那里得到教益。还有一种潜伏式的传播，一种外来文化刚传入时默默无闻，就像细菌潜伏在人体内，在适当的条件下忽然生发出来，引起人们普遍注意。无论是哪一种传播，会起什么样的、多大的作用，都取决于当地文化的特性，取决于传播物对当地文化的适应程度。

三、文化的时代性

发展的观点已经成为常识性的看法为人们普遍接受。承认发展就会承认有时代性。文化不会从古至今一成不变，但我们不能因为文化有发展、有阶段、有过程，因为文化的时代性，就反过来说时代的区分只在文化上，以文化的发展形态来划分社会发展阶段。西方有人讲上古时代是神权时代，中古时代是英雄时代，现代则是人权时代。有人认为上古时代是诗的时代，中古时代是散文时代，近现代是科学的时代。我国梁漱溟先生也是用文化来划分时代，他认为西方是向前进取的，印度人是向后看的，中国人是和谐的。与梁漱溟先生不同，钱穆提出中国文化代表青年，讲究孝；西方文化代表壮年，讲究爱；印度文化代表老年，讲究慈。这些看法都不可取。既然文化有时代性，那么我们不能用一个绝对的标准衡量不同时代的文化和历史。不同时代有不同时代的价值观念和理性标准，唐代的美人都很富态，圆脸，两个下巴。

今天看起来好像不美,但我们却不能说唐代人就不懂得审美。我们也不过是近几年才不讲"富态"、"发福"一类的恭维话。对历史事件和历史人物的评价必须考虑到这种评价本身就是历史的,也有时代性的局限。这样才符合文化时代性的要求,或者说从文化时代性的要求出发我们只能得出这样的结论。这似乎有一点相对主义的味道,公说公有理,婆说婆有理,无是无非,有这么一点味道。但应该强调的是,每个时代的文化都包含着永恒的成分,每个民族的文化都含有人类性的成分。人类性寓于民族性之中,永恒性寓于时代性之中,或者说普遍性寓于特殊性之中,这样就能避免相对主义的偏颇。

四、文化的民族性和时代性

任何一种文化都既是民族的,又是时代的,这区别于那种传统的说法,认为我们的文化是民族的形式,科学的内容。抗日战争时期,由于统一战线的需要,五四运动时曾经主张全盘西化、彻底打倒传统的人做了一些让步,认为文化的形式是民族的,内容应是科学的。我认为民族性既是内容又是形式,时代性既是内容又是形式。

谈到文化的民族性就不能回避传统问题,时代性问题也有一个传统问题,时代性者即有新时代、旧时代之分,旧时代保留到新时代的成分就是传统,我想要强调的是传统不等于恶劣。"五四"时代讨论国民性问题,有一种倾向,把国民性等同于国民的劣根性,如愚昧、保守、散漫、麻木、自私、缺乏同情心、精神胜利等。鲁迅先生写了《阿Q正传》,最后把阿Q枪毙了。其文学象征意义很清楚,就是要把中国人的国民性枪毙,脱胎换骨,建立新的国民性。我认为国民性中不仅仅有劣根性的一面,还应该包括姑且称为"优根性"的一面。沈从文的小说大约与鲁迅同时代,文学题材也相近,不过一个写浙江,一个写湘西。在沈从文的小说中能够看到另外一些中国人,他们如此之安详,如此之和谐,如此之善良,恰恰就没有鲁迅小说中国民性(劣根性的)的东西。我无意判别沈从文正确还是鲁迅正确。我认为在今天救国图存的任务不太紧迫的新时期,应该而且可以比较冷静地、比较客观地、比较全面地评价中国的国民性问题、文化传统问题了。把沈从文的小说和鲁迅的小说放在一起读可能会帮助我们得到中国人国民性的完整的形象。中国文化传统中有优秀的东西，也有恶劣的东西，而且优中包含着劣，劣中包含着优，并不像西瓜那样可以切开判然两分，而是混为一体。作家冯骥才有一篇小说叫《神鞭》，讲天津有一位侠义之士，武功卓绝，头上的辫子非常神奇，意念到处辫子也随之便到。他在天津除暴安良，用一根辫子横扫地痞流氓、恶霸、洋人的威风。民国后剪辫子，他的功夫全失，从此销声匿迹。几年以后他又在天津露面，练了一手好枪法。小说这样说：

> 大清朝灭亡了，外面忽然闹起剪辫子，要知道我家祖宗在怎样情况下才创造辫子功的，就知道我把祖宗的真能耐接过来了。祖宗的东西再好，该割的时候就得割。我把辫子剪了，但把神留下了。

这里提出了很重要的关于文化传统的问题，我不知道作者是否意识到这一点，反正读者有心，确实有值得回味的地方。阿Q的辫子集中了国民的劣根性——阿Q精神，把它枪毙了事。这是"五四"时代人们的精神状态，"五四"时代人们的办法，民族要更生，洗心革面，重新来过。现在冯骥才同志重新整理辫子问题，辫子功虽然曾经很神，但该剪的时候还得剪，辫子剪了，但把神留下了。辫子只是神的一种外在表现，可以把神转到更现代化的东西上去。把《神鞭》和《阿Q正传》相比较，可以看出目前我们对待文化传统已经不同于"五四"时期了。许多人想彻底摆脱传统的枷锁和桎梏，这种心情和愿望是可以理解的。但也必须清醒地看到，任何民族、任何个人也无法把血液换一遍，文化传统已经深深沉淀在民族的血液中。西方社会心理学家做过多种获得性遗传的试验，非常有意思。他们从美国、英国、瑞典各找一组七到十三岁的男孩和女孩，结果发现美国和瑞典女孩子的语言接受能力比男孩子强，而在英国情况恰恰相反。社会心理学家的结论是英国从来就比较注重男孩子的语言表达能力。这种后天培养的能力在一定条件下、一定环境里就能够发挥出来，成为一种天赋。海外华人，香港的，新加坡的，欧美的，有些已经移居了两代、三代，他们都会感到与外国文化接触越多，心理的、价值的深层部分就越难于理解，难于相互沟通。中华民族无论在生活方式、价值判断方式、社会组织方式和思维方式上都有着悠久的或沉重的传统，我们希望这种传统随时代而迅速地更新，但我们无法彻

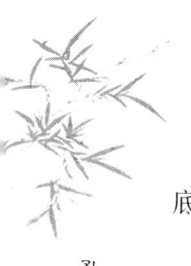

底铲除传统。

有人之所以提出彻底打倒民族传统,可能是对现代化概念有所误解。什么叫现代化,每个人若明若暗都有个标准。但严格考察起来,这些标准基本或大多是以西方为参照系的,而对西方的现代化又非常笼统模糊。西方人认为现代化是多元的,有美国的、英国的、法国的、日本的,都不一样,我们不大区分。但真正糟糕的是我们常常以一种误解的西方标准当作现代化的标准,其结果便是思想认识上的混乱。比如前几年时髦一时的"能挣会花"的口号,事实上西方工业化初期进行工业革命时是非常克勤克俭的,马克斯·韦伯《新教伦理和资本主义精神》对清教徒如何把金钱转化为资本的刻苦精神描绘得相当精彩。所谓"能挣会花"只是现代资本主义社会,比如瑞典这样高消费国家所提的口号,日本现在都不敢这么讲。汉字拉丁化可能多多少少也受了这种影响。拉丁文只有字音和字义,汉字有字音、字义、字形。字形在汉字中有独特的作用。汉字拉丁化搞了70年,没有什么成效。

现代化最早起源于西方,西方最先进入现代化,因此现代化便不能不带有浓重的西方色彩,但也应该看到西方的现代化中也保留了许多民族传统在里面。西方的现代化并不是一个普遍的、绝对的、抽象的、全世界适用的标准。它的民主、科学精神带有深深的基督教神学的烙印。中世纪神权时代强调人在上帝面前平等,资本主义现代文明讲人在法律面前平等,精神是一致的。中世纪认为上帝是万能的,把秩序赋予大自然,大自然的一切都是可以理解的。科学与这种神秘主义之间并没有不可逾越的鸿沟,甚至是否可以这样说,正是这种神秘主义启发了科学家们去探索大自然的奥秘。因此一些大科学家一面进行科学实验,一面认为他的研究成果不过是在证明造物主的万能,就毫不值得奇怪了。由此可见,西方的民主、科学精神都起源于他们的民族性,是西方传统的产物。现代化产生于西方,但现代化不等于西化。

如何搞中国现代化是一个大课题,要考虑中国的传统、西方的成就、我们发展的可能性。有一点我们是明确的,就是要建设有中国特色的社会主义的现代化。这至少包含三个含义,一是社会主义,一是现代化,一是中国式的。"中国式"的就意味着建立在中国传统之上,不脱离斯土斯民。现代化就是指西方的工业化。中国式的社会主义现代化内含着三种力量的冲突、统一和和谐,从这个角度探讨中国文化可能会使我们更冷静、更客观、更现实地看待中国的现在和未来。

第八编 传统文化与现代化的研究与探索

继承"五四" 超越"五四"

一、"五四"超越了自己的时代

近代中国在自己内部经世思想的躁动和外来西洋文明的冲击下，由封闭走向开放。从1861年正式宣布办理洋务起，中经1895年之公开要求变法和1911年之革命行动，到1915年起的五四新文化运动，前后不过55年。短短的半个世纪中，古老的中国完成了自己的艰难的蜕变，发生了数千年未有之大变局，由古代社会变化成现代社会；虽然它的真正现代化工作，迄今仍在进行中，但大体说来，到五四新文化运动时，中国确已到达了"最后觉悟之最后觉悟"阶段（陈独秀），从物质到制度到思想，不再停留在古代了。

封闭的中国的最大恶果是老子天下第一，华夏中心主义；它又返回来巩固着封闭体系。洋务运动从技艺方面开了一个缺口，承认夷人有长技可供师法，放松了历来的一元价值基准，相信自己并非事事天下第一，在中学之侧别有西学存焉。当然，西学的地位同中学仍然不足相提并论，前者不过末技而已，后者方是立国的本根，这就是有名的"中学为体，西学为用"论。这里有中学，有西学，似乎不再坚持华夏中心主义了；但却或为体，或为用，依旧是老子高人一等。

变法运动旨在变革技艺后边的国家体制，斯时适逢进化论思想在中国流传，于是中学西学一变而为旧学和新学。用新旧来称呼西中，这不仅仅是用时间性的概念来取代空间性的概念而已，它还标志着华夏中心主义濒临崩溃，因为"新""旧"已非简单的时间概念，更包含有价值判断在里边。但是，源远流长的天下第一梦魇,在新旧对比时仍能做出文章来,"周虽旧邦,其命维新","新"制度虽属舶来之物,而"维新"却是我们的古旧家底。变法而冠以维新,仿佛便不失华夏中心的体面了。

辛亥革命不管怎么说总算一场社会制度与政治制度的大变革,是革故鼎新;但许多适逢其会的人,包括它的思想家如章太炎,却更愿称之为"光复",是光复旧物的意思。

唯有五四新文化运动,敢于根本抛弃华夏中心主义,彻底砸烂自我封闭的思想体系。与前此之标榜中学西学、新学旧学不同,"五四"放眼于东洋文化与西洋文化,认为全部东洋文化(不仅中国的技艺、政体),较之西洋文化,都远远落后了一个时代:前者是农业的、宗法的社会的产物,后者则属于工业的、民主的时代;前者无可挽回地要进化为后者,否则整个民族都将不适于生存而淘汰。陈独秀说:"吾宁忍过去国粹之消亡,而不忍现在及将来之民族不适世界之生存而归消灭也"(《敬告青年》),便是新文化运动的庄严而悲壮的宣言。

从师法西艺的洋务运动,到引入西政的变法和革命,花了三五十年时间;而从政治革命到敞开胸怀吸收西方精神的文化革命,仅仅隔了三五年的时间。无论从时间上说还是从实质上看,这都是一个飞跃,是"五四"人物充分发挥主体作用、超越自己时代的一个飞跃。

从逻辑的和历史的发展说,中国走出中世纪的程序,继物质的、制度的变化之后,接着而来的必然是思想观念的变化;只有思想观念变化了,方能确保并加深物质和制度的变化。这是社会的必然和历史的必然。但是在必然性面前,每个人如何处置自己,却是自由的,有充分的选择余地;历史必然性并不直接支配个人或一切人的意志,意志是自由的。陈独秀在1917年5月曾说过,若就"吾国之恢复帝政、垂辫缠足、罢学校、复科举、一切布旧除新之事"征诸国民,难保"不为多数赞成"①。他的这个估计应该是可靠的。不仅一般国民离开历史必然性如此遥远,甚至社会精英分子如钱玄同者,29岁以前,都"曾经做过八股策论","曾经骂过康梁变法,曾经骂过辛亥革

---

① 陈独秀:《答李亨嘉》,载《新青年》3卷3号。

命","曾经提倡保存国粹,写过黄帝纪元、孔子纪元,主张穿斜领古衣;做过古体字的怪文章;并且点过半部《文选》,在中学里讲过什么桐城义法";直到30岁,1916年,"洪宪纪元始如一个响霹雳震醒迷梦,始知国粹之万不可保存,粪之万不可不排泄"①,始知去皈依历史的必然性。当然还有更多站在新文化运动对面或侧面的人物,其中不乏在自己领域中做出杰出成绩的精英,但终其一生,他们不是逆历史潮流而动,便是随社会波涛浮沉,始终未能一叩历史必然性的大门。可见,人们不待认识了必然性以后方是自由的,他在选择自己的行为时也是自由的,前者是认识论上的自由,后者是伦理学上的自由。尽管"五四"人物多受科学主义影响而否认意志自由即伦理学上自由的存在,但实际上他们却是自由地选择了历史的必然性。他们的所作所为,既是客观历史发展的因果环节,也是主观意志活动的充分表现;用海德格尔学派的话来说,这叫作"自由的必然性"。就其有"必然性"言,"五四"人物做了历史该做的事情,顺应了自己的时代,为历史内趋力的实现提供了具体形式;而就其是"自由的"而言,"五四"人物却又选择了时人所反对做的事情,超越了自己的时代,为各自的人格实现尽到了最大可能。

中国近代历史是必然要发生一次新文化运动的。但它的到来之如此迅速、如此勇猛、如此顽强,固然可以从袁、张复辟蠢动上找到一些反面解释,但其直接的解释,恐怕还是应该归到"五四"人物的素质上。"五四"人物这种善于把握历史脉搏、敢于直指神圣传统,逆流俗而奋进、以天下为己任的日新又新风范,值得千古景仰。

二、"五四"不能超越时代的自己

五四新文化运动的历史使命是进行一场心理革命,以完成洋务、变法以来的走出中世纪的全程,并为此后的物质方面、制度方面、思想方面的彻底现代化开辟更宽广的道路。"五四"完成了自己的使命,在自己力所能及的限度内。

在"五四"人物看来,现代化就是欧化或西化。到1929年胡适为《中国基督教年鉴》(英文)撰写《中国今日的文化冲突》一文时,仍将 whole-

---

① 陈独秀:《答陈大齐》,载《新青年》5卷6号。

hearted modernization 与 wholesale westernization 通用，声言自己即属于此"全心全意现代化"派或"全盘西化"派。这在当时是很自然的事。因为现代化兴起于西欧，当时只有西欧数国（美国作为独立了的西欧殖民国）进入了现代化。正像西文里将"瓷器"和"中国"用一个字来表示一样，中文的"现代化"，在当时就等同于"西化"。

对于民族主义者来说，特别是对于华夏中心主义思想未净的中国人来说，这一点在感情上是通不过的。但是"五四"人物当时绝无媚外或臣服的意思。因为他们相信，"今日欧美的物质文明，并非西学，乃是人类进化阶级上应有的新学"（吴稚晖），指出"现在有一种大惊小怪的人，最怕说欧洲式，最怕说'欧化'。其实将他国的文学艺术运到本国，绝不是被别国征服的意思；不过是经过了野蛮阶级蜕化出来的文明事物在欧洲先发现，所以便跳了一步，将他拿来，省却自己的许多气力。既然拿到本国，便是我的东西，没有什么欧化不欧化了"（周作人）。"五四"人物既已认定当时欧式现代化为人类进化阶段所应有而先有，所以他们便相信自己之输入欧化乃输入真理与正义，输入普罗米修斯之火，而理直气壮、义无反顾了。所以他们说："无论政治学术道德文章……一切都应该采用西洋的新法子，不必拿什么国粹、什么国情的鬼话来捣乱"（陈独秀），"中华民国的一切政治、教育、文艺、科学，都该完全学人家的好样子"（钱玄同），"中国文化源泉里，缺少美的、宗教的纯情感……我主张把耶稣崇高的、伟大的人格，和热烈的、深厚的情感，培养在我们的血里"（陈独秀），"即使所崇拜的仍然是新偶像，也总比中国陈旧的好。……与其牺牲于瘟将军五道神，还不如牺牲于 Apollo"（鲁迅）。如此等等，就是所谓的全盘西化论；在他们自己心目中，也叫作全心全意现代化论。

"五四"人物主张欧化，除上述理由和说法外，还有一个根本的理由，即相信欧化可以烛照孔教之非，从而惊醒一再兴起的复辟迷梦。当时共和肇建不久，复辟危机随时存在；复辟虽不必依恃孔教，但尊孔必导致复辟，因为纲常名教与共和民主不两立而在也。此所谓"其（孔教）根本的伦理道路，适与欧化背道而驰，势难并行不悖"①。孔教宰治中国两千余年，诸子学说未

---

① 《独秀答佩剑青年》，载《新青年》3 卷 1 号。

能摇其根本，道教佛教不免遭其统摄，若"无西洋独立平等之人权说以相较，必无人能议孔教之非"①，此所以"五四"人物醉心欧化、置一切讥诮于不顾的根本原因。

当然，如果仅以欧化与孔教"背道而驰"，便据以"议孔教之非"，是难以成立的；因为人们也可反其道而行之，以孔教议欧化之非。此之谓"彼亦一是非，此亦一是非"。这里还需有更高的仲裁者出现。"五四"人物既然将欧化等于现代化，心中实已先设了一个标准，有了一个仲裁者，即时代坐标。以时代性来衡量欧化与孔教，其今古新旧，当然是一目了然的；而时代性如果被视为价值判断，今古新旧也就相等于是非优劣了。

进化论尤其是社会达尔文主义，正是以时代作为价值尺度的。而五四新文化运动的哲学基础之一，正是进化论及其社会化了的社会达尔文主义。

用进废退，优胜劣败，物竞天择，适者生存，形成了生物界由简单到复杂、由低级到高级的进化史。但生物界并无价值问题，所谓"简单、复杂"、"低级、高级"，只是就机体构造而言，所谓"进、退"、"优、劣"，只是就机体的演化和机体对环境的关系而言；这里只有时间上的序列，没有价值上的褒贬。

价值因社会的人和人的社会而生；当然社会也有时间的序列，因为每一高级物质运动形态都包含有较低形态的法则在内。时间和价值，在社会中形成极复杂的关系，并非如退化论者或进化论者所宣称的那样直截了当——越古越好或越今越好，而是千姿百态，扑朔迷离。《文明与野蛮》的著者罗伯特·路威早就举过许多实例，来证明"文明人"比"野蛮人"更野蛮，而"野蛮人"比"文明人"倒来得文明；那当不仅出自对西方没落的哀叹，或城里人追求蛮荒的情趣，而有不少实实在在的老实话。因为，时间在社会这一物质形态中，跟其在生物形态中不同，已经不是主要尺度了，当然更不是唯一尺度。

"五四"人物以西洋文化批评东洋文化，以欧化议孔教之非，其主要尺度，竟正是时间观念或时代观念。周作人在《新青年》5卷6号（1918年12

---

① 陈独秀：《宪法与礼教》，载《新青年》2卷3号。

月）上说："对于中外这个问题，我们也只须抱定时代这一观念，不必再划出什么别的界限。"（《人的文学》）他的潜台词是：中国的文明尚处在宗教时代和玄想时代，外国（主要指西欧）的文明已进入科学实证时代；时代不及，优劣自明①。

将人类智慧进化分别为神学时代、形而上学（玄想）时代和实证时代，谓其始重冥想，其次重玄思，最后重科学，本是实证主义创始人孔德的发明。此后摩尔根、斯宾塞、泰勒等人推助其说，提出种种一元三分说，认为人类在心理方面既然一致，而生存环境又小异大同，故其社会必循相似的乃至全同的路径前进；各族文化既循同一种路线，则其不同阶段（一般分为三段）在次序上应是固定的，其进化应是逐步的；而人类文化的最高阶段，便是维多利亚黄金时代。这种一元的文化进化（历史路线）说，在19世纪后期和20世纪初，随着西方商品和文明一起风靡于世界各地。其更甚者，则相信各族文化既循同一路线，则其起源必然只有一处，而此"源"便在美索不达米亚或其左近，等等。这又叫文化一源说，或中华文化西来说。

西风压倒东风。一源说或西来说在中国曾经有人轻信，如刘师培在《攘书》中、章太炎在《訄书》中，都曾引征德拉克伯里（Terrien de Lacouperie），谓黄帝来自中亚，东逾葱岭，与九黎三苗战，等等。后来他们相继放弃此种怪论。文化（历史）一元说的命运则大不相同。"除了由于西方文明在物质方面的世界性胜利而产生的假象外，所谓'历史一元'的错误概念还有三个来源：自我中心的错觉，东方不变论的错觉，以及认为进步是沿着一根直线发展的错觉。"② 于是它所向披靡，在中国，成了"五四"人物的重要理论依据。加之后来得到唯物史观的社会经济形态学说的支持，所以一元的文化进化说及其唯物形式——一元论历史观，在中国思想理论界根深蒂固，经久不衰，前后相沿了差不多百年，至今未熄，在相当程度上妨碍着我们对"五四"人物的正确认识。

当然，进化论和文化一元说，在"五四"时代的中国还未失其先进的地

---

① 《陈独秀复汤尔和》等文，载《新青年》4卷5号。
② 汤因比：《历史研究》（上册），第46页。

位,今天我们仍应肯定它们在一定范围内的作用。"五四"人物信奉进化论,以一元说看待人类文化,视现代化同于欧化,这在当时是可能达到的最高认识。它们既是当时的时代风尚,也为反对中国现实中今不如昔的退化史观、借口特殊国情拒绝进入现代社会以及残存的华夏中心主义等旧习的斗争所需要。陈独秀说得好:"学说底输入都是跟着需要来的","详论一种学说有没有输入我们社会底价值,应该看我们的社会有没有用它来救济弊害的需要"(《学说与装饰》)。"五四"人物很好地回应了时代需要,超越了自己时代的所有人等;但是他们却不可能超越自己,超越受时代所制约所规范的自己。"五四"精神是批判精神,或"评判的态度"(胡适)。"五四"人物真的做到了"重新估定一切价值",特别是传统的价值,但是他们却不可能重估自己。他们完成了历史所赋予、所限定的使命,也留下了他们所不能完成的使命;这些未完的使命已加入新的使命,等待着我们去完成。

三、我们今天的使命

一个新兴阶级初登历史舞台之际,总是要通过其思想家大声疾呼,宣称过去一片黑暗,而今它为人类送来了光明,以表明自己存在的正义性。它对过去、特别是它所直接斗争者的批判,颇与宗教对异教的批判相似。只有待到历史出现了这个阶级能进行自我批判的特定时机,方能多少准确地全面看待过去;而这种时机是不多见的,并且不易为人们抓住[①]。"五四"人物,无论其代表中国资产阶级者或无产阶级者,当时都是新兴阶级的代言人,都表现过这种争生存的欲望。陈独秀说:"中国、印度古来诸大冥想家,谣言造了几千年,梦话说了几千年,他们告诉我们的宇宙人生底知识,比起百余年的科学家来真是九牛之一毛,我们快醒了。"[②] 便是这种大而疾的呼声之一。"五四"迄今的70年中,出现过几次自我批判的时机,可惜都放过了。近年来出现的全民性的大反思,可以看作是一次深刻的自我批判运动,希望我们的政治家和思想家们,善于因势利导,不要停在"五四"的水平线上,当然更不

---

① 参见马克思《导言》,载《马克思恩格斯全集》第12卷及46卷(上)。
② 陈独秀:《答皆平》,载《新青年》9卷4号。

容许回到"五四"以前,而要充分估计70年来国际上的事态发展,认真总结70年中国内的政治经济文化生活,全面看待70年前古人的成败得失,为我们的人民规划出一条更自觉的前进道路来。

就文化理论而言,一元说的时代显然已经结束,多元说正起而代之。文化多元说的主将本尼迪克特在自己的《文化类型》中,宣称西方文明只是得力于某些偶然的历史条件而扩大了自己的影响;人们之将西方那种地域性的行为方式说成是人的普遍行为、将西方那些社会化了的习性说成是人的普遍本性的做法,其根源可以追溯到原始部落之否认异邦人为人的事实,其突出表现则在宗教之迫害异教中①。这些话如果套用文化一元说的术语,那便是:文化一元说者表明自己尚处在冥想时代和玄想时代,尽管它总以此来笑骂别人。这当然是很难堪的。

文化多元说相信每一文化类型都有自己独一无二的价值,在实现人的潜力上同等有效,因而不承认现代文化与古代文化有高低之分。这种文化相对主义,其胚胎正在一元说的绝对主义之中,因为一元说否认现代文化的相对性,便给能指出其相对性的学说留下了空子,孕育出了文化相对主义。多元说的文化相对主义起来对抗一元说的文化绝对主义,固有其可爱之处和自己的道理,但未免又摆向另一极端,暴露出自己的另一种偏激。

任何文化都是相对的,也都有其绝对性,绝对就寓于相对之中。因为任何文化都不是自然物,而是人的创造物,是特定人群在特定生存条件下进行生存的表现,是这些人群的人类本质的对象化。唯其特定,所以相对;唯其表现生存和本质,所以具有绝对性。

从另外一个视角来看,文化既是特定人群在特定条件下的生存表现,也就是说任何文化都有自己发生和存在的历史时间和社会空间。超时间、超空间、超人群的文化,是不存在的,也是不可思议的。文化一元说者捉住了文化必进行于一定时间中的事实,认定时代是文化的唯一指标;文化多元说者则捉住文化必存在于一定空间中的事实,认定类型是文化的不二参数:两者都只具有片面的真理。根据文化的特质,撷取二说的长处,应该说,由于不

---

① 参见本尼迪克特《文化类型》第1章,北京:商务印书馆,1990年版。

存在超时间的文化,所以规定了文化有时代性(并使其某些因素在某些条件下具有阶级性);由于不存在超空间的文化,所以规定了文化有民族性。不言而喻,由时代性展现的文化的时代内容,是变动不居的,在社会历史的转折关头,甚至可以发生前后对立的变化,使同一文化类型分为截然不同的阶段;不同文化类型之间,也可比较出时代上的同异。由民族性展现的文化的民族内容,则相对稳定且多姿多彩,它使文化得以形成自己特有的思维方式、抒情方式、行为方式和价值取向以及文化诸因素的结构方式,即形成自己特有的类型。

变动不居的时代性内容中,寓有不变的永恒性成分,因此文化才可以积累,使后一时代胜过前一时代。特色各异的民族性内容中,寓有普遍的人类性成分,因此文化才可以传播,从这一民族到那一民族。

文化的时代性内容中,那些代表历史进步方向的内容,形成时代精神;文化的民族性内容中,那些表现民族生命力的内容,形成民族精神。时代精神对于更高的时代来说,可以成为时代局限性;民族精神对于其他民族文化来说,可以成为民族局限性,如果它们自我满足、自命不凡的话。更不用说那些非时代精神、非民族精神之成为局限的可能了。

文化一元说长于发现文化的时代性,却无视文化的民族性,这对 19 世纪下半叶和 20 世纪初的西方学者说,是很自然的事,因为他们难以摆脱上引汤因比所说的那一个假象三个错觉,或存在着庄子所说的"拘于虚"、"笃于时"和"束于教"(《庄子·秋水》)的困惑。但在他们,总归还可算是一件乐事。而于东方学者来说,服膺文化一元说,却有如吞下一只苦果。列文森(J. R. Levenson)说,中国知识分子在理智上向着未来,感情上仍留恋过去。实际上这是近代以来的中国知识分子被迫放弃华夏中心说去相信西方中心说,理解到文化有时代性却又处处感觉到文化有民族性的表现。在华夏中心说支配着中国知识分子头脑的时候,文化的时代性(虽然以退化论的形式出现)和民族性是统一的;相信了西方中心说即文化一元说以后,时代性(理智所追求的价值)与民族性(感情所系念的传统)发生了明显的分裂。这种理智与感情的矛盾,不能靠理智战胜感情这一通常的方式去解决,只能靠克服文化理论的片面性来消除。

"五四"人物之所以炽烈地反对传统,除去种种现实的需要而外,大概便有这种"靠理智战胜感情"的因素存在其中,心理学家一定能帮我们找出种种有趣的例证来。

本文只想指出,近代以来,传统由于被斥为与现代化绝对对立而被扔进了垃圾箱,并未得到认真的研究。

我们通常所谓的传统概念,严格说来,可以分解出两层意思,即"传统文化"和"文化传统"。传统文化指过去发生而今流传下来的种种具体文化现象,或是物质的,如一件器物;或是精神—物质的,如一项制度;或是精神的,如一种思想。它们或许只有欣赏价值和认识价值,或许仍在规范着今人的思想和行动,但无论怎样,传统文化已是明日黄花,是外在于今人的东西或力量了。文化传统则不然,它是内在于今人生活和心理中的习俗和定势,是支配整个民族的集体无意识;它体现为千百万人的知情意的表现方式和价值取向,人们却往往不觉其存在;它发生于过去,传承至现在,影响着未来,具有稳固的连续性;它是文化的民族母斑。

"五四"时代既不能分辨传统文化和文化传统这种显隐的不同,更常把传统与现代化简单对立起来:保守者误以为现代化便是要抛弃一切传统,而如丧考妣;激进者则坚信传统与现代化背道而驰,而放言决裂。只有具调和倾向的李大钊,提倡传统和现代、旧和新如车之两轮,鸟之两翼,缺一不可,互有短长(见《调和的法则》《新旧思潮之激战》等),而受到两面夹击。其实三者都不理解:所谓现代化非他,正是传统本身的现代化,现代化或由传统中生出(如西欧),或赖于传统的转化(如东方),绝非天外之物;而传统亦非一堆静物,它能孕育并分娩出现代社会(如西欧),或植入现代胚胎而诞生宁馨儿(如东方)。传统之与现代,不是机械的保存或决裂的关系,也不是化学的调和关系,而有更高级的社会法则存焉。激进者恨铁非钢,希望能一朝舍却一切旧物,又不知可以人为舍弃的只是外在于人的传统文化,难以割断而又影响深刻的还有内在于人的文化传统。至于可以舍弃者需要舍弃哪些、保留哪些,难以割断者应当如何去割、割到多深,也不是仅仅依据西方文化坐标便可草率划定的。"五四"人物反对纲常名教,是立下了历史功勋的;但由此波及汉字当废(钱玄同:"欲废孔学,不可不先废汉文。"),便未免舍弃过多。"五四"人物大力提倡科学，今人皆身受其福；但由此论定中医当除，便缺少求是精神。"五四"人物改良文学艺术，是有口皆碑的；但由此诅咒京剧当死，便未免强加于人。"五四"人物推行公元公历，是利于中外交流的；但由此力主端午、中秋当禁，便有点情趣索然。凡此种种，都还属传统文化一层，至于涉及文化传统，也就是他们当时泛称之为国民性的，其笼统和激烈则更甚："苟偷庸懦之国民"，"卑劣无耻、退葸苟安、诡易圆滑之国民性"，"爱和平尚安息雍容文雅之劣等民族"、"半开化"、"浅化"、"野蛮不识字无经济能力之豚尾民族"，"腐败堕落到人类普通资格之水平线以下"而可称之为"准狗"、"准猪"的"我们中国人"[1]，等等，等等。如果真像他们说的这样，具有如此国民性或文化传统的民族，看来只有开除人籍之一途了。

"五四"人物在传统与现代化问题上的根本理论弱点，即在于他们误以西方人的行为方式为人的普遍行为，误以西方人的习性为人的普遍本性，用过去对待经书的态度去对待西方的学说，重新崇奉一套放之四海而皆准的真理。历史是漫长的，世界是复杂的，东西人民长期以来形成了各自介入世界的视角，可以互补之处绝不少于需要移入之处，并非总是"自己百事不如人"（胡适）也。

"五四"精神是批判精神，它将万古长青，值得我们今天以及更后的来者永远继承。只是继承"五四"精神需要以"五四"的精神来继承。"五四"打倒了传统偶像，我们绝不可再把"五四"崇奉为偶像传统，听不得半点不同意见。"五四"超越了前人，超越了时代，当然也会要求后人超越它所不曾超越的局限[2]。"五四"已经提出而未能完成的事业（如批判传统、实现民主、尊重科学）有待我们来继续，"五四"未能提出而有待我们继续的课题（如分析传统、研究现代化的模式）只有我们来促成。继承"五四"必须超越"五四"，超越"五四"正所以继承"五四"：这就是"五四"的批判精神。"五四"精神万岁！

---

[1] 均见《新青年》。
[2] 维特根斯坦：假如某人仅仅超越了他的时代，时代总有一天会追上他（《文化和价值》）。

文化传统与传统文化

经过了一个多世纪的代价巨大的社会实验，中国人终于懂得了一个真理：未来的陷阱原来不是过去，倒是对过去的不屑一顾。就是说，为了走向未来，需要的不是同过去的一切彻底决裂，甚至将过去彻底砸烂；而应该妥善地利用过去，在过去这块既定的地基上构筑未来大厦。如果眼高于顶，只愿在白纸上描绘未来，那么，所走向的绝不会是真正的未来，而只能是过去的某些最糟糕的角落。

这里所要讨论的"过去"，当然不是纯时间的范畴。在社会、文化的意义上，过去主要指的是传统，即那个在已往的历史中形成的、铸造了过去、诞生了现在、孕育着未来的民族精神及其表现。

一个民族的传统无疑与其文化密不可分。离开了文化，无从寻觅和捉摸什么传统；没有了传统，也不成其为民族的文化。于是在许多著作中、文章中、报告中乃至政策性的文件中，常常看到"文化传统"、"传统文化"的字样。麻烦的是，这些概念，往往交叉使用，内容含糊；特别是当着那些著作等等向读者提出任务，要大家来批判、继承、发扬或弘扬传统的时候，更有无所适从、无可施技之感。因为，至少从字面上看来，文化传统与传统文化并不一样；如果进而追究内容，则差别之大，几乎可以跟蜜蜂和蜂蜜的差别媲美。

一、传统文化

传统文化的全称大概是传统的文化（Traditional culture），落脚在文化，

对应于当代文化和外来文化而谓。其内容当为历代存在过的种种物质的、制度的和精神的文化实体和文化意识。例如说民族服饰、生活习俗、古典诗文、忠孝观念之类,也就是通常所谓的文化遗产。

传统文化产生于过去,带有过去时代的烙印;传统文化创成于本民族祖先,带有自己民族的色彩。文化的时代性和民族性,在传统文化身上表现得最为鲜明。

各传统文化在其各自发生的当时,本系应运而生的,因而在历史上都起过积极作用。及至事过境迁,它们或者与时俱进,演化出新的内容与形式;或者抱残守缺,固化为明日的黄花和垢土。也有的播迁他邦,重振雄风,礼失而之野;也有的生不逢辰,昙花一现,未老而先夭。但是,不管怎样,不管它们内容的深浅,作用的大小,时间的久暂,空间的广狭,只要它们存在过,它们便都是传统文化。

凡是存在过的,都曾经是合理的,分别在于理之正逆;凡是存在过的,都有其影响,问题在于影响的大小。因此,对后人来说,就有一个对传统文化进行分析批判的任务,以明辨其时代风貌,以确认其历史地位,以受拒其余风影响。在我国,所谓的发掘抢救、整理清厘、批判继承、古为今用等等那一套办法和方针,都是针对传统文化而言的;所有的吃人的礼教、东方的智慧等等一大摞贬褒不一的议论,也多是围绕着传统文化而发。对此大家耳熟能详,无待赘述。现在需要仔细讨论的是文化传统。

二、文化传统

文化传统的全称大概是文化的传统(Cultural tradition),落脚在传统。文化传统与传统文化不同,它不具有形的实体,不可抚摸,仿佛无所在;但它却无所不在,既在一切传统文化之中,也在一切现实文化之中,而且还在你我的灵魂之中。如愿套用一下古老的说法,可以说,文化传统是形而上的道,传统文化是形而下的器;道在器中,器不离道。

文化传统是不死的民族魂。它产生于民族的历代生活,成长于民族的重复实践,形成了民族的集体意识和集体无意识。简单说来,文化传统就是民族精神。

一个民族有一个民族的共同生活、共同语言，从而也就有共同的意识和无意识，或者叫共同心理状态。民族的每个成员，正是在这种共同生活中诞生、成长，通过这种语言来认识世界、体验生活、形成意识、表达愿望的。因而，生活对于他们就是一片园地，语言对于他们便是一种工具，大凡在这种生活里不存在的现象和愿望，由这种生活导不出的方式和方法，为这种语言未曾表达过的意念，用这种语言无法道出来的思想，自不会形成这一民族的共同心理；纵或民族的某个或某些成员有时会酿出某些独特的心理，也往往由于禁忌、孤立等社会力量的威慑，不是迅速销声匿迹，便是陷于孤芳自赏，而很难挤进民族的共同圈子里去，除非有了变化着的共同生活作后盾。唯有那些为这一民族生活所孕育、所熟悉、所崇尚的心理，始能时刻得到鼓励和提倡，包括社会的推崇和个人的向往，而互相激荡，其道大行，成为巨大的精神财富和物质力量。这样，日积月累，暑往寒来，文化传统于是乎形成。

所以，一般说来，文化传统是一种惰性力量。它范围着人们的思维方法，支配着人们的行为习俗，控制着人们的情感抒发，左右着人们的审美趣味，规定着人们的价值取向，悬置着人们的终极关怀（灵魂归宿）。个人的意志自由，在这里没有多少绝对意义，正像肉体超不出皮肤一样，个人意志超不出文化传统之外。但也正因如此，文化传统便成了一种无声的指令、凝聚的力量、集团的象征。没有文化传统，我们很难想象一个民族能够得以存在，一个社会能够不涣散，一个国家能够不崩解。

当然这并非说文化传统是不变的。因为时间在前进，生活在交替，经验在累积，知识在更新，传统中某些成分会变得无所可用而逐渐淡化以至衰亡；生活中某些新的因素会慢慢积淀，并经过筛选整合而成为传统的新成分。但是必须注意，文化传统的变化无论如何总是缓慢的、渐进的，不会发生一蹴而就的奇迹，虽在社会急剧变幻的革命时期也是如此。

当然这也并非说文化传统不会接受外部世界的影响，以变化自己的内容。不同民族不同文化只要存在，便可能有接触；只要有接触，便有交流；只要有交流，便有变化。但是，从接触到交流到变化，中间有着一系列复杂的过程。大体说来，两种不同文化（带着自己的文化传统）由于婚媾、交通、贸

易、扩张、侵略等原因而接触而互播时，起先往往互相惊奇，彼此观望；尔后则互相攻讦，彼此拒斥；最后乃互相学习，彼此交流。而学习所取、交流所得，仍待经过自己文化传统这个"有机体"的咀嚼、消化和吸收，或者叫作整合，才会成为传统的一个新成分，带来传统的变化。这时候，反观其与原形的同异，虽未必面目全非，却常难免橘枳之感。这是历史和现实所已反复证明了并仍在证明着的。

不同的民族拥有不同的文化传统，其不同程度视生活的差异程度和发展阶段而定。不同文化传统之间可以进行比较，但很难做出绝对的价值判断。因为每个传统对于自己民族来说，都是自如的，因而也是合适的；不同民族之间，并无一个绝对标准，所谓的人类标准。形形色色的民族主义者将自己的传统吹嘘为人类的，强迫或诱使别人接受，是没有根据的，也难以奏效，除去证明他自己的无知或狂妄。民族内部某些成员鼓动大家效法外族传统，民族领袖规定人民遵循外族传统，都只能停留在宣传上或法令上，而难以深入人心，除非生活已经变化得有了接受的土壤。

就一个民族自己的文化传统来说，当然可以自我评价，一分为三，剖分出哪些成分为优，哪些成分为劣，哪些不优不劣。但这种剖分只有相对的意义，而且要借助于时代推出的新生活和新认识，以作为标准；否则，将是不可能的。因为对于自己的时代来说，既然形成而为传统，就有它的必要性。"一切现实的，都是合理的。"（黑格尔）

历史上有所谓文化危机、精神危机、信仰危机时代，那是说文化传统发生了问题。究其原因，或由于强烈的政治震撼，或由于深刻的社会变革，或由于风靡的文化干扰。察其来源，主要来自共同体的内部，外部的刺激有时也起很大作用。危机的消除，有待于传统的重振和重组，任何武力的、政治的、经济的、宗教的强制措施最终都是无效的。而所谓重振和重组，绝不是全面复旧，无视政治、社会、文化上的新局面；也不是作茧自缚，排拒一切驰入舶来的新东西。这时需要的是冷静分析，分析传统中哪些成分变得无理了，现实中哪些因素是合理的。抛弃不合理的，传统方不致一足落网而全身受缚；接受合理的，传统始得与现实相安于无事。这叫作"一切合理的，都应该成为现实的"（恩格斯）。

是否有不受时代生活的局限、不被民族性格所约束的成分存在于某个或某些文化传统之中呢？就是说，在文化传统中，有无超越历史、超越民族的成分，非时代性、非民族性的成分，或人类性的成分呢？应该承认，这种成分是有的。因为作为动物的人类，彼此是相同的；作为人性的人类，存在和发展的样式也大体相似。因而，不同的人群在各自圈子里形成的传统，必然要有相同和相似的成分。这些成分，或适用于全人类，或适用于全历史，而成为民族传统中的超民族、超历史者。这是不难理解的。值得注意的是，这些超越的成分，正以其超越，而失去了个性，不能成为民族性格的标志、时代精神的象征。真正代表各民族文化传统的，恰恰是那些专属于该民族、使其得以同他民族区别开来的那些基本成分；真正代表时代面貌的，恰恰是那些为该时代所专有、使其得以同他民族区别开来的那些基本成分。超越成分的存在，是不同民族能够相互理解的根据，是不同时代得以前后传承的基因。但民族之间要想真正理解，必须去理解那些不易理解、为各民族精神所独具的基本成分。所谓民族文化交流，所谓民族互相学习，都是就这点成分而言。时代之间如需加以比较，如需相互区别，也是要抓住各自的特殊成分方有可能。

三、体与用

文化改革上有所谓体与用问题，曾经争个不亦乐乎。照我理解，所谓体，应该就是文化传统，就是某一民族之所以成其为某一民族的那些品格、精神；而所谓用，则是这个体的功能、作用、外在表现，就是某一民族之用以显现其为某一民族的那些传统文化。当年严复强调的牛体不能有马用，在这个意义上，是对的。

但是如果由此得出结论，认为必先自己变幻为马体，然后始得用马之用，倒也又不尽然。因为用固赖体而现，无此体则无此用；但用既为外在表现，或既已表现在外，则人人得而见之，人人亦可得而法之，所谓"拿来"者是。牛固不能"有"马之用，牛却可以"用"马之用。这在今天已是不争的事实。从哲理上说，有，和是、存在同义，乃本体上的事；用，停在现象界。移花接木，甚至掐下花来插在头上，总是能办得到的。

但是如果由此又得出结论，认为一切拿来之用，都将如原封未动般地发挥其效用，却也又不尽然。因为，马用在这里终究是安在牛体上，牛体本身受用不受用，一来取决于用之为物，看它在原体上属于哪个层面：物质层面的，移用较易；制度层面的，移用较难，因为它要受体做相应的变化；精神层面的，移用更难，因为这往往触动受体的深层。二来取决于体之为物，要看此受体的开放性与承受力，以及它自身的发展阶段，它与授体的差异程度。

千言万语说到底，体是根本的决定力量，体是民族的魂。拿近代历史看，在日本，只能是和魂汉才或和魂洋才；在中国，只能是中体西用，把外来的东西中国化。和魂和中体，各自的发展阶段不一，开放性上亦有差异，故影响着接受新事物的速度和深度；但必得以自己的体为体，一切外来之用方能有所安顿，这一点上，彼此又是共同的。否则，再美的用，也只是出墙的红杏，可嗅而不可及；海上的楼市，可望而不可登也。

人们有埋怨自己民族的文化传统如何如何封闭保守加落后的，也有吹嘘它怎样怎样悠久辉煌加美妙的。不管怎样说，埋怨它，也只好面对现实，无法另换一个体，至少因为这是民族的共同体。某一个人也许能做到脱胎换骨、洗心革面，跳出三界外，彻底决裂于传统；整个民族却无法做到。吹嘘它，也无力阻止它与时俱进，随世界浪涛激荡，抛弃需要抛弃的东西，吸纳应当吸纳的东西。由于无法另换一个体，所以西体中用说是不着边际的。由于体在与时俱进，所以中西互为体用说是没有意义的。

值得讨论的倒是用对体的反作用，特别是拿来之用对拿者之体的反作用，比如说，西用对中体的反作用。鲁迅当年强调开放时曾奚落保守分子道：人吃了牛肉，绝不会因之变为牛。他忘了补充一句：人常"用"牛肉，身"体"的确会壮实起来。西用之与中体，亦可作如是观；一切有益之用，对于受体，都应作如是观。谁都知道，飞机、电信的引用，不仅方便了交往，而且也加快了生活节奏，开拓了眼界耳疆，改变了时空观念，冲垮了坞屏壁障。这些，已足以激起长期逗留在自然经济条件下所形成的文化传统的不安，而不得不做因应变化；更不用说那些制度性的、观念性的拿来之物所施加于体、要求于体的变化了。

但是，反作用也只不过是反作用，第一性的决定作用者仍在体本身。这一点，前面已经反复说到了。

四、两个传统？

民族有上层人士与下层平民之别，社会有剥削阶级与劳动群众之分，国家有统治集团与人民大众之殊。于是，研究者们不免要琢磨：文化是否也有两套传统？

列宁有过两种民族文化的说法，说每个民族都有一些民主主义和社会主义的文化成分，而占统治地位的总是资产阶级文化。这是就文化而言的。就传统而言，则有所谓大传统与小传统，或精英传统与民间传统的说法。

如果依此类推，还可以举出雅文化、俗文化，政统、道统，上帝的事、恺撒的事等等提法。

所有这些分别确然是存在的。不注意它们将无从分析一个民族的纷繁复杂的文化面貌，无法理清民族文化的绵延演进的历史过程，也无力规划未来文化的灿烂前景。这大概应无争议。但所有这些分别都还不是我们这里所讨论的文化传统。

文化传统是全民族的，是民族之所以为该民族的气质、品格、精神、灵魂。它的成分可能很复杂，有土生土长的，有外部潜入的，有尘封蛛网的，有崭新锃亮的；但它并不因此而支离破碎，七拼八凑。因为它是整全，它能整合，各种成分经过整合而彼此相安，彼此相需，形成一个完整而和谐的统一体，一个独具特色的个性。

其土生土长的成分，就其显现而为文化看，在文明社会即存在着劳心劳力、统治被统治的社会里，常呈现出雅俗之分，并进而在衍化上各自承续，出现所谓的大小传统之别。但必须指出，这里所说的只是文化，只是传统文化；而不是传统，不是文化传统。就是说，这些分别只是民族精神在不同阶层的不同表现，还不是其所以表现的那个民族精神。在民族精神方面，二者是共同的、一源的。这一点，从雅俗文化之间、大小传统之间川流不息的交换、渗透，乃至有意识地进行的采风观俗、化民成俗之类的行动之所以必须和能够成功的事实，足可以得到证明。

其外部潜入的成分，本是经过筛选了的，否则将潜而不能入，入而不能

居。用以选择的大筛,便是本民族固有的文化传统,包括它的价值取向和时代感、开放性。合则留,不合则拒,是这里的铁则,像一切有机体对待外物的原则一样。既已选入或接纳以后,这些成分虽不免仍带有"客家"的风采,但已然是新的大家庭的一员,便不可能独立寒秋,自成一系,与居停主分庭抗礼,形成独自的传统;而只会是入乡随俗,舍己从人,化为受体的有机部分。就是说,从这个角度来考察,两个传统的事,也是不会发生的。

有人喜欢说"五四"以后的中国形成了一种新传统:反传统的传统。此说在此至少有这样两点需从理论上讨论的内容:"五四"后的中国文化有两个传统,这个新传统是从外部传入的。

大家知道,"五四"时代有许许多多西洋新说蜂拥而来,其中不少说法和做法曾被广泛宣传,乃至付诸经验;宣传者、试验者无疑曾是爱国的、赤诚的,很多还是具有献身精神的。但是真正被中国文化接受的,为人民大众信服的,却为数寥寥。个中原因,可以举出许多,而文化传统的筛选,或许起着举足轻重的作用。中外好多学者分析过马克思主义能在中国安家的根据,也有人探讨过"五四"所以采取全面反传统手法的原因,结论都认为,其根据和原因,仍在中国的文化传统身上,是中国传统的思维方法、行为规范、价值观念和马克思列宁主义有相通相容之处,是中国有把政和道、真和善捆在一起的传统,因而才有马克思主义的中国化,才有"五四"的全面反传统。这也就是说,"五四"引入的新说,都还不过是一些"用",它们只因和中国文化传统能相容,被中国文化传统所承认、所接纳,从而附着于中国文化的"体"上,才得以掀起波澜,发生作用;否则,将只是一些动听好看而无所作用的天方夜谭而已。

因此,这也就是说,"五四"并未在中国造出新传统。"五四"以后也未形成新传统;"五四"以来所发生的,不过是老传统适应新世纪、翻出新花样而已。两个传统的事,本质上是不可能的。

五、财富和包袱

设想一下,如果某个民族没有自己的传统文化和文化传统,每一天都在从头开始练习生存本领……其情景当然是不堪设想也不忍设想的。因之,称传统文化为祖宗的丰富遗产,说文化传统是我们的宝贵财富,应该是不为过分的。

但是如果忘记,传统是一种惰性的力量、保守的因素,具有钳制人们思想、范围人们行动的本性,容易造成原地踏步的局面,也将出现某种不堪设想和不忍设想的后果。因之,说传统是民族沉重的负荷、社会前进的包袱,也是不为过分的。

既是财富,又是包袱。辩证地了解和掌握传统的这两重属性,运用它而不被其吞没,防止它而不拒之千里,是一大学问,是一种艺术,是人类发挥其主观能动作用的重要表现和广阔场所。

能理解这一点和做到这一点,看来并非易事。我们容易看到的,常常是与之相左的情况。比如说,一种人以为传统像服装,并认为服装以入时为美,而去追求时髦,日日新,又日新。这时,具有惰性的传统,只会被斥为阻碍趋时的包袱。另一种人以为传统像文物,文物唯古是尚,应该保护其斑驳陆离,切忌来刮垢磨光。这时,传统所不幸具有的惰性,倒又成了他们心目中的财富。

传统的确是财富,但财富不在它的惰性;传统也的确是包袱,但包袱也不因它非时装。传统不是可以逐气温而穿脱的外衣,甚至都不是可以因发育而定期蜕除的角质表皮。传统是内在物,是人体和虫体本身;精确点说,是人群共同体的品格和精神。它无法随手扔掉,难以彻底决裂,除非谁打算自戕或自焚。

但是传统也不是神赐的天生的,它原是人们共同生活的产物,必定也会随共同生活的变化而更新。抽刀断水水更流,谁要想拉住传统前进的脚步,阻挡传统文化的趋势,纵或得逞于一时,终将不止于徒劳无功而已,更往往要激起逆反心理,促成精神危机。这是有史可稽的。

那么人们是否只能坐享其成、静观其变呢?倒也又不是。

这里似乎用得上"创化论"。创化和进化的不同,主要在进化论认为变化是受动的、机械的,而创化论则认为进化是生命冲动的绵延,是创造性的。创化论能否解释生物和生命现象,还可以争下去;若借以解说与意志的人密切相关的文化传统,也许倒合适。传统随生活的进化而进化,但无论生活的

进化还是传统的进化，都离不开人的意志，或者叫人的主观能动作用。在传统的进化上，被传统笼罩着的人们并非总是无能为力的。问题在于人们在多高多大的程度上认清了未来和过去，从而拿出什么样的对策，以及在多广多深的程度上动员了群众，一起来实行创造性的进化。

一味喊彻底决裂，已经公认为无济于事了；单纯提发扬弘扬，是否便能促进进步呢？至于那个熟悉的二分模式——批判其……继承其……，果否能保证批糟粕时不殃及精华、继精华时不夹带糟粕么？难道精华、糟粕是分装在两个匣子里而不往往是一物的两面么？更勿论那二分法的牺牲品既非精华又非糟粕者的处境和下场了。

正是：剪不断（彻底决裂无济于事），理还乱（精华糟粕纠缠不清），是离愁（传统现代离合悲欢）；别是一番滋味，在心头！

编选引用参考文献

[1] 庞朴．孔子思想的再评价［J］．历史研究，1978（8）．

[2] 庞朴．中庸平议［J］．中国社会科学，1980（创刊号）．

[3] 庞朴．儒家辩证法研究［M］．北京：中华书局，1984．

[4] 庞朴．道家辩证法论纲［J］．学术月刊，1986（12）．1987（1）．

[5] 庞朴．《墨经》的辩证思想［J］．山东大学学报，1963（3）．

[6] 庞朴．名教与自然之辨的辩证进展［J］．中国哲学，1979（8月创刊号）．

[7] 庞朴．马王堆帛书解开了思孟五行说古谜——帛书《老子》甲本卷后古佚书之一的初步研究［J］．文物，1977（10）．

[8] 庞朴．孔孟之间——郭店楚简中的儒家心性说［J］．中国社会科学，1998（5）．

[9] 庞朴．三重道德论［J］．历史研究，2000（5）．

[10] 庞朴．"火历"初探［J］．社会科学战线，1978（4）．

[11] 庞朴．"火历"续探［J］．中国文化（上海）第1辑，1984（3）．

[12] 庞朴．"火历"三探［J］．文史哲，1984（1）．

[13] 庞朴．说"参"［J］．中国社会科学，1981（5）．

[14] 庞朴．对立与三分［J］．中国社会科学，1993（2）．

[15] 庞朴．相马之相［J］．中国哲学史，1993（4）．

[16] 庞朴．阴阳五行探源［J］．中国社会科学，1984（3）．

[17] 国故新知：中国文化的再诠释［M］//庞朴．黄帝与混沌——中华文明的起点．北京：北京大学出版社，1993．

[18] 庞朴．《东西均》的版权谜［J］．书品，1998（5）．

[19] 庞朴．《东西均》注释．［M］．方以智．原著．北京：中华书局，2001．

[20] 庞朴．文化的民族性与时代性［J］．北京社会科学，1986（2）．

[21] 庞朴．继承"五四"超越"五四"［J］．历史研究，1989（2）．

[22] 庞朴．文化传统与传统文化［J］．中国社会科学季刊，1993（3）．

庞朴先生学术年谱

1928 年 10 月 25 日

出生在江苏省淮安县城。

1952 年，24 岁

9 月 1 日，由山东大学选送，入中国人民大学马列主义研究班哲学班，攻读研究生课程。

1954 年，26 岁

6 月 30 日，中国人民大学研学业结束，返回时在青岛的山东大学。

7 月，被聘为山东大学马列主义教研室助教。

1955 年，27 岁

8 月 4 日，在《光明日报》哲学版上发表译文《关于"人民"这一概念的内容》（译自苏联《历史问题》杂志 1955 年第 4 期，作者 А. П. Бучинко）

1956 年，28 岁

6 月，论文《否定的否定是辩证法的一个规律》，在《哲学研究》杂志第 3 期发表。

7 月，专著《谈矛盾的普遍性和特殊性》，由通俗读物出版社出版。

8 月，参加教育部在大连举办的全国政治课教师暑期讲习班。

10 月，被山东大学聘为辩证唯物主义与历史唯物主义教研组讲师。此后，决定学术研究方向主攻中国哲学史。

11 月，赴北京大学哲学系进修。

1957 年，29 岁

6 月初，进修结束返青岛山东大学。

1958 年，30 岁

岁初，下放青岛市郊区李村乡曲格庄劳动锻炼。

2月，专著《谈谈客观规律》，由湖南人民出版社出版。

1960年，32岁

夏，结束近两年半的劳动锻炼，回山东大学，人事关系挂在教务科。

1961年，33岁

秋，去山东省胶县永安屯、裴家庄参加整顿人民公社。

1962年，34岁

春，完成《裴家村调查报告》。

5月，《谈谈客观规律》修订版，由湖南人民出版社出版。

6月，论文《略论谭嗣同的哲学思想》在《新建设》第6期发表。

8月，回到已迁至济南的山东大学，在历史系中国古代史教研室任讲师。

10月，参加山东省历史学会第二次孔子讨论会，发表《论孔子的思想中心》一文。

1963年，35岁

春，始编《中国思想史》课程讲义，成"五行""名家"两篇。

两年间，与葛懋春合写并发表有关处理思想文化遗产原则的批判性文章数篇。

春，率山东大学历史系应届毕业生赴曲阜孔府实习，选录孔府历代档案百万言，并调查孔府土地经营方式。

1964年，36岁

在曲阜戴家庄参加"四清运动"。

1966年，38岁

完成专著《公孙龙子研究》，书稿交上海人民出版社。因"文化大革命"，未能出版。

1971年，43岁

山东大学文科由济南迁至曲阜，遂举家迁往曲阜。

1972年，44岁

痴迷于观察星空，识别星座，阅读有关中国天文学史著作。

1973年，45岁

2月至4月，应中华书局之邀，撰写专著《王弼与郭象》，未竟而罢。

1974年，46岁

7月，借调北京筹备复刊《历史研究》的工作。

8月，专著《〈公孙龙子〉译注》由上海人民出版社出版。

1975年，47岁

读长沙马王堆汉墓帛书。

1976年，48岁

春，举家迁京。

1977年，49岁

10月，论文《马王堆帛书解开了思孟五行说之谜——帛书〈老子〉甲本卷后古佚书之一的初步研究》，在《文物》第10期发表。

1978年，50岁

4月，论文《"火历"初探》，在《社会科学战线》杂志第4期发表。

8月，论文《孔子思想的再评价》，在《历史研究》杂志第8期、《光明日报》8月12日同时发表。

10月，筹备并参与了在长春举办的"中国古史分期问题学术讨论会"。

1979年，51岁

春，与包遵信、楼宇烈、沈芝盈筹办《中国哲学》。

8月，《中国哲学》创刊，论文《名教与自然之辨的辩证进展》即发表在此创刊号上。

9月，履职中国社会科学院《中国社会科学》杂志社副编审。

10月10至17日，出席北京大学哲学系、中国社会科学院哲学研究所等单位联合在山西太原召开的"中国哲学史方法论问题讨论会"。

12月，专著《〈公孙龙子〉研究》，由中华书局出版。

受聘为国务院古籍整理出版规划小组成员。

1980年，52岁

1月，论文《"中庸"平议》，在《中国社会科学》创刊号上发表。

3月13日，论文《文化遗产评价标准小议》在《人民日报》发表。

夏，参加《中国哲学史研究》在密云召开的"为中国哲学史学科学化而努力"讨论会。

7月，专著《帛书五行篇研究》，由齐鲁书社出版。

10月，论文《矛盾三疑》，在《未定稿》杂志第25期发表。

1981年，53岁

接受联合国教科文组织（UNESCO）之聘，担任《人类文化与科学发展史》国际编辑委员会中国代表。

8月15至16日，参加中国哲学史研究第二次夏季学术讨论会。

10月27日至11月2日，在广西桂林参加全国中外哲学史比较学讨论会。

11月21至30日，在英国剑桥，出席由组长李约瑟主持修订第一版筹备第二版《人类文化与科学发展史》会议中国小组会。

1982年，54岁

6月，专著《沉思集》，由上海人民出版社出版。

10月，被中国社会科学院评定为研究员职称。

1983年，55岁

1月4至13日，在巴黎，出席UNESCO《人类文化与科学发展史》国际编委会。

4月9至16日，北京，出席中国史学会首次学术年会暨中国史学界第三次代表大会。

10月，与云南大学合办中国封建地主阶级研究学术研讨会，将地主阶级由批判对象改为研究对象，引起种种议论。

11月4至10日，在陕西师范大学出席中国哲学范畴讨论会。

与朱维铮酝酿编辑出版《中国文化史丛书》。

1984年，56岁

3月25至27日，《中国文化史丛书》工作会议在上海召开，周谷城、谭其骧、杨宽等应邀与会。

6月，专著《儒家辩证法研究》，由中华书局出版。

8月13至17日，在檀香山出席夏威夷大学东西方中心学术研讨会，发表论文《说"无"》。

9月1日至1985年3月2日，由鲁斯基金会资助，在美国加州大学伯克

利分校做访问学者。其间，先后访问了斯坦福大学、哥伦比亚大学、耶鲁大学、哈佛大学、亚利桑那大学等，并发表演讲。

1985年，57岁

4月1至2日，在深圳出席东西文化比较研究协调会。

4月27日，出席古籍整理出版规划小组在京成员、顾问座谈会。

6月14至27日，在塞内加尔首都达喀尔，出席人类文化与科学发展史国际编委会会议。

8月20至24日，在庐山参加中国哲学史学术讨论会。

12月，组织并参加上海中国文化学术讨论会。

1986年，58岁

1月6日，论文《中国文化的人文精神（论纲）》，在《光明日报》发表。

2月，在中国文化书院作"文化的民族性与时代性"演讲。录音稿在《北京社会科学》杂志1986年第2期发表。

5月10至14日，出席上海城市文化发展战略研讨会。

5月下旬，出席杭州东西文化与现代化讨论会。

6月26至29日，在美国宾夕法尼亚州颇可乐山庄参加华人文化学术夏令营的东亚地区经济社会文化发展学术研讨会。

8月，参加青岛中西文化讲习研讨会。

10月，论文《文化结构与近代中国》，在《中国社会科学》第5期发表。

11月24至28日，在北京出席教育改革理论国际学术讨论会。

12月，论文《说"无"》，在《中国文化与中国哲学》论文集上发表。

1987年，59岁

8月，为中国文化书院陕西、四川学生在西安、重庆授课。

1988年，60岁

3月，专著《稂莠集——中国文化与哲学论集》，在上海人民出版社出版。

4月1日至5月15日，应日本学术振兴会邀请，在东京大学做访问学者。其间访问了早稻田大学、筑波大学、二松学社、京都大学、东北大学等，并发表演讲。

5月1日，出席日本第33次国际东方学者会议。

6月13至21日，出席香港大学文化问题研讨会，并在中文大学访问。

8月上旬，为中国文化书院新疆、陕西学生在乌鲁木齐、西安授课。

8月27日至9月6日，出席新加坡儒学国际学术讨论会。

8月，专著《文化的民族性与时代性》，由中国和平出版社出版。

11月23日至12月1日，在夏威夷出席民主与正义国际研讨会。

1989年，61岁

3月至5月，为北京外国语学院青年教师及研究生讲授"中国文化史"。

1990年，62岁

9月14至16日，出席第一次泰山国际学术研讨会。

去年及此年，大部时间在北京图书馆读书。

1991年，63岁

春，始以电脑作文。

6月，出席南京大学"传统文化与二十一世纪"讨论会，作《忧乐圆融——中国的人文精神》讲演。此演讲发表在《二十一世纪》杂志1991年第6期。

6月，出席中国文化书院举办的"基督教与儒家思想国际学术讨论会"。

1992年，64岁

1月，出席杭州"中国传统文化和中外文化关系国际学术研讨会"，发表《黄帝与混沌：中华文明的起源》的演讲。

3月10日，《黄帝与混沌》一文提纲，被《文汇报》（学林）发表；随后有批判文章刊出。1993年8月，《国故新知：中国传统文化的再诠释》论文集（北京大学出版社）全文收录。

4月6至8日，出席"中国与犹太文化今昔国际研讨会"，发表《中华文化万古长青》演讲。

8月，出席西藏社会科学院学术研讨会，发表《文化的民族性问题》演讲。

12月，专著《白马非马——中国名辩思潮》，由新华出版社出版。

1993年，65岁

3月27日，在中央民族学院作"有关文化的几个问题"演讲。

4月，论文《对立与三分》，在《中国社会科学》杂志第2期发表。

春，赴浙江上虞出席杜亚泉诞辰120周年纪念会，会后访天台山国清寺。

10月21日至12月16日，为北京外国语学院开设中国文化史讲座，共九讲。

秋，参加泉州东亚经济社会思想与现代化国际学术讨论会，发表《文化传统与传统文化》论文。

12月，论文《相马之相》，在《中国哲学史》第4期发表。

1994年，66岁

3月，论文《解牛之解》，在《学术月刊》杂志发表。

5月10日，为北京师范大学研究生作"解牛之解——《庄子》导读"演讲。

6月21日，在北大的一个专题讲座讲"文化属性与文化传统"。

8月5至10日，参加马来西亚中华文化迈向21世纪国际学术研讨会。

8月8日，在马来西亚吡叻州首府怡保华人大会上作文化与传统报告。

8月，论文《谈"玄"》，在《中国文化》杂志第10期发表。

1995年，67岁

3月30日至4月3日，参加海德堡大学史学理论讨论会，作"司马迁的究天人之际"发言。

6月，专著《一分为三——中国传统思想考释》，由海天出版社出版。

6月20至9月19日，应挪威奥斯陆大学历史系邀请前去访问。

8月上旬，出席在波士顿召开的国际中国哲学会1995年年会。

1996年，68岁

开始注释方以智《东西均》。

5月22至24日，参加夏威夷东西方中心举办的儒家思想与人文主义研讨会第二次国际学术会议。

6月7至11日，赴美国纽约州北部山庄德夏书院，参加当代中国人文学发展的反思座谈会。

8月，专著《蓟门散思》，由上海文艺出版社出版，钱文忠编。

8月下旬，在长沙岳麓书院，参加儒家教育理念与人类文明国际研讨会。

9月，专著《庞朴学术文化随笔》，由中国青年出版社出版。

9月26日，为北京大学蔡元培讲座讲"一分为三——谈中国的辩证思维"。

10月17至21日，赴韩国汉城，出席第四届东亚细亚实学国际学术会议。

10月27日，在清华大学讲"一分为三——谈中国的辩证思维"。

12月6日，在民族大学谈"文化的民族性与时代性"。

12月21日，在北京师范大学讲"一分为三——谈中国的辩证思维"。

1997年，69岁

8月1至2日，主持中、日、韩三国中年学者参加的"东亚儒学暨思想文化国际交流会议"。

9月1日至1998年1月31日，应哈佛燕京学社之邀，赴美国哈佛大学访问。

1998年，70岁

8月，论文《初读郭店楚简》，在《历史研究》第4期发表。

8月31日至9月9日，应邀访问加拿大文化更新研究中心。

9月15日，访问哈佛大学，发表有关郭店楚简的演讲。

12月16日，在北京师范大学讲《忧乐圆融》。

12月27至31日，在广东罗浮山参加第二届道家国际学术研讨会，发表《太一生水说》。

1999年，71岁

1月15至17日，应邀参加台湾辅仁大学"本世纪出土文献与中国古典哲学研究两岸学术研讨会"。

5月17至22日，在安徽省博物馆校对《东西均》刊行本与稿本，得错漏约50处。

8月1日至9月30日，应挪威Centre for Advanced Study之邀访问，讨论帛书《五行篇》。

9月，专著《当代学者自选文库——庞朴卷》，由安徽教育出版社出版。

10月7至11日，参加纪念孔子诞辰2550周年暨国际儒学联合会第二届会员大会。

10月15至18日,在武汉大学参加"郭店楚简国际学术研讨会"。

2000年,72岁

1月9日,在中国科学院天地生人学术讲座作"火历介绍"。

2月,筹备并开通"简帛研究"网站www.bamboosilk.org

4月2至4日,参加南开大学"纪念严范孙、张伯苓暨中国近代化相关理论问题学术讨论会"。

6月,专著《竹帛〈五行〉篇校注及研究》,由台湾万卷楼图书有限公司出版。

8月19至23日,出席北京大学"新出简帛国际学术研讨会"。

9月26日,在曲阜孔子文化节上谈"郭店楚简与中国文化"。

10月23至25日,出席国家古籍整理出版"十五"规划项目审议会。

11月22至26日,赴韩国汉城出席成均馆大学东Asia学术院开院纪念会。

12月1至10日,应邀赴日本访问,并在大东文化大学、东北大学、日本女子大学等发表演讲。

2001年,73岁

3月21日,在清华大学,为湖南电视台"新青年"千年论坛讲"郭店楚简探秘"。

4月,在济南,《庞朴文集》四卷交山东大学出版社。

7月,专著《东西均注释》,由中华书局出版。

2002年,74岁

2月25日至3月6日,赴香港,在城市大学开设中国古代文化讲座。

4月,在中山大学,为禾田讲座讲中国古代文化专题。

冬,读《苏东坡文集》。

2003年,75岁

3月,专著《一分为三论》,由上海古籍出版社出版。夏,参加北京大学《儒藏》编纂工作,任总编纂。

8月,专著《智慧》,由上海文化出版社及法国Desclee de Brouwer联合出版。主编的《20世纪学术文存——先秦儒家研究卷》,由湖北教育出版社出版。

2004 年，76 岁

4 月，专著《浅说"一分为三"》，由新华出版社出版。

7 月，应山东大学校长之邀，赴山东大学威海分校，就加盟山东大学事进行探讨。在济南，为华为公司管理层作"说无谈玄"讲演。

9 至 12 月，为北京大学博士生开设"中国古代哲学与文化专题讲座"，共 15 讲：中国哲学合法问题、全球化与中国文化、仁义、无与玄、郭店竹简简介（上中下）、阴阳、五行、杂多、原"象"、中庸之道、一分为三、相马之相、火历钩沉。

10 月，应山东大学特聘，任文史哲研究院名誉院长，儒学研究中心主任，筹备成立山东大学儒学研究中心。迁居济南市花园路环东佳苑 4 号楼。

2005 年，77 岁

1 月，《文化一隅》一书，由中州古籍出版社出版。

3 月，专著《庞朴文集》（四卷本），由山东大学出版社出版。

3 月，讨论进行先秦儒学学案的研究。

8 月，主编的《儒林》第 1 辑，由山东大学出版社出版。

9 月 16 日，第一届儒学全球论坛暨山东大学儒学研究中心成立大会召开。儒学研究中心正式挂牌。

10 月，在北京，山东大学儒学研究中心与北京大学儒学研究中心共同召开"郭店竹简与思孟学派研究"座谈会。

2006 年，78 岁

4 月 8 日，在山东大学中心校区举办儒林茶座。茶座主题：如何深入和拓展儒学研究。一时高朋云集。

主编的《儒林》第 2 辑，由山东大学出版社出版。

4 月 26 日至 29 日，在山东邹城，与邹城市政府联合举办第二届儒学全球论坛——孟子思想的当代价值国际学术研讨会。

6 月，被推选为中国社会科学院首批荣誉学部委员。

9 月 23 日至 24 日，出席南京大学《中国思想家评传丛书》（200 部）整体出版学术讨论会。为南京大学研究生作《说"仁"》演讲。

12月，主编的《儒林》第3辑，由山东大学出版社出版。

2007年，79岁

5月7日，论文《和谐原理三题》，在《文汇报》发表。

7月，正式启动《儒学学案丛书》工程，并在全国高校中遴选作者。

8月5日至8日，在山东临沂，与临沂市政府联合举办第三届儒学全球论坛暨荀子思想的当代价值国际学术研讨会。

12月17日，代表山东大学儒学研究中心，与中华书局签订了《儒学学案丛书》正式出版合同。

2008年，80岁

4月，专著《中国文化十一讲》，由中华书局出版。

10月25日，在山东济南净雅大饭店，儒学研究中心同仁及在校研究生，庆贺80寿辰。

12月，《庞朴教授八十寿辰纪念文集》，由中华书局出版。

2009年，81岁

4月20日，在山东大学邵逸夫科学馆儒学研究中心，接受凤凰卫视主持人王鲁湘采访，谈了儒学与礼教的有关问题。

5月3日，出席《文史哲》杂志人文高端论坛之二，"传统与现代化：中国哲学话语体系的范式转换"学术研讨会，并发表讲话。

9月，《齐鲁晚报》开辟"文化传统与当下"专栏，为专栏题写刊头。

10月，专著《一分为三论》，由上海古籍出版社再版。

2010年，82岁

4月，当选为山东大学终身教授。

5月2日，出席《文史哲》杂志人文高端论坛之三，"秦至清末：中国社会形态问题"学术研讨会，并发表讲话。

9月，赴山东曲阜参加第三届世界儒学大会，并获得"孔子文化奖"。该奖由中国国家文化部与山东省人民政府共同发起，每年评选一次。为当前儒学研究领域的最高奖项、文化部最高奖项之一。

2011年，83岁

5月，专著《三生万物》，由首都师范大学出版社出版。

夏，在济南山东大学第一附属医院作前列腺切除手术。

2012 年，84 岁

2 月，儒学研究中心归入新整合的儒学高等研究院，任院学术委员会主任，院内设"庞朴办公室"。

7 月，开始作口述生平历史的录音。

11 月，主持关门弟子吕鹏博士毕业论文答辩，论文答辩会主席汤一介，委员陈来、王学典、张福祥、冯建国。

2013 年，85 岁

春节，在山东大学齐鲁医院度过。

6 月 8 日，出席在山东大学中心校区召开由许嘉璐主持的《儒学小丛书》100 种启动仪式，并发表讲话。此项目将由庞朴和许嘉璐共同主编。

6 月，主持的国家社科重点项目《20 世纪儒学通志》由浙江大学出版社出版。

10 月，专著《庞朴学术思想文选》，由上海古籍出版社出版，冯建国编选。

2014 年，86 岁

1 月，专著《儒家精神：听庞朴讲传统文化》，由中国华侨出版社出版。

10 月 25 日，在济南，与家人及部分师生，一起度过 86 岁生日。

11 月，身体不适，在山东大学齐鲁医院住院治疗。

2015 年，87 岁

1 月 9 日，因肺炎医治无效在济南逝世。

编选后记

在文集的编辑过程中,我们发现有几个问题需向读者诸君交代。首先,我们曾设想要在本文集中将先生的学术进行一次集中展现,然而,大家可能会发现,文集其实只是收录了先生的部分文章或著作,离我们的设想差距很大。原因很简单,受制于篇幅的限制,我们不得已从各方面选出了二十几篇代表作,虽不能充分满足大家的愿望,但能让大家感受到先生学术领域之广泛,汉宋并重的突出治学特点,以及质而文、博而雅的为文风格。当然,眼尖的读者仍能一眼看出,其实就连这个目标都没能完全实现,大家熟悉的先生的许多大作如《忧乐圆融》《解牛之解》《说"無"》等,都因此不得不放弃。其实,若想一网打尽的话,也还是可以的,就是将各篇文章进行剪辑,然而我们又不愿让大家看到的是剪头去尾的断章,那样相信大家也会兴味索然,尤其是那将失去由先生所引领的一次思想之旅。

其次,在前言中,我们从六个方面向大家介绍了庞朴先生的学术成就,而文集却分为八编,可能有的读者发现后会不明所以。其实,编分为八,并不与前者相矛盾。先生的学术成就是多方面的,可谓触处皆是,有博雅多通之能。但各项成就间也不是毫无关系,而且如先生所自道,其学术中总有一个精灵在出没,这就是先生"一分为三"的方法。目录较前言多出的两编,其实就是从"一分为三"之下分出的。这两编是关于方以智研究和中华文化探源的。先生是方以智研究专家,恐已无人不晓,而中华文化探源,是先生用三分法探究传统文化的结果,和文集中纯粹介绍三分理论的篇章还是大有不同,而且这两方面的成果也是非常重要。因此,我们觉得将这两方面单独分开,能更好的展现先生的治学成就。

再就是,文集尽可能保持文章的完整和原貌,但由此可能会产生一些阅读上的问题。因为其中有些文章是发表在数十年前,年代跨度大,受社会历史条件的制约，各有其明显的时代特点。我们应当采用一种历史的态度来阅读，即将作品置于其产生的时代中来理解，这样才能更为客观地理解文章，与作者进行心灵的交流。当然，文集可能还会有其他各种问题，比如何以选择这些篇章，而不是其他的一些重要论文，这里就有见仁见智的问题了。如此等等，还请方家指正。

文集的编辑过程，也是与先生进行的一次心灵对话。重温先生的著作文字，不仅感受到了其智慧的光芒，而且其中洋溢的鲜活生命，也无时不在触动我们的心弦。恍惚间，我们有时甚至怀疑先生真的走了吗？然而，事实是，先生确已逝去。不过，形体的消亡，便等于一切皆归于无吗？人是有灵有肉且合二而一的独特存在，有形体却无灵魂，这不能称为人；那有灵魂却无形体，却该如何称谓呢？老子曾道："死而不亡者寿。"意谓肉体虽死，而精神仍存的人，才是真正的不朽，才是真正的长寿。先生著作等身，其杰出的学术贡献，必将藏诸名山，留名青史。先生形体已灭，而精神仍存，其此之谓欤？亦死亦生，非死非生，这难道不正是先生的"三"吗？如此看来，先生并非无有，而是仍以"三"的形态，存在于我们的世界中。

想到此，我们总算心有所慰，不至为先生的离去而长太息！

冯建国（山东大学儒学高等研究院教授）
法　帅（山东大学儒学高等研究院讲师）
2015 年 3 月

图书在版编目（CIP）数据

孔子文化奖学术精粹丛书·庞朴卷 / 杨朝明主编．—北京：华夏出版社，2015.10

ISBN 978-7-5080-8581-4

Ⅰ. ①孔… Ⅱ. ①杨… Ⅲ. ①儒家—文集 Ⅳ. ①B222.05-53

中国版本图书馆 CIP 数据核字（2015）第 207065 号

孔子文化奖学术精粹丛书·庞朴卷

主　　编	杨朝明
编　　选	冯建国　法　帅
责任编辑	杜晓宇
出版发行	华夏出版社
经　　销	新华书店
印　　装	三河市万龙印装有限公司
版　　次	2015 年 10 月北京第 1 版 2015 年 10 月北京第 1 次印刷
开　　本	720×1030　1/16 开
印　　张	28
字　　数	429 千字
定　　价	96.00 元

华夏出版社　地址：北京市东直门外香河园北里 4 号　邮编：100028
网址：www.hxph.com.cn　电话：(010) 64663331 (转)
若发现本版图书有印装质量问题，请与我社营销中心联系调换。